ESSAI

SUR

LE COMMERCE

ET SON ORGANISATION

EN FRANCE ET EN ANGLETERRE

Par G. FRANÇOIS.

SUPPLÉMENT AU BULLETIN DU TROISIÈME TRIMESTRE 1891.
N° 76bis.

LILLE
IMPRIMERIE L. DANEL.

1891.

ESSAI

SUR

LE COMMERCE ET SON ORGANISATION

EN FRANCE ET EN ANGLETERRE

PRÉFACE.

Les études qui ont pour objet la comparaison des lois, des coutumes, des institutions des divers peuples sont toujours intéressantes et utiles. Toujours il en résulte l'indication d'un progrès réalisable, d'une erreur à éviter, quelquefois même une adaptation possible. En effet, tandis que les lois civiles et politiques subissent l'influence de l'histoire, et même de la situation géographique de chaque peuple, d'autres lois, au contraire, répondant à un besoin plus général, ayant trait à l'homme lui-même, abstraction faite des nationalités, tendent de plus en plus à atteindre une complète uniformité. Le commerce peut servir d'exemple. Les lois commerciales tendent de jour en jour à s'unifier, au moins parmi les nations arrivées à un même point de civilisation ; les usages commerciaux ne diffèrent point sensiblement non plus, considérés dans leur ensemble. La différence entre les diverses nations, au point de vue du commerce, tient plus à la façon d'appliquer ces lois, ces usages, à l'énergie avec laquelle leurs citoyens s'adonnent au commerce, plutôt qu'aux lois du commerce elles-mêmes. L'étude des procédés employés par les autres nations, de la façon dont les affaires y sont conduites, peut donc arriver à d'heureux résultats, car les changements que ces études peuvent rendre nécessaires, sont de ceux qui s'effectuent par la seule volonté des parties en cause, sans craindre aucune perturbation.

Or, parmi toutes les nations commerçantes, il en est une dont la suprématie est, et sera longtemps encore sans doute, tout à fait incontestée : l'Angleterre. C'est donc vers elle que doit se porter principalement une étude de ce genre, c'est en comparant les procédés usités en France, avec ceux en usage de l'autre côté du détroit, que nous pouvons espérer le meilleur résultat, que nous rencontrerons les plus nombreuses et les plus utiles applications.

Mais cette étude ne peut strictement se borner au temps actuel. La suprématie commerciale n'est pas de celles qui dépendent des hasards heureux d'une bataille, ni de la venue d'un homme de génie, illustrant un pays ou un siècle. C'est une œuvre collective, dont le temps constitue un puissant facteur ; c'est l'œuvre continue de plusieurs générations. L'histoire commerciale des deux pays doit donc être relatée, au moins dans ses grandes lignes, montrant par quel enchaînement cette suprématie a été conquise par l'une, et aussi quelles fautes l'ont fait perdre à l'autre, quelle influence ont eue d'heureux traités ou de fausses conceptions.

Une autre raison vient encore à l'appui de cette manière de voir. On connaît l'attachement, presque le fétichisme, des Anglais pour leurs vieilles institutions ; on a pu dire, non sans quelque raison, que directement ou indirectement, toutes les lois anglaises dérivaient de celles d'Alfred le Grand ; cela serait un peu vrai aussi pour les institutions. Sans jeter un coup d'œil sur l'histoire, la raison de certaines coutumes, le pourquoi de certains faits pourrait échapper; contrairement à ce qui s'est passé en France, les révolutions qui ont agité l'Angleterre n'ont pas interrompu la tradition, et les modifications qui se sont produites ont été l'œuvre du temps et du progrès, non la suite de réformes violentes.

Pour être complète, une étude sur le commerce devrait chercher, aussi bien dans les siècles passés qu'au temps actuel, quelle influence tous les faits politiques et sociaux ont eue sur le commerce en général, d'abord, et sur chaque commerce ensuite. Pour mener à bien un tel travail, il faudrait, non seulement un temps considérable, mais aussi une rare érudition. Le but de cet Essai est forcément plus modeste. Mais peut-être, en présentant une sorte d'esquisse, bien informe, de cette grande question, pourra-t-il susciter d'autres travaux dont l'application sera plus immédiate et plus utile, travaux ayant le même but, inspirés par un même sentiment, tous dirigés vers les moyens d'accroître la grandeur et la puissance commerciale de la France.

PREMIÈRE PARTIE

HISTOIRE COMMERCIALE.

CHAPITRE I.

De l'origine aux Croisades.

Chez tous les peuples, les progrès du commerce furent toujours liés à ceux de la civilisation. Au fur et à mesure que de nouveaux besoins, suite d'une avance nouvelle vers la civilisation, se faisaient sentir chez les hommes, de nouveaux efforts devaient être faits pour les satisfaire. Tant que ces besoins furent bornés à ceux concernant strictement l'alimentation et le vêtement, la chasse, la pêche, les produits naturels du sol étaient suffisants. Mais bientôt d'autres désirs se manifestèrent, et l'homme dut s'ingénier à trouver soit directement, soit par l'échange, le moyen d'y satisfaire.

Le contact des peuples plus avancés en civilisation développa plus rapidement cette tendance. Pour les peuples de la Gaule et de la Grande-Bretagne, les Phéniciens furent ces initiateurs.

Hardis navigateurs, les Phéniciens s'étaient avancés d'étapes en étapes dans tout le bassin méditerranéen (1). Plus de mille ans avant

---

(1) Suivant quelques auteurs, les Phéniciens auraient même commercé dans la mer du Nord, dans la Baltique et jusqu'aux côtes de la Prusse. Mais cette opinion est loin d'être complètement admise (voir SCHERER, *Histoire du Commerce*. — Les Phéniciens).

notre ère, ils vinrent en Gaule fonder des comptoirs bientôt florissants. Ils échangeaient les produits de l'Orient contre la laine des troupeaux, le plomb argentifère des Cévennes, la poudre d'or que charriaient alors nos rivières, l'étain des Cornouailles. Les voies fluviales leur servaient pour leurs échanges et leurs transports; plus tard aussi leurs vaisseaux se rendirent directement en Grande-Bretagne, soit pour éviter certains inconvénients de la route par terre jusqu'aux ports d'échange, soit pour chercher de nouveaux débouchés.

Cependant d'autres peuples avaient disputé d'abord, conquis ensuite, la suprématie commerciale; les Grecs allaient venir en Gaule, où leur influence devait être plus grande et plus durable que celle des Phéniciens. Tout le monde connaît la gracieuse légende de la fondation de Marseille; dégagée de toute fiction poétique, elle nous montre, 610 ans avant notre ère, des Phocéens venant fonder, à l'embouchure du Rhône, un comptoir à qui son heureuse situation devait donner une grande importance. D'autres immigrants vinrent se joindre aux premiers et moins de deux siècles plus tard, Marseille occupait les anciens établissements des Phéniciens et fondait de nouvelles colonies; Monaco, Port-Vendres, Nice, Antibes, Agde, etc., étaient les sièges des principaux de ces comptoirs.

Vers l'époque de la fondation de Marseille, d'autres Grecs, les Rhodiens, avaient fondé au pied des Pyrénées le comptoir de Rhoda (Rosas, en Catalogne).

Sous ces influences, et malgré les luttes, les déplacements, que causèrent les migrations des peuples, le commerce et l'industrie se développèrent rapidement en Gaule, et, quoique à un degré moindre, dans la Grande-Bretagne.

C'étaient toujours des produits naturels qui servaient à ce commerce, mais l'industrie naissante savait déjà leur donner une valeur plus grande. Le froment des plaines était recherché jusqu'en Italie; les salaisons et les jambons préparés par les Séquanes (Franche-Comté) étaient transportés à Rome deux siècles avant l'ère chrétienne;

les mines d'or, d'argent des Rutènes (Rouergue) étaient renommées pour leur richesse ; les Bituriges (Berri), savaient fixer à chaud l'étain sur le cuivre, façonner l'or et l'argent, et produisaient des fers que vante César. Les saies gauloises étaient exportées en Italie, la teinture était pratiquée, les poteries gauloises n'étaient pas sans caractère artistique (1), et les *chateaux de verre*, enceintes faites avec des masses de matière vitrifiée, dont on trouve des vestiges à Ste-Suzanne (Mayenne), et dont parle le chroniqueur gallois Nennius, nous donnent la preuve que la verrerie n'était pas alors tout à fait inconnue.

La navigation avait également fait de remarquables progrès. Les marins marseillais, sous la conduite de Pythéas, s'étaient avancés jusqu'en Grande-Bretagne et même dans la Baltique. Malgré la science, remarquable pour l'époque, du chef qui les conduisait, les Marseillais avaient dû, comme il était d'usage alors, naviguer en suivant les côtes, relâchant pendant la nuit ; de cette navigation naquirent leurs premières relations avec les populations du sud-ouest et de l'ouest de la Gaule; les comptoirs de Corbilo (St-Nazaire) et de Vindana (estuaire du Morbihan), furent fondés. Mais bientôt les habitants de ces pays devinrent navigateurs à leur tour, et les vaisseaux des Namnètes et des Venètes firent de fréquents voyages à la Grande-Bretagne, allant y chercher l'étain, le fer, l'or, l'argent, les peaux et les esclaves, des chiens de guerre et de chasse, en échange de vaisselle de terre, de sel et d'autres marchandises communes.

La monnaie était également connue. Imparfaite en Grande-Bretagne, où elle consistait en fer et plaques d'étain ou anneaux d'un poids déterminé, elle cherchait, en Gaule, à imiter ces belles monnaies grecques que Marseille et ses comptoirs y avaient introduites. Ces artisans, ces laboureurs, ces marins, ne ressemblent guère aux Gaulois tels que les dépeint Diodore de Sicile, reproduisant le récit de Posidonius, « hommes grossiers, assis par terre sur des peaux de « chien ou de loup..... ne connaissant d'autre plaisir que l'ivresse,

---

(1) Voir à ce sujet : H. Du Cleuziou, *La Poterie gauloise*.

« d'autre luxe que de charger leurs bras de colliers d'or et de pendre
« au cou de leurs chevaux les têtes de leurs ennemis. »

Cependant, appelées par Marseille, les légions romaines étaient entrées en Gaule ; elles n'en devaient disparaître qu'avec l'empire lui-même. Malgré l'héroïsme de ses défenseurs, la Gaule était conquise en quelques années, ses villes brûlées ou détruites, la flotte venète anéantie, sa population décimée et partiellement emmenée en esclavage. La Grande-Bretagne était également la proie de l'envahisseur ; mais, plus facile à défendre, elle ne fut subjuguée que plus tard et d'une façon incomplète ; le mur d'Adrien, dans le Northumberland, marqua la limite des conquêtes romaines.

A la guerre implacable succéda l'organisation de la conquête, et sous l'habile direction romaine, la Gaule et la Grande-Bretagne se transformèrent. L'une et l'autre furent dotées des institutions municipales en usage dans les colonies romaines ; des routes furent tracées dont les vestiges excitent encore notre admiration ; les villes existantes furent enrichies de monuments rivalisant entre eux de magnificence ; d'autres, créées par les nouveaux maîtres, devinrent des centres de commerce. Narbonne, d'abord rivale de Marseille, conquiert la suprématie ; Lyon devient une des grandes cités de l'Empire, et c'est là que viennent converger les routes militaires et commerciales construites par Agrippa ; les colonies de Londinium et de Verulamium réunissaient bientôt une population considérable. L'agriculture était encouragée, des plantes nouvelles introduites par les colons romains ; l'Angleterre devenait productrice de grains, permettant en une occasion à 800 vaisseaux de prendre un chargement à conduire aux cités romaines de la Germanie ; l'étain de Cornouailles continuait à être recherché. A son tour la Gaule devenait sous Trajan un des pays les mieux cultivés du monde romain, exportant en Italie les blés de l'Aquitaine, de la Celtique et du Dauphiné, les bois de chêne et de sapin des immenses forêts qui existaient alors dans les Pyrénées, les Cévennes, les Alpes, le Jura, les Vosges, et presque tout le Nord de la Gaule ; les vins de la Narbonnaise et de la vallée du Rhône étaient un des principaux objets d'échange avec la Grande-Bretagne et la Germanie.

Le commerce se ressentit également de cette influence. Certes les Romains, qui ne reconnaissaient d'autres revenus que ceux provenant de la guerre ou des contributions imposées aux peuples conquis, avaient pour le commerce, comme pour tous les autres travaux, le plus complet mépris, et Cicéron résumait bien l'opinion commune en écrivant à son fils « que jamais un sentiment noble ne pouvait « naître dans une boutique » (1). Mais les esclaves, les affranchis, exerçaient ces professions méprisées, au grand bénéfice de leurs maîtres ou de leurs patrons. L'approvisionnement de Rome, où se consommait, en quantités innombrables, tout ce que peut désirer le luxe le plus raffiné, le ravitaillement des légions campées sur les frontières lointaines, nécessitaient un commerce étendu, tandis que la souveraineté de Rome, établissant des relations entre les peuples les plus divers, donnait naissance à de nouveaux besoins, rendait possible de nouveaux échanges, et en assurant une sécurité plus complète, facilitait les spéculations commerciales.

Avec l'esprit d'association, les Romains apportèrent les capitaux qui développèrent l'industrie. Longtemps avant la conquête complète de la Gaule, il ne circulait pas, dans la partie qui formait la province romaine, « une seule pièce d'argent qui ne fût portée sur les « livres des citoyens romains ». La conquête ne fit que précipiter ce mouvement des négociants, des voyageurs, des citoyens romains, et contribua à la fortune des villes secondaires : Arras, Amiens, Soissons, Paris, Sens, comme à celle des villes plus importantes alors : Marseille, Narbonne, Vienne, Arles, Besançon, Autun, Nevers, Bourges, Orléans, etc.

Arras vendait le *sagum*, laine grossière dont on faisait des saies, ou des *caracalla*, casaques longues à capuchon, fabriquées à Langres

---

(1) Une loi spéciale, la loi Flaminia, défendait expressément aux patriciens de s'adonner au commerce.

et à Saintes. Alésia argentait des mors, des harnais de chevaux ; l'art de la teinture était perfectionné ; les fabriques de la Gaule étaient renommées pour leurs lins, leurs toiles blanches et peintes ; Arles construisait en trente jours vingt-deux bâtiments de guerre pour César.

Des communications rapides et sûres furent ouvertes de toutes parts. Le réseau des voies romaines, ébauché par Agrippa, s'était complété ; outre les relais impériaux, de véritables relais de poste devaient exister, car 30 jours suffisaient, selon Diodore, pour franchir les 1,000 kilomètres qui séparent l'estuaire de la Seine des Bouches-du-Rhône. Les rivières furent sillonnées de bateaux ; dès le temps d'Auguste et de Tibère, les mariniers se formèrent en corporations sur le Rhône, la Durance, la Loire, la Saône et la Seine.

En Grande-Bretagne, les progrès, quoique moins considérables, n'en furent pas moins réels. Sous Néron, Londres était déjà une place importante; Tacite, qui résida quelque temps à Londres, en parle comme d'une ville fameuse par ses marchands et la quantité de ses marchandises. Eumenius, vers la fin du IIIe siècle, écrit qu'à cette époque 59 cités existaient en Grande-Bretagne, et vante les productions naturelles, les minéraux, les troupeaux, les facilités commerciales de la contrée et les revenus qui en dérivent ; à la même époque, et par ordre de Constance Chlore, les villes ruinées de la Gaule et les forteresses du Rhin sont réparées par des architectes bretons.

Cependant la désorganisation de l'empire romain s'accomplissait chaque jour. N'ayant plus, pour satisfaire aux exigences croissantes du peuple et au luxe des empereurs, les produits de la guerre et du pillage, il avait fallu recourir aux impôts, de plus en plus considérables et abusifs. « Le fisc préleva des droits sur toute matière
« imposable, personnes et terres : le canon, la capitation, les pres-
« tations extraordinaires, les corvées pesèrent sur l'agriculture ;
« l'*ostiarium*, sorte d'impôt des portes et fenêtres, sur les maisons;
« l'or coronaire, la glèbe sénatoriale, sur les grands dignitaires

« de l'empire. L'industrie eut aussi ses charges à supporter » (1).

Mais les exactions des innombrables agents du fisc rendaient ces impôts bien plus lourds encore. Au fur et à mesure que diminuaient les ressources de chacun, les exigences devenaient plus considérables ; aussi, loin de chercher l'accession des collèges, les commerçants, les artisans, ne recherchaient-ils plus que les moyens d'en sortir ; les laboureurs laissaient leurs champs en friche. Souvent même, poussés par la misère, les malheureux opprimés fuyaient chez les Barbares, aimant mieux, suivant l'expression de Salvianus (*De Gubernatione Dei*) « être libres sous les dehors de la servi-
« tude, que d'être esclaves, avec une apparence de liberté».

Un tel état de choses engendrait de fréquentes révoltes, toujours durement comprimées, mais apportant toujours avec elles la ruine et la misère. Et ce n'était pas tout encore. Après avoir longtemps repoussé les Barbares, l'empire romain en avait fait ses auxiliaires ; l'indiscipline des légions les avait bientôt rendus indispensables, et ces Barbares, sentant confusément que leur moment était venu, s'implantaient peu à peu dans ces territoires enviés qui formaient la Gaule romaine. Ce fut une infiltration avant d'être une invasion ; mais les éléments de désorganisation n'en arrivaient pas moins avec eux, et sous ces multiples influences, le commerce allait s'appauvrissant de plus en plus.

Menacé à son tour, l'empire romain devait songer à sa défense, en rappelant les légions éparses sur ses lointaines frontières. La province éloignée de Bretagne fut abandonnée la première, laissant les Bretons, amollis par la civilisation que les Romains leur avaient apportée, aux prises avec les Pictes et les Écossais. Par deux fois, les légions romaines vinrent au secours des Bretons, mais après avoir relevé les murs de Sévère, les Romains dirent en 448 un dernier adieu au pays où ils avaient dominé pendant quatre siècles.

---

(1) LEVASSEUR, *Histoire des classes ouvrières*.

Ce départ fut le signal des invasions et des pillages des Pictes et des Écossais. Affolés, les Bretons en vinrent à réclamer l'aide des Saxons, amenant ainsi chez eux des envahisseurs pires encore, qui, après avoir ravagé la Grande-Bretagne, détruit la plupart de ses villes, massacré tous ceux qui n'acceptèrent pas l'esclavage, obligèrent les malheureux survivants à chercher un refuge dans l'Armorique.

La Gaule avait aussi changé de maîtres. Secouant peu à peu la suprématie romaine, les Francs s'étaient établis en Gaule, mais non sans luttes sanglantes, et entre eux, et contre les Romains. De furieuses invasions étaient venues achever la ruine, et c'est un pays dévasté que, au Ve siècle, Rome avait définitivement abandonné aux envahisseurs.

Le commerce était anéanti. En quoi importait-il de favoriser les échanges, les relations commerciales, aux Pictes et aux Scots ne considérant la Grande-Bretagne que comme une proie, aux Saxons ne vivant que de guerre et de pillage, aux Francs plus barbares que les anciens Gaulois. Des arts, des lettres, qui avaient brillé en Gaule d'un si vif éclat, à peine restait-il un souvenir; une grossière industrie subsistait seule dans les villes qui avaient pu résister à tant d'invasions et de guerres, et il faut attendre jusqu'à Brunehaut pour retrouver des traces de restauration de routes, considérées alors comme un tel bienfait, que le nom de celle qui les fit faire s'est transmis d'âge en âge.

Cependant, en face de la barbarie triomphante, une puissance s'élevait, puissance toute morale, devenant plus tard oppressive, mais qui à cette époque exerça la plus salutaire influence: la puissance religieuse.

Dès la conquête romaine, le catholicisme s'était répandu en Gaule. Toléré, persécuté, suivant les idées, les penchants de ceux qui gouvernaient, il avait sans cesse recruté des prosélytes, et les temps malheureux qui précédèrent l'invasion barbare ne firent qu'accélérer ces progrès. Avec Clovis, les Francs se firent chrétiens, l'exemple donné par le puissant chef des Francs ayant été bientôt suivi ; en Grande-Bretagne, Ethelbert, roi de Kent, qui avait épousé une descendante de Clovis, se convertit à son tour ; et les évêques, les prêtres purent alors faire entendre leur voix, donner des conseils écoutés, et souvent atténuer les effets de la conquête. Les églises devinrent des lieux d'asile ; la protection s'étendit plus loin même que l'enceinte, et c'est autour de l'église que viendront s'établir les commerçants. Les pèlerinages, les commémorations des saints, introduites par l'église catholique, devenaient en même temps des occasions de commerce ; la route ouverte par les pèlerins servait à d'autres usages. Glasgow doit son origine au lieu de sépulture de St-Ninian (1) ; la foire de Troyes, qui existait au V° siècle, celle de St-Germain-des-Prés, celle de St-Denis, qui remonte à Dagobert (624), n'ont pas d'autre origine.

Les ornements que nécessitait l'exercice du culte rendaient à l'art une vie nouvelle; l'embellissement des cathédrales rappelait un vague souvenir des constructions romaines, en attendant qu'une architecture nouvelle vînt couvrir le sol de prodigieux monuments ; l'orfèvrerie enrichissait les reliquaires, St-Éloi couvrait les châsses et les tombeaux des saints de lames d'or et d'argent ; de riches tentures ornaient souvent les murs des églises ; quand on consacra l'église de St-Denis, des tapisseries brodées en or et garnies de perles y furent appendues, et suivant Anderson, la fabrication du verre fut importée de France en Angleterre (674) à l'occasion de la construction de l'église de Weremouth.

La fondation de nouveaux monastères vint seconder ce mouvement de rénovation. Avec St-Antoine, contemporain de l'ermite Paul, disant « contraignez-vous à un travail manuel, et la crainte du « Seigneur habitera en vous », tous les fondateurs d'ordres religieux avaient imposé comme règle absolue le travail des mains. En même temps donc que les monastères offraient un abri, un asile, ils

---

(1) CUNNINGHAM, *Growth of English commerce and Industry*.

servaient à faire revivre les secrets de l'industrie, et surtout à réhabiliter le travail, lui enlevant ce caractère d'humiliation que lui avaient donné les Romains, et que les Francs avaient maintenu.

« On sait combien de campagnes incultes, de marais, de bois, ont
« été défrichés, du VI° au X° siècles, par les moines qui allaient
« s'établir dans des contrées sauvages, au milieu de forêts impéné-
« trables, et portaient partout avec eux les lumières de la religion
« et les bienfaits de l'agriculture...... Le travail des métiers, pour
« n'avoir pas laissé des traces aussi profondes et des souvenirs aussi
« vivants dans la mémoire des hommes, n'en a pas moins eu une
« grande influence sur l'industrie du moyen-âge » (1).

Dès le VI° siècle, on avait pu constater une certaine activité commerciale. Les relais de poste existaient encore, soit qu'ils eussent été maintenus malgré le bouleversement de la contrée, soit, ce qui est plus probable, qu'ils aient été rétablis dès que la tranquillité fut en partie revenue. Les ports de l'Atlantique et de la Manche étaient en relations avec les Wisigoths, les Suèves d'Espagne, les Irlandais, les Saxons, les Écossais, échangeant les vins, le miel, la garance, les blés et les toiles de la Gaule, les huiles et le plomb d'Espagne, les métaux et les esclaves de la Grande-Bretagne. Les grands ports de la Méditerranée étaient toujours les entrepôts du commerce de l'Orient; d'aventureuses caravanes allaient chercher, au milieu des forêts et des marécages de la Germanie, l'ambre, les fourrures, ou les riches dépouilles enlevées aux Grecs d'Orient. Vers 727, on trouve une première mention de marchands trafiquant à l'intérieur en Angleterre, sans doute comme les modernes colporteurs. A cette époque, Londres était une ville de trafic et de commerce considérables, car Bède l'appelle : *Multorum Emporium populorum, emporium* ou marché de beaucoup de nations.

Les foires résumaient alors tout le commerce ; c'est là que les marchands, non sans supporter d'onéreux péages, faisaient leurs

---

(1) LEVASSEUR, *Histoire des classes ouvrières.*

échanges, sauvegardés par les chartes, les ordonnances, qui mettaient leurs richesses à l'abri des convoitises. La plus célèbre, celle de St-Denis, qui durait quatre semaines, était le rendez-vous des marchands venus de toutes les parties de la Gaule et de l'Europe ; les produits du Midi, le miel et la cire de l'Armorique, les toiles et la garance de Neustrie, les métaux d'Espagne et d'Angleterre, y figuraient en même temps que les épices, les bijoux, les émaux, venus de l'Orient.

Les Juifs étaient alors nombreux en Gaule, et profitant des défenses faites par les conciles, s'étaient emparés du monopole du commerce de l'argent, commerce qu'ils purent exercer librement jusqu'aux Croisades, en achetant, par un tribut régulier, la protection du prince ou celle des églises.

Si les VIe et VIIe siècles avaient permis de constater en France une nouvelle activité commerciale, il n'en fut pas de même dans la suite sous l'administration faible et incapable des rois qui terminèrent la première race. L'autorité centrale était impuissante ; la féodalité existait déjà en fait, sinon en droit ; les brigands infestaient les routes, les pirates normands et saxons, les corsaires musulmans ravageaient les côtes. Les maires du palais, les rois de la famille d'Héristal n'avaient pu enrayer ce mouvement de désorganisation. Avec Charlemagne allait renaître une nouvelle période de prospérité.

Maître du plus vaste empire qu'eut encore possédé un chef franc, Charlemagne chercha, par tous les moyens en son pouvoir, à y apporter, avec l'ordre et la sécurité, l'activité industrielle et commerciale. Les routes sont réparées, les péages illégaux supprimés, les incursions des pirates contenues par des flotilles placées à l'embouchure des fleuves. Charlemagne essaie même, infructueusement il est vrai, d'établir l'unité des mesures et surtout l'unité monétaire. Sur les routes ouvertes à travers la Germanie, des caravansérails sont installés, où le marchand trouve au moins un abri pour lui et ses marchandises. Les ponts anciens sont restaurés, d'autres sont construits, des marchés établis pour commercer avec les Slaves et les Awares ; les Lyonnais, unis aux Marseillais et aux Avignonnais, ont coutume d'aller deux fois par an à Alexandrie, et en rapportent diverses productions de l'Asie. Narbonne, Arles et Marseille continuent d'envoyer des vaisseaux à Constantinople, à Gênes et à Pise. En 800, des consuls chrétiens sont même établis en pays musulman. Afin de favoriser le commerce avec l'Angleterre, Charlemagne fait un traité avec Offa, roi de Murcie, pour protéger les Anglais se rendant à Rome en pélerinage ou pour commercer ; les marchands s'occupant de l'exportation des laines d'Angleterre étaient exemptés de capture en temps de guerre. En 808, l'ancien phare de Boulogne est relevé.

Le commerce de l'Angleterre ne consistait guère alors que dans l'exportation de ses laines. Des foires existaient bien, mais les opérations commerciales étaient entravées par la loi saxonne, exigeant que les contrats au-dessus de 20 pence fussent passés par devant deux témoins. Cependant, au temps de Charlemagne, un marchand anglo-saxon existait à Marseille, et vers cette époque des Frisons visitèrent l'Angleterre.

Après Charlemagne, les jours sombres reparaissent. Ses débiles successeurs n'auront ni la force, ni le courage de s'opposer aux incursions des pirates normands et des corsaires sarrazins. Paris est assiégé en 845 et en 885, et chaque fois c'est à prix d'argent que le retrait des Normands est obtenu, l'héroïsme des Parisiens, lors du second siège, n'ayant pas empêché Charles-le-Gros de traiter avec les envahisseurs ; en 912, Charles-le-Simple cède même à Roll, le « roi de la mer », toute la contrée qui fut la Normandie, où se fonda la plus énergique des dynasties féodales, et d'où devait partir le conquérant de l'Angleterre.

Impuissants avec les envahisseurs, les derniers Carlovingiens n'avaient pu résister aux empiètements des seigneurs, et la féodalité, d'où devait sortir la dynastie future, s'éleva toute puissante. L'autorité royale était méconnue, chacun s'arrogeant le droit de gouverner seul, et à sa guise, les terres qu'il possédait. La propriété territoriale était presque entièrement entre les mains des hommes de guerre et du clergé ; les terres de la seule abbaye de St-Germain-des-Prés avaient une superficie totale de 221.187 hectares.

Sous le régime féodal, qui avait substitué une foule de pouvoirs locaux à une administration centrale, « les voies de communication
» entre les diverses parties du territoire étaient rares, difficiles,
» dangereuses même. Quelques chaussées, derniers restes et der-
» niers témoins de la grandeur et du génie de Rome, étaient seules
» capables de servir aux transports, et encore personne ne les
» entretenait-il plus depuis la mort de Charlemagne. Aussi les
» moindres trajets étaient-ils des voyages dont on n'envisageait
» même l'entreprise qu'avec effroi. On en a divers témoignages
» contemporains, d'une éloquence naïve. On sollicitait l'abbé de
» Cluny de venir réformer un monastère près de Paris : « Ce serait
» une trop laborieuse entreprise, répondit-il en s'excusant, et nous
» n'oserions passer en des régions étrangères et inconnues ».....
» Lambert, évêque d'Arras, refusait, vers cette même époque et
» pour les mêmes motifs, de se rendre à Noyon pour le sacre d'un
» de ses confrères..... Quant au commerce, enfin, il était réduit à
» un colportage soit de denrées, soit d'articles de première utilité,
» dont le régime de fiscalité et d'extorsion que l'on vient de décrire
» composait un métier si avili et si périlleux, que c'est merveille
» seulement qu'il se soit rencontré alors des créatures humaines
» que l'espoir d'un gain si chèrement acheté ait pu engager à le
» faire » (1).

Il y avait encore, sans doute, quelques villes où les artisans travaillaient sous la protection des seigneurs, quelques marchés fréquentés ; Marseille, Montpellier, recevaient avec les vaisseaux de la Méditerranée les marchandises de l'Espagne, de l'Italie et même du Levant ; des négociants faisaient encore le commerce sur la Seine et

---

(1) Charles GOURAUD, *Histoire de la politique commerciale de la France*.

la Loire ; mais ces commerçants rencontraient, dans les représentants des monastères, laïques à qui étaient confiées les affaires de la congrégation, des concurrents redoutables, n'ayant pas à payer les nombreuses redevances qui accablaient les autres marchands. Au IXe siècle, l'abbaye de St-Martin de Tours obtenait de Louis-le-Débonnaire la faveur d'envoyer librement ses denrées dans toutes les parties de l'Empire ; sur la Seine, plusieurs abbayes possédaient le droit de faire passer en franchise les denrées et surtout les vins récoltés sur leurs terres. Si on joint, à tant de causes d'affaiblissement, les luttes intestines des seigneurs entr'eux, les déprédations des brigands, les famines, les épidémies, conséquences naturelles d'un semblable état social, on comprend dans quel état précaire se trouvait le commerce français vers la fin du XIe siècle.

En Angleterre, la situation n'était guère plus brillante. Après des vicissitudes diverses, l'Heptarchie avait fait place à un gouvernement unique, au commencement du IXe siècle. Déjà les Danois avaient commencé leurs incursions, et la lutte contre eux s'entama et se poursuivit avec des alternatives de succès et de revers, jusqu'au commencement du XIe siècle, où les Anglais durent se soumettre à Canute-le-Grand. Le joug des Danois ne fut pas longtemps supporté, et les Anglais recouvrirent leur indépendance ; mais sous Harold, l'invasion normande, conduite par Guillaume-le-Conquérant, vint leur imposer de nouveaux maîtres. La victoire d'Hastings avait décidé la conquête. Maîtres de l'Angleterre, les Normands en firent le partage, traitant en quelque sorte la contrée comme une province normande ; pendant plusieurs siècles, la langue française devint même la langue officielle du royaume.

Malgré tant de luttes et de guerres, de sérieux efforts avaient été faits en faveur du commerce. Alfred-le-Grand, qui en 872 rebâtit Londres, brûlé par les Danois, encouragea le commerce et la navigation, soit en faisant construire des navires, soit en prêtant aux marchands (1). Athelstan (925-944) permit de faire sans témoins

---

(1) VOLTAIRE (*Essai sur les mœurs*) dit même qu'Alfred-le-Grand envoya un

les ventes au-dessous de 20 deniers (1) et pour rendre plus fréquents les rapports avec les villes méditerranéennes, accorda le privilège de *thane* (2) à tout marchand ayant fait trois de ces voyages. Sous Ethelred II, un certain trafic maritime existait, tout au moins à Londres, car des lois furent faites pour fixer les droits que paieraient les navires à Billingsgate, dans le port de Londres, alors le seul quai et le plus convenable comme étant proche du pont de bois qui existait alors.

Londres n'avait, du reste, cessé de croître ; William de Malmesbury, qui écrivit sous Guillaume-le-Conquérant, en parle comme d'une noble cité, fréquentée par les marchands de toutes les parties du monde. Il y a certainement là une exagération évidente, mais on peut admettre qu'à cette époque Londres était déjà une ville riche et populeuse.

En 1070, une charte de Guillaume-le-Conquérant accorda de grands privilèges aux ports de Hastings et de Hythe. Déjà, sous Édouard le confesseur, de semblables privilèges avaient été conférés à Dower, Sandwich, Romney. De là vient la dénomination des *cinque ports* qui figure dans un grand nombre de documents des siècles suivants. Enfin, en 1073, Newcastle sur Tyne était fondée,

---

vaisseau tenter de trouver un passage aux Indes par le Nord de l'Europe et de l'Asie. Cunningham (*Growth of English Commerce and Industry*) mentionne également le voyage aux Indes de Sigelm, évêque de Sherborne, mais en émettant quelques doutes sur sa réalité

(1) Lois d'Ine, sect. 56. Tous achats et ventes devaient se faire en ville devant le *gerefa* et deux ou trois témoins, qui, d'après la loi anglo-saxonne, avaient un caractère public. Ils étaient élus et assermentés, pour servir de témoins dans tout achat .. Il était défendu de faire un marché ou d'acheter quelque chose hors de la ville (civitas) dans un rayon de 3 milliaria (Zézas, *Essais historiques sur la législation d'Angleterre*).

(2) Thane, classe supérieure. On distinguait les thanes majeurs, placés sous la dépendance du roi, et les thanes mineurs, qui se trouvaient sous l'autorité directe du seigneur intermédiaire (E. Glasson, *Histoire du Droit et des Institutions politiques de l'Angleterre*).

et ses nombreuses mines de charbon donnaient rapidement lieu à un commerce important.

Mais, en dehors des effets produits par la conquête, une même cause en France et en Angleterre arrêtait les progrès du commerce. L'invasion normande avait établi la féodalité avec ses multiples conséquences. Les siècles suivants, en donnant plus de liberté et de sécurité, allaient permettre au commerce de prendre un vigoureux essor.

CHAPITRE II.

Des Croisades à la Guerre de cent ans.

Les Croisades ne furent pas seulement un fait remarquable au point de vue religieux et militaire; elles eurent sur le commerce une influence considérable. Le contact avec la civilisation raffinée de l'Orient allait faire naître de nouveaux besoins, en même temps que les expéditions avaient fait connaître des pays ignorés jusqu'alors, ou connus seulement par les récits de rares voyageurs. Le transport, le ravitaillement de nombreux Croisés donnèrent naissance à de grandes opérations commerciales, dont le plus grand bénéfice fut, à vrai dire, pour les républiques italiennes; mais la navigation et le commerce firent en même temps des progrès immenses, dont devaient profiter par la suite les nations de l'Occident, tandis que le grand nombre de contrats que Croisés et pèlerins durent souscrire, commença à faire comprendre et apprécier l'importance du droit.

L'industrie ne profita pas moins que le commerce de ces expéditions en terre sainte. Avec les Croisés marchaient des hommes exerçant un métier ou une profession mécanique, et qui, au fur et à mesure de la marche des armées chrétiennes, trouvaient le moyen de connaître les secrets industriels qu'ils ignoraient encore. A Damas ils apprenaient à travailler les métaux et les tissus, ils trouvaient en Orient des manufactures de camelot. Les verreries de Tyr aidaient au perfectionnement des fabriques de Venise, tandis que l'introduction du mûrier en Italie, de la canne à sucre en Sicile, du maïs, apportaient les éléments de nouvelles richesses.

Mais les Croisades influèrent sur le commerce d'une tout autre manière encore. Alléchés par l'espoir de gains considérables, de seigneuries immenses conquises par leur valeur, les nobles, barons, comtes ou princes, possédant un fief ou une province, laissaient volontiers leurs possessions dans l'espoir d'en conquérir de plus considérables encore. Godefroi de Bouillon vendit la seigneurie de Stenay à l'évêque de Verdun, et engagea la seigneurie de Bouillon à l'évêque de Liège ; Robert de Normandie engagea son duché à son frère Guillaume d'Angleterre ; Richard Ier vendit pour 10.000 marcs le vasselage de l'Écosse et les forteresses de Roxburgh et de Berwick; et ces exemples étaient suivis. Certains seigneurs, ne pouvant ou ne voulant engager leurs fiefs, accordèrent contre argent des chartes de commune, d'incorporation, et secondèrent ainsi le mouvement commencé déjà, et qui allait donner aux bourgeois et aux artisans une situation moins précaire et un peu plus de liberté.

Le mouvement communal avait commencé avant les Croisades. Sans parler des villes du Midi, dont plusieurs avaient maintenu, à travers les siècles, une partie de leurs privilèges, tandis que d'autres, Arles, Marseille, Toulouse, Narbonne, conservaient au moins des corps municipaux délibérant et traitant avec les seigneurs, le Nord principalement avait conquis certaines prérogatives. Le pacte d'Amiens et de Corbie (vers 1025), avait montré un nouvel aspect des confréries ; Le Mans (1072), Cambrai (1076) (1), avaient courageusement lutté pour la commune, et battus, rançonnés, pillés, ses bourgeois avaient continué à revendiquer leurs droits ; à leur exemple, Beauvais, Laon, Amiens, Noyon et d'autres encore firent valoir leurs revendications. Mais tandis qu'au début ce n'était qu'au prix de luttes sanglantes que s'obtenait la charte de commune, ce fut ensuite au moyen de dons, de redevances, de prêts, qu'elle fut accordée, et c'est avec bonheur que les bourgeois sacrifiaient une partie de leur fortune pour acquitter la rançon de leur liberté (2).

---

(1) Une révolte ayant le même but avait déjà eu lieu à Cambrai en 957.
(2) Voir à ce sujet : C. Leber, *Essai sur l'appréciation de la fortune privée au moyen-âge.*

Ce mouvement ne fut pas spécial à la France. Les rois anglo-normands, qui avaient besoin des grandes villes de Normandie, leur accordèrent bientôt les chartes qu'elles leur demandaient; sans donner à leurs sujets anglais une liberté aussi grande, ils reconnurent et augmentèrent même les privilèges qui existaient déjà. La charte donnée à Londres par Guillaume-le-Conquérant porte que les bourgeois seront traités comme du temps d'Édouard, et par la suite, d'autres chartes furent accordées aux villes ayant des Ghildes de marchands ou négociants.

« En Angleterre, le mot Ghilde fut d'abord employé seulement
» pour le corps ou communauté d'une cité ou d'une ville, ou à un
» corps ou communauté religieux. (Il y avait des Ghildes ecclésias-
» tiques aussi bien que séculières). Nous trouvons ensuite le corps
» des marchands ou négociants d'une ville appelé *Gilda mercato-*
» *rium*, et le premier dignitaire usuellement appelé *Alderman de*
» *la Ghilde des marchands*, à peu près le même que le dignitaire
» qui est appelé à présent *Doyen de Ghilde* dans les bourgs royaux
» d'Écosse.

» Par la suite, les villes de négoce augmentant en population,
» les détaillants et artisans des grandes villes obtinrent des chartes
» pour incorporation, c'est-à-dire pour augmenter et monopoliser
» toutes les affaires de leur ville, à l'exception des *non incorporés*,
» et ces associations prirent le nom de Ghildes, fraternités, ou corpo-
» rations.

» Enfin une dernière espèce de Ghilde était la Ghilde adultérine,
» c'est-à-dire établie sans autorisation du roi » (1).

Le mouvement communal eut en France, pour corollaire, le développement des corporations, analogues aux Ghildes de l'Angleterre. On trouve des traces de ces associations dès la fin du IXe siècle; un capitulaire du roi Carloman (884) les défend; le privilège accordé par Louis VII (1121) à la corporation des marchands de l'eau à

---

(1) ANDERSON, *History of commerce*.

Paris, s'appliquait à une corporation déjà ancienne et qui, peut-être, n'était autre que celle des Nautes Parisiens que l'empire romain avait instituée. Au XIIe siècle, on ne savait plus à quelle date remontait l'origine de la corporation des bouchers ; les statuts des Chandeliers datent de 1061, et les corporations des Savetiers, Baudroiers, Sueurs (cordonniers), Mégissiers et Boursiers, dont en 1160 Louis-le-Jeune concéda la maîtrise à la femme d'Yves, existaient bien avant cette époque. En 1135, la corporation des Savetiers de Rouen existait déjà.

Pourtant ce n'est que vers la fin du XIIe siècle que le mouvement corporatif prend une réelle importance, chaque métier cherchant à obtenir, à prix d'argent toujours, cette incorporation qui le mettait à l'abri des caprices du seigneur et de ses officiers. Communes au petit pied, elles établissent d'abord les droits de leurs membres, et plus tard viennent revendiquer les droits de la cité ; le mouvement communal, qui détermina la formation des corporations, eut ensuite en elles un stimulant et un appui.

Ces associations, corporations ou Ghildes, furent utiles au commerce, surtout à leur début; mais il faut pourtant reconnaître leur esprit d'exclusivisme, qui plus tard, en France surtout, devait porter de si funestes fruits. Rigoureusement délimitée, la corporation n'avait en vue que l'intérêt de ses membres, et quand elle servit aux progrès du commerce, ce fut d'une manière inconsciente, et parce que ces progrès se liaient intimement avec ses intérêts. En France, comme en Angleterre, l'étranger, c'est-à-dire le marchand ou l'artisan ne faisant pas partie des citoyens de la ville ou de la corporation, était l'ennemi qu'il fallait combattre, et envers lequel toutes les vexations étaient permises. Le Midi, cependant, montrait une tolérance plus grande, et sans arriver encore à la liberté commerciale, était moins égoïste, plus hospitalier envers les étrangers.

Pendant que s'accomplissaient ces transformations, que serfs et seigneurs allaient guerroyer en Palestine, les luttes continuaient en France et en Angleterre. Guerres avec l'Écosse, avec l'Irlande, guerre avec la France, poursuivie avec des alternatives de succès et de revers, suspendue par des trêves, des traités de paix, violés aussitôt que l'un des deux pays y trouvait avantage, mais laissant des ruines et semant entre les deux nations des germes de haine qui devaient aboutir à la terrible guerre de cent ans ; révoltes populaires, et dans l'un comme dans l'autre pays, lutte de la royauté contre les grands vassaux, aboutissant, en France, à consolider, à affermir l'autorité et la suprématie royales, alors qu'en Angleterre l'union des barons et de la bourgeoisie obligeait le roi Jean à signer la grande charte (1215) qui consacrait les privilèges et les immunités de la noblesse, mais stipulait en faveur des bourgeois et du peuple des prérogatives maintenues avec un soin jaloux et qui, dans l'avenir, devaient amener l'émancipation de la nation entière.

Ces guerres continuelles n'étaient pas encore le plus grand obstacle au développement des opérations commerciales. En dehors des péages auxquels il fallait se soumettre, les seigneurs s'arrogeaient trop souvent le droit de rançonner et piller à leur gré les marchands qui passaient sur leurs terres (1). Cependant, dès 1256, St-Louis rendait le seigneur responsable des vols commis sur les routes dont il avait la garde, mais ce furent surtout les associations commerciales, constituées pour la défense des intérêts de leurs membres, qui, ayant acquis assez de force et d'influence pour se faire respecter, parvinrent à faire établir une protection efficace pour les marchands voyageant en divers pays. Par la suite, l'énergie des comtes de Champagne, secondés du reste par l'autorité royale, parvint à assurer une sécurité à peu près complète aux marchands qui se rendaient aux foires.

En Angleterre, le désordre était plus grand encore ; les villes

---

(1) Grégoire VII accusa le roi Philippe Ier d'avoir dépouillé des marchands italiens qui se rendaient à la foire de St-Denis. Thomas de Marle, un des héros de la première croisade, un des ancêtres de la puissante maison de Coucy était, à ses heures, voleur de grand chemin (PIGEONNEAU, *Les grandes époques du commerce de la France*).

mêmes n'offraient qu'une sécurité relative. « On voyait fréquem-
» ment à Londres les fils et les parents des citoyens les plus consi-
» dérables, former entr'eux une confédération réprouvée par les
» lois, quelquefois au-delà de cent, fondre sur les maisons riches
» pour les piller, voler et assassiner les passants, et commettre avec
» impunité les plus grandes horreurs » (1). Sous Henri II (1189),
un nommé John Senex, d'une des plus riches et des meilleures
familles de Londres, fut exécuté comme coupable de vol et d'assassinat, et sous Richard Ier, l'enquête commencée sur les actes de
brigandage commis envers les Juifs fut arrêtée, tant était grand le
nombre d'habitants notables qui auraient dû être englobés dans les
poursuites. La chronique de Dunstable dit que sous Henri III, personne n'était en sûreté dans sa maison. En 1249, deux marchands
du Brabant, dépouillés de tous leurs effets par des voleurs, étant
venus se plaindre au roi, il fut reconnu que plusieurs officiers de la
maison royale étaient complices du vol. En 1264, Leicester fut
convaincu d'être le complice des pirates des *cinque ports* qui, pendant la révolte contre Henri III, avaient par leurs agissements, banni
tous les négociants des côtes et des ports de l'Angleterre.

La question monétaire offrait un obstacle aussi grand aux progrès
du commerce ; avec le développement du régime féodal, chaque
seigneur, pour ainsi dire, s'était arrogé le droit de battre monnaie à
son effigie, cherchant dans cette opération non à satisfaire aux
besoins du commerce, mais bien à réaliser le plus grand bénéfice
possible. Seules quelques monnaies, les deniers provinois, les tournois, les angevins, les roumois, les parisis, conservaient une valeur
réelle, et avec les ducats, les florins d'or d'Italie, les monnaies d'or,
agnels, royaux, parisis d'or, frappés depuis St-Louis, étaient reçus
partout avec faveur ; les autres n'étaient qu'un billon d'argent et de
cuivre, dont la circulation ne pouvait guère dépasser les limites de
la seigneurie où se trouvait l'atelier monétaire. L'autorité royale

---

(1) HUME, *Histoire d'Angleterre.*

avait pourtant cherché à remédier à un tel état de choses; en 1262, un édit de St-Louis pose en principe que la monnaie royale aura cours forcé dans tout le royaume, les types royaux étant réduits à deux, les parisis et les tournois. Philippe-le-Bel prétend interdire aux barons du domaine la fabrication de la monnaie d'or et d'argent et de toute monnaie valant plus d'un denier; en 1315, une ordonnance de Louis X réduit à 31 le nombre des prélats ou des barons du domaine autorisés à battre monnaie. L'unité monétaire existait, mais les rois, à leur tour, allaient donner l'exemple des altérations monétaires les plus scandaleuses; en une seule année (1305), Philippe-le-Bel changeait cinq fois le titre et le poids du numéraire, et pendant la guerre de cent ans, tout cela était encore largement dépassé (1).

En Angleterre, les altérations semblent moins fréquentes, et les types monétaires moins nombreux qu'en France. Cependant peu après son avènement au trône, Henri II règle le titre de l'argent monnayé, fort altéré par son prédécesseur; en 1264, St-Louis prohibe les sterlings et autres monnaies anglaises fabriquées par Henri III. Mais peut-être cette fixité plus grande dans la valeur des monnaies provient-elle de ce que, à cette époque, la circulation monétaire était en Angleterre moins considérable qu'en France. Jusqu'au milieu du XIIe siècle, les rentes dues au roi lui étaient payées en nature (2); en 1340, le Parlement offrait à Henri III vingt mille sacs de laine pour l'aider dans la guerre contre la France (3), alors qu'en 1343 Philippe-le-Bel négociait pour

---

(1) Au XIIIe et même au XIVe siècles, un grand nombre de contrats stipulaient le paiement en marcs d'argent fin, de tel et tel poids, et non en espèces.

(2) Les historiens de l'époque saxonne parlent souvent d'une monnaie vivante (*living money*) autorisée par la loi, et qui consistait à payer en esclaves et en bétail (*cattle*) toutes espèces de marchandises mises en circulation (BLANQUI, *Histoire de l'économie politique*).

(3) C'est sous cette forme que furent accordés à Edouard III les plus importants subsides votés par le Parlement, comme étant la seule marchandise anglaise dont on pût tirer de l'argent comptant (HUME, *Histoire d'Angleterre*).

120.000 florins d'or l'acquisition du Dauphiné, et qu'en 1355, l'Assemblée des notables mettait, pour continuer la guerre, 5 millions de livres parisis à la disposition du roi, par l'établissement de nouvelles taxes (1).

Malgré tant de circonstances défavorables, le commerce progressait sans cesse. La guerre n'était plus la seule occupation des seigneurs ; il leur fallait les chevaux de race, les armes éclatantes, les tentes somptueuses pour briller dans les tournois ; à la châtelaine, les riches parures, les étoffes de soie, les fourrures d'hermine. Et pour suffire à ces dépenses, il faut les redevances en argent ou en nature payées par les marchands, demandant par contre des facilités pour leurs transactions. Les bourgeois, à leur tour, enrichis par le négoce, veulent connaître les jouissances du luxe, et viendront plus tard rivaliser avec leurs maîtres.

Plus richement dotées par la nature, mieux fournies de côtes, ayant en outre moins senti les souffrances de l'invasion, les contrées du Midi s'adonnent principalement au commerce. Le Nord, au contraire, cherche dans l'industrie ses plus grandes ressources. Montpellier, où dominaient les institutions les plus libérales, où les Juifs commerçaient librement, où les Sarrazins étaient admis moyennant péage, prend aux XIIIe et XIVe siècles une importance considérable. Déjà en 1160, Benjamin de Tudèle écrit : « Les chrétiens » et les musulmans y affluent de Gharb (nord-ouest de l'Afrique),

---

(1) Quoique pratiquement l'or ait été pendant longtemps le seul étalon monétaire en Angleterre, l'émission de souverains est comparativement de date récente. Aux temps de Henri III, les pièces d'or de la valeur d'environ 10 shillings frappées à Constantinople et connues comme besants, circulaient en Angleterre. Plus tard encore les florences, originairement frappés à Florence étaient en circulation, d'où le nom de « florins ». Dans le règne d'Edouard III fut émis le noble d'or, et sous Edouard IV l'angel et le noble rose ou réal furent suivis par le double réal ou souverains de Henri VII, qui était évalué à 20 shillings et par le laurel de Jacques Ier dont la valeur courante était aussi de 20 shillings. Ce dernier coin fut adopté par Charles II à la Restauration, et fut plus tard appelé guinée (LEONE LEVI, *History of british commerce*).

» de la Lombardie, du royaume de la Grande-Rome, de tout le
» royaume d'Égypte, de la terre d'Israël, de la Grèce, de la France (1),
» de l'Espagne, de l'Angleterre; on y parle toutes les langues avec
» celles des Pisans et des Génois. » Dès 1187 on trouve des consuls
d'outre-mer pour Montpellier, à Tripoli et dans les principales villes
de la Syrie et de l'Égypte, aux foires de Champagne, où ils rendent
la justice aux marchands de Montpellier et du Languedoc. A la
même époque, ces consuls s'établissent à Tyr et à Sidon et obtiennent
le droit d'entrée et de sortie sans payer d'impôt En 1236, Henri de
Lusignan accorde à Montpellier le privilège d'introduire dans ses
ports toutes sortes de marchandises, avec le faible péage d'un *besant*
blanc pour cent (environ 1 %), sans payer même pour ce qu'on
remporterait sans avoir vendu. En 1243, ses marchands sont considérés à Antioche et Tripoli comme sujets du prince ; en 1300, droit
d'entrée et de sortie à Constantinople moyennant 4 besants pour cent,
avec loges et consuls investis de la juridiction civile et criminelle ;
en 1346, mêmes privilèges dans les ports dépendants des Chevaliers
de Rhodes. Traité avec Tunis en 1291, avec le Maroc en 1339.
L'union politique avec les rois d'Aragon lui ouvre le commerce avec
les riches provinces orientales de l'Espagne, Aragon, Catalogne,
Valence, Iles Baléares ; en 1272, Jacques le Conquérant lui accorde
la libre exportation dans toutes ses terres. Mais, tout en s'élevant au
rang des cités maritimes, Montpellier continua à se servir en grande
partie de l'intermédiaire des armateurs de Marseille et de Gênes.

La création du port d'Aigues-Mortes, en 1246, ne causa aucun
tort appréciable au commerce de Montpellier ; le port nouveau,
quoique doté des plus grands privilèges par les rois de France, ne
put détourner le courant commercial jusqu'à l'époque de la réunion
de Montpellier à la France (1349). Dans un but de fiscalité, les vaisseaux furent obligés de prendre la route plus longue d'Aigues-Mortes
où ils acquittaient un péage ; ces mesures, jointes aux désastres de

---

(1) Montpellier dépendait alors des rois d'Aragon.

la guerre de cent ans, ruinèrent le commerce de Montpellier qui ne se releva qu'avec Jacques Cœur.

Narbonne avait des consuls et des comptoirs à Tortose (1148), à Ampurias, à Gênes (1168), à Pise (1174) ; les juifs qui y occupent tout un quartier y ont attiré une partie du commerce du Midi. En 1320, la rupture des digues de l'Aude obligea Narbonne à développer ses relations commerciales, et ses consuls se trouveront alors à Rhodes, en Sicile et en Égypte.

De toutes les villes du littoral méditerranéen, Marseille seule pouvait lutter contre les ports italiens ; les Croisades donnèrent à sa marine un rapide développement. Dès 1117, Marseille avait des exemptions de péages et des priviléges spéciaux dans le royaume chrétien de Palestine ; liée par de véritables traités de commerce et de navigation avec Arles, Montpellier, Nîmes, Nice, Vintimille, Ampurias en Espagne, plus tard avec Gênes et Venise, Marseille a, dès la fin du XIIe siècle, des entrepôts, des magasins, des consuls à St-Jean d'Acre, à Alexandrie, à Bougie, à Ceuta. Les dispositions essentielles du code consulaire seront fixées par les *Statuts de Marseille*, rédigés en 1253, loi intérieure la plus complète sur les consuls, et dont plusieurs dispositions seront reproduites dans les ordonnances de 1681 et 1683. Port d'embarquement des pèlerins de la France, de l'Angleterre et de l'Allemagne, Marseille affrête des bâtiments qui peuvent transporter jusqu'à 1000 passagers. Elle exporte en Italie les laines de la France méridionale, les toiles de Bourgogne et de Franche-Comté ; en Égypte, en Syrie, à Tunis, Bougie et à Ceuta, les bois, les métaux, les vins, les huiles, le safran le pastel du Languedoc et de la Provence, les savons qu'elle fabrique déjà avec succès, les draps écarlates de Montpellier. Ses vaisseaux reviennent chargés des soieries, des tapis, des épices qu'elle tire de l'Orient, des sucres d'Égypte, des cuirs et des laines du Maroc, des cotonnades d'Alexandrie, des céréales de la Catalogne et de la Sicile.

Les Croisades avaient favorisé ou stimulé le développement du commerce des ports de la Méditerranée, d'autres causes avaient provoqué le même mouvement pour les ports de l'autre littoral et de l'Angleterre.

Les Saxons, et après eux les Danois, avaient établi des relations entre l'Angleterre et les pays du Nord. Dès avant la conquête normande, le trafic avec l'Islande était suffisant pour motiver une loi spéciale, pour le règlement de la propriété appartenant à ceux qui mouraient dans cette île; sous Ethelred, des marchands allemands fréquentaient la ville de Londres, et les Flamands venaient en Angleterre chercher la laine dont ils avaient besoin. En 1139, Bristol était déjà un port fameux où se réunissaient les vaisseaux venant de l'Islande et de la Norwège ; 60 ans plus tard, le roi Jean accorde des privilèges aux marchands de Cologne trafiquant en Angleterre. En 1217 est conclu un traité de commerce avec la Norwège ; en 1267, la ligue hanséatique obtient de grands privilèges, et en 1296, les Flamands obtiennent à leur tour des avantages pour leur commerce. En 1310, une lettre d'Édouard II à Haquin, roi de Norwège, relative à des violences subies par des navires anglais, montre qu'à cette époque les Anglais se rendaient dans la Baltique.

Guillaume le conquérant, en attirant les marchands normands et leur accordant des faveurs, accrut les relations avec la France, relations qui s'augmentèrent encore lorsque, par son mariage, Henri II d'Angleterre vint à posséder l'Anjou, la Touraine, la Normandie, le Maine, la Guyenne, le Poitou, la Saintonge, l'Auvergne, le Périgord, l'Angoumois et le Limousin.

Dès le commencement du XIIIe siècle, les marchands de Guyenne avaient obtenu de grands privilèges des rois anglais; Bordeaux devint l'entrepôt de presque tout le commerce des vins de Guyenne et de Gascogne. Les marchands bordelais se rendaient à Londres, où on trouve en 1444 une commande de mille barriques à la fois, à Southampton, Berwick, Hull, Chester, Exeter, Bristol, Dublin. Ils importaient de Londres les grains, viandes, fromages, suifs, peaux de daims, de moutons et de chèvres, l'étain, les poissons de la mer du Nord, les laines d'Ipswick et les draps verts de Lincoln.

Rouen, dont les marchands, en 979, jouissaient déjà à Londres d'une exemption d'impôts, profita largement de la conquête. Les *marchands de l'eau* de Rouen étaient exempts de tout droit, sauf l'impôt royal, à Londres et dans les divers ports de l'Angleterre où ils étaient traités sur le même pied que les Anglais ; eux seuls avaient le droit de faire le commerce avec l'Irlande. Aussi les relations des Rouennais avec Londres, La Rochelle, Bordeaux et Bayonne deviennent-elles très actives. En échange des blés de Normandie demandés en Guyenne, ils prenaient les vins de Gascogne et du Poitou concurremment avec les navires de Bordeaux, et les portaient en Angleterre ; ils revenaient avec des cuirs bruts, de l'étain, du plomb et des fourrures, surtout la martre d'Irlande. En 1091, l'un d'eux, compromis dans une révolte, dut payer une rançon de 3.000 livres, plus de 300.000 francs d'aujourd'hui. Sous le domination française (1204), Rouen perdit le commerce de l'Angleterre, perte compensée en partie par les facilités accordées pour l'exportation des vins de Berry, de Bourgogne, de Champagne. C'est alors que commença entre la *Hanse rouennaise* et la *Hanse de Paris* une lutte commerciale qui ne prit fin qu'en 1382, au profit de Paris. Mais les pertes infligées à Rouen par la diminution de son commerce maritime avaient été amplement réparées par le développement de son industrie, surtout de l'industrie drapière, pour laquelle les laines étaient importées d'Écosse et d'Espagne, à défaut des laines anglaises.

Bayonne commerçait avec l'Espagne et la Flandre, Bordeaux expédiait des vins en Normandie, au port de Rouen, en Bretagne, par Vannes et Redon, en Flandre, par Bruges. Le commerce avec l'Espagne était également florissant ; Édouard II avait accordé de grands privilèges aux marchands de Castille et de Navarre, qui en échange de vins, apportaient des épiceries, drogueries et teintureries, des soieries et des chevaux. La Rochelle rivalise avec Bordeaux pour le commerce des vins, et avec Nantes pour le commerce du sel qu'elle exporte en Flandre, en Angleterre et en Espagne. Nantes exporte le sel des marais de Guérande, les blés et les vins de l'Anjou et de l'Orléanais, les laines du Berry et du Poitou, les fruits de la Touraine, les toiles de Laval et de la Bretagne, et commerce avec le Danemark, la Zélande, l'Allemagne, la Péninsule espagnole. Redon est un des ports les plus fréquentés de la Bretagne ; les Danois, les Norwégiens, les Écossais, fournissent à Rouen des bois, des fourrures de mar're et des faucons de Norwège, les Allemands des métaux bruts, les Zélandais du poisson séché. Royan, Marennes, Brouage, l'île et la ville d'Oléron, Dieppe, Granville, Harfleur, Honfleur, se livraient au trafic du sel.

Pendant cette période, le commerce de l'Écosse et de l'Irlande n'avait qu'une faible importance. On trouve cependant un traité conclu entre sir William Wallace et les villes hanséatiques pour recommencer les échanges, et en Irlande, où le commerce était plus considérable qu'en Écosse, les ports de Dublin, Waterford, Cork et Drogheda avaient déjà une certaine importance.

Le commerce intérieur n'avait pas moins d'activité. Flamands, Allemands, Lombards, étaient établis en Angleterre et y jouissaient de privilèges considérables. C'est par eux que se faisait le commerce d'importation, et que les Anglais recevaient en échange des leurs les produits des pays étrangers; sous Édouard Ier, les marchands florentins étaient aussi receveurs du roi pour les droits sur la laine et le cuir. Dans la grande charte, de même que dans celle signée par Henri III (1258), se trouvent des stipulations en faveur des étrangers commerçant en Angleterre. Cette dernière charte fournit également la preuve qu'à cette époque des négociants anglais commerçaient à l'étranger.

Mais déjà le commerce anglais tendait à être surtout un commerce maritime ; certaines mesures même entravaient complètement son commerce intérieur. Pendant des siècles, son principal article d'exportation fut la laine ; en 1310, Édouard II, dans le but de faciliter la perception de l'impôt sur ce produit, désigna comme ports d'exportation Weymouth, Southampton, Bolton, Yarmouth, Hull,

Ipswich, Lynn et Newcastle, et comme port d'importation (*staple-port*) Anvers, où se trouvaient le mayeur et la communauté des marchands, et où les impôts étaient perçus. Ce port d'importation fut fréquemment changé (1), suivant des convenances souvent plus politiques que commerciales, et pendant longtemps ce commerce fut réservé aux marchands étrangers, à l'exclusion et au grand dommage des marchands de l'Angleterre.

Les premières sociétés anglaises furent dirigées vers le commerce extérieur. La *Société de St-Thomas Becket*, appelée plus tard *Merchants of the Staple of England*, composée au moins au début de marchands étrangers, dont les auteurs croient trouver trace à partir de 1248, et celle connue sous le nom de *Merchants Adventurers of England*, fondée en 1296 par la corporation des merciers de Londres, avaient pour but l'exportation des produits anglais à Anvers contre les étoffes de laine et autres produits de la Flandre.

La France montrait à l'intérieur une activité plus grande. Les marchandises qu'une industrie en progrès offrait de plus en plus, s'échangeaient de province à province. Plusieurs villes, non seulement des environs, mais plus éloignées, — Lagny, St-Denis, Gonesse, Pontoise, Amiens, Douai, Beauvais, — avaient leur place réservée aux halles de Paris et payaient un loyer au Roi.

Les associations commerciales s'étaient multipliées. Les unes, comme la Hanse Parisienne (marchandise de l'eau), la Hanse de Rouen, la Jurande de Bordeaux, la Batellerie d'Orléans, d'Angers, de Saumur et de Nantes, qui au XIVe siècle formeront la grande communauté des *marchands fréquentant la rivière de Loire et fleuves descendants en icelle*, sont des compagnies investies d'un monopole ; d'autres, à l'imitation des Italiens, comprendront les marchands d'une même ville, et comme à Montpellier, seront conduites dans les foires par un capitaine nommé par les consuls de la

---

(1) Le *Staple* fut momentanément aboli en 1328, par acte du Parlement.

commune : les marchands en gros, plus dispersés, se grouperont par provinces et diocèses, formeront une sorte de noblesse marchande, et éliront, dans chaque circonscription, un *roi des merciers* (1) dont les fonctions seront analogues à celles des capitaines ou consuls des marchands ultramontains. Reconnu par le pouvoir souverain, il était également le gardien des privilèges et des règlements de l'association et son représentant officiel auprès des dépositaires de l'autorité publique. On retrouve cette institution en Languedoc, en Auvergne, en Berry, en Savoie, en Franche-Comté, à Paris, à Reims.

Des villes s'associaient aussi pour le commerce. A partir du XIIe siècle, les villes où les drapiers forment une corporation reconnue ont organisé une association sous le nom de *Hanse de Londres*, pour le commerce des laines en Angleterre, la fabrication et la vente des draps. Elles s'engagent à fabriquer leurs draps à l'aune de Champagne, à se faire représenter aux foires, à ne vendre leurs produits en gros pour l'exportation ou à ne les conduire dans une autre foire qu'après les avoir exposées dans une des foires de Champagne. Elles sont dix-neuf au commencement du XIIe siècle : Bruges, Ypres, Lille, Cambrai, Douai, Tournai, Huy, Gand, Valenciennes, Bailleul, Poperinghe, Orchies, Arras, Saint-Omer, Saint-Quentin, Péronne, Montreuil, Amiens et Abbeville ; plus tard on en comptera 29 d'abord, 50 ensuite, parmi lesquelles Paris, Rouen, Caen, Bernay et Louviers.

Les marchés servaient à l'approvisionnement des villes, mais les foires étaient les véritables réunions commerciales. Le nombre des foires était très considérable ; chaque ville en avait annuellement une ou plusieurs, dont les seigneurs et les bourgeois percevaient les revenus. Au XIIIe siècle, les plus célèbres étaient en France la foire

---

(1) Les merciers grossiers (marchands en gros), trafiquaient de toutes marchandises, depuis la coutellerie, la quincaillerie, la gainerie jusqu'aux épices, à la droguerie, au papier, aux étoffes. (Voir *Le dit d'un mercier*, cité par Depping, *Introduction aux registres des métiers.*)

du Lendit, la foire de Beaucaire et les foires de Champagne ; en Angleterre celles de Cambridge. Ces dernières étaient au nombre de quatre ; la première, appartenant au prieur de Barnewell, était tenue pour quatre jours de la veille de St-Jean-Baptiste, et subsiste encore comme foire de mi-été ; la seconde, qui existait encore au XIXe siècle, appartenait à la prieure et aux nonnes de Ste-Radegonde, et durait deux jours à partir de la fête de l'Assomption ; la troisième, appartenant au maître du Lepers' Hospital, était tenue la veille et le jour de la Sainte-Croix, et survit dans la foire de Stourbige ; enfin la quatrième, tenue le jour des Rogations, appartenait aux bourgeois. La plus grande partie du commerce de la contrée se faisait à ces foires qui, dit-on, rivalisaient comme importance avec celles de Nidgi-Novogorod (1).

La foire du Lendit, dont on faisait remonter l'origine à l'ancienne foire de Dagobert, commençait le 11 juin et durait 15 jours. Chaque ville (2), chaque profession y avait sa place réservée. C'est là que l'Université faisait ses provisions de parchemin, que chacun, riche ou pauvre, effectuait ses achats, que s'étalaient les merceries, les fourrures, les draps, les riches objets d'or et d'argent à côté des chevaux et des bestiaux. La foire était en même temps une occasion de fêtes auxquelles les gens de Paris accouraient prendre part.

La foire de Beaucaire, instituée en 1217 par Raymond, comte de Toulouse, servait surtout à l'écoulement des produits de l'industrie du Midi. Beaucaire était déjà en 1250 le rendez-vous des marchands de Barcelone, de Gênes, de Venise, de Constantinople, d'Alep, d'Alexandrie, de Tunis et du Maroc, venant échanger les marchan-

---

(1) Pour les foires de l'Angleterre, et notamment pour les foires de Cambridge, consulter : CORNÉLIUS WALFORD, *Fairs, Past and Present*.

(2) Voici les principales villes dans l'ordre qu'elles occupaient : Paris, Provins, Rouen, Gand, Ypres, Douai, Malines, Bruxelles, Cambrai, Montcornet, Maubeuge, Avesnes, Nogent-le-Rotrou, Dinant, Caen.... Louviers.... Vernon, Chartres, Beauvais, Évreux, Amiens, Troyes, Sens, Montreuil, St-Omer, Lille... Meaux, Lagny. (LEVASSEUR, *Histoire des classes ouvrières*.)

dises de l'Italie et de l'Orient contre les vins, les toiles, les draps, les laines du Languedoc et celles qui, par Bordeaux et La Rochelle, arrivaient d'Angleterre. Mais, de toutes les foires, les plus importantes étaient sans contredit celles de Champagne.

Ces foires étaient au nombre de six et se tenaient : à Lagny, le 2 janvier ; à Bar, le mardi avant la mi-carême ; à Provins, en mai, le mardi avant l'Ascension ; à Troyes (foire de St-Jean), dans la première quinzaine de juillet ; à Provins (foire de St-Ayoul), le 14 septembre ; et à Troyes (foire de St-Remy), le lendemain de la Toussaint. Elles avaient une législation spéciale ; les marchands qui s'y rendaient jouissaient du *conduit* de la foire ; ils étaient placés sous la sauvegarde du Comte qui avait conclu des traités avec le roi de France et le duc de Bourgogne (1).

La juridiction et la haute surveillance des foires appartenaient à des *maîtres* ou *gardes des foires*, nommés par tous, sujets du royaume ou étrangers, et qui faisaient la police à l'aide de sergents à pied et à cheval, sanctionnaient les contrats de vente, exerçaient la justice des foires, et rendaient des arrêts dont on n'appelait qu'au Parlement (2). Le prêt à gros intérêts, proscrit partout ailleurs avec la plus grande sévérité, y était autorisé. Les créances étaient entourées de plus de sécurités encore que sur les autres marchés. Il était permis de saisir les biens du débiteur, de sa caution ou de ses compatriotes. Le marchand qui refusait d'acquitter sa dette était flétri et ne pouvait reparaître avant de s'être libéré (3). Aussi le sceau

---

(1) Lorsque des marchands étaient dévalisés par des étrangers, l'exclusion était prononcée contre les marchands du pays auquel appartenaient les coupables, tant que satisfaction n'était pas obtenue. Ce moyen dut être employé plusieurs fois. En 1327, après 12 ans de chicanes et de résistance, le duc de Lorraine, Frédéric IV, dut rembourser 1.000 livres tournois extorquées par un de ses serviteurs à un marchand italien.

(2) Ce droit fut sanctionné par de nombreuses ordonnances : 1261, 1294, juillet 1311, juin 1317, mai 1327, décembre 1331, juillet 1344, août 1349. (Ernest GENEVOIS, *Histoire critique de la Juridiction consulaire*.

(3) Dans son ouvrage, *Fairs, Past and Present*, M. CORNÉLIUS WALFORD,

des foires de Champagne sur un contrat de vente était-il une garantie précieuse qu'on cherchait à obtenir, même frauduleusement.

Les marchandises les plus diverses s'échangeaient dans ces foires; on y rencontrait les draps du Languedoc, de Milan et de Florence, d'Augsbourg, de Bâle, à côté de ceux de la *Hanse de Londres*; les tapis d'Amiens, d'Arras, de Lille, les cotonnades du Levant, de l'Italie, de l'Espagne et du Languedoc, les mousselines de l'Inde, les soieries de Gênes, de Venise, de Lucques, de Lombardie et d'Orient, les toiles de la Flandre, de la Normandie, de la Bourgogne, de la Souabe et de la Bavière, les cuirs de l'Espagne et du Maroc et les imitations plus ou moins réussies de la Flandre, de la Champagne et de l'Allemagne, les pelleteries allemandes et orientales, les fourrures apportées de Novogorod par les Hanséates, les épices, drogueries, indigo, garance, pastel, safran, alun, cire, suifs et graisse, sel, soie brute, chanvre, lins filés, des chevaux, des bestiaux. Ce sont les représentants des diverses provinces de France, à l'exception de la Bretagne, de l'Anjou et de la Gascogne, ceux de l'Italie, de la Savoie, de l'Espagne, de la Galice, des pays allemands de la rive gauche du Rhin, de l'Allemagne méridionale, qui se rencontrent là avec des Anglais, des Provençaux et des Écossais (1).

Les changeurs étaient représentés dans ces foires; c'était à leur modeste boutique que venaient aboutir les transactions, c'est au changeur qu'on confie les fonds à faire valoir, à lui aussi qu'on s'adresse pour les prêts au taux autorisé de 5 % pour deux mois.

---

reproduit quatre lettres échangées de septembre 1299 à août 1300 entre les *Gardes de foires* et le *Mayor* de Londres, au sujet d'une dette contractée aux foires de Champagne par des marchands anglais, et dans lesquelles la saisie et vente des biens des débiteurs est réclamée.

(1) Les guerres entre les rois de France et les comtes ou bourgeois des Flandres amenèrent la ruine des foires de Champagne. Troublés dans leurs transactions, les Italiens et les Allemands cherchèrent à communiquer directement avec la Flandre, les uns par mer, les autres par le Rhin. A partir de 1325 une flotte vénitienne de 15 navires ira chaque année en Flandre. La désertion des Italiens et des Allemands amena celle des autres étrangers.

Formés en compagnies puissantes, les Lombards, nom générique sous lequel on désignait les négociants italiens, et qui par la suite s'appliqua aux banquiers seuls, disputaient aux juifs, depuis la fin du XIIe siècle, le commerce des métaux précieux. Pendant toute la période féodale, les juifs avaient été les maîtres du commerce en général ; c'est par eux que s'opérait le trafic des denrées de l'Orient, des fourrures du Nord, en même temps que le commerce de l'argent monnayé et des lingots, et les opérations d'usure, que les lois de l'Église interdisaient aux chrétiens. Il n'était pas rare non plus de voir les princes contracter des emprunts aux banquiers juifs pour rétablir leurs finances délabrées. Les pèlerinages, en établissant des relations directes avec l'Orient, portèrent un premier coup au monopole des juifs ; les Croisades vinrent ensuite multiplier ces relations. Cependant, peu à peu, les juifs ressaisirent leur ancienne prépondérance ; commerçants infatigables, on les trouve partout. Le Midi leur doit en partie sa prospérité, mais on les voit aussi s'établir à Paris, à Rouen, en Angleterre, rendant des services méconnus alors, mais cependant réels. « Les juifs firent le commerce, parce qu'il leur fut
» rarement permis de faire autre chose, et d'exercer leur industrie
» avec sécurité. Tandis que la multiplicité des péages et la tyrannie
» des seigneurs féodaux rendait toute spéculation impossible, hormis
» celles des petits marchands des bourgs et des villes, les juifs, plus
» hardis, plus mobiles, songeaient à des opérations plus vastes et
» travaillaient en silence à lier les continents, à rapprocher des
» royaumes. Ils esquivaient les barrières et les donjons, cachant
» soigneusement, sous des apparences misérables, leur opulence
» réelle et le secret de leurs transactions. Ils allaient chercher à de
» grandes distances, et mettaient à portée des consommateurs aisés
» les produits peu connus des pays les plus reculés. A force d'errer
» et de courir de contrée en contrée, ils avaient acquis une connais-
» sance exacte des besoins de toutes les places ; ils savaient où l'on
» devait acheter et où l'on pouvait vendre : quelques échantillons et
» un carnet leur suffisaient pour leurs opérations les plus impor-

» tantes. Ils correspondaient entre eux sous la foi des engagements
» que leur intérêt les obligeait de respecter, en présence des enne-
» mis de toute espèce dont ils étaient entourés. Le commerce a
» perdu la trace des inventions ingénieuses qui furent le résultat de
» leurs efforts ; mais c'est à leur influence qu'il doit les progrès
» rapides dont l'histoire nous a signalé le phénomène brillant au
» milieu des horreurs de la nuit féodale (1). »

Pour faire leur commerce, les juifs devaient acquitter des droits élevés. Les seigneurs les favorisaient, non par égard aux services rendus, mais à cause du revenu qu'ils rapportaient. Le juif est un fief, une véritable propriété qui se transmet, qui se vend, qui s'échange, et dont le propriétaire est très jaloux. Au XIVe siècle, un seul juif de Rouen, Samuel Viole, rapporte 300 livres par trimestre au roi Philippe IV (2).

Bien des fois les juifs durent acheter à prix d'argent les faveurs royales et l'appui des grands. En 1009, Regnard, comte de Sens, leur avait vendu un asile à prix d'or. Chassés par Philippe Auguste (1180), ils rentrent en France quelques années après, moyennant finance et sur les supplications des comtes, barons, archevêques et évêques, gagnés par les présents des malheureux proscrits. Bannis de nouveau en 1252, ils sont rançonnés pendant toute la fin du XIIIe siècle ; Philippe le Bel les bannit ou les rappela, au fur et à mesure que l'état de ses finances rendait nécessaire une nouvelle confiscation. Le fanatisme religieux, qui en 1210 livrait le comté de Toulouse au sanguinaire Simon de Montfort, devait s'exercer contre les juifs. Non seulement tout commerce est interdit avec eux, un costume spécial leur est imposé, mais en 1010-1016 une persécution sanglante anéantit toutes les communautés israélites de

---

(1) BLANQUI, *Histoire de l'Économie politique.*

(2) Il reste de Philippe de Valois deux lettres, non datées, dans lesquelles le comte d'Alençon, son père, lui vend « heritablement » tous les juifs de ses terres pour vingt mille livres tournois. (CHALLEMEL, *Mémoires du peuple français.*)

France, mais ils sont massacrés à Mantes-sur-Seine (1192), en 1315 à Tours et à Chinon, brûlés, égorgés ou exilés par Philippe V, en 1321, pour avoir, disait-on, empoisonné les fontaines de concert avec les lépreux ; ils sont tour à tour poursuivis comme usuriers, comme hérétiques, comme sorciers, empoisonneurs ou enchanteurs. En 1239, on trouve dans l'assise de Bretagne une disposition atroce, en vertu de laquelle il était défendu d'informer contre quiconque tuerait un juif. En 1234, St-Louis rend une ordonnance libérant d'un tiers de leurs dettes tous les débiteurs des juifs ; Louis le Hutin leur permet de faire rentrer leurs créances, à condition de lui en payer les deux tiers (1).

En Angleterre, les mêmes causes produisent les mêmes effets. Henri II avait protégé les juifs, et avait été pour cela violemment attaqué ; au couronnement de son fils, des juifs s'étant présentés porteurs d'un riche présent, malgré la défense qui leur en avait été faite, leur fuite devant les huées fut le prétexte d'un massacre et d'un pillage général ; l'exemple donné par Londres fut suivi par les autres villes d'Angleterre. Édouard Ier (1275) en fit pendre à la fois 208 à Londres comme faux monnayeurs, sans compter ceux qu'on punit dans les diverses provinces du royaume ; et en 1290, il bannit les 15.000 juifs qui habitaient l'Angleterre, confisquant leurs biens, et ne leur laissant que la somme nécessaire au transport de leurs bagages en d'autres pays. « Mais les habitants des *cinque ports*, » imitant l'hypocrisie barbare et l'avidité de leur souverain, enle- » vèrent aux juifs la chétive ressource qui leur restait, et en jetèrent » même plusieurs à la mer, crime que le roi, qui voulait avoir seul » le droit de piller impunément, fit punir d'une peine capitale (2). »

Tant de persécutions, d'exactions et de rapines avaient affaibli

---

(1) Les Juifs financèrent dans les coffres du roi 122.500 livres pour obtenir cette permission.

(2) Hume, *Histoire d'Angleterre*.

les Juifs et les Lombards que les Caorsins (1), purent à leur tour s'emparer du commerce de l'argent. Non sans vexations ni sans rapines. En 1256, cent cinquante banquiers, tous appartenant à la ville d'Asti, furent arrêtés, expulsés de France, et leur capitaux confisqués à concurrence de 800,000 livres. En 1268, les banquiers et changeurs lombards que l'exemple des Astésans n'avait pas arrêté sont chassés par ordre du roi. En 1277, Philippe le Hardi fit arrêter comme usuriers, en un seul jour, tous les banquiers et trafiquants italiens, et les força de se racheter à prix d'or, leur extorquant ainsi environ 1,500,000 livres.

Les marchands italiens n'en font pas moins des progrès rapides.

En 1272, on les trouve établis en Bretagne, à Guingamp, à Dinan, à Quimper, à Quimperlé, à Rennes et à Nantes; en Aquitaine, à Bordeaux, à Agen, à Cahors. Ils ont leur domicile permanent aux foires de Champagne. En 1278, un accord entre les représentants du roi de France et le capitaine de l'*Université des marchands lombards et toscans* règle le transport du siège de leur communauté de Montpellier à Nîmes: ils y jouiront des mêmes avantages que les marchands de Paris; ils y auront des consuls comme aux foires de Champagne et pourront résider et circuler librement dans toute la sénéchaussée de Beaucaire. Les banques italiennes fontionnent à Rouen au temps de St-Louis; sous Philippe III, les Italiens sont maîtres du change et de presque tout le haut commerce; deux d'entre eux deviendront, sous Philippe IV, les administrateurs des finances royales, les banquiers du Trésor. Ce fut à eux qu'on dut en France l'établissement des *fermes*, qui furent un des fléaux du peuple jusqu'à la chute de la royauté.

Les Lombards étaient à la fin du XIIIe siècle prépondérants en

---

(1) Ainsi nommés soit parce que les habitants de Cahors furent les premiers chrétiens adonnés au commerce de la banque, soit à cause de la célèbre famille *Corsini* de Florence, ou peut-être parce que les habitants de Caours, en Piémont, formaient un centre important de l'industrie de l'argent.

Angleterre, et donnaient leur nom à un des quartiers de Londres.

Français et Anglais ne gagnèrent rien à la substitution des Lombards aux Juifs ; à en croire même la chronique rimée de Geoffroy de Paris, les conditions des Juifs étaient moins onéreuses; cependant les Lombards rendirent au commerce en général un signalé service. Chrétiens, citoyens de Milan, de Plaisance, de Lucques, de Florence, de Sienne, villes importantes, capables de faire respecter leurs bourgeois, les Lombards n'étaient point, comme les Juifs, séparés de la Société par une barrière infranchissable. A la longue ils admirent des nationaux de l'un et de l'autre pays dans leurs associations, ils se fixèrent pour toujours dans leur patrie d'adoption, et y faisant souche de commerçants, de changeurs, de banquiers, vinrent compléter l'éducation commerciale de la France et de l'Angleterre.

Est-ce à eux, est-ce aux Juifs, que l'on doit l'introduction de la lettre de change. Il est certain que les Athéniens connaissaient au moins la forme élémentaire de la lettre de change ; les Romains la connurent sous cette forme, et si des documents certains ne nous sont pas parvenus, c'est que, comme tous les commerces, la banque se faisait d'après un règlement intérieur connu des initiés seuls, règlement non écrit et qui par suite n'est pas parvenu jusqu'à nous.

Cette tradition fut-elle conservée pendant la longue période d'obscurité qui suivit la chute de l'Empire romain, ou les besoins du commerce firent-ils retrouver ce procédé commode ? Il serait difficile de le dire; mais il semble au moins évident que les Juifs, qui trafiquaient dans tout le monde alors connu, ne pouvant, à cause même des persécutions dont ils étaient l'objet, emporter de grandes sommes avec eux, devaient avoir un moyen de ce genre pour effectuer leurs paiements. D'un autre côté les nombreux comptoirs établis par les villes commerçantes de l'Italie ne rendaient pas moins utile l'usage de la lettre de change, au moins dans sa forme élémentaire. On en a fait l'œuvre des Juifs chassés de France, ou des Guelfes ou des Gibelins chassés de Florence ; il est probable que les uns et les autres n'ont fait que profiter d'un moyen qui était alors connu.

Quoiqu'il en soit, on trouve des traces de lettre de change dès le XIII⁰ siècle. Vidari, (*la lettera di cambio*), cite une lettre de change tirée en Italie le 25 août 1199. M. Bernardakis (1), en cite une datant de 1207. Un demi-siècle plus tard, l'usage de la lettre de change était connu même des non commerçants. En 1255, Henri III, ayant à rembourser des marchands de Sienne et de Florence, auprès desquels il avait précédemment négocié un emprunt, fit tirer, sur le conseil de l'évêque de Hereford, Egeblanke, des lettres de change sur les évêques d'Angleterre par les marchands italiens, à concurrence du montant de l'emprunt. Les évêques durent acquitter ces lettres de change, malgré leurs protestations envers ce procédé peu commercial sans doute, mais qui montre quel usage on faisait des lettres de change au milieu du XIII⁰ siècle.

Les taxes que les rois d'Angleterre avaient consenties en faveur des papes, et qui, suivant Mathieu Paris, atteignaient en 1245 la somme de 60.000 marks, étaient au moins en partie payées par le moyen de lettres de change.

En dehors de la facilité nouvelle donnée au commerce, l'introduction des lettres de change eut pour résultat de rendre moins dangereuses les opérations de prêts, en ce sens qu'elles ne tombèrent plus sous le coup des lois contre l'usure, si rigoureuses alors. Par la distinction entre le *cambium minutum*, résultant du change des monnaies, et du *cambium reale*, coût du transport vrai ou supposé des monnaies, les lettres de change servirent à dissimuler les prêts à intérêt, l'emprunteur payant le double transport (*cambium* et *recambium*) de la monnaie qu'il empruntait.

« Mathieu Paris nous donne un très intéressant document d'après

---

(1) La lettre de change dans l'antiquité (*Journal des Economistes*, *mars 1880*). Voici le texte de cette lettre de change, tel que l'indique M. Bernardakis, d'après l'ouvrage de M. Lavoix, (*Les banquiers aux Croisades*) « Simon Rubi reconnaît avoir reçu tant de deniers de Gênes, que son frère Guillaume, banquier à Palerme, remboursera en tant de marcs de bon argent à quiconque lui présentera ce billet ».

» lequel nous voyons quel système était employé pour éviter les
» lois sur l'usure. Une somme de 104 marks fut empruntée de
» certains marchands appelés caorsins, le 24 avril, pour être resti-
» tuée sans intérêts le 1er août suivant. Si toutefois la somme n'était
» pas remboursée, à cette date, un intérêt au taux de 10 % pour
» deux mois, (60 % par année), en dehors d'autres charges, com-
» mençait alors : cet intérêt était nominalement le paiement de la
» dépense pour l'envoi et le renvoi de la monnaie ; et par ce moyen,
» les divers canons et règlements contre le prélèvement de l'intérêt
» étaient évités » (1).

Mais petit à petit, grâce à la lettre de change, ces dissimulations deviennent moins nécessaires, et les conditions des prêts moins ruineuses pour ceux qui en avaient besoin.

Avec les progrès du commerce, le droit commercial avait commencé a prendre naissance, en même temps qu'une sorte de droit des neutres. En dehors des chartes et concessions de privilèges aux villes et aux corporations, qui réglementaient l'exercice du commerce intérieur, et dont le *livre des métiers*, rédigé sous St-Louis par Étienne Boileau, est le plus précieux vestige, deux recueils donnèrent sa formule au droit commercial : Le *consulat de la mer*, qui semble publié d'abord à Barcelone, à une date encore inconnue, mais qu'on peut admettre comme comprise entre le XIIe et le XIIIe siècle, et qui devint la base du droit maritime dans la Méditerranée, comme les *Rôles d'Oleron*, compilation anonyme par un greffier de l'île d'Oléron, dont la publication a été attribuée, sans grand fondement, soit à Éléonore, duchesse de Guyenne, soit à Richard 1er, en 1194, servirent dans la mer du Nord. Les droits et les devoirs des patrons, des pilotes et des matelots, les accidents de mer, le jet des marchandises, les avaries, les bris et naufrages, les contrats de nolis, les droits de marque et de représaille, toutes ces questions sont traitées

---

(1) W. Cunningham, *Growth of English commerce and Industry.*

avec une netteté qu'on ne retrouve pas toujours dans les œuvres législatives du moyen-âge.

Mais là ne se bornent pas les dispositions à signaler. Le concile de Latran (1179) excommunie ceux qui pillent les navires naufragés, en vertu du prétendu droit de *bris et naufrage*, droit auquel les comtes de Melgueil ont renoncé dès 1130 ; en France, les ordonnances de 1268 et 1277 abolissent ou réglementent ce prétendu droit ; mais dans le même temps Charles d'Anjou, frère de St-Louis et roi de Naples, pillait impitoyablement tous ceux qui avaient le malheur de faire naufrage sur ses côtes, même les croisés. L'abolition de ce droit de naufrage fut stipulé par Philippe le Hardi en faveur des Italiens (1277) et fit partie du traité conclu entre St-Louis et la république de Venise (1268). On comprendra toute l'importance de cette stipulation, par ce fait que les seigneurs féodaux, et les plus grands souverains même, comptaient les fruits de ce droit de naufrage parmi les sommes de leurs revenus. On en vit même n'entendre avec les *locmans* ou *toueurs* pour faire périr les vaisseaux étrangers (1).

En Angleterre, Edouard 1er, en 1275, fait revivre l'ancienne prescription d'après laquelle un vaisseau naufragé ne pouvait être considéré comme épave, si un homme, un chat, ou un chien, en échappait vivant. En 1283 et 1285, sont promulgués les *statute merchants*, qui donnent aux marchands les moyens de faire constater et de recouvrer leurs créances, en en poursuivant l'exécution sur les biens meubles et immeubles de leur débiteur. Le créancier peut même, s'il s'agit d'une dette commerciale, constatée par jugement, être mis en possession de tous les biens meubles et immeubles jusqu'à parfait paiement. A défaut de biens, le débiteur peut être incarcéré jusqu'au paiement. Les cautions sont tenues de même que le débiteur.

En établissant le marché (staple) des laines, Edouard III ordonna

---

(1) On peut consulter à ce sujet l'article 25 des rôles d'Oléron, qui prononce une peine spéciale contre les seigneurs coupables de ce crime.

que les différends entre marchands seraient jugés par le mayeur et les magistrats du marché, et conformément à la loi commerciale (*law merchant*).

En dehors du *Consulat de la mer* et des *Rôles d'Oléron*, les *Etablissements* de St-Louis, en 1260 (1), renferment également des stipulations en faveur du commerce. Le créancier, alors même que le débiteur nie la dette, peut faire opérer une saisie provisoire, sauf au débiteur à prouver que la demande de son créancier est mal fondée. Le créancier peut également recourir contre les cautions, mais il doit d'abord s'adresser au débiteur. Antérieurement les débiteurs n'acquittant pas leurs dettes étaient excommuniés ; ce droit fut maintenu aux tribunaux ecclésiastiques, mais en même temps la justice séculière saisissait les biens. Dans les foires, les différends étaient réglés suivant des règlements spéciaux, et l'ordonnance de 1294, en accordant aux marchands ultramontains le droit de faire commerce aux foires de Champagne, stipule que les différends seront réglés par les officiers des dites foires.

Toutes ces mesures tendaient à la suppression du droit de marque ou de représailles, qui permettait aux commerçants de s'emparer des biens appartenant aux nationaux d'un pays pour compenser le dommage éprouvé du fait d'un habitant ou commerçant de ce même pays (2). Ce droit de marque ou de représailles était complètement

---

(1) ...... on croyait posséder un Code émané de St-Louis. En réalité, ce n'est qu'un coutumier d'Orléans, auquel avait été donné ce titre trompeur parce qu'en tête figurait une ordonnance ou, pour parler le langage du temps, un *Établissement* de St-Louis. C'était l'ordonnance de 1260 relative au duel........ Quant au texte coutumier, c'était une coutume de l'Anjou appropriée à l'usage de l'Orléanais .... il y aurait eu deux rédactions de la coutume et ce sont ces deux versions réunies et précédées d'une analyse de l'ordonnance qui composent les *Etablissements* (G. Bois, *Histoire du droit français*).

(2) En 1327, les marchands dépendant de l'abbé de Fécamp durent cesser de se rendre en Angleterre, par crainte d'être tenus responsables des pertes provenant du chef de leur maître ; les demandes des marchands anglais contre les Flamands (1320), ou des citoyens de Norwich contre les Norwégiens (1306), dérivaient du même principe.

reconnu par les statuts de Marseille: « Si un étranger prend quelque
» chose à un habitant de Marseille, et que celui qui a juridiction sur
» ledit débiteur ou injuste détenteur ne le contraigne pas à la réparation
» du dommage, le recteur ou les consuls, à la requête du dit habi-
» tant, lui accorderont représailles sur les biens du dit débiteur ou
» injuste détenteur, ainsi que sur les biens des autres personnes
» dépendant de la juridiction du magistrat qui devait faire justice
» audit habitant de Marseille et la lui aurait refusée. » Ce droit de
représailles s'appliquait également au commerce maritime, et constituait une sorte de course maritime pacifique; c'est ce qui fut réglementé d'abord: « Le premier pas fait dans cette voie fut l'institution
» d'un tribunal composé d'un nombre égal de juges pris parmis
» les sujets des deux nations contractantes. Ces magistrats s'appe-
» laient les *conservateurs de la paix*. Dès le XIIIe siècle, il fut
» défendu de recourir aux voies de fait, avant de s'être adressé au
» tribunal de paix. Mais si les juges ne redressaient pas les griefs
» énoncés, dans un délai fixé, (ce délai étant généralement de deux
» mois), les plaignants rentraient dans leurs droits et pouvaient user
» de la force. (Voir traités de 1228 et de 1235, entre la France et
» l'Angleterre (1).

» Ce ne fut que vers le commencement du XIVe siècle, que le
» recours aux conservateurs de la paix devint réellement obligatoire,
» avant d'en appeler aux voies de fait. Ce fut sans doute pour cons-
» tater l'accomplissement de cette formalité, et aussi que la satis-
» faction demandée n'avait pas été obtenue, que l'on délivra au
» plaignant une autorisation spéciale d'armer contre son adversaire,
» et de se faire justice à lui-même. Cette autorisatton était appelée
» *Marcka*, d'où l'on fit plus tard le mot, employé encore de nos

---

(1) Voir également le traité de 1317, entre l'Espagne et l'Angleterre, où se
trouve cette disposition « que ni eux (les Espagnols) ni leurs marchandises ne
» pourront être arrêtés ou retenus pour la dette de quelque autre Espagnol pour
» laquelle ils ne seraient pas personnellement engagés. Cette clause fut par la
» suite inscrite dans tous les traités ». (ANDERSON, *History of commerce*).

» jours, de lettre de marque. Elle limitait la somme jusqu'à concur-
» rence de laquelle les représailles devaient s'élever. Il fut dès lors
» défendu, sous de graves peines, d'user de violences sans lettres
» de marque » (1).

La protection envers les marchands devenait aussi plus générale. Comme on l'a vu, les marchands se rendant aux foires de Champagne jouissaient de ce qu'on appelait le *conduit de la foire*, leur assurant une sécurité aussi complète qu'on le pouvait alors (2). En Angleterre, la Grande Charte permet aux marchands étrangers de se rendre et trafiquer en Angleterre sous la protection du roi (3). En temps de guerre, ils étaient retenus et traités comme les Anglais étaient traités dans le pays ennemi. Ces prescriptions sont reproduites dans le statut *De mercatoribus* (4). Le statut de 1285

---

(1) L. B. HAUTEFEUILLE, *Histoire des origines, des progrès et des variations du droit maritime international.*

(2) La loi renonçait à couvrir de sa protection le marchand qui se hasardait hors de son gîte après le coucher du soleil. Renaud, marchand de Plaisance, fut volé et assassiné le premier jour de la Quadragésime, près d'Arras. Les associés demandèrent que le Comte restituât l'argent; le Comte répondit que le marchand avait été tué après le coucher du soleil, et que, selon la coutume de France, on ne devait rendre que les objets volés entre le lever et le coucher du soleil. Le Comte eut gain de cause. (LEVASSEUR, *Histoire des classes ouvrières*).

(3) Il est bon de remarquer que, comme le dit Montesquieu, « les Anglais ont fait de la protection des marchands étrangers un des articles de leurs libertés nationales ». Cette protection existait bien antérieurement à la Grande Charte, car Ethelreld II (commencement du XIe siècle), proclama « que les navires des marchands ou d'ennemis en hautes mers, venant avec des marchandises en quelque port, seraient reçus pacifiquement. »

(4) Ce statut (*De mercatoribus*) confirmé par Édouard III, cite les marchands d'Allemagne, France, Espagne, Portugal, Navarre, Lombardie, Florence, Provence, Catalogne, Toulouse, Flandre, Brabant, et duché d'Aquitaine, et tous ceux d'autres contrées étrangères. Il est probable que des marchands des pays énumérés avaient des représentants en Angleterre, ou tout au moins s'y rendaient fréquemment.

Ce même statut ne permet aux marchands étrangers que la vente en gros, sauf pour les merceries et les épices.

Il stipule que pour les différends entre Anglais et étrangers, un jury composé par moitié d'Anglais et d'étrangers (quand cela sera possible), jugera suivant la loi commerciale ; qu'une personne convenable sera désignée à Londres pour juger les différends entre marchands étrangers, et enfin qu'il n'y aura qu'un poids et une mesure dans le royaume.

enjoint d'élargir les grand'routes conduisant d'un marché à un autre, et de supprimer tous fossés ou buissons, dans un espace de 200 pieds de chaque côté, pour éviter les embuscades.

Mais les actes de l'autorité royale ne s'exerçaient pas toujours dans un sens favorable au commerce. Des restrictions, des défenses commençaient à se produire, en vue de certaines éventualités politiques ; en 1304, en 1344, les traités conclus avec l'Angleterre portent que cette dernière rompra tout commerce avec l'ennemi de la nation française; en 1304 cette prohibition est appliquée contre les Flamands ; la même disposition se retrouve plus tard dans les traités conclus en 1315 et 1346 entre l'Angleterre et les villes de Flandres et de Brabant. Par les ordonnances de 1315 et de 1337, tout commerce est prohibé avec les Ecossais, alors en guerre avec les Anglais, sous peine de retrait de tous les privilèges et destruction de tous les établissements des nations contrevenantes.

En même temps que dans chacun des deux pays, des droits multiples frappent les opérations commerciales, l'administration douanière s'organise en France avec Philippe le Bel. Les gardes des ports et passages sont soumis à la surveillance d'un maître général, Godefroy Cocatrix, bourgeois de Paris ; les denrées alimentaires, les matières premières, les épices, les draps, les toiles, ne peuvent plus sortir du royaume par la frontière du Nord et par les ports du Ponthieu, de Normandie, de Poitou et de Saintonge, sans lettres patentes du roi. Les intérêts industriels commencent aussi à chercher dans les tarifs de douanes un instrument de protection contre la concurrence étrangère. A la demande des drapiers du Languedoc, une ordonnance défend l'exportation des laines brutes et filées, des matières tinctoriales et des draps non teints ni tordus, par les frontières méridionales d'abord, et plus tard par toutes les frontières. Mais le roi se réserve le droit d'accorder des licences, qui sont accordées si largement que la prohibition finit par se transformer plus tard en une surtaxe d'exportation, désignée dès le XIVe siècle sous le nom de *droit de haut passage*.

En Angleterre, les droits de douanes étaient fort anciens (1) ; on frappait d'impôt l'exportation de la laine et du cuir et l'importation des vins. L'institution des *staples* fut faite pour faciliter la perception des droits sur les laines.

---

(1) Il y avait, en outre, à compter avec les exactions. Pour ne citer qu'un exemple en 1297, Édouard 1ᵉʳ limita aux commerçants la quantité de laine qu'ils pouvaient exporter, et en même temps, il les força de lui payer 40 shillings par sac, ce que l'on calcule avoir été plus du tiers de la valeur. Il s'empara de tout le reste des laines, aussi bien que de tous les cuirs du royaume, et disposa de ces marchandises à son profit (Hume, *Histoire d'Angleterre*). On peut rapprocher de ce fait les exactions pratiquées plusieurs fois en France contre les marchands italiens.

CHAPITRE III.

De la Guerre de Cent ans à la découverte de l'Amérique.

Lorsque, avec les Valois, s'ouvrit cette lutte d'un siècle entre la France et l'Angleterre, la situation de part et d'autre était bien différente : « Du côté de la France, on ne voit qu'ignorance des vrais
» ressorts du gouvernement et des forces morales sur lesquelles il
» doit s'appuyer. Le pouvoir ne tient aucun compte des besoins ni
» des sentiments du peuple ; tout est sacrifié au vain appareil d'une
» royauté de théâtre, et dès l'apparition de la crise, le fisc est réduit
» aux expédients des plus mauvais jours. Le pays n'est aucunement
» préparé aux nécessités d'une longue lutte ; il est plus riche en
» produits agricoles et incomparablement plus peuplé qu'il n'a
» jamais été ; mais le sang circule mal dans les veines de ce grand
» corps, les rois ont semblé se léguer les uns aux autres le soin
» d'entraver l'industrie et le commerce par les changements con-
» tinuels de monnaies, par les persécutions contre les banquiers et
» les prêteurs à intérêt, par les entraves apportées à l'établissement
» et à la circulation des commerçants étrangers, des Italiens surtout,
» qui eussent animé et transformé par leur exemple la bourgeoisie
» française. Enfin, la situation militaire du pays est encore moins
» rassurante que sa situation économique : l'esprit guerrier de la
» noblesse se réduit à une bravoure sans art et sans discipline, bra-
» voure qui n'est même pas sans éclipses, et la bourgeoisie a perdu
» toute habitude des armes ; dans les dernières guerres, les villes
» ont fourni leur contingent, non point en hommes, mais en argent,

» et cet argent a servi à indemniser la gentilhommerie ou à lever
» des *ribauds*, des mercenaires denués d'organisation. La marine
» ne demanderait qu'à prendre l'essor ; les matelots ne manquent
» pas sur les côtes de Normandie, de Bretagne, de Picardie, de
» Poitou ; mais on n'a rien fait pour la navigation, et au moment
» de réclamer l'aide de la marine, on prépare sa perte par l'inca-
» pacité des chefs qu'on lui impose.

» Telle n'est pas l'Angleterre : bien inférieure en population et
» en forces matérielles à la France, elle a su mieux tirer parti de ses
» ressources et les accroître ; le génie commercial s'est développé
» chez elle à travers les désordres et les troubles politiques. Sous
» les derniers rois, même sous le triste gouvernement de Henri III,
» des avances et des faveurs habilement calculées ont attiré d'outre-
» mer les Italiens, les Flamands, les Allemands des villes hansé-
» atiques, les citoyens des nations les plus avancées dans le négoce
» et l'industrie. Londres égale la richesse et l'activité de Gand ou de
» Bruges, et même des républiques d'Italie : la marine, com-
» plètement négligée par les rois de France, a pris dans les ports
» anglais une extension puissante (1). La vieille haine des Saxons
» et des Normands, des vaincus et des vainqueurs, s'est effacée
» par le temps, par le mélange des intérêts et du sang, par les
» mouvements politiques qui ont tant de fois entraîné dans leur tour-
» billon nobles et plébéiens, sans distinction d'origine. Au lieu de
» deux *nations* ennemies, il n'y a plus en Angleterre que des
» *classes* diverses ; la langue anglaise se forme, et avec elle, la véri-
» table nationalité de la moderne Angleterre ; la noblesse de race
» normande et angevine ne tardera pas à abandonner la langue
» française pour ce langage nouveau, né dans les classes populaires
» et mêlé, dans des proportions inégales, d'Anglo-Saxon, de Français

---

(1) Les villes formant les *cinque ports* ne fournirent que cinq vaisseaux à Édouard 1er ; avec Londres, Bristol et Southampton, ces villes en fournissent à Édouard III, sept cent dix lors du siège de Calais.

» et même de vieux Celtique ; Édouard III, avant de terminer sa
» carrière, consacrera la nationalité anglaise en décrétant l'emploi
» de l'anglais dans les actes publics (1364). De l'alliance forcée des
» deux races ennemies est donc sorti un nouveau peuple vigoureuse-
» ment trempé ; la noblesse, fille des normands, conserve quelque
» chose de la forte discipline de la conquête ; ses révoltes, ses ligues
» contre la royauté ont transformé, mais n'ont point affaibli son
» organisation militaire. Quant au peuple, il a puisé une grande
» énergie dans les opiniâtres efforts par lesquels il a ressaisi la
» liberté civile, et dans les débats politiques auxquels la royauté et
» le baronage l'ont tour à tour poussé à prendre part. L'habitude
» du braconnage, reste des temps de conquête et de proscription,
» et la petite guerre continuelle des frontières d'Ecosse, ont créé,
» dans les comtés du Nord, la fameuse milice des archers anglais,
» la plus formidable infanterie légère du monde (1).

Dans de telles conditions, l'issue de la lutte ne pouvait être douteuse ; sauf sous Charles V, où Duguesclin remporte de réels avantages sur les Anglais, annulant en partie le triste traité de Brétigni, la guerre n'est pour la France qu'une suite de calamités et de revers. Conduite par des chefs incapables, la flotte française est détruite à Lécluse (2) ; l'armée est battue à Crécy, à Poitiers, où le roi Jean est fait prisonnier, à Azincourt ; la lutte des Armagnacs et des Bourguignons, les sanglants exploits des Cabochiens favorisent les Anglais, qu'appellent du reste les *sires de fleurs de lis*, dont les désordres et les crimes avaient si profondément troublé le règne du malheureux Charles VI ; Henry V d'Angleterre est déclaré roi de France. Enfin, au moment où le roi de Bourges, comme l'appelaient les envahisseurs, allait perdre son dernier lambeau de territoire, où la France allait n'être plus qu'une province anglaise, une héroïne martyre vient rappeler la victoire sous l'étendard fleurdelisé, et laisse après

---

(1) H. MARTIN, *Histoire de France*, t. V.
(2) Quarante mille français, dit-on, périrent dans cette funeste journée.

elle une France meurtrie, mais plus unie et plus consciente d'elle-même.

La bourgeoisie qui, avec Étienne Marcel, avait essayé de reprendre le rôle que l'aristocratie s'était montrée incapable de remplir, n'avait pu suffire à la tâche; mais tout au moins les bourgeois des villes opposèrent souvent une sérieuse résistance aux Anglais. Calais résista près d'un an, et à bout de toutes ressources, six de ses bourgeois vinrent offrir leur vie comme rançon de leurs concitoyens; Rouen soutint six mois de siège, et vit le chef de sa défense, Alain Blanchard, monter fièrement à l'échafaud; Melun lutta dix-huit semaines, et là encore nombre de bourgeois sont punis de mort pour leur patriotisme; enfin, c'est devant Orléans assiégé que Jeanne-d'Arc remporte sa première victoire.

Mais ces résistances sont pour les vainqueurs une occasion de pillages à faire, de rançons à exiger. Dès le début de la guerre, Barfleur, Cherbourg, Valognes, Carentan, St-Lô, Caen, Louviers, sont pris et pillés; les villes et villages des environs de Paris sont réduits en cendres. Édouard III, allant vers Crécy, traverse le Beauvaisis et un coin de l'Amienois en brûlant les bourgades et les châteaux; les habitants de Calais sont expulsés, n'emportant que leurs habits et ce qu'ils peuvent prendre sur eux; en 1346, le Prince de Galles pille le Languedoc, et rentre à Bordeaux, traînant après lui mille chariots chargés des richesses du pays; et c'est en pillant, en brûlant tout sur son passage qu'en 1356, il se rend à Poitiers à la rencontre du roi Jean, qu'il devait vaincre et faire prisonnier; en 1415, ceux des habitants de Harfleur qui ne veulent pas reconnaître le roi d'Angleterre sont expulsés, n'emportant que leurs vêtements et cinq sous; Rouen dut s'engager à payer 300,000 écus d'or à Henri V, et encore nombre d'habitants quittèrent la ville, m'emportant que leurs habits et deux sous (1).

---

(1) Les gouvernants français ne se montraient pas moins avides. En 1383, à la suite de la révolte de Montpellier, le duc d'Anjou, en dehors des exécutions et

Les campagnes avaient à subir d'autres exactions et d'autres violences. Les subsides accordés aux armées ne pouvaient jamais servir pour tout une campagne, et des réquisitions de tous genres frappaient alors les contrées où les belligérants devaient subsister. Mais des ravages plus terribles encore étaient exercés par les bandes d'aventuriers qu'on appelait « grandes compagnies ». « Quel que fût
« le parti qu'ils servissent, ceux-ci (les aventuriers) vivaient à dis-
« crétion sur le paysan, volaient l'argent et les meubles, brûlaient
« souvent les maisons et ne laissaient sur leur passage que ruines
« et désolation. Lorsqu'une trêve suspendait les hostilités, ils deve-
« naient encore plus redoutables, parce que, ne recevant plus de
« solde, ils ne subsistaient que par le pillage; on les vit rançonner
« le pape (1) et mettre en déroute une armée de chevaliers qui
« avaient tenté d'arrêter leurs ravages. Plus la guerre se prolongeait,
« plus augmentaient le nombre et les exigences de ces soudards,
« attirés de toutes les contrées par l'appât du butin. Les princes
« essayèrent inutilement de détourner leurs brigandages, en les
« envoyant guerroyer dans d'autres pays, ou de les réprimer par de
« sévères ordonnances » (2).

La peste, apportée de Florence, éclata en 1348, si terrible que, au dire d'un contemporain, « dans beaucoup de lieux, sur vingt
« hommes il n'en existait pas deux en vie, et que dans l'Hôtel-
« Dieu de Paris, la mortalité fut telle que pendant longtemps on en
« emporta chaque jour cinq cents morts dans des chars au cimetière

---

confiscations auxquelles il voulut procéder, exigea 120,000 francs d'or de la ville ; en 1382, Bruges dut payer 120,000 francs de rançon ; l'année suivante, Paris dut à son tour payer des amendes au roi, ou plutôt à ses oncles, les *sires des fleurs de lys*, pour 960,000 francs d'or, et en 1384, les Languedociens furent soumis, en sus des impôts, à une amende de 80,000 francs d'or, payables en quatre ans, pour les punir d'une rebellion ancienne contre le Duc de Berri.

(1) En 1365, lors de l'expédition de Catalogne, sous le commandement de Duguesclin. Le pape, alors à Avignon, dut payer 200,000 pièces d'or.

(2) LEVASSEUR, *Histoire des classes ouvrières*.

« des Innocents » (1). Elle revint avec non moins de violence en 1361, 1362, 1363, et dans les dernières années du XIV° siècle.

Les exigences du fisc et les exactions des rois et des seigneurs ajoutaient encore de nouvelles misères à tant de misères. Chaque campagne nouvelle était l'occasion de nouveaux impôts, chaque défaite rendait nécessaire le paiement de rançons ou de contributions de guerre. La seule rançon du roi avait été fixée à trois milllons d'écus ou francs d'or, et si le premier versement de cinq cent mille écus put être opéré, grâce aux six cent mille écus que Galéas Visconti versa pour obtenir pour son fils la main d'Isabelle de France, les termes suivants durent être prélevés en partie sur le « menu peuple » et augmenter d'autant sa misère. Tous les expédients, toutes les mesures étaient employées ; gabelle sur le sel, impôt sur les ventes, tailles diverses et par dessus tout, mutations des monnaies (2) « on affaiblissait les monnaies par degrés jusqu'à un certain point,
« après lequel on les reportait tout-à-coup à leur valeur intrinsèque,
« pour avoir occasion de les affaiblir de nouveau, et le prix du marc
« d'or et d'argent changeait presque toutes les semaines, et même
« quelquefois plus souvent » (3). Les variations étaient effrayantes. En septembre 1343, le denier d'argent à la fleur de lis avait cours pour 15 deniers de cuivre, au lieu de 3 deniers, cours réel ; le 21 mars 1359, on tirait du marc d'argent 102 livres parisis, c'est-à-dire que la livre ne valait plus que cinquante et quelques centimes de notre monnaie. Le 31 du même mois, la monnaie fut relevée à 11 livres le marc, la livre à près de 5 francs d'aujourd'hui. La monnaie avait varié de 900 pour 100 en dix jours. Seul Charles V,

---

(1) Ses effets ne furent pas moins terribles en Angleterre. Cinquante mille personnes, dit-on, périrent dans la seule ville de Londres.

(2) Il y eut, pendant la guerre de cent ans, 108 fixations différentes pour l'or et 179 pour l'argent. Jean-le-Bon, dans un règne de 14 ans, changea dix-huit fois le prix du marc d'or, quatre-vingt-six fois celui du marc d'argent, et en éleva la valeur de 5 livres jusqu'à 102 livres. (LEVASSEUR, *Histoire des classes ouvrières*).

(3) SECOUSSE, *Recueil des Ordonnances* (Préface du Tome II).

suivant en cela les conseils de Nicolas Oresme, ordonna la fabrication d'une forte monnaie, à environ 5 livres le marc, et promit de ne plus l'affaiblir, promesse qu'il tint avec une loyauté inespérée ; mais dès 1385, les altérations des monnaies recommençaient de plus belle avec le gouvernement des Sires de fleurs de lis (1).

La terre restait sans culture. Édouard III (1359) allant mettre le siège devant Reims, trouva partout sur sa route les campagnes désertes ; plus d'un canton n'avait pas été labouré depuis trois ans. Les villes étaient dépeuplées et en ruines ; à Paris, il n'était pas rare d'entendre dire que des passants avaient été écrasés dans la rue par la chute d'un bâtiment en ruine. Un bourgeois de Paris évalue à vingt-quatre mille le nombre des maisons abandonnées. Le duc de Bedford, alors qu'il gouvernait Paris au nom du roi d'Angleterre, rendit en vain de nombreuses ordonnances en vue de porter remède à cet état de choses. La ville était si dépeuplée que les acheteurs des maisons abandonnées et confisquées trouvaient plus d'avantages à vendre les matériaux qu'à remettre les maisons en bon état. Quatre ans après sa rentrée à Paris, Charles VII prescrivait encore au prévôt d'y vendre les maisons vides « pendant an et jour ». Il en était de même dans les provinces ; il existe des lettres de 1443 ordonnant de vendre par tout le royaume « les lieux vides et inhabités, afin « d'en acquitter les impôts ».

Le commerce n'existait plus que de nom ; les foires de Champagne étaient abandonnées. A Provins il ne restait plus que trente métiers en activité, au lieu de trois mille deux cents qui existaient autrefois; Charles VI, en 1408, avouait que Rouen était « moult diminuée et « dispeuplée.... et la marchandise comme de tout deschue». Harfleur se plaignait que la guerre eût interrompu le commerce de drap qui faisait sa richesse ; Rouen, Troyes, Langres, Carcassonne,

---

(1) Les altérations des monnaies furent également pratiquées par les Anglais dans les provinces françaises qu'ils occupèrent, notamment en Aquitaine vers 1369, et dans tout ce qui était occupé sous Henri V (1421).

Montpellier, et bien d'autres villes jadis florissantes, faisaient entendre les mêmes doléances.

Quelques efforts avaient été faits pour remédier au mal ; en juillet 1344, Philippe-de-Valois abolit les impôts et servitudes établis depuis trente ans sur les foires de Champagne, et essaya d'y attirer les marchands italiens, qu'il avait si indignement spoliés treize années auparavant ; pendant l'accalmie qui signala le règne de Charles V, les Juifs sont rappelés en France, placés sous la sauvegarde royale, autorisés à acquérir des maisons, à commercer et à prêter à un taux équivalant à 80 % par an, ce qui montre suffisamment à quel degré de pénurie était arrivée la France ; ils obtiennent même le privilège exorbitant d'être crus sur serment, touchant les créances qu'ils réclamaient, à moins que le débiteur ne prouvât le contraire ; on voit des compagnies italiennes et allemandes se reconstituer à Paris, à Meaux, à Abbeville, à Amiens, à Troyes, au grand avantage du Trésor. Les Juifs de Langue d'oïl ont payé 20,000 fr. d'or pour rentrer en France, et versent chaque semaine 200 livres tournois. Une seule compagnie étrangère, établie à Troyes, a acheté son privilège 1,200 francs d'or et paie également 200 livres par semaine. Les marchands étrangers, Castillans, Aragonais, Portugais, Hanséates, obtiennent la confirmation de privilèges antérieurs ou des concessions nouvelles. Des travaux sont entrepris à Aiguesmortes, dont les canaux envasés devenaient inaccessibles ; le projet du port de Leucate est repris, et Charles V conçoit de même le plan d'un canal de la Loire à la Seine, entreprise qui devait coûter 100,000 fr. d'or, et que la mort l'empêche d'exécuter. Mais après lui tout disparaît de nouveau, et ce n'est qu'après plus d'un demi-siècle de nouvelles souffrances que le commerce français reprendra son essor.

Une institution, dont les funestes effets se firent sentir plus tard, prit naissance à cette époque : le système des provinces réputées étrangères. Pour arriver au paiement de la rançon du roi Jean (1356), un droit d'*imposition foraine* avait été ajouté à ceux de *resve* et de *haut passage* qui existaient déjà. Quelques provinces refusèrent de se soumettre à ce nouvel impôt ; Jean ordonna qu'elles seraient considérées comme étrangères, fondant ainsi ce système de *douanes intérieures* contre lequel Colbert s'éleva en vain, et que la Révolution devait seule faire disparaître.

Pendant que la ruine de la France s'accentuait chaque jour, la prospérité commerciale de l'Angleterre allait grandissante. Sans doute les charges de la guerre se faisaient durement sentir, et les taxes, les subsides, demandés par Édouard III, par Henri V, constituaient une lourde charge (1) ; des séditions, des révoltes avaient plus d'une fois troublé le royaume et semé de nombreuses ruines. Mais la suppression presque totale du commerce français, la rupture des relations de la France avec les Flamands, suite des guerres entreprises par Philippe VI, par Charles VI, avaient augmenté par contre les rapports avec l'Angleterre, et rendu plus étroite son alliance avec la Flandre. Celle-ci avait conservé son activité et augmenté sa fortune. « En Flandre, dit un contemporain, l'opulence « régnait partout, et tous les genres de commerce avaient pris un « essor..... L'industrie exilée de France sembla pendant un temps « s'être réfugiée à Gand et à Bruges, dont l'orfèvrerie et la draperie « étaient alors célèbres dans le monde entier » (2). Les échanges entre les deux pays étaient aussi indispensables à l'un qu'à l'autre, et les mesures prises par le comte Louis, à l'instigation de Philippe VI, en vue d'empêcher le commerce, avaient immédiatement abouti à la révolte où se révéla Jean Artevelde.

Dans un Record de l'Echiquier, les exportations de l'Angleterre pour 1354 sont données pour £ 294,184 ; sur ce chiffre, la laine figure pour £ 277,606 (3) et il est certain que la plus grosse part de cette exportation était à destination des Flandres.

---

(1) Les violences étaient employées au besoin. Au moment de la descente en Flandre, Édouard III, en dehors des subsides votés par le Parlement, pilla l'argent de tous les Lombards, qui exerçaient alors la profession de banquiers ou de prêteurs à intérêts. (HUME, *Histoire d'Angleterre*).

(2) LEVASSEUR, *Histoire des classes ouvrières*.

(3) ANDERSON, *History of commerce*

Les Écossais avaient également d'importantes relations avec la Flandre. Ils obtinrent en 1407 de nouveaux privilèges de Jean, duc de Brabant. Leur port de « staple » était Bruges, et fut ensuite transporté à Campvers, ou Vere, en Zélande.

Les soucis de la guerre n'empêchaient pas les mesures utiles au commerce. En 1335, les privilèges des marchands étrangers sont confirmés par acte du Parlement, et des pénalités sont édictées pour les dommages injustement subis ; cinq années plus tard, la liberté du commerce est accordée à ces mêmes marchands, sous réserve des privilèges conférés aux bourgs et cités de l'Angleterre, prescription confirmée en 1350, mais rendue moins efficace par les efforts des villes et des corporations pour conserver leur privilèges ; ces dispositions sont confirmées en 1382, en 1394, en 1413. La protection accordée aux étrangers était réelle, car en 1344, des tisserands étrangers ayant été insultés par la populace de Londres, les meneurs furent emprisonnés.

Après la prise de Calais, Édouard III y appelle des Anglais, et afin de rendre plus facile le projet qu'il avait formé, d'en faire une ville exclusivement anglaise, il y établit le *staple* des laines, du cuir, de l'étain et du plomb, obligeant les Anglais à les porter dans cette ville, et les étrangers à s'y rendre pour les acheter.

En 1378 (2 Richard II ch. III), autorisation est donnée aux marchands de l'Est, c'est-à-dire ceux de Gênes, Venise, Catalogne, Aragon, de conduire à Southampton leurs navires chargés ou non, et d'acheter et charger laine, plomb, étain, cuir, ou autres marchandises du marché, en payant les droits usuels, et donnant sécurité de les transporter vers l'Est, à une place avant Calais.

Toutes ces prescriptions font voir quelle importance était attachée alors à la présence en Angleterre de marchands étrangers ; cependant, à leur tour, les Anglais commençaient aussi à avoir de nombreux représentants dans les autres pays. Les traités conclus jusqu'en 1352, celui même de 1408 avec Venise montrent bien que les marchands anglais ne se rendaient pas encore dans la Méditerranée, mais en 1390, et par suite de l'importance du commerce avec la Prusse et la Ligue hanséatique, John Bebys, marchand de Londres, est nommé par les marchands pour diriger ce commerce, avec le titre de Gouverneur, et des fonctions se rapprochant de celles des consuls; en 1404, autorisation est donnée aux marchands anglais résidant en Prusse et dans les limites de la Confédération hanséatique, de se réunir annuellement et d'élire parmi eux un Gouverneur dans chaque place ou port de leur résidence, autorisation qu'obtiennent en 1407, les marchands anglais résidant en Hollande, Zélande, Flandre et Brabant, et l'année suivante ceux qui résidaient en Suède, Norwège et Danemark. Certaines de ces Compagnies avaient une grande importance, car en 1444, la Compagnie de « Merchants « adventurers » venant de Middelbourg pour s'établir à Anvers, fut reçue avec solennité par la municipalité de cette dernière ville.

Les facilités accordées pour le commerce devenaient de plus en plus une arme politique. Les places de « staple » sont fréquemment modifiées ; de Bruges (1341), le « staple » est transporté (1353) à Westminster, Canterbury, Chichester, Exeter, Bristol, Lincoln etc.; celui de Middelburg est rendu à Calais (1388), puis retiré à Calais et établi dans diverses villes de l'Angleterre (1390) ; des prohibitions de faire le commerce sont établies à diverses reprises ; en 1399, pour l'importation des étoffes de laine étrangères, mesure qui fut ou non maintenue suivant l'état des rapports avec la Hollande ; en 1439, interdiction d'exporter des laines, si ce n'est à Calais et à quelques places de la Méditerranée ; en 1448, acte du Parlement prohibant les marchandises des Pays-Bas, en réponse à une prohibition des marchandises anglaises.

Certains agissements étaient même dirigés contre les étrangers, et montraient déjà la tendance, manifeste dans les siècles suivants, de favoriser quand même le commerce anglais. Le statut 15, Richard II, ch. II, oblige les marchands anglais à n'employer que des vaisseaux anglais, pourvu que les conditions des propriétaires de ces vaisseaux fussent raisonnables. En 1403, ordonnance de Henri IV obligeant les marchands étrangers à employer le montant de leurs ventes en marchandises anglaises, dans un terme de 3 mois après ladite vente (1). Vers 1424, une loi fut faite pour défendre le transport en Flandre des moutons vivants, afin de conserver le monopole de la vente des laines ; enfin en 1439 (18 Henri VI, ch. IV) un acte du Parlement défend aux marchands étrangers de vendre en Angleterre aucune marchandise à un marchand étranger, et charge les mayeurs, baillis ou autres fonctionnaires de la cité d'assigner à ces marchands un surveillant qui contrôlera leurs achats et ventes, touchant pour cela deux pence par livre sur chaque opération. Enfin obligation d'employer le produit des ventes en marchandises anglaises dans un délai de huit mois après leur arrivée (2). Les marchands allemands du « Steelyard » (3) dont les privilèges avaient été renouvelés à diverses époques, étaient exemptés de cette mesure (4). D'autres prescriptions (25 Édouard III, st. 4 et autres) avaient directement pour but de favoriser en Angleterre l'établissement de manufactures, surtout de celles ayant trait à l'emploi des laines.

---

(1) Cette ordonnance fut cependant rappelée l'année suivante. Il y avait eu déjà une ordonnance de Richard II (14 Rich. II, c. i) sur le même sujet; les taxes papales devaient même être acquittées aussi en marchandises anglaises,

(2) ANDERSON, *History of commerce.*

(3) Steelyard, cour d'acier, suivant l'acception ordinaire ; « peson », suivant l'opinion du traducteur de Hume, opinion qui paraît plus exacte. Les marchands du « Steelyard » étaient les marchands se servant du « peson ».

(4) Les relations des Allemands avec l'Angleterre étaient fort anciennes, elles existaient même avant l'invasion anglo-saxonne; en 1203, des marchands de Cologne obtinrent des lettres de protection et de franchise ; des marchands de Brunswick, Hambourg, Lubeck, Munster et Soest, ne tardèrent pas à les suivre, et tous formèrent à Londres une Ghilde ou corporation. Lorsque la Hanse se forma, elle n'eut qu'à continuer l'association déjà existante; de 1300 à 1350, les Hanséates obtinrent leurs plus précieuses franchises ; ils arrivèrent bientôt à faire seuls, ou à peu près, l'exportation des produits anglais, au détriment des marchands indigènes. Les Hanséates avaient pour principe absolu de n'employer que leurs compatriotes, et de ne remettre en aucun cas des marchandises aux soins des nationaux. Ce fut en partie à la rivalité qui existait entre Hanséates et Anglais qu'on doit attribuer la formation des premières sociétés commerciales anglaises (SCHERER, *Histoire du commerce*).

Cependant la France, débarrassée de ses envahisseurs, reprenait possession d'elle-même. Avec Jacques Cœur, le commerce français allait rapidement recevoir une vigoureuse impulsion.

Avant même d'avoir entièrement expulsé les Anglais, Charles VII réorganise les classes ouvrières, et rend de nombreuses ordonnances pour confirmer les statuts anciens, rétablir des règlements tombés en désuétude, ou former des corps de métiers demeurés jusque-là sans discipline. Ouvriers du Serment de France (1437), barbiers de Poitiers (1438), meuniers et boulangers de Paris (1439), drapiers et boulangers de Bourges (1443) savetiers de Paris (1443) tisserands d'Issoudun, tondeurs de drap de Tours, chaussetiers de Touraine (1447) tailleurs de la Rochelle, chapeliers de Rouen (1450), nombre d'autres professions reçoivent du roi, de 1437 à 1461, une constitution ou la confirmation de leurs droits. Mais dans tous les statuts nouveaux, la part de l'autorité royale commença à être faite : les assemblées des métiers seront autorisées et présidées par un officier royal, et quelquefois aussi les aspirants à la maîtrise devront prêter serment au roi.

Des immunités d'impôts, des privilèges sont accordés aux artisans qui ont le plus souffert ou qui ont besoin d'une protection spéciale ; des villes, des provinces entières même obtiennent semblable faveur : en 1444, suppression de tous les impôts établis sur les rivières des pays de France, Champagne et Brie ; en 1449, exemption de la taille aux habitants de la ville et des faubourgs de Paris ; déjà, en 1442, « exemption de toutes les aides pour la guerre durant trois « ans, excepté de l'aide du vin », avait été accordés à ceux qui, expatriés du duché de Normandie, étaient venus depuis un an ou viendraient demeurer dans Paris ou l'un de ses faubourgs.

Les foires étaient également rétablies et augmentées. Une halle est installée à Condom (1439), des foires franches en Languedoc (1455), à Montargis (1430) ; les foires de Champagne étaient réorganisées, celles de Lyon étaient créées, et des privilèges particuliers accordés à ceux qui fréquentaient les marchés de Châlons (1455), et pour rétablir partout « les anciennes et notables foires du royaume », toutes les marchandises y apportées étaient exemptées de l'impôt de douze deniers pour livre. Les privilèges des Castillans étaient renouvelés, des traités de commerce signés avec les rois d'Aragon et de Danemark, et afin de faciliter leur commerce, les provinces de Languedoc, de Guyenne et de Normandie étaient autorisées à se servir de monnaies étrangères. Enfin, les privilèges des hanses de Paris et de Rouen étaient supprimés, les péages de Meaux et de Lagny diminués, et des fonds étaient affectés pour l'entretien des routes.

Dans toutes ces mesures se fait sentir l'influence de Jacques Cœur. Fils d'un riche pelletier de Bourges, associé d'abord avec les maîtres de la monnaie de cette ville, puis dégoûté de cette profession par un procès dans lequel il fut impliqué, Jacques Cœur s'adonna tout entier au commerce. En 1432, un pèlerin de Terre-Sainte le trouve à Damas; s'occupant surtout du commerce avec le Levant, il établit à Montpellier le centre de ses opérations, et ses navires transportent en Orient des draps et autres marchandises du royaume, rapportant en échange diverses étoffes de soie et toutes sortes d'épices, dont il approvisionne la Catalogne et les provinces voisines. Jacques Cœur employait près de trois cents commis ou facteurs ; il avait des sucsursales à Narbonne, Béziers, Beaucaire, Bourges, Tours et Paris, et à Marseille et Perpignan, qui alors n'appartenaient pas à la France. Profitant de la trève conclue avec l'Angleterre, (1444-1449), il y envoya vendre des draps d'or et des fourrures. Sa maison embrassait tous les genres de trafic : étoffes, épiceries, métaux, banque et change. Grâce à lui, « il n'y avoit en la mer d'Orient », suivant Georges Chastelain, « mât qui ne fut revestu des fleurs de lis ».

Les relations de Jacques Cœur avec le Levant lui avaient donné dans ce pays une influence qu'il utilisa au profit de la France. Ce fut l'un de ses facteurs, Jean de Village, son neveu, directeur de son comptoir de Marseille, qui fut envoyé au Soudan d'Egypte avec une lettre et des présents de Charles VII ; il obtint pour les marchands et le consul français un traitement favorable et une protection particulière pour Alexandrie.

Nommé maître des monnaies à Bourges (1435) et l'année suivante à Paris, Jacques Cœur sut faire comprendre à Charles VII le danger et l'injustice des altérations des monnaies (1) ; il fit frapper des *écus à la couronne* en or fin et des *gros d'argent* que le peuple appela *gros de Jacques Cœur*. Dès 1437, il prêtait au roi pour les frais de la guerre ; en 1449, il avança 200,000 écus d'or pour l'expédition de Normandie, et 60,000 en 1450 pour le siège de Cherbourg. La récompense qu'il obtint pour tant d'efforts et de dévouement mérite d'être relevée. Accusé de crimes absurdes par les seigneurs qu'il avait obligés, il fut arrêté, traîné de prison en prison, mis à la torture, et finalement condamné à mort (29 mai 1453). Par grâce spéciale, Charles VII voulut bien commuer sa peine en celle du bannissement perpétuel, mais manquant à la parole donnée, le roi le retint encore en prison pendant trois années ; il n'en fut délivré que par Jean de Village. Naturellement tous ses biens avaient été confisqués, donnés ou vendus à vil prix aux courtisans et à la maîtresse de Charles VII, et le restaurateur du commerce français, celui qui, avec Jeanne-d'Arc, avait le plus efficacement contribué à la libération de la patrie, mourut à Chio, où il commandait les galères que Calixte III lui avait confiées pour guerroyer contre les Turcs.

Mais si la cupidité et l'envie avaient ruiné Jacques Cœur, les résultats qu'il avait obtenus n'en étaient pas moins acquis. Certains de ses facteurs purent soustraire une partie de ses richesses à la con-

---

(1) Les altérations des monnaies avaient été effrayantes vers la fin de Charles VI et l'avénement de Charles VII ; on avait revu les énormités de l'époque du roi Jean. En 1422, certaines monnaies étaient retombées, en poids et en titre, au 40º de leur valeur nominale. Tandis que Charles VII, en 1422, tirait 360 livres, 10 sous du marc d'argent qui ne valait, en 1418, que 9 livres, les Anglais fabriquaient de la « monnaie forte » à Paris et décriaient celle du roi de Bourges. A Rouen ils faisaient comme lui de la « monnaie faible ». (H. Martin, *Histoire de France*). Par contre, ce ne fut que dans la 22º année de son règne qu'Édouard III fit tirer de la livre de 12 onces, 22 shillings, et 7 ans après, 25. Henri V frappa les monnaies sur le pied de 30 shillings par livre pesant.

fiscation qui le frappait, et constituer, en leur nom quoique au bénéfice de leur patron, des maisons importantes qui maintinrent les relations anciennes. D'un autre côté, les mesures prises à son instigation avaient largement favorisé la reprise des opérations commerciales; les mêmes errements furent suivis par Louis XI, qui, pour les besoins de sa politique, avait senti la nécessité de s'appuyer sur la bourgeoisie contre la noblesse. Des concessions habilement faites firent étendre les relations avec les peuples étrangers. Après les Lombards, les Castillans, les Portugais, les Anglais obtinrent en 1475 l'entière liberté du commerce entre les deux nations ; les Hollandais, les Flamands, les Brabançons, sont délivrés de tous droits onéreux de visite et de marque (1461) ; en 1483, un premier traité est signé avec les puissantes villes de la Hanse.

A l'exemple de son père, Louis XI institua des foires et des marchés, ou agrandit ceux qui existaient déjà. Le recueil des ordonnances compte, sous son règne, soixante-six foires et dix marchés institués, rétablis ou agrandis : Bayonne, Tournon, Rouen, Caen (1), Pezenas, Embrun, La Hogue, Valence, Amiens, Châlons, Le Lendit (St-Denis), St-Germain-des-Prés, et un grand nombre d'autres lieux furent ainsi favorisés ; mais Lyon fut surtout l'objet de sa sollicitude.

Dès 1419, Charles VI avait cherché à réparer les maux occasionnés par la guerre, en établissant deux foires annuelles qui devaient se tenir, l'une trois semaines après Pâques, et l'autre le 15 novembre. Mais cette tentative n'eut aucun résultat, et ce fut seulement après la délivrance du pays que Charles VII put reprendre avec succès le projet de son père. Une troisième foire fut en 1443, ajoutée aux précédentes, et les mêmes privilèges furent accordés aux marchands qui s'y rendaient, comme à ceux qui allaient aux foires de Champagne, de Brie, et du Lendit. Quelques marchands com-

---

(1) Les foires de Caen furent fondées pour permettre aux marchands français de trafiquer directement avec l'Angleterre, sans se rendre à la foire d'Anvers. La France était alors en lutte avec la maison de Bourgogne.

mencèrent à s'y rendre; Louis XI s'attacha à leur donner plus d'importance. Afin d'annuler la concurrence de Genève, interdiction fut donnée aux marchands français d'aller aux foires de Genève ou d'y faire conduire des marchandises ; une autre ordonnance augmenta les privilèges déjà accordés, et ajouta une quatrième foire (1462), privilèges confirmés l'année suivante. En 1464, les conseillers et les échevins de la ville reçoivent le droit de nommer eux-mêmes les courtiers et les prud'hommes « pour le jugement des « différents entre marchands fréquentant les foires et aussi pour la « visite des marchandises ». En 1467, en 1475, confirmations nouvelles pour assurer le commerce qui craignait la suppression de ces foires, réclamée avec instance par Genève.

Le résultat fut tel que les États de 1484 se plaignaient « que » tout l'argent du royaume s'y rendit pour s'écouler de là dans les » pays étrangers. » Par suite de ces plaintes, deux des foires furent transportées à Bourges, mais les marchands les désertèrent, et en 1494 elles furent rendues à Lyon.

Le commerce de la Normandie s'était également rétabli. Rouen renoua rapidement ses anciennes relations avec l'Espagne ; ses fabriques de drap se relevèrent à la suite d'un règlement fait par le bailli de Rouen, Guillaume Cousinot, règlement minutieux à l'extrême, et dont les mauvais effets ne se firent sentir que plus tard. Deux faits témoignent de l'importance de ce relèvement : c'est à Rouen que Louis XI demanda des ouvriers pour relever dans Arras la fabrication des draps ; et lorsque, en 1494, Charles VIII, ayant dépensé son argent en fêtes dut, pour son expédition d'Italie, demander de l'argent aux Vénitiens, il ne put l'obtenir « qu'avec » une lettre de change de J. Le Pelletier, marchand de Rouen trafi- » quant par mer. »

Louis XI rendit également de nombreuses ordonnances pour régler le cours des monnaies, nationales ou étrangères, proportionnellement à leur valeur intrinsèque, ou pour favoriser en France l'établissement d'industries alors florissantes à l'étranger. Certains projets, éclos sous son règne, montrent que déjà il existait une véritable connaissance des besoins et des nécessités du commerce. C'est ainsi qu'en 1468, Pierre Doriole, général des finances, adressait au roi un mémoire sur les encouragements à donner à la marine marchande, engageant le roi à accorder aux navires nationaux le privilège de l'importation des épiceries, monopolisées par les Vénitiens, qui en retiraient 400.000 écus d'or tous les ans. Doriole offrait aussi un projet pour faire descendre les huiles, les laines et autres marchandises à Bordeaux, et les transporter de là en Flandre et en Angleterre.

La politique commerciale de Charles VII et de Louis XI fut continuée pendant la minorité de Charles VIII, mais tels avaient été les maux de la guerre, qu'aux États de 1484 un député disait : « de » Dieppe jusqu'à Rouen, on ne saurait reconnaître la trace d'un » chemin ; on ne rencontre ni fermes, ni hommes, à l'exception de » quelques brigands qui infestent la campagne... N'est-ce pas un » spectacle affreux et pitoyable que celui d'une contrée tout entière, » dont les habitants sont morts ou expatriés, les maisons renversées, » et beaucoup de villages détruits, sans même laisser de ruines. » Tout en faisant la part de l'exagération, on peut croire à de réelles misères, qu'une longue période de calme n'avait pu encore faire disparaître.

En Angleterre, à la guerre avec la France avait succédé la guerre des *deux Roses*, plus terrible encore peut-être que ne l'avait été pour la France la lutte des Armagnacs et des Bourguignons. Le commerce en ressentit les conséquences, mais l'affaiblissement des barons, résultat de cette lutte, facilita l'avènement de la bourgeoisie qui, dans les siècles suivants, devait donner tant d'éclat et d'importance au commerce de l'Angleterre.

Ce commerce, malgré tout cela, ne cessait de prospérer. D'après Gérard Malynes (*Center of the circle of commerce*), la compagnie des « Merchants of the staple » paya, en 1458, un droit de 68.000 £. Certains marchands anglais avaient acquis des richesses considérables. Sous Édouard III, les De la Poles, marchands de Hull, avaient commencé leur fortune, et de cette date au règne de Henri VIII, ils donnèrent au royaume un lord chancelier (1) et acquirent successivement un comté, un marquisat et un duché. La richesse de Canynge, cinq fois *mayor* de Bristol sous Henri VI, est attestée par l'église de Sainte-Marie Redcliffe, et enfin la fortune de Richard Whittington a donné lieu à un des contes les plus populaires de la Grande-Bretagne.

Les foires avaient encore une grande importance commerciale. En 1487, le *Common Concil* de Londres, dans le but d'obliger les marchands à faire leurs achats à Londres, défendit à tout citoyen de transporter des marchandises hors de Londres pour vendre à une foire ou un marché quelconque. Mais sur la représentation que cette mesure allait ruiner les foires de Salisbury, Bristol, Oxford, Nottingham, Cambridge, Ely, Coventry, et nombre d'autres, et que les habitants de ces contrées seraient empêchés ainsi de se procurer les objets de tous genres dont ils avaient besoin, cette ordonnance fut annulée par le Parlement.

Les marchands étrangers étendaient leurs relations en Angleterre, car en 1474, on trouve mention d'un *Steelyard* établi à Boston. Cependant les mesures restrictives contre le commerce étranger s'accentuaient de plus en plus. En 1463, un acte du Parlement (3 et 4 Edouard IV), prohibe l'introduction d'un grand nombre de marchandises, les manufactures irlandaises étant exceptées ; en 1483, obligation aux marchands étrangers de vendre en gros seulement et d'employer le produit des ventes en marchandises anglaises, obligation qui, déjà établie, était sans doute tombée en désuétude. En 1485, acte de navigation obligeant à importer les vins de Bordeaux et Guyenne sur des navires anglais, écossais ou irlandais (2).

---

(1) Michel de la Poles, chancelier de Richard II, qui fut créé comte de Suffolk.

(2) Ce n'étaient pas seulement les marchands étrangers qui étaient sujets à des

D'un autre côté, les marchands anglais s'établissaient de plus en plus dans les autres contrées ; en 1485, un conseil est nommé par les marchands anglais en Italie.

Mais, de chaque côté du détroit, l'octroi des licences était la source des plus grands abus. Le recueil des ordonnances est plein de ces faveurs, accordées contre versement au roi de sommes plus ou moins importantes : Richard II accorda des licences aux marchands de Newcastle, Henri IV à divers citoyens de Londres, Henri VI aux marchands de Newcastle, comme l'avait fait Richard II, à Benoni, marchand florentin, à Laurence Barbarico ; Édouard IV, à divers marchands. Une ordonnance de Henri VI dispense William Canning, riche marchand de Bristol, de se conformer aux dispositions du traité qui venait d'être conclu avec le Danemark, et lui donne pour deux années de grandes facilités pour faire du commerce ; en 1475, permission est donnée à Laurent et Julien de Médicis et quatre autres marchands, d'exporter librement malgré les lois de *staple*. En France, les faveurs étaient le plus souvent accordées aux marchands d'une nation déterminée : c'est ainsi que du XIVe au milieu du XVe siècle, on trouve mention de nombreux privilèges accordés d'abord dans les foires, ensuite dans les ports, enfin dans les principales villes du royaume, aux marchands d'Aragon, de Catalogne, de Majorque, de Castille, de Portugal, aux Génois, aux Lombards, aux Lucquois, aux Plaisantins, aux Pisans, aux Bolonais, aux Florentins, aux Vénitiens, aux Flamands, aux Brabançons, aux Hanséates ; cependant, vu le triste état de la France à cette époque, les

---

mesures ou à des impôts vexatoires. Vers cette époque, la Compagnie des Marchands aventuriers d'Angleterre voulut prélever un droit sur les marchands anglais trafiquant dans les Flandres, en Normandie, en Bretagne, etc. Ce droit fut demandé d'abord pour la *Fraternité de St-Thomas Becket*, et, modéré au début, il devint rapidement si élevé que les marchands anglais adressèrent une pétition au roi, et en 1496, il fut établi (12 Henri VII c. 6) que, sauf un droit de 10 marcs stg, les marchands trafiquant dans les Flandres et pays avoisinants n'auraient à payer aucune taxe.

faveurs étaient peut-être indispensables pour attirer les commerçants étrangers, motif qui n'existait nullement en Angleterre.

Malgré les causes de trouble qui signalèrent la période de 1339 à 1492, quelques dispositions nouvelles vinrent enrichir le droit commercial naissant. En établissant, ou plutôt rétablissant les *staples* (27 Edw. III, st. 2), Édouard III avait établi un mode spécial de procédure pour les procès entre marchands, procédure prompte et qui, par l'introduction du jury mixte, offrait toutes les garanties d'impartialité. Cette disposition avait déjà été établie par Édouard Ier, mais comme elle était tombée en désuétude, Édouard III, en la rétablissant et la sanctionnant à nouveau, rendit un réel service au commerce. Ce même statut donne de nouvelles garanties pour le recouvrement des dettes contractées envers les marchands. Lorsqu'une dette avait été reconnue devant le *mayor* du staple, celui-ci apposait le sceau du staple sur l'obligation ; en cas de refus de paiement, le *mayor* pouvait tenir en prison le débiteur, s'il se trouvait dans les limites du staple, jusqu'à ce qu'il ait fait arrangement avec son créancier ; les marchandises et propriétés lui appartenant pouvaient également être saisies par le *mayor* et remises sur estimation au créancier, ou vendues pour payer la dette. Si le débiteur n'était pas dans les limites du staple, un certificat était délivré, avec le sceau du staple, donnant le droit d'arrêter le débiteur et de saisir ses marchandises et propriétés.

Non moins utile était l'institution des cours de *piépoudre*, fort anciennes mais organisées par le statut 17, Edouard IV, ch. 2. La juridiction de cette cour s'étend seulement aux affaires conclues dans la foire actuelle, mais non à celles qui concernent les foires antérieures. Le plaignant doit déclarer sous serment que le débat est né en foire, et l'affaire est entamée, instruite et jugée pendant la foire, celle-ci ne durât-elle qu'un jour.

En France, les lettres de Philippe VI (1339) en donnant privilège aux marchands d'Aragon et de Majorque pour la ville d'Honfleur, portent que le prévôt et le conseil de la ville d'Honfleur doivent

» bailler et ordonner auxdits marchands courratiers bons, loyaux
» et suffisants pour leur vendre leurs marchandises », et en cas de
non paiement, les marchands étrangers avaient recours contre les
courtiers. Les contestations devaient être jugées par le prévôt et
deux bourgeois de la ville, lesquels « les courratiers et témoins
» entendus, feront bon et brief droit, sommairement et de plain, et
» de jour à jour, le plus tost qu'il pourra être fait bonnement. »
C'était à peu près les mêmes dispositions que celles qui régissaient
la cour des foires (ordonnance du 6 août 1349), sanctionnant ce qui
en fait existait antérieurement. Charles VII fit publier une grande
partie des coutumes, enjoignant « aux baillis, aux sénéchaux
» et autres juges de se conformer au texte publié pour l'application
» des lois » (1).

Louis XI fit plus encore en supprimant le droit d'*aubaine* (2)
pour les marchands du Brabant, des Flandres, de Hollande et de
Zélande (février 1464), et l'année suivante pour les marchands
fréquentant les foires de Lyon.

Les dispositions relatives au droit maritime ont trait surtout à la

---

(1) CHALLAMEL, *Histoire du peuple français*.

(2) « Les aubains pouvaient se marier, acheter, vendre, louer, prêter, en un
» mot faire tous les actes, tous les contrats du droit des gens, même donner et
» recevoir entre vifs, pourvu que ce ne fût pas en fraude du droit d'aubaine....
» Ils étaient exclus du bénéfice de cession des biens, et suivant la plupart des
» auteurs, de celui de restitution.
» Toutefois, la principale incapacité des aubains portait sur la transmission
» de leurs biens après décès. Incapables de tester, soit absolument, soit comme
» les serfs, au-delà de cinq sols, ils n'avaient pas d'héritiers *ab intestat*, sauf
» leurs enfants nés dans le royaume et leurs autres parents regnicoles......
» A défaut d'enfants et parents nés dans le royaume ou naturalisés, la succession
» tant mobilière qu'immobilière de l'aubain était attribuée au roi, et cette attri-
» bution constitue proprement le droit d'aubaine...... Ce droit d'aubaine
» s'exerçait sur les biens des étrangers qui *étaient venus d'habitude en ce*
» *royaume*, c'est-à-dire qui avaient établi leur domicile en France. Il ne frappait
» pas ceux qui ne faisaient que passer dans le royaume, sans intention de s'y
» fixer, ni les ambassadeurs, ni les marchands fréquentant les foires. Cependant
» l'exception ne portait que sur la succession mobilière; les immeubles acquis
» par ces étrangers restaient soumis au droit d'aubaine. » (Ch. GIRAUD, *Précis de
l'ancien droit coutumier français*).

répression du droit de représailles (1). L'acte du Parlement anglais, de 1363, réservait le droit du roi d'accorder des lettres de marque; mais les actes de 1414 et 1416 (1 Henri V, ch. VI et VII), imposent des conditions nouvelles pour l'obtention des lettres de marque, et déclarent passible de la peine de mort tout sujet anglais qui romprait la paix ou une trêve. Dès la fin du XIVe siècle, tous les traités de paix ou de trêve tendent à l'abolition du droit de représailles ; en 1446, on alla même jusqu'à exiger des vaisseaux quittant les ports des garanties spéciales pour répondre des dommages qu'ils pourraient causer aux bâtiments nationaux et amis. Le droit de course était même réglementé en cas de guerre ; l'ordonnance de Charles VI (1400) est le premier acte officiel sur ce sujet ; en Angleterre, des dispositions du même genre se retrouvent dons l'acte du Parlement de 1414.

Il est à remarquer que c'est dans cette période que les Anglais émirent leur prétention à la souveraineté des mers. Dejà le roi Jean, dans une ordonnance d'Hastings, déclarait qu'il était la coutume de la mer pour tous les vaisseaux des autres nations de « veil leurs bonnets au commandement » de l'amiral anglais. Mais le titre *Dominus Maris Anglicani circumquaque* fut revendiqué explicitement par Édouard III, qui, après la prise de Calais, fit frapper un noble d'or qui au revers portait un vaisseau et une épée, emblème de la souveraineté de la mer (2).

---

(1) Malgré les ordonnances, des représailles étaient encore exercées de temps en temps. C'est ainsi qu'un marchand de York eut la valeur de £ 109 de laine prise par un noble flamand, se payant ainsi d'une créance qu'il avait contre Édouard III. La répression du droit de représailles avait d'autant plus d'importance, que souvent les agissements des nationaux envers les négociants étrangers donnaient lieu à des plaintes fort vives. Il arrivait fréquemment que ces plaintes restaient sans effet ; on voit cependant que sous Édouard III, un traité intervint avec la Hanse pour terminer d'anciens différends. Les Anglais payèrent 10.000 £, réclamant par contre 480 £ pour dommages subis.

(2) CUNNINGHAM, *Growth of English commerce and Industry*. Cette prétention à la souveraineté des mers devait, au XVIIe siècle, être exposée dans toute son audace et sa crudité dans la *Mare Clausum* de Selden.

CHAPITRE IV.

De la découverte de l'Amérique au Protectorat de Cromwell.

En révélant au monde un continent nouveau, en dotant l'Espagne d'un immense empire, Christophe Colomb avait donné un but à tous les chercheurs d'aventures, et déterminé un mouvement qui devait transformer le monde commercial. Jusqu'alors le trafic des Indes était le but de toutes les ambitions ; on savait quelles richesses y avaient acquises les Vénitiens ; les Portugais, devenus leurs heureux rivaux, voyaient chaque jour augmenter leur influence commerciale. C'est en cherchant la route des Indes que Colomb avait découvert l'Amérique ; c'est vers ce nouveau territoire qu'allaient se diriger tous les efforts.

Depuis longtemps déjà, le désir de lointains voyages se faisait sentir. Sans parler des Normands qui, vers l'an 1000, s'établissaient dans les pays actuels de Labrador, de Canada et de Terre-Neuve, ni des Portugais dont les hardis navigateurs, après avoir reconnu le littoral ouest de l'Afrique, avaient enfin trouvé la route des Indes par l'Océan indien, et devaient s'avancer jusqu'en Chine, les marins dieppois avaient, en 1364, armé deux navires de 100 tonneaux chacun, et après avoir parcouru la côte de Sierra-Leone, s'arrêtèrent dans un lieu qu'ils nommèrent Petit-Dieppe (plus tard Rio-Sestro), échangeant avec les naturels, de l'or, de l'ivoire, du poivre, contre leurs propres marchandises. L'année suivante les marchands de Rouen s'unirent à ceux de Dieppe, visitèrent la côte de Malabar et trafiquèrent jusqu'à la Côte d'or. Des postes (Elmina, Fantin, Sabon, Cormentin), furent fondés et devinrent des escales pour le troc. Négligés dès le début du règne de Charles VI, c'est seulement en 1488 que ces comptoirs revoient, avec le capitaine Cousin, le pavillon français. Ce sont deux dieppois au service de la Castille, Robert Braquemond et Servent, qui, en 1373, retrouvent les Iles Canaries, et c'est également un dieppois, Jean de Bethencourt, qui conquiert l'Archipel en 1482. Entraînés par leur amour pour l'inconnu, les marins de la Normandie, de la Bretagne, de la Gascogne poursuivaient la baleine dans les mers septentrionales et, au début du XVIe siècle, établissaient à Terre-Neuve et au cap Breton la pêche à la morue. La découverte de l'Amérique allait changer le sens de ces expéditions lointaines ; cependant un marin de Honfleur, Binot Paulmier de Gonneville, doublait en 1503 le cap de Bonne-Espérance, et jeté par la tempête à Madagascar, en revenait six mois après avec le fils d'un chef sauvage ; vingt-cinq ans plus tard, les frères Parmentier débarquaient à Sumatra, visitaient les Moluques et revenaient à Dieppe avec une riche cargaison d'épices.

Mais c'est vers l'Amérique que se dirigent la plupart des expéditions. En 1506, un capitaine de Honfleur, Jean Denis, se rend à Terre-Neuve ; deux ans plus tard, J. Ango, le célèbre armateur de Dieppe (1), confia au pilote Aubert le soin d'y fonder un établissement de commerce, pour le trafic des pelleteries et la pêche. En 1524, le florentin Verazzani fut envoyé par François Ier en Amérique ; il explora Terre-Neuve, l'Acadie et les côtes méridionales jusqu'à la Virginie, appelées par lui *Nouvelle France*. Dans trois voyages successifs (1534-35-41), Jacques Cartier, de St-Malo, reconnut la forme insulaire de Terre-Neuve, explora les îles du golfe de St-Laurent et remonta le fleuve presque jusqu'au lac Ontario.

---

(1) Victime d'une agression des Portugais, Ango reçut de François Ier des lettres de marque pour faire la course aux vaisseaux portugais avec ses propres navires armés en guerre ; il traita de puissance à puissance avec le roi de Portugal et obtint une indemnité de 60.000 ducats.

L'Angleterre, où le commerce était principalement fait par les étrangers, ne connaissait guère la grande navigation. Bordeaux était à peu près la limite dans l'Océan atlantique, et c'est surtout dans les mers du Nord que se rendaient les vaisseaux anglais. Mais la découverte de l'Amérique vint aussi y donner le goût des expéditions lointaines. En 1497, un négociant italien établi à Bristol, Jean Cabot, découvrait Terre-Neuve pour l'Angleterre; ses fils font également d'autres voyages à la recherche d'un passage par le nord-ouest du Nouveau monde pour l'Inde; en 1553, sir Hugh Willoughby et les équipages de ses deux vaisseaux meurent de froid en Laponie, à la recherche de ce même passage; Richard Chancellor, qui commandait le troisième vaisseau, peut atteindre la mer Blanche et, reçu par le czar Ivan IV, établit des relations commerciales entre la Moscovie et l'Angleterre. Il y retournait deux ans après, sous les auspices de la société des « Merchants adventurers » et en revenait, non-seulement avec des marchandises de grande valeur, mais encore accompagné par une ambassade (1). Abandonnant la voie maritime, Anthony Jenkinson cherchait à pénétrer en Chine et dans l'Inde par voie de terre mais, après un voyage de deux années qui lui permit pourtant d'atteindre Bokhara, il déclarait ce moyen impraticable.

Le commerce avec la côte ouest de l'Afrique attirait les Anglais; en 1562, J. Hawkins s'y rendait et revenait avec une cargaison d'or, de gomme et d'ivoire. Malheureusement ce voyage donna naissance au trafic des esclaves.

Les voyages autour du monde de Drake, de Thomas Cavendish, n'avaient été, en fait, que des courses contre les galions espagnols; mais, sans avoir renoncé au passage du nord-ouest, les Anglais s'efforcèrent de suivre la route indiquée par les Portugais pour atteindre les Indes. En 1583, Ralph Fitch était saisi et empoisonné par les Portugais à Ormuz; James Lancaster, en 1591, prenait

---

(1) Une compagnie fut formée en 1554 pour le trafic avec la Russie, mais ne dura que fort peu de temps.

avec trois vaisseaux la route du cap de Bonne-Espérance, et revenait avec sept compagnons seulement de ce désastreux voyage. Par contre, Martin Frobisher faisait, de 1576 à 1579, trois voyages vers le nord-ouest et, en 1585-1587, John Davis accomplissait également trois explorations vers le pôle. Ces voyages n'avaient que des résultats commerciaux de peu d'importance, mais ils formaient de hardis marins dont le courage était à la hauteur de tous les périls.

A ces voyages d'explorations et de découvertes allaient succéder de réelles tentatives de colonisation, l'Angleterre, pas plus que la France, n'acceptant le partage établi par le pape Alexandre VI, et en vertu duquel le monde nouveau était divisé entre les Portugais et les Espagnols. Mais, dès le début, les tentatives de l'un et de l'autre peuple présentent une différence sensible. Les Français n'ont en vue que le commerce et les aventures ; leurs compagnies se composeront surtout de marchands et de soldats ; ce sont des postes qu'ils dissémineront dans les contrées qu'ils auront soumises, et ce fait explique comment ces colonies pourront plus tard être si rapidement soustraites à notre influence. Chez les Anglais, au contraire, ce sont des établissements qu'on projette ; ce sont des colons qui s'expatrient et vont chercher par-delà les mers un nouveau foyer, se faire une existence nouvelle. La constitution civile de ces colonies était aussi profondément différente. Dans la plupart des colonies françaises, c'était le régime de la mère-patrie, la constitution féodale de la propriété, la domination des seigneurs, des intendants, et tous les impôts, les redevances, les malversations qui accompagnaient ce système. Les colonies anglaises, au contraire, jouissaient au point de vue politique et administratif d'une liberté à peu près complète ; c'était seulement pour l'industrie et le commerce que le régime anglais était au moins aussi arbitraire et aussi despotique que celui en usage dans les colonies françaises. Puis, lorsque à la suite des guerres religieuses, les partisans des religions dissidentes voulurent trouver au loin un sol plus favorable, les colonies anglaises offrirent à tous, puritains, catholiques, quakers, royalistes, orthodoxes ou non, les mêmes droits en face des mêmes devoirs ; au contraire, les protestants français étaient systématiquement éloignés des colonies, et en devenaient quelquefois les pires ennemis, obligés qu'ils étaient de quitter leur nationalité. C'était un calviniste français, David Kerth qui, en 1629, détruisait à la tête des Anglais Québec à sa naissance.

Des compagnies s'étaient formées, toutes avec des faveurs, des monopoles, quelques-unes investies de privilèges considérables. Coligny avait fait visiter par ses agents, mais sans succès, la Guyane, le Brésil, la Floride. En 1598, Henri IV nomme le sieur de la Roche, *lieutenant général ès pays de Canada et autres*, avec mission d'y établir une colonie et d'y porter la religion catholique. Cette mission échoue et, en 1604, de Monti fonde une petite colonie dans l'Ile Sainte-Croix, puis au Port-Royal et dans l'Acadie (1). Sur les réclamations des pêcheurs de morue, dont les privilèges étaient atteints, la petite colonie de Port-Royal rentre en France. Enfin, en 1608, Champlain arrive à son tour, fonde Québec, et crée la colonie du Canada, malgré le mauvais vouloir de Sully, qui écrivit dans ses mémoires : « Je mets au nombre des choses faites » contre mon opinion la petite colonie qui fut envoyée cette année » au Canada ; il n'y a aucune sorte de richesse à espérer de tous les » pays du nouveau monde, qui sont au-delà du 40e degré de latitude. » Une compagnie des Indes occidentales, formée en 1604, n'avait pas eu le moindre succès.

Richelieu vint tirer tous ces établissements de l'abandon où les avait plongés la mort de Henri IV. Ses projets sont plus vastes et les

---

(1) Après l'insuccès du sieur de la Roche, Henri IV avait accordé à un normand nommé Chauvin, le privilège du commerce des pelleteries pour dix ans, moyennant l'obligation d'établir au Canada une colonie de 500 hommes. Chauvin n'ayant pas rempli ses engagements, le privilège fut transféré à une compagnie de marchands de Dieppe, sous la direction du vice-amiral De Chaster. De Monti vint ensuite (H. MARTIN, *Histoire de France*).

compagnies qu'il crée sont investies de privilèges d'une extension inouïe. La Compagnie de la *Nacelle de St-Pierre fleurdelisée* « avait pour but d'établir dans le royaume de France un grand
» négoce de toutes les marchandises qui entrent dans le commerce,
» introduire la pêcherie, la fabrique des vaisseaux et de divers
» autres ouvrages qui n'y sont communs, mettre en valeur plusieurs
» terres et lieux qui ne rendent que peu ou point de profits, fouiller
» chacun des lieux et endroits des terres de Sa Majesté, dresser des
» forges, fondre et forger l'or, l'argent, le fer,..... entreprendre des
» voyages au loin, faire des peuplades, établir des colonies aux
» lieux qu'elle avisera, même au Canada et Nouvelle France, négo-
» cier et trafiquer en tous pays qui ne sont pas ennemis déclarés
» de cette couronne (1). » Plus tard, la *Compagnie du Morbihan* ou des *cent associés*, sera « une compagnie générale du commerce,
» tant par terre que par mer, ponant, levant, et voyages de long
» cours ;... Il sera accordé auxdits associés qu'eux et leur com-
» pagnie puissent posséder les terres de la Nouvelle France, tant le
» continent que les îles et autres lieux que ladite compagnie pourra
» conquérir en toute seigneurerie et propriété avec tout pouvoir et
» autorité, à la charge de les relever de Sa Majesté en titre de foi et
» hommage. Il leur sera permis de tirer hors du royaume tous ceux
» qui y pourront aller volontairement, les enrôler et armer ; comme
» aussi tous les mendiants valides et vagabonds de tous sexes et
» âges, lesquels y pourront être contraints et par emprisonnement
» de leurs personnes (2). » A peine est-il besoin de dire que l'une ou l'autre de ces compagnies ne fit rien d'utile, ses directeurs ne se souciant que de réaliser de gros profits immédiats au moyen de leur monopole ; en sept années, la *Compagnie du Morbihan* n'avait fait passer que quarante hommes au Canada.

L'insuccès de ces deux Compagnies conduisit Richelieu à une

---

(1) Paul Leroy-Beaulieu, *De la Colonisation chez les peuples modernes.*
(2) Id. *Id.*

tentative plus modeste, *la Compagnie des Indes occidentales*, composée de 107 associés, parmi lesquels était Champlain, dont les plaintes et les remarques ne furent pas sans influence sur les stipulations inscrites dans la charte nouvelle. « Le roi donnait en don à
» la nouvelle compagnie, comme à la précédente, Québec, le Canada
» et toute la côte de l'Amérique septentrionale, depuis la Floride
» jusqu'au cercle arctique. La Compagnie obtint aussi le monopole
» des cuivres et des pelleteries et celui de toutes les autres mar-
» chandises pour 15 ans dans la Nouvelle-France. Les Français
» établis au Canada, qui ne seraient pas entretenus par la Compa-
». gnie, pouvaient traiter librement avec les sauvages, à la condition
» de ne vendre leurs pelleteries qu'aux agents de la Compagnie qui
» devaient les leur payer quarante sous. Les marchandises prove-
» nant de la Nouvelle-France devaient être exemptées de toute
» imposition à leur entrée dans le royaume. Tout artisan qui aurait
» séjourné six ans dans la colonie obtenait la maîtrise, les nobles
» pouvaient entrer dans la Compagnie sans déroger, et, parmi les
» associés, le roi pouvait en annoblir jusqu'à douze. La Compagnie
» s'engagea à faire passer, dans l'année 1628, trois cents hommes
» de tous les métiers et, dans les quinze années suivantes, jusqu'à
» quatre mille personnes. Elle se chargeait de nourrir et entretenir
» les nouveaux habitants pendant trois ans : au bout de ce temps
» elle ne leur devait plus que la quantité de terres défrichées néces-
» saires pour assurer leur subsistance. Il était aussi stipulé que tous
» les colons seraient catholiques. La Compagnie devait entretenir
» pendant quinze ans sur chaque point occupé par elle au moins
» trois missionnaires (1). » Dans ces conditions, la Compagnie pouvait exister, et en fait à partir de cette époque le Canada commença à se développer lentement, mais sûrement. Pourtant l'introduction de la domination religieuse, de celle des Jésuites surtout,

---

(1) Paul LEROY-BEAULIEU, *De la Colonisation.*

devait entraver ce développement et finalement ruiner la colonie (1). Déjà, lorsque Champlain retourna à Québec après la restitution de cette ville par le traité de St-Germain (1632), il se fonda plusieurs établissements religieux dans la province. Un jésuite, fils du marquis de Gamaches, construisit un couvent sur les pentes encore incultes du cap Diamant ; la duchesse d'Aiguillon y fonda un hôpital et Mme de la Peltrie un monastère d'Ursulines. Ces exemples furent suivis, mais malgré les excellentes intentions de ces fondateurs, les institutions ainsi établies ne pouvaient être d'un grand secours pour hâter les progrès du défrichement, de la population et de la richesse, et devaient au contraire accoutumer à ne regarder les établissements coloniaux que comme un moyen de répandre davantage le christianisme.

Mais tandis qu'au Canada la constitution de la propriété, les droits conférés aux seigneurs, les règlements inspirés par les missionnaires, arrêtaient le développement de l'agriculture, ne laissant place qu'au commerce de pelleteries, une autre colonie était conquise par la France et devait donner plus tard des résultats inespérés. En 1625 un petit gentilhomme de Normandie, M. d'Enambuc, qui commandait un brigantin, échappant à la poursuite d'un galion espagnol se jeta sur l'île de Saint-Christophe. Revenu deux ans après pour solliciter des secours de la couronne, il éblouit la cour par son faste, et Richelieu, persuadé par l'exposé qu'il lui fit des richesses de la contrée, autorisa une compagnie dont l'acte d'association fut passé le 31 octobre 1626. Le roi se réservait les *droits de dixième* pendant vingt ans, sur tout ce qui proviendrait des dites îles. Ceux qui étaient transportés aux frais de la Compagnie devaient s'engager pour trois ans devant les juges de l'amirauté. La même année, était accordée une exemption du droit de trente sous sur chaque livre de

---

(1) Il faut se rappeler que la dîme religieuse existait dans les colonies. De plus les couvents ne possédaient que des biens de mainmorte, constituant ainsi le régime le plus déplorable aux progrès de l'agriculture et de la population.

tabac provenant des îles St-Christophe, la Barbade (que les Anglais ne possédaient pas encore), et autres appartenant à la Compagnie des îles d'Amérique (1).

La colonisation fut lente ; on ne connaissait pas encore la culture du café et de la canne à sucre, et les bras et les capitaux manquaient. La production se bornait au tabac, au roucou, au piment et à un peu de coton. Le question des subsistances était complètement négligée ; il arriva même que les habitants en vinrent à manquer de vivres, et ne furent sauvés que par l'arrivée imprévue d'un vaisseau zélandais. Les échanges parurent si favorables, que ce vaisseau revint ; son exemple fut suivi, et le commerce de la colonie passa aux Hollandais. Sur la plainte des associés, un édit royal vint confirmer leurs privilèges, faisant « défense à tous ceux qui partiront de
» nos ports et hâvres, soit qu'ils passent pour aller aux Indes orien-
» tales, soit qu'ils aillent exprès à ladite île de St-Christophe et
» autres îles circonvoisines, d'y accepter ou faire acheter ou en rap-
» porter le tabac, roucou et coton qui y croissent sans l'exprès
» vouloir et consentement par écrit des directeurs de ladite compa-
» gnie, ou que ce soit pour le compte d'icelle à peine de 1 000 livres
» d'amende et de confiscation, tant des vaisseaux que dudit tabac
» et autres marchandises qui seront apportées dedans (2). »

Malgré le désavantage qui en résultait pour la colonie, la réorganisation de 1635 fut faite sur un plan non moins exclusif. La Compagnie avait la propriété de toutes les îles qu'elle mettait en valeur du 10e au 30e degré ; des efforts devaient être faits pour convertir les sauvages au catholicisme ; deux ou trois ecclésiastiques devaient être entretenus dans chaque colonie ; tout colon devait être français

---

(1) Selon M. Pierre Margry, d'Enambuc ne serait pas le véritable fondateur de la colonie des Antilles. Ce serait le huguenot Levasseur, qui à la tête d'une petite troupe d'aventuriers français, avait conquis une partie de l'île sur les Caraïbes, et céda ensuite ses droits à d'Enambuc. (H. MARTIN, *Histoire de France*.)

(2) Paul LEROY-BEAULIEU, *De la Colonisation*.

et catholique. Le gouverneur général devait être nommé par le roi, et ne s'entremettre ni du commerce ni de la distribution des terres. Enfin, « pendant vingt ans il était fait défense à tous vaisseaux fran-
» çais autres que ceux de la Compagnie d'y porter des marchandises
» ou d'en rapporter. De son côté, la Compagnie devait prendre les
» mesures les plus sévères pour s'assurer d'un commerce qui faisait
» la richesse des Hollandais. »

Ce n'était pas avec de telles restrictions qu'on pouvait espérer un développement rapide. Mais vers cette époque, les capitaines du Plessis, l'Olive, Duparquet et autres s'établirent à la Guadeloupe et à la Martinique, non pour coloniser, mais pour guerroyer avec les Anglais, les Espagnols et surtout avec les Caraïbes. D'autres aventuriers, les boucaniers (1), s'étaient établis sur la côte septentrionale de St-Dominique, s'adonnant principalement à la contrebande et même à la piraterie. Leur existence, toute d'aventures et de périls, mais où se rencontraient aussi de larges profits, était faite pour tenter les cadets de famille sans fortune ou fuyant leurs créanciers. Il vint un moment où chaque famille eut son représentant aux colonies. Mais à leur suite était arrivé un clergé plein de sève, disposé à tout pour le développement de la colonie, des négociants, des petits capitalistes, profitant de toutes les circonstances pour faire quelques opérations de commerce, de sorte qu'après la période guerrière, une organisation sérieuse put se faire avec la plus grande facilité. Précisément à cause de ses débuts, la colonie des Antilles pratiquait d'une façon beaucoup plus complète la tolérance religieuse; ce fut un calviniste (2) que le commandant de Poinci, gouverneur général des îles du Vent, chargea d'expulser les Anglais de l'île de la Tortue; c'est un juif, Benjamin Dacosta, qui en 1644 porta la canne à sucre à la Martinique.

---

(1) Ce nom leur fut donné à cause de l'habitude qu'ils avaient de faire sécher à la fumée, c'est-à-dire *boucaner*, la viande des bœufs qu'ils avaient tués.

(2) LEVASSEUR, qui avait fondé St-Christophe.

D'autres compagnies commerciales avaient été fondées ou autorisées. La *Compagnie de la Guyanne* (1633), formée par des marchands de Rouen, obtenait le monopole du commerce entre l'Orénoque et les Amazones, et fondait en 1634 le port et le village de Cayenne. Les marchands de Rouen et de Dieppe, qui depuis le XIVe siècle commerçaient en Afrique, formaient la *Compagnie du Sénégal* (1626), et *du Cap vert* (1633), et fondaient dès 1626 la ville de St-Louis du Sénégal ; les négociants de St-Malo formaient la *Compagnie de la Guinée* (1634), et ceux de Paris la *Compagnie du Cap blanc* (1635), pour le commerce des gommes, cuirs et ivoires. Mais afin de donner plus de force et d'importance à ces diverses compagnies, Richelieu les réunissait en 1642 en une *Compagnie des Indes orientales*, arrêtée par sa mort mais reprise ensuite par Colbert.

L'Angleterre, entrée plus tardivement dans la voie de l'expansion coloniale, avait procédé d'une façon bien différente. Là, pas de grandes compagnies devant embrasser tout le commerce, et n'aboutissant fatalement qu'à montrer leur impuissance, mais des compagnies ayant pour but l'établissement de colonies sérieuses et durables. Il semble que les idées émises par Bacon dans son « Essay on plantations » avaient été de suite adoptées par tous. Dès 1502, Henri VII, accordant à une compagnie de marchands de Bristol un privilège pour un voyage de découvertes, disait : « C'est notre
» volonté que dans les terres découvertes les hommes et les femmes
» d'Angleterre puissent se fixer librement et de plus, que le com-
» merce avec les colonies soit réservé aux sujets anglais. » Dans les instructions données par Richard Hackluyt à quelques *gentlemen*, lors de l'expédition de Frobischer, il est recommandé de choisir « une bonne position maritime, qui puisse servir à la défense ainsi
» qu'à l'importation et à l'exportation d'un grand marché. Une
» colonie, dit-il encore, doit être dans un climat tempéré, pourvue
» d'eau douce, offrant en abondance des provisions et des vivres,
» du combustible et des matériaux à bâtir. Entre les productions

» coloniales, Hackluyt cite au premier rang : le vin, le sel marin,
» l'huile, la cochenille pour les draps anglais, les pelleteries, les
» bois de construction, et enfin la canne à sucre (1). » On retrouve
la même façon de penser dans la description de Terre-Neuve par sir
Humphrey Gilbert, et dans le rapport de Thomas Harriot sur la
Virginie (1587).

Les colonies anglaises furent fondées soit par des particuliers, ayant obtenu de la couronne l'exercice du droit de souveraineté dans les pays où ils devaient fonder des établissements ; par des compagnies investies de privilèges, et enfin par la seule initiative individuelle, ces dernières colonies relevant de la couronne.

En 1578, sir Humphrey Gilbert obtenait la propriété perpétuelle de toutes les terres qu'il découvrirait, à la condition d'y former, dans les six ans, un établissement dont les colons devaient avoir tous les droits des Anglais dans la mère-patrie; en 1584, Raleigh recevait une patente analogue pour la Virginie, mais après avoir dépensé quarante mille livres sterling sans résultat, il était réduit à céder ses droits à une compagnie dont Hackluyt faisait partie. En 1632, lord Baltimor obtenait plus de succès au Maryland ; après avoir judicieusement employé quarante mille livres sterling en travaux publics et d'exploitation, il voyait la colonie prospérer. Les droits qui lui étaient conférés étaient d'une extrême importance : il avait la pleine disposition des terres, jouissait du droit de créer des barons, de nommer à tous les offices, de déclarer la guerre, de faire grâce, et de lever des impôts, toutefois avec le consentement des colons. Ce n'était que pour les affaires maritimes que la mère-patrie avait réservé sa pleine et entière juridiction.

Les premières compagnies privilégiées furent celle des *London adventurers* (1606), qui devait coloniser la partie des Etats-Unis comprise entre le 34e et 38e degrés, et celle des *Plymouth adventurers* (1606), qui avait pour champ d'actions la partie comprise

---

(1) Paul Leroy-Beaulieu, *De la Colonisation*.

entre les 44ᵉ et 45ᵉ degrés. La haute direction des colonies était donné à un conseil résidant en Angleterre, et dont les membres étaient nommés par le roi ; la couronne s'était réservé un droit d'un cinquième sur les produits des mines d'or et d'argent et d'un quinzième sur ceux des mines de cuivre.

Comme cette organisation ne donnait pas les résultats attendus, la charte de la compagnie qui avait entrepris la colonisation de la *Virginie* fut modifiée en 1609 et en 1612, diminuant les prérogatives de la couronne et augmentant par contre celles des actionnaires ; en 1619, on restreignit les pouvoirs du gouverneur, qui n'eut plus qu'un droit de veto contre les résolutions du conseil des fonctionnaires de la Compagnie et des représentants des *boroughs*. Mais en 1621 Jacques Iᵉʳ donna à la couronne la nomination du gouverneur et supprima la Compagnie.

La deuxième compagnie qui avait repris les établissements fondés par les puritains et avec leurs seules ressources, eut forcément une constitution plus démocratique, mais par cela même son rôle en devint fort effacé.

Une troisième compagnie s'était formée en 1629 sous le nom de *Compagnie de la baie de Massachussets* ; sa charte lui donnait de tels pouvoirs qu'en fait les colons étaient soumis sans restriction à la compagnie et que celle-ci était presque indépendante de la couronne. Mais l'année même de sa fondation, la compagnie transporta son siège dans la colonie, et selon la juste expression de Roscher, « une association d'affaires se changea en une communauté de » colons. »

Les compagnies, en attirant les capitaux, avaient permis de faire au début de grands travaux indispensables ; la constitution suivie aux colonies devait faire le reste. « Les colons n'étaient arrêtés, » d'ordinaire, par aucun obstacle artificiel ; ils n'étaient pas soumis » à ces lois qui, dans les colonies espagnoles, cantonnaient les » Européens dans des districts déterminés et leur interdisaient » l'accès des régions occupées par les Indiens ; ils n'avaient pas

» non plus à se plier à ces précautions gênantes que l'administra-
» tion française impose, sous prétexte de le protéger, au colon
» d'Afrique, lui indiquant le lieu où il doit fixer sa demeure et la
» limite qu'il ne lui est pas permis de franchir ; il ne risquait point
» enfin de se heurter contre de grands domaines inaliénables,
» concédés à perpétuité, avec défense de s'en défaire, à de grandes
» familles fainéantes. Partout où il se portait, il trouvait des terres
» qu'il lui était loisible d'occuper moyennant une rente annuelle ou
» un prix modique une fois payé. Les substitutions, les majorats, la
» mainmorte, toutes les entraves à la libre circulation des biens fonds
» étaient inconnues (1). » Certaines prescriptions, imposées aux colons
français dans un but d'humanité, étaient absolument inconnues aux
colonies anglaises et tournaient à notre détriment. Au Canada,
défense était faite de fournir des liqueurs fortes aux indigènes ; mais
les Hollandais et les Anglais que n'arrêtaient pas les mêmes motifs,
se livraient à une active contrebande et accaparaient en fait presque
tout le commerce des pelleteries.

D'autres essais de colonisation avaient été poursuivis par les
Anglais, mais sans grand succès. En 1622, le duc de Montague
avait obtenu les îles de Sainte-Lucie et de Saint-Vincent, et y avait
fait une infructueuse tentative de colonisation ; la Barbade et les
autres Caraïbes étaient ensuite cédées par la couronne (1627) au
comte de Carlisle, malgré les protestations des colons qui avaient
fait les frais de la colonisation ; plus tard la Barbade était cédée au
comte de Malborough, puis ensuite au comte de Pembroke. Toutes
ces tentatives de colonisation officielle et patronée n'amenèrent que
de faibles résultats.

En Afrique, une Compagnie établie quelques années avant la mort
d'Élisabeth, luttait contre les Portugais, les Hollandais et plus tard
les Français. Mais en 1600 s'établissait une compagnie, la Compagnie des Indes, qui devait arriver à un succès et un pouvoir que nul

---

(1) Paul LEROY-BEAULIEU, *De la Colonisation*.

n'aurait pu même entrevoir à l'époque de sa fondation. La charte fut accordé à George, comte de Cumberland, et 215 chevaliers, aldermen et marchands, chaque part étant souscrite à 50 livres. Le premier voyage pour lequel 72.000 livres sterling avaient été réunies, dura 2 ans 7 mois, et de même que le second rapporta un bénéfice de 100 pour 100. Le troisième voyage fut plus heureux encore, le bénéfice s'étant élevé à 236 pour 100. Bientôt la Compagnie eut des factoreries à Surat, d'où les Portugais furent chassés, puis sur les côtes de Coromandel et de Malabar, des stations à Masulipatam, Calicut, Delhi, et en 1622 prenait Ormuz aux Portugais, rasait la ville, s'établissant au port de Gambroon. En 1624, un traité avec la Compagnie anglaise réglait la proportion dans laquelle le commerce devait appartenir à l'une et à l'autre des deux Compagnies. Le succès qui avait marqué le début de la compagnie anglaise des Indes devait plus tard s'accentuer encore.

Pendant que se créaient ainsi des colonies dont quelques-unes étaient appelées à prendre rapidement un brillant essor, le commerce de la France et de l'Angleterre ressentait également les effets de la découverte du Nouveau-Monde. Mais tout d'abord ces effets avaient été plutôt défavorables.

En important chaque année les produits de ses mines d'or et d'argent de l'Amérique, l'Espagne s'était créé une sorte de richesse, plus factice que réelle, mais qui lui avait fait négliger tous les travaux du commerce et de l'industrie ; les colonies devaient fournir à la mère-patrie des revenus suffisants pour que l'Espagne pût se procurer tout ce qui lui était nécessaire. La conception que l'or et l'argent étaient la richesse par excellence devint vite générale, et contribua à fonder le *système mercantile*, source de mesures mauvaises, et qui dans l'avenir devait avoir les plus pernicieux effets (1). En écrivant, deux cents ans plus tard : « Il est néces-

---

(1) Un traité conclu entre l'Angleterre et la Suède, en 1551, montre bien quelle était alors la tendance du gouvernement. Il fut convenu que contre des lingots

» saire d'employer avec rigueur tous les moyens qui peuvent nous
» conduire à vendre aux étrangers plus de nos productions qu'ils
» ne nous vendront des leurs : c'est là tout le secret et la seule
» utilité du commerce », Ustariz donnait en quelques lignes le
fondement du système mercantile, et permettait de supposer par
quels moyens les gouvernements avaient cherché à réaliser ce problème, de vendre quand même plus aux étrangers qu'on ne leur
avait acheté.

D'un autre côté, l'augmentation soudaine du numéraire avait
amené une hausse des prix, dont la cause était alors inexpliquée (1),
mais dont les effets se faisaient douloureusement sentir (2). En 1548,
l'évêque Latimer, prêchant devant Édouard VI, déplorait la triste

---

d'or et d'argent, on pourrait exporter en Suède des marchandises anglaises sans payer de droits, que contre de l'acier et du cuivre les droits seraient payés comme par les Anglais même ; et que pour tous autres produits, les marchandises prises en échange seraient taxées comme pour les étrangers (HUME, *Histoire d'Angleterre*). Il est à remarquer que l'idée du système mercantile se trouve indiquée en Angleterre avant la découverte de l'Amérique. Un poème intitulé : *Libell of Englishe Policye* (1436), après avoir déploré les maux de la guerre et indiqué les réformes à apporter pour le développement du commerce, déclare que de toutes les choses nécessaires, l'or est celle que l'on doit conserver avec le plus de soin contre les marchands étrangers. (CUNNINGHAM, *Growth of English commerce*.)

(1) M. LEVASSEUR (*Histoire des Classes ouvrières*) estime à 70.000 kilogrammes d'argent par année la production des mines du Nouveau-Monde pendant la première moitié du XVI° siècle, et à 300.000 kilogrammes à partir de la découverte des mines de Potosi (1545). Ces chiffres peuvent être considérés comme suffisamment exacts, car voici, d'après les statistiques de M. Soetber (*Materialien zur Erläuterung und Beurteilung der Wirthischaflirchen Edelmetallverhältnisse und der Währungsfrage*) quelle a été la production moyenne des métaux précieux de la découverte de l'Amérique à la fin du XV° siècle :

	or	argent
1493 — 1520.........	5.800 kilog.	47.000 kilog.
1521 — 1544.........	7.160 »	90.200 »
1545 — 1560.........	8.510 »	311.600 »
1561 — 1580.........	6.840 »	299.500 »
1581 — 1600.........	7.380 »	418.900 »

(2) En 1506, Louis XII se plaignait que les prix d'or et d'argent étaient haussés, et ne sachant à qui s'en prendre, il accusait les orfèvres et les marchands des foires. (LEVASSEUR, *Histoire des Classes ouvrières*)

condition des marchands, des ouvriers, des artisans, attribuant à la transformation des terres cultivées en pâturages la misère dont on ressentait les effets. Ces idées étaient également émises dans un livre publié en 1581, *A Briefe conceipte touching the common weale of this Realme of England*. En 1586, un mémoire présenté à Catherine de Médicis avait pour titre significatif : *Discours sur l'excessive cherté, présenté à la Reine, mère du Roi, par un sien fidèle serviteur*. Seul Jean Bodin avait découvert le vrai motif de ces perturbations, et montré par le même moyen l'inutilité des mesures prises pour remédier à un tel état de choses : « Nous » voyons, disait-il en 1578, que depuis cinquante ans le pris de la » terre a creu, non pas au double, mais au triple..... autrefois..... » la journée d'un homme étoit estimée douze deniers, celle d'une » femme six deniers,..... on ne peut dire que depuis soixante ans » tout n'aye enchéri dix fois autant pour le moins. » Et il ajoutait que cette cherté provenait de quatre ou cinq causes. « La principale » et presque seule (que personne jusque icy n'a touchée) est l'abon- » dance d'or et d'argent qui est aujourd'huy en ce royaume (1). » Plus tard, l'augmentation des moyens d'échange facilitant le commerce et les spéculations, vint donner une impulsion nouvelle au travail ; les consommations augmentèrent, une plus grande somme de salaire fut distribuée, et « les ouvriers osèrent entrevoir l'espé- » rance d'obtenir, au moyen de leur paye, quelque chose de plus » que le triste morceau de pain noir dont ils avaient vécu jus- » qu'alors (2). »

Mais en dehors des demandes des Espagnols, s'adressant aux autres nations pour obtenir des produits en échange du numéraire, de l'augmentation des relations avec les divers peuples de l'Europe, atteignant eux-mêmes un plus grand développement commercial, un facteur puissant vint de part et d'autre aider aux progrès du commerce.

---

(1) Levasseur, *Histoire des Classes ouvrières*.
(2)   id.   id.

En France, ce furent les guerres d'Italie. Lorsque Charles VIII, rêvant la gloire des armes, entra en Italie pour une campagne qui ne fut en quelque sorte qu'une promenade triomphale, tous ceux qui l'accompagnaient reçurent de ces pays nouveaux une impression profonde. « Depuis les beaux siècles de l'antiquité, le monde n'avait
» point présenté d'aussi magnifique spectacle que celui qu'offrait
» l'Italie à la fin du moyen-âge : elle se parait de milliers de chefs-
» d'œuvre, comme une reine qui se pare une dernière fois de tous
» les joyaux de sa couronne, à l'instant de descendre du trône et
» de tendre ses mains aux fers. Sa supériorité avait été longtemps
» incontestable dans la science du gouvernement; elle l'était encore
» dans l'industrie, dans le commerce, dans presque toutes les
» applications pratiques de l'activité humaine ; elle l'était devenue
» dans les lettres et dans les arts(1). » Les campagnes de Louis XII, de François Ier ne firent que renforcer encore cette admiration pour tant de chefs-d'œuvre ; des efforts furent faits pour transplanter en France ces merveilles tant admirées ; des artistes, des savants vinrent d'au-delà des monts, attirés par les présents des rois et des grands, apportant avec eux le sentiment du beau, le goût des arts, l'amour des sciences et des lettres, et déterminèrent l'éclosion de cette belle période de la Renaissance, qui dota la France et le monde de tant d'impérissables chefs-d'œuvre.

Ces expéditions avaient servi également à réhabiliter, inconsciemment peut-être, le commerce aux yeux de ceux qui le méprisaient naguère. En voyant ces cités florissantes, où s'accumulaient, avec les produits de l'art italien, toutes les richesses de l'Orient ; en voyant les citoyens les plus opulents se livrer au commerce, les marchands y devenir souverains, une réaction s'était produite. En même temps, les bourgeois enrichis, rivalisant de luxe avec les seigneurs, faisaient disparaître peu à peu l'inégalité des classes. Malgré les lois somptuaires, les défenses fréquemment renouvelées,

---

(1) H. MARTIN, *Histoire de France*.

le luxe était partout, et sous Henri III, un ambassadeur vénitien ne remarquait que deux objets distinguant les dames nobles des bourgeoises : le masque et le chaperon de velours.

Sous ces multiples influences, les échanges devenaient plus nombreux, les relations avec les autres nations plus fréquentes, une société plus policée, ayant pris le goût du luxe (1), demandait davantage, et favorisant les tendances des rois, permettait à certaines industries nouvelles de prospérer sur le sol français. Sous François Ier les fabriques de soieries de Lyon, établies par Louis XII, rivalisent et surpassent celles de Tours, grâce à des exilés Florentins, Génois, Milanais et Napolitains, qui avaient dû s'expatrier pour fuir le joug espagnol ; en 1531, les tisserands de soie de Rouen sont assez nombreux pour former une corporation ; la fabrication des velours et des satins fut essayée à Montpellier vers la fin du XVIe siècle; à Orléans, une manufacture de draps de soie et une manufacture de tapis sont établies par Catherine de Médicis, les dentelles de Senlis rivalisent avec celles de Flandre ; les fabriques de serges fines de Sommières et de Nîmes viennent en concurrence avec celles de Florence et de Milan ; la Rochelle travaille le maroquin, enfin Bernard Palissy, et peut être avant lui un rouennais, Masseot Abaquesne, dotent la France de l'industrie des faïences artistiques.

L'accroissement du commerce avait été surtout marqué sous Louis XII ; sous son règne les péages qui entravaient la navigation de la Loire sont supprimés, et dix-sept foires nouvelles instituées. « Toutes gens, disait Claude de Seyssel dans sa *comparaison du* » *règne de Louis XI et de Louis XII*, toutes gens (excepté les » nobles, lesquels encore je n'excepte pas tous), se meslent de mar- » chandises et pour un marchand que l'on trouvoit du temps du roy » Louis XI, riche et grossier à Paris, à Rouen, à Lyon, et autres

---

· (1) Sous Henri III, un homme de la cour n'était pas estimé riche s'il n'avait pas vingt-cinq à trente habillements de différentes façons, et il devait en changer tous les jours, (LEVASSEUR, *Histoire des classes ouvrières*).

» bonnes villes du royaume et généralement par toute la France,
» l'on en trouve de ce règne plus de cinquante ; et si en a par les
» petites villes plus grand nombre qu'il n'en souloit avoir par les
» grosses et principales cités, tellement qu'on ne fait guère maison
» sur rue qui n'ait boutique pour marchandise ou pour art mécani-
» que, et font à présent moins de difficulté d'aller à Rome, à Naples,
» et ailleurs delà la mer qu'ils n'en faisaient autre fois d'aller à
» Lyon » Cette prospérité s'accrut encore sous François 1er et Henri II.

Le système de protection et de prohibitions inauguré, ou plutôt rétabli par Louis XI fut maintenu, autant sans doute pour augmenter les ressources d'un trésor toujours obéré que dans l'intérêt du commerce. Un droit de deux écus d'or par pièce de velours et de draps de soie importée en France fut établi; pour protéger les draps du Languedoc, on prohiba les draps et lainages d'Espagne et de Perpignan ; on interdit de même les *sayetteries* flamandes que commençaient à fabriquer quelques villes de la Picardie. En 1527, François 1er reconnaissant « le grand avantage qu'il y avoit pour le royaume
» à faire grand trafic de fer avec les étrangers, et attirer l'argent
» en France » renonça à arrêter l'accroissement des forges françaises, comme il en avait eu un moment l'intention, à cause de la consommation de bois qu'elles nécessitaient, et établit un droit de 20 sous par millier de fer forgé. En 1549, un édit de Henri II étendit le droit d'importation à toutes les frontières du royaume ; les marchands étrangers payèrent deux écus par quintal ou 4 % de la valeur tarifée.

Paris n'avait plus de maisons en ruine. Chaque jour de nouvelles constructions s'élevaient dans les faubourgs, la cité étant devenue trop étroite. Dès 1528, André Navagero écrivait au Doge de Venise que Paris avait un nombre infini de marchands, un grand nombre de belles rues, et tant de boutiques, que c'était presque une merveille. (1) En 1448, les rois se plaignaient de la solitude de la capitale ; un

---

(1) LEVASSEUR, *Histoire des classes ouvrières.*

siècle plus tard, ils s'effrayaient de l'accroissement de la population.

Les autres villes redevenaient également prospères : Bordeaux expédiait de nouveau ses vins en Angleterre; Guistiniano, en 1535, voyait jusque deux cents navires dans le port de Rouen. Un édit de 1540 établit que les soieries venues d'Espagne et d'Italie seront conduites directement à Lyon pour être déballées, mesure qui vient accroître encore la prospérité de cette ville, dont les foires étaient alors plus brillantes que jamais. C'est à Lyon également que sur les indications du cardinal de Tournon, François 1er établit une banque en 1543 ; d'autres sont ensuite établies à Toulouse (1549), à Rouen (1566); la proposition faite par Henri II, de créer une banque à Paris, avait été repoussée par l'échevinage, pour le motif « que la dicte banque estoit contre la loy de Dieu, autorisant l'usure
» que le roy avoit voulu réprimer....... que la facilité que cette
» banque donnoit à chacun de trouver de l'argent par prêt serviroit
» d'occasion à la ruine de la noblesse. Que les marchands qui dans
» le trafic ne gaignent que quatre ou cinq pour cent avec grand péril,
» quitteront la marchandise pour mettre leur argent en ladicte
» banque » (1). De semblables motifs montrent quelles étaient alors les connaissances en économie politique.

François 1er avait essayé, comme Louis XI, de n'établir qu'une mesure unique dans tout le royaume. Les réclamations des provinces le forcèrent à rapporter cet édit en 1543 ; une tentative, faite en 1557 par Henri II, ne fut pas plus heureuse. Un édit de mars 1533 avait pour remédier au désordre monétaire, désigné les monnaies nationales et étrangères qui continueraient à circuler, et déterminé leurs valeur en sous et deniers ; une autre mesure, plus favorable encore au commerce, avait supprimé tous les péages et subsides imposés depuis 100 ans par les seigneurs sans autorisation royale.

---

(1) LEVASSEUR, *Histoire des classes ouvrières.*

D'autres projets n'avaient pu avoir même un commencement d'exécution. L'essai des *écluses à sas*, fait par Léonard de Vinci sur la rivière de l'Ourcq, avait donné l'idée de canaliser cette rivière ; on avait projeté également le dessèchement de la Sologne. La mort de Léonard et les dépenses de la guerre firent arrêter ces travaux ; il en fut de même pour le projet du canal devant unir l'Océan à la Méditerranée. Les plans et devis furent examinés en 1543 par les commissaires du roi, mais les travaux ne furent pas même commencés.

Mais, sous Henri II, Adam de Craponne put au moins construire le *canal de Craponne* qui, partant de la Durance, transforma la plaine de Salon, et dont un des bras fertilisa la plaine de Crau, l'autre étant conduit à la mer par l'Étang de Berre.

Le commerce avec l'Orient avait pris aussi un grand développement. Par un traité de 1535, Soliman avait accordé les plus grands privilèges aux marchands français : liberté réciproque du commerce, autorisation d'établir des consuls à Constantinople, Péra et autres lieux de l'Empire Ottoman, pour juger les causes entre Français ; liberté de religion ; exemption des corvées, et des impôts pour tous Français n'ayant pas dix années de résidence. Ces privilèges devaient même plus tard être augmentés encore, et en donnant au nom et au pavillon français en Orient une prépondérance indiscutable, établir sous le nom de *Capitulations* des dispositions qui sont encore observées aujourd'hui.

La fondation du Hâvre n'avait pas été moins heureuse. Afin d'engager la population à s'y établir, François 1er avait en 1520, accordé l'exemption perpétuelle des tailles ; et en 1535, constitué deux foires franches, à Pâques et en novembre. Dès 1526, des navires partis du Hâvre se rendent au Brésil et aux Indes ; de 1535 à 1545 le négoce maritime se développe. « De nombreux contrats
» d'affrètement nous montrent les Havrais louant leurs vaisseaux à
» des commerçants de Honfleur, de Harfleur, de Dieppe, de Rouen
» même pour porter des marchandises à Londres, à Anvers, à La

» Rochelle, et à Bordeaux où ils chargent des vins à destination de
» Rouen, à Bilbao, Cadix, Gibraltar, Carthagène, Alicante, Majorque
» Marseille, Livourne, Civita-Vecchia, Naples, Messine et Palerme.
» Des navires de guerre y sont également construits (1544-1545) et
» la ville est entourée de fortifications » (1).

Malgré les charges des expéditions en Italie, des guerres avec l'Espagne, avec l'Angleterre, le commerce français n'avait cessé d'aller croissant; un mouvement inverse allait se produire avec les guerres de religion, les massacres inspirés par le fanatisme, les luttes qui allaient livrer la France aux Espagnols, comme au XVe siècle la rivalité des Armagnacs et des Bourguignons avait failli assurer la conquête anglaise.

Les teinturiers de Paris, qui au milieu du XVIe siècle teignaient 600.000 pièces de draps par an, n'en teignaient plus à la fin que 100.000. Parmi les villes occupées à la fabrication des étoffes de laine, quelques unes seulement conservaient une certaine activité : Amiens, Sommières, où depuis quelques années seulement on faisait de belles serges; Rouen, dont les draps du Sceau étaient renommés; Nîmes, Chartres, citée par Laffemas (*Histoire du commerce*). Il donne Amiens comme modèle d'activité, et cependant en 1578, l'échevinage d'Amiens constatait que pour un des métiers les plus florissants, cinq ou six mille ouvriers étaient alors réduits à vivre d'aumônes. On peut juger d'après cela de la situation des autres villes (2).

Des efforts avaient été faits, surtout par Catherine de Médicis,

---

(1) Ch. Périgot, *Histoire du commerce français.*

(2) L'ordonnance de Roussillon obligeait les banquiers étrangers à fournir tous les cinq ans une caution de 50.000 écus; celle de Blois (1579), la réduisait à 15.000 écus par trois ans, ce qui indique combien les guerres de religion, et le massacre de la Saint-Barthélemy, qui avaient rempli l'intervalle d'une ordonnance à l'autre, avaient épuisé le commerce, qu'on sentait le besoin de ranimer par l'or et le crédit des autres nations. (Laferrière, *Essai sur l'histoire du droit français.*)

pour rendre au commerce un peu de son ancienne activité. Les traités avec l'Empire ottoman furent renouvelés, et le pavillon français flotta longtemps seul en Turquie avec celui de Venise, couvrant même les marchandises étrangères. A l'intérieur, des réglementations, inspirées par le garde des sceaux Birague (1571), réglementent la fabrication des draps. Défense est faite en 1572 d'exporter les laines, lins, chanvres et filasses, et d'importer les matières ouvrées, draps, toiles, passements, etc. Marseille, Rouen, Bordeaux, La Rochelle, sont désignées comme lieux d'entrée des épiceries et drogueries. Mais ces mesures, dont plusieurs étaient loin d'être favorables au commerce, ne pouvaient que donner une activité factice, bientôt perdue. Les soulèvements qui marquèrent la fin des Valois, les luttes de Henri IV contre la Ligue, secondée par les Espagnols, ne firent qu'augmenter encore la décroissance commerciale.

Avec Henri IV, la France va revoir une période de prospérité. Dès que son pouvoir est affermi, Henri IV, aidé par ses deux ministres, Rossi et Sully, s'occupe du relèvement du royaume. En 1601 et 1602, sont publiés deux édits sur les monnaies, prohibant les monnaies étrangères, sauf celles de l'Espagne, et défendant l'exportation de l'or et de l'argent sous peine de mort, erreur économique, mais excusable pour l'époque. En avril 1599, avait paru un édit sur le dessèchement des marais, entreprise confiée ensuite au brabançon Humpfrey Bradley, sans doute anglais d'origine ; les marais desséchés sont déclarés terres nobles en 1607 ; en 1604, le projet d'Adam de Craponne est repris et reçoit un commencement d'exécution par le canal de Briare. Tout en cherchant à développer l'agriculture, et en encourageant de toutes façons Olivier de Serres, qui s'était consacré à cette tâche, Henri IV favorisait l'établissement de manufactures, d'industries de luxe, luttant pour cela contre Sully, qui voulait que la France se bornât aux productions de son sol, et aux fabrications absolument nécessaires, telles que les draps et les toiles.

En 1602, des plantations de mûriers sont essayées dans les généralités de Paris, Orléans et Tours, en vue d'introduire en France l'industrie de la soie. En 1597, une manufacture de cristaux et de verreries avait été établie à Melun ; en 1603, une manufacture de draps et de toiles d'or, d'argent et de soie, est fondée à Paris, par ordonnance royale ; le roi prêta aux entrepreneurs 180.000 livres sans intérêts. Une manufacture de fils d'or, en introduisant chez nous le procédé milanais, épargna à la France, dit on, 1.200.000 écus par an. Des encouragements pécuniaires ou autres sont accordés aux fabriques de tapisseries façon de Flandre, de toiles fines façon de Hollande, de bas de soie, de cuirs dorés et drapés, de blanc de céruse, d'acier fin, etc. Comme corollaire, des prohibitions frappaient les produits similaires venant de l'étranger.

Mais on ne put obtenir la suppression de la douane de Lyon, ni des droits d'importation et d'exportation qui y frappaient les marchandises, et qu'avaient établis les ordonnances de 1554 et 1585.

Ces mesures avaient eu cependant pour effet de priver la France du commerce de transit des Pays-Bas, de la Basse Allemagne et de l'Angleterre pour les pays de la Méditerranée.

Les transports avaient reçu une amélioration importante. A la poste établie par Louis XI, Charles IX avait ajouté les messageries royales, transportant les dépêches du gouvernement, les pièces de procédure, les voyageurs, les lettres, les métaux précieux et les monnaies, et les marchandises d'un petit volume. Sous Henri III, des particuliers avaient établi des voitures publiques (coches), de Paris à Rouen, Orléans et Amiens. En 1597, Henri IV organisa les relais de chevaux, qu'on trouvait non seulement sur les grandes routes, mais aussi sur les chemins de traverse ; en 1602, les relais et les postes furent réunis en une seule administration, à la tête de laquelle fut placé en 1608 un général des postes. C'était une large ébauche du système de roulage qui n'a pris fin qu'avec les chemins de fer.

La marine avait été également l'objet de la sollicitude de

Henri IV; en 1604, les navires étrangers sont soumis en France aux mêmes droits que ceux qui frappent à l'étranger les navires français; après plusieurs années de négociations, le traité de 1606 met fin aux abus qui avaient été la conséquence du traité de 1572, grâce auquel les Anglais jouissaient de toutes sortes de garanties et facilités en France, sans réciprocité, ce qui leur avait permis de faire tout le commerce entre les deux nations exclusivement par navires anglais. Un autre traité fut conclu vers la même époque avec la Ligue hanséatique.

Un traité, conclu en 1604 avec Achmet Ier, confirme le privilége de nos commerçants pour le commerce avec le Levant, et défend sous peine de mort, aux Barbaresques d'exercer leurs pirateries sur les navires et les côtes de France. Mais cette prescription, de même que celle relative au rétablissement du *Bastion de France* — petit établissement pour la pêche du corail fondé par des Marseillais en 1561 et détruit en 1600 par les Arabes — ne furent observées que quand Richelieu eut établi une marine capable de protéger le commerce français.

La création de la *Commission*, plus tard *Chambre de Commerce*, avait rétabli le trafic de Marseille. A la mort de Henri IV, son port contenait plus de 300 navires, dont 90 pour le commerce avec le Levant. En échange des draps, des soieries, du corail, du numéraire espagnol (plus de 2 millions d'écus d'or), Marseille recevait des épices, drogueries, soies grèges, cotons en laine et en fils achetés en commission et expédiés à Gênes, à Barcelone et à Valence. Les mêmes produits étaient adressés à Lyon et expédiés de là à Gênes ou en Allemagne. Les vaisseaux marseillais étaient plus rapides que les vaisseaux vénitiens; les taux des frêts et des assurances étaient aussi moins élevés qu'à Venise.

La mort de Henri IV fut pour le commerce français le signal d'une décroissance sensible; ce n'étaient pas Concini ou de Luynes qui pouvaient continuer l'œuvre de Rosny et de Sully. C'est en vain que les États de 1614 réclament des réformes : abolition de l'entrepôt forcé de Lyon, suppression des traites foraines (1), liberté du commerce en tous lieux et pour toutes choses. Avec Richelieu seul le commerce français pourra reprendre son essor.

Malgré les soucis de la politique, malgré ses luttes avec la noblesse, avec les protestants, les guerres contre la maison d'Autriche, Richelieu s'occupa activement de développer l'industrie et le commerce. Par ses soins, la marine est réorganisée, et permet de rentrer en possession des *concessions d'Afrique*, en exécution du traité de 1604 ; les ports du Hâvre, de Brest, de Toulon, sont agrandis, les pirates chassés des îles d'Hyères et de Lérins. Les travaux du canal de Briare sont repris et terminés en 1642 ; pour augmenter la sécurité, dès 1626 sont détruits tous les châteaux-forts inutiles à la défense et propres seulement à servir de retraite aux perturbateurs de la paix publique. Le service des postes est développé et régularisé, les départs et les arrivées ayant lieu à des dates fixées à l'avance, les taxes établies, et au grand avantage du commerce, le service est continué vers Bruxelles, Bâle et Turin. En 1639, une Bourse de commerce est établie à Paris.

Les industries favorisées par Henri IV reçoivent de nouveaux privilèges ; afin de soutenir la fabrication des tapisseries, la *Savonnerie* est créée, et pour Paris, 100 enfants doivent y être instruits dans le métier et entretenus aux frais du roi ; une manufacture de verreries est fondée en Picardie.

Des traités avantageux sont conclus avec les autres nations ; la libre importation des vins de Bordeaux par navires français est accordée par l'Angleterre ; le droits perçus par le Danemark pour le passage du Sund sont abaissés de cinq à un pour cent ; à la suite d'une ambassade de Deshayes de Courmesmin, les marchands français reçoivent les autorisations de trafiquer à Arkhangel, Novgorod, Pskof et Moscou en payant seulement 2 % : tandis que dans le

---

(1) On appelait ainsi le droit payé pour l'exportation, non seulement à l'étranger, mais des provinces exemptes des droits d'aides aux pays d'aides.

Levant des conventions avec la régence d'Alger et le Maroc rétablissaient l'influence française.

Nos échanges avec l'étranger étaient alors considérables. Dans un mémoire adressé à Richelieu, un sieur de la Gomberdière énumérait ainsi les produits reçus de l'étranger : « L'Italie nous envoyait des
» draps de soie, des toiles d'or et d'argent, des serges de Florence
» et de Rome ; l'Allemagne, des buffles, des chamois, des futaines,
» des boucassins, de la quincaillerie ; la Flandre, des tapisseries,
» des peintures, des toiles, des passements, pour une valeur
» d'un million au moins ; l'Angleterre dirigeait chaque année sur
» nos ports deux mille navires chargés de draps, serges, bas de soie
» et d'estame, futaines, burats, etc. » (1).

En favorisant les progrès des manufactures, Richelieu avait compris combien il contribuait à la prospérité de la France ; il voulait qu'elle entrât en concurrence avec les autres nations sur les grands marchés du monde. Toutes les mesures prises, si elles étaient quelquefois contestables, tendaient toujours vers le même but. Dans l'édit de 1629 (Code Michau) (2) il était ordonné de n'exporter les marchandises françaises que par navires français, le sel excepté. C'était une sorte d'*acte de navigation*, imitant les dispositions prises déjà par les Anglais. Le même édit supprimait le droit de « bris et naufrage », et permettait aux gentilshommes de se livrer au commerce sans déroger (3).

En Angleterre, ce fut la lutte contre les commerçants étrangers qui vint contribuer au développement des ressources de la nation. Comme on l'a vu déjà, les commerçants étrangers avaient été favo-

---

(1) LEVASSEUR, *Histoire des classes ouvrières*. Cette énumération se trouve déjà presque dans les mêmes termes dans un projet soumis au roi par Laffémas de Humont, imprimé à Paris en 1597.

(2) Du prénom de son principal rédacteur, *Michel* de Marillac, que ses ennemis appelaient *Michau*.

(3) H. MARTIN, *Histoire de France*.

risés par les divers rois, et pendant longtemps le commerce extérieur de l'Angleterre fut entre leurs mains ; ce ne fut qu'avec les plus grandes difficultés que les Anglais arrivèrent à y prendre part. Entre tous les autres, les marchands de la Hanse jouissaient des plus grands privilèges ; la Steelyard formait pour ainsi dire à Londres une cité dans la cité, et ceux qui l'habitaient avaient le droit d'importer et d'exporter des marchandises sans payer de droits. Les mesures prises en faveur du commerce anglais n'avaient que peu porté atteinte à ces privilèges, et des plaintes nombreuses avaient été formulées à cet égard. En 1517, une émeute eut même lieu à Londres, expressément dirigée contre les marchands étrangers ; les meneurs furent mis à mort, mais l'irritation populaire n'en fut peut-être que plus intense. Ces plaintes devaient arriver à être entendues. En 1505, la Compagnie des *Merchants adventurers* obtenait de grands privilèges pour le commerce, au détriment de la Steelyard. En 1524, les actes 14 et 15, Henri VIII, ch. 11, règlent le nombre d'apprentis et de journaliers que peuvent occuper les étrangers, et étendent le pouvoir des corporations d'artisans de Londres (1). Le statut 22, Henri VIII, ch. 8, oblige les marchands naturalisés à payer le même droit que les forains. En 1522, Édouard VI déclara la Steelyard déchue de ses droits, par suite de la non-observation de la charte qui lui avait été accordée ; mais ce ne fut qu'en 1578 que ses privilèges furent définitivement abolis, la reine Élisabeth ayant fermé la Steelyard, comme représailles de la mesure prise par l'empereur Rodolphe II, qui avait dispersé les établissements anglais en Allemagne. En 1597, les marchands de la Steelyard étaient expulsés, à la suite d'une mesure du même genre prise contre les Anglais.

---

(1) Tous les prétextes étaient mis en avant pour justifier les mesures contre les étrangers. Dans un édit de la Chambre étoilée, Henri VIII convient que les étrangers, en affamant le pays, privent les Anglais d'occupations et les forcent à recourir au meurtre, au vol et à d'autres crimes pour subsister, ajoutant que cette multitude d'étrangers fait hausser le prix des grains et du pain (Hume, *Histoire d'Angleterre*).

En permettant ainsi, en obligeant même pour ainsi dire les Anglais à prendre part au commerce extérieur, Élisabeth préparait l'essor du commerce et en même temps préludait aux mesures prises plus tard sous Cromwell. En 1538, l'*acte de navigation*, interdisant l'importation et l'exportation de marchandises en Angleterre, sauf sur vaisseaux anglais, était rétabli avec quelques modifications ; mais les *merchants adventurers* et les *merchants of the staple* pouvaient se servir de vaisseaux étrangers, pourvu que le nombre des vaisseaux anglais ne fut pas suffisant.

Le commerce, du reste, n'avait cessé de prospérer. Malgré le bouleversement produit par la suppression des couvents et monastères, suite du schisme de Henry VIII (1), malgré la crise agricole qui se révéla avec tant d'instance sous Élisabeth, de réels progrès pouvaient être constatés (2). Pendant que la France était engagée dans les guerres, ou déchirée par des luttes intestines, les Anglais cherchaient à accroître leurs relations commerciales, secondés en

---

(1) Il y eut un véritable ralentissement, au moins momentané, du commerce sous Henry VIII ; on peut en voir la preuve dans le statut passé au commencement de son règne, et abrogeant la disposition d'Édouard II, par laquelle aucun magistrat des villes ou des bourgs ne pouvait pendant le temps de sa magistrature, vendre ni vin ni comestible, en gros ou en détail. Le motif donné par le statut est que « la plupart des cités des bourgs ou des villes incorporées dans le » royaume d'Angleterre, tombées depuis en décadence, n'étaient plus habitées » par de riches commerçants, et en général par des gens aussi aisés que lors- » qu'on avait fait ce statut ». (HUME, *Histoire d'Angleterre*).

(2) Le commerce eut cependant des obstacles à surmonter. Sans parler de l'altération des monnaies, à laquelle se livrèrent Henri VIII, le régent Sommerset et même Élisabeth, l'avidité de Marie Tudor vint plus d'une fois entraver les opérations commerciales. Pour engager quelques citoyens de Londres à contribuer à ses emprunts multipliés, elle défendit d'exporter en France, pendant quatre mois, aucun drap d'Angleterre ou de Kerseys, afin de favoriser ceux qui en avaient fait passer avant cette défense. La Compagnie anglaise établie à Anvers, qui avait refusé un prêt de 40.000 £, vit tous ses vaisseaux frappés d'embargo à la veille de la foire d'Anvers, et dût payer, en dehors des 40.000 £, un surcroît de 20.000 £ et consentir à un impôt de 20 shillings par pièce d'étoffe. Enfin ce fut moyennant une somme de 50.000 écus que les *merchants adventurers* obtinrent la défense aux marchands étrangers de faire aucune exportation de marchandises d'Angleterre (HUME, id.).

cela par leurs souverains. En 1540, les vaisseaux anglais se rendaient fréquemment dans la Baltique ; à la même époque, Londres, Bristol et Southampton commerçaient avec le Levant, commerce qui devenait régulier et actif vers 1534. Telle était l'importance des relations avec les Pays-Bas, qu'en 1550, lors de l'introduction de l'Inquisition dans ces contrées, Anvers ne trouva pour s'y opposer que de dire à l'empereur Charles V que si ce tribunal s'établissait à Anvers, les « English merchants adventurers » partiraient. D'après les documents de l'époque, dont les chiffres, cependant, ne doivent être acceptés que sous certaines réserves, ces marchands employaient 20.000 personnes dans la seule ville d'Anvers et plus de 30.000 dans les autres parties des Pays-Bas (1). Ce commerce était certainement considérable, car Cambden, dans son *Histoire de la reine Elisabeth*, dit que le commerce de l'Angleterre avec les Pays-Bas s'élevait à 12 millions de ducats, dont 5 millions pour les tissus anglais (2).

Dans sa *Description des Pays-Bas*, publiée en 1567, Louis Guichardin détaille ainsi le commerce qu'Anvers faisait avec la France et l'Angleterre : « Anvers adresse à la France des pierres
» précieuses, du mercure, de l'argent en lingots, du cuivre et du
» laiton brut ou travaillé, du plomb, de l'étain, du vermillon, du
» bleu d'azur et du cramoisi, du soufre, du salpêtre, du vitriol, des
» tissus et serges d'Angleterre et des Pays-Bas, grande quantité de
» laines fines, tapisseries, cuirs, pelleteries, cire, garance, suif,
» poisson séché et beaucoup de poisson salé, etc. Et la France
» retourne à Anvers, par mer, du sel de Brouage, à la valeur de
» 180.000 couronnes ; 40.000 balles de beau pastel de Toulouse,
» qui, à 7 1/2 couronnes par balle, font 300.000 couronnes, des

---

(1) ANDERSON, *History of commerce*.

(2) Le commerce des Pays-Bas était d'une telle importance pour l'Angleterre, qu'en 1528, il fut décidé que malgré l'état de guerre, les relations commerciales pourraient continuer entre les deux nations.

» toiles de chanvre et autres fortes toiles de lin de Bretagne et Nor-
» mandie, en immense quantité; environ 40.000 tonnes d'excel-
» lents vins rouges et blancs, à environ 25 couronnes par tonne,
» faisant 1 million de couronnes, ou 2 millions de florins hollan-
» dais; du safran, du sirop de sucre, de la térébenthine, du gou-
» dron, du papier de toutes espèces d'une grande valeur, des prunes
» (un article de commerce considérable), du bois du Brésil. Par
» terre, la France envoie beaucoup de belles choses en dorure,
» quelques très beaux tissus de Paris, Rouen, Tours, et Champagne,
» beaucoup de fils de Lyon, etc., qui sont hautement prisés, de
» l'excellent vert de gris de Montpellier, et enfin beaucoup de sortes
» de merceries de grande valeur.

» A l'Angleterre, Anvers adresse des joyaux et des pierres pré-
» cieuses, de l'argent en lingots, du mercure, de la soie travaillée,
» des tissus et des fils d'or et d'argent, des épices, des drogues, du
» sucre, du coton, du carmin, des noix de galle, des tissus de lin
» fins et grossiers, des serges, des tapisseries, de la garance, du
» houblon en grandes quantités, des verreries, du poisson salé, des
» merceries de toutes sortes, à une grande valeur; des armes de
» toutes espèces, des munitions de guerre et des objets d'ameu-
» blement. D'Angleterre, Anvers reçoit de vastes quantités de fines
» et grosses draperies, des franges, et autres choses de cette espèce,
» pour une grande valeur; la plus belle laine, de l'excellent safran,
» mais en petites quantités; beaucoup de plomb et d'étain; des
» peaux de moutons et de lapins sans nombre, et nombreuses autres
» sortes de belles pelleteries et cuirs; de la bière, du fromage, et
» autres sortes de provisions en grandes quantités; et aussi des
» vins de Malvoisie, que les Anglais importent de Candie.

» A l'Ecosse, Anvers n'adresse que peu de chose, comme cette
» contrée est principalement en rapport avec l'Angleterre et la
« France. Anvers, toutefois, adresse là quelques épiceries, des
» sucres, de la garance, des soies travaillées, des serges, des tissus
» de lin et de la mercerie. Et l'Écosse envoie à Anvers de vastes

» quantités de pelleteries de beaucoup d'espèces, des cuirs, de la
» laine, de médiocres tissus et de belles perles, quoique non d'une
» aussi belle eau que celles d'Orient.

» A l'Irlande, Anvers adresse beaucoup de mêmes marchandises
» et quantités qu'à l'Écosse, et en reçoit des peaux et cuirs de
» diverses sortes, quelques tissus de basse valeur, et autres grosses
» choses de peu de valeur ».

Anvers était alors un des plus grands marchés du monde, et le commerce avec cette ville peut donner une idée de l'importance relative du commerce de la France et de l'Angleterre.

Des chartes avaient été accordées à de nouvelles compagnies : en 1560, aux *merchants adventurers of Exeter*, exclusivement pour le commerce avec la France; en 1579, à la *Fellowship of East Land merchants*, pour le commerce de la Norwège, la Suède, la Pologne, la Lithuanie, etc.; en 1581, à la *English Turkey company* pour faire exclusivement le commerce pendant 7 années, tandis que les anciennes Compagnies voyaient leurs privilèges renouvelés et souvent augmentés. Les monopoles devinrent tellement nombreux, atteignant à peu près toutes les branches du commerce et de l'industrie, qu'ils occasionnèrent des troubles sous Elisabeth, qui, comprenant la justesse des observations faites à ce sujet par la Chambre des Communes, apporta un remède à cette état de choses. L'abus recommença sous Jacques 1er (1) et obligea à déclarer que sauf dans le cas d'inventions nouvelles, tout monopole était illégal (1624). Les monopoles furent rétablis par Charles Ier, et ce ne fut pas un des moindres griefs qui furent reprochés à ce souverain. La colère contre ce système était tellement grande, que les *communes*

---

(1) Au commencement du règne de Jacques I^{es}, le commerce anglais était pour ainsi dire concentré à Londres : il paraît que les entrées de ce port se montaient annuellement à plus de 110,000 £, contre 17,000 £ que fournissaient les autres ports. Mais ce commerce était exercé par des compagnies privilégiées, et en fin de compte était entre les mains de 200 personnes environ qui pouvaient facilement s'entendre pour vendre leurs marchandises au prix qu'elles voulaient (HUME, *Histoire d'Angleterre*).

chassèrent ceux de leurs membres qui furent convaincus de monopole, ou de projets pouvant s'y rattacher (1).

Le siège et la prise d'Anvers, sous Philippe II d'Espagne, avaient chassé nombre de Flamands qui étaient venus se réfugier en Angleterre, y apportant leurs connaissances manufacturières et leurs aptitudes commerciales. Ces Flamands s'établirent à Yarmouth, Harwich, Douvres, Sandwich, bourg auquel ils donnèrent une vie nouvelle, à Londres, Norwich, Maidstone et Canterbury. Les guerres religieuses en France avaient aussi profité largement au commerce anglais et lui avaient assuré une place prépondérante dans les relations avec la France, les Anglais ayant même recours à des faits de pression et de piraterie pour mieux assurer leur suprématie sur les navires français. En 1597, les notables disaient au roi : « nos voisins nous envoient
» tous les ans d'Angleterre plus de mille navires ou vaisseaux, en
» partie chargés de marchandises manufacturées qui sont : drap de
» laine, bas d'estame, funaines, bural et autres marchandises....
» Les Anglais font apporter en ce royaume telle abondance de
» leurs manufactures de toutes sortes, qu'ils en remplissent le pays,
» jusqu'à leurs vieux chapeaux, bottes et savates, qu'ils font porter
» en Picardie et Normandie à pleins vaisseaux, au grand mépris
» des Français et de la police (2). » En tenant compte de l'exagération possible de ces doléances, il n'en reste pas moins l'indication d'une situation qui était alors défavorable au commerce français ; on peut y voir, en partie du moins, les résultats de l'immigration qui se produisit alors en Angleterre. Après les Flamands, et pour les mêmes motifs, des Français vinrent chercher un refuge en Angleterre ; un recensement de 1571 évalue à neuf mille sept cent quarante le nombre des étrangers qui vinrent s'établir à Londres. C'étaient pour la plupart des artisans, des gens de métier ; drapiers d'Anvers et de Bruges, fabricants de dentelles de Valenciennes, lunettiers de Paris,

---

(1) HUME, *Histoire d'Angleterre.*
(2) LEVASSEUR, *Histoire des classes ouvrières.*

tisserands de Meaux, marchands de Rouen, constructeurs de navires de Dieppe et du Havre, tous apportant en Angleterre les germes des industries qui devaient en faire la prospérité. Ce sont des meuniers étrangers qui construisirent les premiers moulins à vent de la Grande-Bretagne ; deux potiers de Delft apportèrent avec eux les secrets de la céramique, et des jardiniers flamands, aux environs de Sandwich, inaugurèrent la culture maraîchère, alors encore profondément ignorée en Angleterre. La reine Élizabeth s'était déclarée l'ardente protectrice des exilés, qui furent souvent en butte aux tracasseries des corporations, aux persécutions des autorités ou des populations des villes auxquelles ils avaient apporté la richesse. Par une lettre datée du 19 mars 1570, Élizabeth reprenait avec véhémence les bourgeois de Norwich de leur ingratitude, « envers tant » d'habiles artisans qui étaient venus habiter des maisons désolées, » apporter du travail à une foule de personnes mourant de faim (1).

Edward Misselden, dans son ouvrage *The circle of commerce*, publié en 1623, dit que de Noël 1612 à Noël 1613, l'exportation anglaise avait été de £ 2.090.640 auxquelles £ 96.794 étaient à ajouter pour paiement de droits et de taxes (2), les importations étant de £ 2.141.151, tous droits compris. Sans attacher à ces chiffres plus d'importance qu'ils ne méritent, et en se rappelant qu'ils étaient établis sous l'influence de la *balance du commerce*, et au moyen de documents statistiques contestables, on voit, en les comparant avec les données du *Record* de l'Échiquier de 1354, — exportations, droits compris, £ 294.184 ; importations, £ 38.970 — quels progrès commerciaux avait réalisés l'Angleterre. En 1635, un auteur anonyme en décrivait ainsi le commerce maritime : « Nous » trafiquons à Naples, Gênes, Livourne, Marseille, Malaga, avec

---

(1) Les réfugiés de l'industrie française. *Revue britannique*, juin 1868

(2) Le chiffre de 2.487.435 £ cité par Hume (*Histoire d'Angleterre*), comprend en outre le montant de l'importation et des droits, les frais payés à l'étranger et le bénéfice présumé des exportateurs, d'après les calculs d'Edward Misselden.

» 20 vaisseaux seulement, principalement avec des harengs ; et 30
» de plus font voile, chargés avec des douves d'Irlande ; au Por-
» tugal et en Andalousie, nous adressons 20 vaisseaux et barques,
» pour vins, sucre, fruits et drogueries des Indes ; à Bordeaux, 60
» vaisseaux et barques; à Hambourg et Middelbourg, 35 vaisseaux
» adressés par notre *Merchants adventurers Company*; à Danzig,
» Konigsberg, etc., nous envoyons annuellement environ 30 vais-
» seaux, 6 de Londres, 6 d'Ipswich, et le reste de Hull, Lynn et
» Newcastle ; en Norwège nous n'envoyons guère que 5 vaisseaux;
» notre Compagnie charbonnière de Newcastle donne un mouvement
» de 400 navires, 200 pour le trafic avec Londres, et 200 pour le
» reste de l'Angleterre (2). »

Le même auteur dit qu'en Islande et à Terre-Neuve on employait à la pêche 300 navires ou barques. Les Anglais commençaient à s'apercevoir de l'importance des pêcheries, et cette question allait être une des principales causes de la lutte avec les Hollandais.

La science du commerce avait fait aussi de remarquables progrès. En 1569, James Peele publia, sous le titre de *Art of italian merchants account*, le premier traité de comptabilité en partie double. Sir Thomas Gresham, à qui on doit l'érection du *Royal Exchange*, avait été plus de 40 fois à Anvers pour affaires, et avait rapporté de ses voyages des connaissances dont profitèrent ses compatriotes. En 1534, un privilège de 14 années était accordé à John Day pour publier chaque semaine, les taux et prix dans les principales cités du monde. Mais le développement de la science des affaires devait rendre à l'Angleterre un service plus grand encore que celui de favoriser l'essor du commerce.

Philippe II préparait l'invasion de l'Angleterre, et réunissait la flotte qu'on appelait déjà l'*invincible armada*. Tout semblait présager la ruine de l'Angleterre, qui ne pouvait opposer qu'une flotte

---

(2) ANDERSON, *History of Commerce*.

peu nombreuse et des troupes inexpérimentées aux nombreux vaisseaux et aux vieilles troupes espagnoles. Il fallait avant tout retarder le départ de la flotte espagnole. Un marchand anglais, très au courant des affaires internationales, vit bientôt que sans le crédit de la Banque de Gênes, le départ des Espagnols était impossible. Il proposa donc au secrétaire d'État, sir Francis Walsingham, de réunir en ses mains tous les tirages sur la Banque de Gênes, qu'il serait possible de se procurer sur les divers marchés du monde, et en les présentant soudainement, de mettre cette Banque dans l'impossibilité de satisfaire aux demandes de l'Espagne. La perte qui devait résulter de cette opération était estimée par lui à 40.000 £. L'événement confirma ses prévisions ; un retard forcé fut imposé aux projets de Philippe II, laissant aux Anglais le temps d'organiser la défense, et sauvant ainsi leur pays probablement d'une ruine totale (1).

Dans chacun des deux pays, des dispositions relatives aux corporations avaient été publiées, et en France, le pouvoir royal s'était de plus en plus imposé à ces associations; l'édit de 1543 avait déclaré même que le *droit de travailler* était un droit royal et domanial. Comme toujours, de nombreuses prohibitions de marchandises étrangères avaient été édictées, tantôt comme suite à des différends avec des nations voisines, tantôt pour favoriser le développement des manufactures indigènes, mesure qui était dans les habitudes d'alors, et constituait presque une nécessité économique.

Le droit commercial s'était augmenté de quelques dispositions nouvelles. Dans le traité de 1496, entre l'Angleterre et la Hollande, se trouvent désignés des *conservateurs de la paix*; on trouve également mention, dans un acte du parlement d'Écosse (1503), d'un conservateur pour les marchands écossais dans les Pays-Bas. La tendance à faire juger les étrangers par leurs nationaux ou par

---

(1) ANDERSON, *History of Commerce*, d'après BISHOP BURNET'S, *History of his life and times.*

des tribunaux mixtes s'accentuait de plus en plus ; à l'invitation de l'Angleterre, François II, par lettres patentes de 1559, accorde aux Suédois établis dans ses États, le droit d'être jugés par leurs propres magistrats, pour tous les différends pouvant surgir entr'eux ; dans les premières années du XVIIe siècle, un traité conclu entre l'Espagne et l'Angleterre, non-seulement sanctionne la juridiction étrangère pour les étrangers, mais encore établit que dans les contestations entre Anglais et Espagnols, le juge du défendeur sera seul compétent. En 1606, le traité entre la France et l'Angleterre ne porte que l'institution d'un tribunal mixte, pour juger les causes mixtes.

Sous Élisabeth, un statut (45, Eliz., ch. 12), décida que les procès d'assurance seraient jugés par une commission nommée annuellement par le Lord Chancelier et composée du juge de l'amirauté, du *Recorder* (conseil judiciaire) de Londres, de deux docteurs en droit romain, deux jurisconsultes en loi commune et huit marchands. Cette disposition venait remplacer celle qui faisait juger les procès de ce genre par des commerçants notables, choisis par le Lord-Maire.

Les statuts 34 et 35, Henry VIII, ch. 4, avaient établi une juridiction pour les banqueroutes ; un autre statut, 13, Eliz., ch. 7, étendit les pouvoirs des commissaires de banqueroutes. Ils pouvaient disposer de tous les biens appartenant au failli au moment de la banqueroute ; toutefois, pour les fiefs taillés, leur droit de disposition était limité à la vie du failli. Un statut paru sous le règne suivant (21, Jacques, 1er ch. 19), vint compléter ces dispositions en stipulant pour les droits de retour ou de reversion qui pouvaient appartenir au failli.

En France, la rédaction des coutumes, commencée par Charles VIII, avait été poursuivie, et trente coutumes publiées de 1505 à 1539 ; les édits de 1560, 1579, 1609, avaient établi une législation des banqueroutes, donnant aux créanciers le droit de faire exercer la contrainte par corps, la saisie des biens, mais permettant aussi au débiteur, par la cession des biens, d'arriver à un arrangement : ces édits prononçaient la peine de mort contre les banqueroutiers frauduleux (1). Un service bien plus grand fut rendu au commerce par l'institution de la juridiction consulaire, par le chancelier de l'Hospital, en 1563. L'essai fut limité d'abord à Paris, où on autorisa l'élection d'un juge des marchands et de quatre consuls, l'élection étant faite parmi cent marchands choisis par leur prévôt et les échevins. Lyon, Bordeaux, eurent ensuite la même faveur, et l'institution arriva à se répandre dans les villes de tout ordre ; cette extension fut même telle que l'ordonnance de Blois la resserra dans de justes limites (2).

Les juges consuls ne devaient connaître que des faits de marchandises entre marchands ; ils avaient droit de juger en dernier ressort jusqu'à 500 livres, et au-dessus de cette somme leurs sentences étaient déclarées *exécutoires par provision*. L'exécution provisoire pouvait s'exercer par la contrainte par corps jusqu'à 500 livres, et par la saisie et la vente des meubles et immeubles pour le surplus de la condamnation (3).

---

(1) Un arrêté du 26 juin 1582 décide que les commerçants admis au bénéfice de cession, après avoir justifié sans fraude de la perte de leurs biens, seront tenus de porter le bonnet vert ; s'ils sont trouvés ne l'ayant pas, ils seront privés du bénéfice de la cession, et leurs créanciers peuvent les faire emprisonner, en leur fournissant annuellement un bonnet vert. Ces dispositions furent confirmées par les arrêts des 8 juin 1607, 10 mai 1622 et 1er décembre 1628. A la longue, les faillis étaient arrivés à ne porter ce bonnet vert que dans leur poche, d'où ils le tiraient à toute réquisition. La disposition contre les banqueroutiers frauduleux était rarement appliquée ; on trouve cependant un arrêt du Châtelet, du 12 septembre 1782, condamnant à mort un banqueroutier frauduleux. Le plus souvent la peine prononcée était l'amende honorable, le pilori ou carcan, les galères, ou le bannissement à temps ou à perpétuité, selon les circonstances (BOUCHER, *La science du négociant*).

(2) Un essai de tribunaux de commerce avait été fait antérieurement. Dès 1549, il y avait à Lyon un tribunal commercial du change, et la même institution fut établie à Toulouse et Nîmes en 1547, à Rouen en 1556. (LEVASSEUR, *Histoire des classes ouvrières*).

(3) F. LAFERRIÈRE, *Essai sur l'histoire du droit français*.

CHAPITRE V.

Du protectorat de Cromwell à la mort de Louis XIV.

Le renversement de la monarchie, suivi par la mort de Charles Ier, avait été en Angleterre la conséquence des dissentions religieuses, et la réaction contre onze années de despotisme. L'établissement du protectorat de Cromwell consacrait officiellement l'arrivée au pouvoir d'une caste nouvelle qui, opprimée d'abord, venait imposer sa loi à la noblesse ; et après des luttes violentes, après des retours vers l'ancien régime, combattus avec ardeur, il devait en résulter pour la nation une conception plus nette des droits et des devoirs de chacun, et un pas de plus vers la liberté.

La Révolution anglaise eut aussi sur le commerce une importance considérable. Non seulement, comme le constate un historien (1), le triomphe des principes démocratiques engagea la noblesse du second ordre à ne pas rougir de mettre ses enfants en apprentissage chez les marchands, faisant ainsi du commerce un état plus honoré que dans tout autre pays de l'Europe ; mais ce fut Cromwell qui prit, en faveur du commerce et surtout de la marine, des mesures d'une haute importance, mesures que blâme justement la science économique et

---

(1) HUME, *Histoire d'Angleterre*.

qui, malgré des circonstances heureuses, ne répondirent qu'en partie au but qu'il se proposait (1).

La lutte contre le commerce étranger, entreprise depuis plusieurs siècles, avait abouti, sous Élisabeth, à la suppression des privilèges accordés aux marchands étrangers ; il fallait maintenant permettre à la marine anglaise d'acquérir à son tour une sorte de monopole commercial, de remplacer sur les mers les Hollandais qui, à cette époque, étaient pour ainsi dire les pourvoyeurs du monde entier, et établir cette suprématie maritime que le roi Jean avait déjà revendiquée au XIIIe siècle.

Par l'*acte de navigation* (1651), le cabotage fut exclusivement réservé aux navires anglais ; les produits apportés par les pêcheurs étrangers étaient frappés d'un double droit ; le commerce de la métropole avec les colonies, ou des colonies entr'elles, était réservé aux seuls navires anglais, l'importation en Angleterre était permise seulement par navires anglais ou par navires du pays d'origine, sans intervention possible de pavillons tiers pour certaines marchandises énumérées dans l'acte ; en outre l'importation par navires étrangers, même des pays d'origine, était frappée d'une surtaxe établie en 1652, et qui constituait souvent un double droit ; enfin pour le commerce avec l'Asie, l'Afrique et l'Amérique, le pavillon tiers était absolument exclu ; les marchandises originaires de ces pays ne pouvaient en aucun cas être transportées en Angleterre d'aucun pays d'Europe, même sur navires anglais, à moins d'avoir été manu-

---

(1) Avant la fin du XVIIe siècle, nous trouvons que notre commerce avec la Russie et le Groenland a été réduit comparativement à rien, tandis que les Hollandais ont non seulement ajouté le nôtre au leur, mais nous ont enlevé nos pêcheries de harengs, et nous ont remplacé pour le trafic de la laine avec l'Espagne. Le commerce avec l'Inde déclinait, mais le commerce hollandais avait largement augmenté. Enfin l'acte n'avait pas, comme on l'avait supposé, conduit les Anglais à devenir plus actifs marchands, et à chercher par eux-mêmes ce qui était autrefois apporté à leurs portes, mais avait d'une façon très perceptible diminué l'apport de toutes ces choses nécessaires (YEATS, *Growth and vicissitudes of commerce*).

facturées dans ce pays, mesure dirigée surtout contre les entrepôts de la Hollande.

Le résultat fut d'abord une guerre de trois années entre l'Angleterre et la Hollande, guerre maritime qui, malgré la valeur des amiraux et le courage des marins hollandais, fut heureuse pour l'Angleterre, maîtresse alors d'appliquer ses mesures nouvelles. Le rétablissement de la monarchie avec Charles II ne fit rien modifier, et l'acte de 1660 n'eut pour résultat que de rendre plus explicites et plus claires les dispositions de l'acte de 1651.

Des mesures complémentaires étaient venues s'ajouter aux dispositions générales de l'acte de navigation. Pour les navires de cabotage, l'équipage devait être exclusivement composé d'Anglais; pour les autres navires, il fallait que le capitaine et les trois quarts des hommes d'équipage appartinssent à la nation anglaise; les navires devaient appartenir à des nationaux; plus tard même il fut décidé que tous les navires considérés comme Anglais devaient avoir été construits en Angleterre. Pendant 130 années, c'est-à-dire jusqu'à l'émancipation des colonies américaines, l'acte de navigation établi par Cromwell et Charles II, sauf quelques insignifiantes modifications, fut la charte maritime de l'Angleterre. Pourtant, à son apparition, l'acte de navigation excita en Angleterre les plaintes les plus vives. Roger Coke (*Discourse of trade*, 1670), assure que la construction des navires fut, en 1653, environ de 30 % plus chère qu'immédiatement avant l'acte de navigation. Il ajoute que les salaires des matelots s'élevèrent si rapidement par suite de ces mesures que l'Angleterre perdit, pour cette raison, le commerce de la Russie et du Groenland qui passa aux Hollandais (1). Les résultats heureux de l'acte de navigation au point de vue de la marine militaire ont été niés également par beaucoup d'auteurs, donnant à l'appui des raisons péremptoires.

Les premières conséquences de l'acte de navigation furent de

---

(1) P. LEROY-BEAULIEU, *De la colonisation*.

priver l'Angleterre d'un certain nombre de produits que lui fournissaient les Hollandais ; mais peu à peu, stimulés par l'absence de compétitions, les vaisseaux anglais s'engagèrent dans le trafic étranger. Leurs relations avec la Baltique et la Méditerranée devinrent plus fréquentes, les navires anglais allèrent en Hollande commercer librement et, à la faveur de leur monopole, enlevèrent à leurs anciens concurrents une partie du trafic international.

Le système adopté devait modifier profondément les relations de l'Angleterre avec ses colonies. Leur développement continuait ; les colonies américaines étaient prospères ; la Jamaïque faisait de grands progrès ; la Barbade, qui n'avait pris aucune importance sous Charles Ier, reçut une vive impulsion de l'émigration royaliste qui se produisit sous Cromwell. En 1650, alors que la canne à sucre y était à peine connue, elle contenait 50.000 blancs et 100.000 noirs, et employait pour son commerce 40 vaisseaux, jaugeant 60.000 tonneaux. Mais l'épuisement du sol et les mauvaises mesures prises par Charles II altérèrent rapidement cette prospérité et, en 1724, on ne comptait plus que 18.000 blancs à la Barbade. De nouveaux établissements étaient formés. En 1663 et 1665, huit grands personnages, parmi lesquels Clarendon, Monk, Shaftesbury, obtenaient de Charles II la propriété de la Caroline avec tous les territoires de l'Ouest jusqu'à la mer du Sud, avec les mêmes droits que ceux concédés antérieurement à lord Baltimore pour le Maryland. Les propriétaires firent de grandes dépenses préparatoires et, par une constitution libérale, attirèrent les colons. William Penn reçoit, en 1681, une patente royale en échange d'une créance de 16.000 livres contre la couronne, et fonde en Pensylvanie une colonie où toute liberté de religion était décrétée et où tous jouissaient des droits de citoyens.

Pour développer l'immigration, que tous les avantages offerts ne rendaient pas assez nombreux, Cromwell avait même imaginé de vendre les condamnés politiques aux planteurs des Indes occidentales, exemple suivi par Jacques II, qui vendit pour dix ou quinze shillings les mécontents compromis dans la conspiration de Monmouth. La déportation des criminels en Amérique devint même une mesure assez régulière au XVIIe siècle. Des agences s'étaient également formées pour recruter des travailleurs en Europe, mais les abus auxquels donnait lieu ce trafic le firent interdire en 1686.

Dans toutes les colonies, l'influence royale se faisait peu sentir. Aucune taxe directe n'était imposée par la métropole, et si en 1694 Guillaume III opposait un *veto* à la résolution de l'Assemblée de New-York, érigeant en loi le droit de la législation intérieure de lever seule les taxes, c'était plutôt une protestation théorique qu'autre chose. Mais si, au point de vue politique, l'indépendance des colonies anglaises était à peu près complète, leur sujétion commerciale devenait chaque jour plus grande. Les mesures à cet égard avaient du reste commencé presque au début des colonies. Dès 1640, sir William Berkeley recevait avis de limiter le commerce de la Virginie avec la métropole et d'écarter les étrangers, ce qui ne fut empêché que par l'opposition des colons ; cinq ans après, le Parlement proposait des exemptions de droits si les colonies restreignaient leur exportation à des vaisseaux anglais. L'acte de navigation, et surtout la confirmation qui en fut faite par Charles II, changèrent complètement le système commercial. Les produits des colonies étaient divisés en deux catégories, l'une qui ne pouvait être transportée que dans la mère patrie, ou dans les colonies anglaises ; la seconde qui renfermait les marchandises pouvant être exportées partout, mais sur vaisseaux anglais ; ces catégories furent souvent modifiées, suivant que l'importation de certains produits paraissait ou non nécessaire au marché métropolitain. En 1663, on ajouta à ces prescriptions que toutes les marchandises européennes, même chargées sur vaisseaux anglais, devraient partir de ports anglais pour être exportées aux colonies. Plus tard il fut déclaré que les citoyens, anglais de naissance ou par naturalisation, pourraient seuls s'établir aux colonies ; cette mesure amena la ruine de nombreuses factoreries hollandaises.

Ces dispositions furent fort mal accueillies aux colonies ; en 1656, les Virginiens réclamèrent du Protecteur la liberté du commerce, et en 1660 un statut édictait encore la liberté commerciale pour toute nation chrétienne et amie de l'Angleterre. Les mesures prises par les Stuarts excitèrent des protestations plus énergiques encore ; elles furent cause du soulèvement de la Virginie en 1676, ce ne fut qu'en 1679 que le Massachussets les reconnut, et en 1700 que Rhode-Island s'y soumit.

D'autres mesures avaient été prises en faveur des manufactures anglaises. En 1699, défense sous peine de confiscation et d'amende d'exporter des étoffes de laine de quelque colonie que ce soit, et cette prohibition, faite pour réserver aux manufactures anglaises certains marchés étrangers fut exécutée en Amérique avec tant de rigueur, que même pour leur usage personnel, les matelots anglais ne pouvaient s'y pourvoir d'articles de laine pour plus de 40 shillings (1). Tout était également mis en œuvre pour décourager les manufactures de laine en Irlande. En 1719, un bill interdit d'élever dans les colonies des forges ou fourneaux pour faire l'acier ainsi que des moulins de fonderie ; bien plus, il était interdit aux colons de faire un clou, un anneau, un fer à cheval, tout utiles que fussent ces objets. Plus tard (1732), obligation aux chapeliers des colonies d'avoir fait 7 années d'apprentissage, défense d'avoir plus de deux apprentis, et prohibition du transport des chapeaux d'une colonie dans l'autre; aux Antilles, des droits énormes rendaient presque impossible le raffinage du sucre.

Certaines dispositions, qui semblaient en faveur des colonies, n'étaient en fait inspirées que par un but fiscal, ou nécessitées par les besoins nouveaux de l'Angleterre. C'est ainsi que la prohibition de la culture du tabac dans la métropole avait été dictée par la pensée que la perception des droits sur le tabac serait plus facile lors de son importation de la Virginie ou du Maryland; et si, au commencement du XVIIIe siècle, des primes sont accordées pour l'importation des ma-

---

(1) P. Leroy-Beaulieu, *De la colonisation*.

tériaux de construction provenant de l'Amérique, c'est que la hausse des prix de la Compagnie Suédoise rendait cette importation indispensable aux constructeurs anglais.

Toutes les mesures semblaient faites pour entraver le développement des colonies. En 1672, année où on s'occupe de créer la pêche à la baleine, les pêcheurs coloniaux sont taxés à 6 shillings par tonne d'huile, les pêcheurs métropolitains n'étant soumis à aucun droit. Sous Georges II, les vaisseaux construits en Amérique sont exclus du trafic direct pour les sucres coloniaux. Il en résultait une irritation de plus en plus grande aux colonies, irritation qui à la fin du XVIIIe siècle, devait se traduire par la révolte et l'émancipation de l'Amérique.

Les faveurs ainsi accordées au commerce anglais devaient profiter surtout aux Compagnies privilégiées. La *Russia company* (1654), fut admise de nouveau au trafic de la Russie, toutefois sur le même pied que les autres nations ; la *Compagnie du Sénégal*, après 70 ans de querelle, avait, par la convention de Breda, en 1667, établi des relations avec les Hollandais sur la base de la réprocité ; la *Compagnie des Indes*, suspendue un moment par Cromwell, (1655), obtenait une nouvelle charte en 1657, son capital devenant alors 739.782 livres sterling sur lequel moitié versé, et malgré les plaintes des commerçants anglais, en 1688, accusant la Compagnie de faire consommer des marchandises importées par elle au détriment des marchandises anglaises, et d'exporter chaque année de grosses sommes en lingots, diminuant d'autant la richesse du pays (1); malgré

---

(1) Ces plaintes furent renouvelées dans la pétition présentée au Parlement en 1694, où on essaie de convaincre la Compagnie d'actes injurieux pour les lois, tendant au scandale de la religion, au déshonneur de la nation, à l'oppression du peuple, à la ruine du commerce. Ils (les commerçants signataires), observaient que deux vaisseaux particuliers avaient exporté en une année deux fois autant de draps que la Compagnie en avait exporté en trois ans ; ils offrirent d'envoyer aux Indes en une année plus de draps et de marchandises anglaises que la Compagnie n'en avait exporté en cinq, de fournir au gouvernement cinq cents tonneaux de salpêtre, à un prix au-dessous du prix ordinaire de plus de moitié, et représentèrent que la Compagnie ne chargeait jamais ses vaisseaux en Angleterre, et ne les rechargeait point dans les Indes orientales (HUME, *Histoire d'Angleterre*).

la fondation d'une Compagnie rivale (1698), qui fusionna du reste avec elle en 1702, en portant le capital à 2 millions de livres, sa prospérité ne fit que s'accroître. La Charte qui lui fut conférée en 1688 lui donnait non seulement le droit de posséder des comptoirs, des plantations, mais aussi celui d'élever des fortifications pour les défendre. Plus tard même ses agents furent investis du droit de faire la paix et la guerre, pourvu que les princes avec lesquels ils traitaient ne fussent pas chrétiens. C'était la fondation d'un immense empire colonial, remis par la couronne aux mains des particuliers.

Malgré les fausses mesures prises par les divers gouvernements qui s'étaient succédé, le commerce et l'industrie de l'Angleterre prenaient chaque jour plus d'importance. Les guerres civiles qui signalèrent l'avènement de Cromwell avaient compromis les résultats acquis sous les précédents règnes ; mais lorsque la tranquillité fut rétablie, le commerce s'accrut avec la liberté. L'établissement de la poste aux lettres, en 1653, sous le contrôle de l'État, fut favorable au développement des relations commerciales, les rapports plus fréquents avec les pays lointains faisaient connaître de nouveaux articles de consommation, et créaient ainsi de nouveaux débouchés ; ce fut vers 1660 que pour la première fois, on entendit parler en Angleterre du thé, du café et du chocolat, qui allaient bientôt devenir trois des plus importants articles d'importation.

Le rappel des Juifs, en 1655, devait donner une nouvelle impulsion au commerce de l'argent, et développer le crédit public. Ce crédit devait même être déjà solidement établi, car la spoliation de 1.300 mille livres (1), faite par Charles II au détriment des banquiers de Londres, n'empêcha pas deux ans plus tard un prêt à l'État au taux de 8 %. Il est vrai que jusqu'à la fin de son règne, Charles II paya six pour cent sur les sommes qu'il avait extorquées.

Les règnes de Charles II et Jacques II avaient vu s'accroître

---

(1) D'après LAWSON (*History of Banking*) la somme exacte ainsi détournée s'élevait à 1.328,526 £.

rapidement le mouvement commercial et industriel (1). Le docteur Davenant (2) assure que le nombre de vaisseaux marchands doubla au moins dans le cours de ces vingt-huit années ; d'après sir Josiah Child, il se trouvait à la Bourse de Londres, en 1688, plus de particuliers riches de dix mille livres sterling qu'il n'y en avait possédant mille livres en 1650. Le luxe des habits, des bijoux et des meubles s'était accru en proportion. Il en fut de même après la révolution qui plaça Guillaume III sur le trône d'Angleterre, et la période de la guerre de la succession d'Espagne (1702-1713), fut particulièrement favorable au développement du commerce. Même à partir de 1700 les Anglais égalaient les Hollandais quant au commerce maritime, sauf pour les harengs et la pêche des baleines. Déjà leurs négociateurs faisaient servir la politique aux intérêts commerciaux ; en 1702, John Methuen, profitant de l'accession du Portugal à la ligue contre la France, obtint le traité qui porte son nom et qui permit à l'Angleterre de s'emparer du commerce portugais.

C'est aussi sous Guillaume III que les opérations financières commencèrent à prendre de l'importance, et que le *Royal exchange* reçut régulièrement les spéculateurs sur les fonds anglais (3) et les valeurs des Indes. Les courtiers avaient déjà leurs places consacrées, et les manœuvres de bourse étaient loin d'être inconnues.

L'art de teindre les laines fut apporté à l'Angleterre par un négociant hollandais, nommé Brewer, fuyant l'invasion française ; le duc de Buckingham introduisit de Venise la manufacture du verre et du cristal. La révocation de l'édit de Nantes chassa en Angleterre de nombreux protestants, qui vinrent établir ou perfectionner les manufactures de laine, de soie, ou autres déjà existantes. L'Angle-

---

(1) Certains actes accomplis à cette époque en vue de favoriser le commerce sont au moins étranges. C'est ainsi que le statut 30, Charles II, prescrivait d'ensevelir les morts dans des linceuls de flanelle, pour développer le commerce de cette étoffe.

(2) Discours sur les revenus publics, 2e partie.

(3) La véritable création de la dette anglaise remonte à Guillaume III.

terre put ainsi produire chez elle les marchandises qu'elle tirait autrefois de France (1), marchandises dont elle était privée depuis 1676, par suite de la prohibition qui pesait sur elles.

L'Écosse, que Jacques Ier avait réunie à l'Angleterre, développait également son commerce, et pendant que ses navires prenaient part aux pêcheries des mers du Nord, ses marchands allaient dans la Baltique et en Espagne. L'élevage du bétail, et l'exploitation du charbon, du salpêtre et du fer, prirent rapidement une grande importance.

L'Irlande participa au même mouvement; ses fils, toiles, étoffes de lin, le beurre, les céréales, devinrent articles d'exportation. Lors de la révocation de l'édit de Nantes, un grand nombre de tisserands français vinrent se réfugier à Ulster, et en donnant à l'industrie de cette ville une vigoureuse impulsion, augmentèrent le renom des produits irlandais.

Mais de tous les actes favorisant le commerce, le plus important fut la fondation de la Banque d'Angleterre (1694), suivie un an plus tard de l'établissement de la Banque d'Écosse. La fondation de la Banque d'Angleterre, conçue par l'Écossais W. Paterson, n'avait été pour le gouvernement qu'un moyen d'obtenir un prêt de 1.200.000 livres sterling, et les diverses concessions ou prorogations furent pendant un siècle achetées au prix de sacrifices du même genre (2). Mais la Banque obtenait le privilége de recevoir les fonds en dépôt, d'escompter le papier de commerce, et d'émettre des billets payables à vue et au porteur; elle allait permettre au commerce anglais de résister à toutes les crises, et lui faciliter les moyens de prendre l'extension prodigieuse qu'il a acquise aujourd'hui.

---

(1) Le commerce de ces marchandises, direct ou indirect, s'élevait annuellement à 50 millions de francs environ (YEATS, *Growth and vicissitudes of commerce*). D'après SAVARY (*Parfait négociant*).

(2) De 1694 à 1746, les prêts faits au gouvernement par la Banque d'Angleterre atteignaient 15.962.000 livres sterling, et sur ce montant, l'État avait remboursée 4.276.000 livres. (*Dictionnaire de l'Économie politique*, article *Banque*.)

En France, la mort de Richelieu avait fait momentanément abandonner tous les projets, et les troubles qui marquèrent la minorité de Louis XIV avaient défavorablement agi sur le commerce, empirant une situation que le désordre financier rendait déjà précaire. Les remontrances des six corps des marchands de Paris au roi, lors d'une déclaration de janvier 1654, augmentant les droits d'entrée sur les marchandises étrangères, le mémoire adressé à Mazarin (1659) par les marchands de Lyon, indiquent les causes de cette décadence. Les Parisiens se plaignaient de l'augmentation croissante des droits sur les marchandises étrangères, disant, fort justement, que les étrangers ne manqueraient pas d'user de représailles ; les Lyonnais accusent les droits sur les matières premières, et font contre la douane de Valence les mêmes plaintes qu'antérieurement on avait faites pour la douane de Vienne, que Valence avait remplacée. « La douane de Valence..... ruine du commerce de nos
» provinces, s'est accrue de manière qu'il y a telle marchandise qui
» la paie jusqu'à trois fois ; aussi, de vingt mille balles de soie qui
» venaient à notre douane (de Lyon) année commune, il n'en arrive
» plus trois mille. Les marchands d'Allemagne, de Flandre, de
» Hollande, d'Angleterre et de Portugal n'achètent plus rien à Lyon ;
» la nécessité les a forcés d'imiter la fabrique de nos étoffes ou de
» recourir ailleurs. (1) » C'étaient les résultats d'une aveugle fiscalité, insoucieuse du commerce et de l'industrie.

Malgré tout cela, l'exportation était encore considérable ; d'après les mémoires de Jean de Witt (2), elle atteignait, pour les principaux articles, 30 millions au moins pour la Hollande et 10 millions environ pour l'Angleterre, non compris les céréales. Il y avait, en outre, un immense trafic du sel, que cinq à six cents vaisseaux, la plupart Hollandais, venaient chercher chaque année à La Rochelle, Morans, Brouage, aux îles d'Oléron et de Ré. Mais la Hollande et l'Angle-

---

(1) Forbonnais, *Recherches sur les finances de la France.*
(2) Ces mémoires furent écrits en 1661 et revus en 1670.

terre accaparaient tous les transports, notre commerce avec le Levant, qui avait commencé à décliner sous Louis XIII, lors des traités conclus par l'Angleterre et la Hollande avec la Turquie, et plus tard comme conséquence des progrès commerciaux de ces deux nations aux Indes orientales, avait subi une décadence plus profonde quand, sous Mazarin, la navigation de la Méditerranée ne fut plus protégée contre les pirates.

Fouquet prit quelques mesures favorables à la marine. Non seulement il favorisa de tout son pouvoir les expéditions aux colonies, il organisa à Belle-Isle et sur la côte de Bretagne la pêche de la sardine, donnant à l'État une riche source de revenus, mais il frappa d'un droit de 50 sous par tonneau, en sus des anciens droits d'entrée et de sortie, tous les navires étrangers qui venaient charger ou décharger des marchandises en France (1659). C'était, dans l'état de choses qui existait alors, un judicieux emprunt à l'acte de navigation. Il avait également cherché à faire supprimer les péages établis sur la Seine et ses affluents, mais l'État étant impuissant à rembourser les possesseurs, cette suppression resta illusoire.

Avec Colbert, les réformes allaient devenir sérieuses, et permettre à la France d'arriver à cette grandeur politique et commerciale qui caractérise le règne de Louis XIV, bientôt suivie malheureusement d'une décroissance, marquée dès la fin de ce règne, et qui devait aller s'accentuant de plus en plus sous les successeurs du grand roi. Fils et petit-fils de marchands, Colbert avait abandonné le commerce, mais en conservant de son enfance des habitudes d'ordre et de scrupuleuse probité qui ne devaient jamais se démentir ; clerc chez un notaire, puis employé chez le trésorier des parties casuelles, protégé par Le Tellier qui le fait nommer conseiller d'État, puis par Mazarin qui le charge de missions de plus en plus importantes, il arrivait au pouvoir avec une connaissance parfaite de l'organisation commerciale et financière de la France. Comme Sully, c'est d'abord sur la réorganisation des finances qu'il concentre ses efforts ; les dépenses sont contrôlées, vérifiées, imputées sur des fonds spéciaux, les recettes cessent d'être détournées par les intermédiaires, la comptabilité de l'État s'organise. A partir de 1662, et malgré des réductions annuelles sur les tailles ou les gabelles, le revenu net ne cesse de s'augmenter.

Le commerce devait naturellement exercer la sollicitude de Colbert. Les anciennes routes sont réparées, de nouvelles sont construites, le bel ensemble de routes royales, qui devait être continué au siècle suivant, est commencé ; la navigabilité des rivières est protégée contre les empiétements des riverains, tandis que des travaux viennent compléter ou améliorer les canaux existants. Comprenant la haute portée du projet de Riquet, Colbert le soutient, l'encourage, et lui permet d'achever cet immense travail qu'on appelle le canal du Languedoc, établissant la jonction de deux mers.

Dans le Levant, la France avait perdu la place prépondérante qu'elle occupait naguère : l'Angleterre, la Hollande et Venise ne payaient plus que 3 % de droits de douane ; la France en payait toujours 5 ; des avanies continuelles étaient faites à nos négociants, et les pirates barbaresques étaient encouragés par la Porte ottomane. Colbert réforme le corps consulaire, qui, au moins en partie, était responsable d'un tel état de choses ; par une circulaire du 15 mars 1669, il donne à tous les consuls des instructions précises, et, secondé par un ambassadeur énergique, M. de Mointel, il obtint en 1673 l'abaissement du droit de douane à 3 %, et la confirmation des anciennes immunités dont jouissaient les Français en Orient. Puis, afin de profiter de tous ces avantages, Colbert déclara Marseille port franc, accorda de grandes faveurs aux étrangers qui venaient s'y établir, entr'autres la naturalisation par le seul fait de mariage, d'achat de maison ou de douze ans de trafic exercé à Marseille. Ses espérances se réalisèrent ; mais, chose remarquable, la Compagnie du Levant, formée en 1670, à laquelle le roi prêta 200.000 livres, et qui, parmi ses privilèges, jouissait d'une prime de 10 livres par pièce de drap transportée en Turquie, ne fut ni l'auteur ni n'eut le bénéfice de cette prospérité. Ruinée par la concurrence des particuliers, elle fut obligée de liquider à perte. Les Compagnies du Nord et des Pyrénées n'eurent pas un sort plus prospère.

Colbert rétablissait en même temps le commerce avec le Portugal, et par des mesures sagement combinées, s'efforçait d'obtenir pour la France le transit de Flandre en Espagne et en Italie. Dunkerque, redevenu français, était comme Marseille déclaré port franc; Bayonne, considérée comme étape entre Dunkerque et Lisbonne, ne jouissait que d'une franchise moins complète.

L'organisation du Conseil du commerce (1664) avait été la première mesure prise en faveur du commerce intérieur. Par ce Conseil, composé de marchands élus par les 18 villes les plus commerçantes du royaume (1), Colbert était informé de toutes les mesures à prendre dans l'intérêt général ; les trois négociants, choisis parmi les élus et astreints à résider une année à la cour, avaient pour mission de correspondre avec les autres élus et de présenter les observations et projets au Conseil qui se tenait chaque quinzaine, et que le roi présidait. En septembre de la même année, paraît l'Ordonnance de commerce. Comme François Ier et Richelieu, Colbert désirait ne voir en France qu'un seul poids, une seule mesure ; cette fois encore le préjugé provincial vint opposer à ce projet une infranchissable barrière. Le même esprit devait empêcher Colbert d'appliquer à la France entière une même législation douanière demandée déjà par les États de 1614. Plusieurs impositions intérieures furent supprimées, mais les lignes des bureaux du tarif n'enveloppèrent que la région des cinq grosses fermes, la Normandie, la Picardie, le Boulonnais, la Champagne, la Bourgogne, la Bresse, le Bugey, les Dombes, le Beaujolais, le Berri, le Poitou, l'Aunis, l'Anjou, le Maine et le Bourbonnais, qui purent trafiquer entre elles avec la plus entière liberté. Dix autres provinces, les unes, formant tout

---

(1) Dunkerque, Calais, Abbeville, Amiens, Dieppe, Le Hâvre, Rouen, Saint-Mâlo, Nantes, La Rochelle, Bordeaux, Bayonne, Tours, Narbonne, Marseille, Arles, Toulon et Lyon, qui nommaient chacune deux délégués.

le Midi, depuis l'Angoumois, le Limousin, le Saintonge, la Marche, l'Auvergne et le Lyonnais jusqu'aux Pyrénées et à la Méditerranée, la Bretagne, l'Artois et les portions de la Flandre et du Hainaut, acquises par le traité des Pyrénées, conservèrent le régime antérieur et furent appelées *provinces étrangères*, tandis que les Trois Évêchés, la Lorraine et l'Alsace étaient *traités comme pays étrangers*. C'étaient donc trois régimes distincts, qui arrivaient à faire payer à certaines marchandises françaises les mêmes droits qu'aux produits véritablement étrangers. Le tarif de 1667 en fit sentir tous les inconvénients, mais malgré leurs réclamations, les provinces *réputées étrangères* durent le subir de la même manière que les Anglais et les Hollandais contre lesquels il était surtout dirigé.

Mais si Colbert ne put arriver à l'unité douanière, il supprima tout au moins à l'intérieur une foule de droits vexatoires et compliqués. Il fonda le régime des acquits à caution, méthode qui fut appliquée avec succès aux vins, eaux-de-vie et autres boissons. Afin d'effacer en partie les inconvénients de la division douanière de la France, l'édit de 1664 établit onze entrepôts francs, à La Rochelle, Ingrande, Rouen, Le Havre, Dieppe, Calais, Abbeville, Amiens, Guise, Troyes et St-Jean de Losne, autorisant les négociants des provinces dites *étrangères* à y envoyer leurs marchandises destinées à l'étranger, sans payer les droits pour la traversée des *cinq grosses fermes*. En 1670, la faculté des entrepôts est étendue à toutes les villes maritimes, et les négociants étrangers sont admis à en profiter. Colbert espérait ainsi faire de la France l'entrepôt du commerce européen (1).

A partir de la même époque, une vive impulsion est donnée aux manufactures. Toutes les industries déchues depuis Henri IV reçoivent des encouragements. La garance est de nouveau cultivée dans le Comtat ; dès 1665, des fabriques d'ouvrages de fil s'éta-

---

(1) La coalision des intérêts particuliers empêcha malheureusement le maintien de ce système.

blissent à Arras, à Reims, à Sedan, à Aurillac, et dans bien d'autres villes ; les Van Robais, fabricants hollandais, introduisent à Abbeville la fabrication des draps fins ; les draperies, sergeries, tanneries, corroieries, se perfectionnent ; de nouveaux points de dentelle sont introduits en France ; le faubourg St-Antoine reçoit une manufacture de glaces, façon Venise (1) ; les métiers à bas, oubliés chez nous tandis qu'ils florissaient en Angleterre, donnent naissance à une industrie considérable.

Colbert, qui avait su organiser la marine militaire, « ce chef-
» d'œuvre.... que chaque génération salue en passant d'un cri
» d'admiration » (2) ne pouvait oublier la marine marchande ni les colonies, où la marine de commerce devait trouver un élément d'activité. De 1663 à 1665, le gouvernement rachète à la Compagnie de la nouvelle France, le Canada, Terre-Neuve, l'Acadie et des particuliers les Antilles françaises, que la Compagnie des Iles, impuissante à exploiter son privilège, avait commencé à céder aux colons dès 1644. Le privilège de la Compagnie de Madagascar et des Indes

---

(1) Rouzé, ambassadeur de France, écrivait à Colbert qu'en cherchant à débaucher des ouvriers vénitiens, « il courait risque de se faire jeter à la mer ». Il réussit néanmoins. De son côté, Colbert négocia trois années pour attirer des ferblantiers de Bohème.

Les mesures arbitraires, pour empêcher les ouvriers d'aller porter à l'étranger les secrets de leur art ou de leur industrie, étaient à peu près générales. Après l'établissement des manufactures, Colbert donna les ordres les plus sévères pour que les bons ouvriers ne puissent passer à l'étranger, oubliant sans doute qu'il avait lui-même attiré des ouvriers étrangers. Quelques années auparavant, on le voit, dans sa correspondance, écrire à l'évêque de Lyon pour faire arrêter et juger deux fabricants de velours épinglé, qui projetaient d'aller s'établir à Florence. Quelque temps après, il invitait l'ambassadeur de France à Lisbonne à prévenir un Français qui désirait établir une manufacture de draps dans cette ville, « que cela ne serait pas agréable au roi *et pourrait nuire à sa famille* ». L'Angleterre fit de même. En 1718, le Parlement anglais régla les peines à appliquer aux individus qui tenteraient de faire partir du royaume des ouvriers travaillant la laine ou les métaux : 100 livres sterling et trois mois d'emprisonnement ; en cas de récidive, l'amende était laissée à l'arbitrage du juge et l'emprisonnement était porté à 1 an. Les biens des ouvriers passés à l'étranger étaient confisqués après un délai de six mois. Ces dispositions furent ultérieurement aggravées.

(2) H. Martin, *Histoire de France*.

orientales est remis au roi. Colbert eut alors à choisir entre deux partis : l'abandon des colonies au commerce libre, en protégeant les colons et les navigateurs par des établissements militaires, ou la création de Compagnies puissantes, fortement soutenues par le pouvoir royal. Le succès des Compagnies anglaises et hollandaises dans les Indes le fit arrêter à ce dernier parti.

En 1664, la Compagnie qui existait à Cayenne, reprise en 1663 aux Hollandais, devient le noyau d'une grande Compagnie des Indes occidentales, à laquelle le roi concède pour quarante ans toutes les Antilles, l'île de Cayenne et toute la terre ferme de l'Amérique appelée *France équinoxiale*, depuis la rivière des Amazones jusqu'à l'Orénoque, la *nouvelle France*, du nord du Canada jusqu'à la Virginie et la Floride, toute la côte d'Afrique, depuis le Cap vert jusqu'au Cap de Bonne-Espérance, « que lesdits pays nous appar-
» tiennent..... soit que ladite Compagnie s'y établisse en chas-
» sant ou soumettant les sauvages ou naturels du pays, ou les autres
» nations de l'Europe qui ne sont dans notre alliance ». La Compagnie des Indes Occidentales avait en même temps acheté le Sénégal, pour 150.000 livres, à la Compagnie dieppoise et rouennaise qui occupait les établissements à St-Louis.

Des exemptions de droits étaient accordées à la Compagnie nouvelle, et comme le remboursement des concessions antérieurement rachetées par l'État avait été imputé sur le capital de la Compagnie, le roi, pour indemniser les associés, avança une somme égale au dixième du capital, sur laquelle devaient porter les pertes subies.

Les errements anciens avaient été repris par la nouvelle Compagnie des Indes Occidentales. Elle voulait interdire le commerce des Iles avec les Hollandais, et acheter les denrées aux planteurs aux prix les plus bas ; les colons de St-Domingue s'étaient insurgés contre la Compagnie qui leur vendait les marchandises deux tiers plus cher que ne le faisaient les Hollandais. Pour remédier aux inconvénients du monopole, un arrêt du Conseil autorisa tout navire français à faire le commerce aux Antilles avec la *permission* de la Compagnie et en lui payant un droit (1668). C'était sous une forme déguisée un retour à la liberté commerciale. Mais les restrictions imposées au commerce colonial arrêtèrent le développement de l'industrie sucrière, en avilissant le produit ; le sucre brut, qui valait 14 ou 15 livres le quintal en 1682, n'en valait plus que 5 ou 6 en 1713 ; en 1698 il n'y avait pas 20.000 noirs dans toutes les Antilles françaises. C'était l'époque de la grande prospérité de la Barbade et de la Jamaïque.

Au moment où parut l'ordonnance fondant la Compagnie des Indes Occidentales, Colbert s'occupait activement de l'établissement d'une Compagnie pour les Indes Orientales. Les statuts en furent présentés au roi, en mai 1664, et tous les corps de magistrature, tous les dignitaires, tous les gens riches furent engagés à souscrire ; le minimum des souscriptions était fixé à 1.000 livres. Le roi accordait à la Compagnie le privilège du commerce et de la navigation dans les Indes Orientales, et dans toutes les mers d'Orient et du Sud, depuis le Cap de Bonne-Espérance jusqu'aux détroits de Magellan et de Lemaire, en faisant le tour du globe d'Orient en Occident. Il concédait à la Compagnie, à perpétuité, toutes les terres, places et îles qu'elle pourrait conquérir ou occuper, y compris Madagascar et les îles voisines, lui donnant le droit d'instituer des juges souverains, de nommer un lieutenant général, et de faire la paix ou la guerre avec les rois des Indes. Les primes qui lui étaient accordées (50 livres par tonneau à l'exportation et 75 livres par tonneau à l'importation), équivalaient à la remise des droits consentie à la Compagnie d'Occident. En 1666, le roi donna à la Compagnie les terres vagues où furent établis ses magasins, ses chantiers et son arsenal, origine de la ville de Lorient. Mais les opérations furent si mal conduites que dès 1670, la Compagnie rétrocédait Madagascar au roi ; la plupart des colons passèrent à l'Ile-Bourbon, où St-Denis avait été fondé en 1665 ; ceux qui restèrent furent massacrés par les indigènes.

Le commerce avec l'Inde avait eu un meilleur succès. Un comptoir avait été fondé à Surate, en 1668 ; le roi de Golconde et de Carnate avait donné liberté de trafiquer dans ses états sans payer de droits ; on avait fondé un comptoir à Masulipatam, et plus tard à Bantam, dans l'Ile de Java.

Au Canada, l'essor de la colonisation était paralysé par l'influence prépondérante de l'élément religieux et surtout des jésuites, dont l'idéal était de faire du Canada une colonie telle que fut celle du Paraguay. Par un mémoire de 1668, Colbert donna à l'intendant du roi des instructions pour améliorer la colonie, lui recommandant de s'employer pour engager les jésuites à s'adoucir « de leur trop » grande sévérité ». La passion des armes et des aventures, qui détournait les colons des travaux utiles, fut aussi fort nuisible. La colonie canadienne ne comptait encore, en 1676, que huit mille colons. Cependant la pêche et le trafic des pelleteries y prenaient une importance croissante.

L'activité que produisaient les enrôlements, les arrivages, la construction des navires avait tourné les esprits vers les entreprises maritimes ; ce mouvement fut secondé par le gouvernement. Des primes furent accordées aux négociants faisant construire des navires au-dessus de 100 tonneaux ; une prime de 40 sous par tonneau fut octroyée à tout navire allant chercher du goudron, des bois, etc., dans la Baltique. Le résultat fut un sensible accroissement de la marine de commerce.

Les mémoires des intendants, donnant l'état de leur généralité vers la fin du ministère de Colbert, permettent d'apprécier quel était alors l'état de la France, et combien le Ministre avait développé sa puissance industrielle et commerciale (1).

La Flandre maritime, qui n'appartenait à la couronne que depuis 1678, avait plutôt perdu que gagné depuis un siècle, résultat des guerres dont son territoire avait été le théâtre ; mais la Flandre wallonne avait conservé sa population active et industrielle. Lille était une des plus grandes villes de fabrique ; les maîtres sayetteurs et bourgeteurs y étaient au nombre de plus de cinq cents, et faisaient

---

(1) LEVASSEUR, *Histoire des classes ouvrières.*

chaque année au moins 300.000 pièces d'étoffe. La fabrication des bas, de la moquette, de la faïence, comptait deux mille maîtres dans le Tournaisis. Le Cambrésis produisait des toiles fines, des draps, des fils retors, des savons, des cuirs. Le Hainaut avait ses dentelles et ses toiles, mais sa principale industrie consistait dans ses mines et ses usines ; leur production annuelle pouvait s'élever à 12.000.000 de livres de fer, représentant en valeur 860.000 livres L'extraction dans les mines était encore peu perfectionnée, et malgré cela, en dehors de la consommation, la province exportait chaque année environ 300.000 mesures de charbon.

Les étoffes, dites *toilettes de Bapaume*, représentaient la principale industrie de l'Artois, mais en Picardie, les fabricants avaient le talent d'imiter ou de contrefaire toute espèce d'étoffe : serges d'Aumale, ras de Gênes, peluches, camelots de Bruxelles. A Beaucamp-le-Vieil, la production annuelle des tiretaines étant estimée 150.000 livres; les serges fabriquées à Crèvecœur, à Feuquières, à Hardivillers, représentaient 514.000 livres. Tous les ans, sept mille pièces de tricot, valant chacune 55 livres, sortaient des ateliers de la province. St-Quentin exportait pour 2 millions de batistes, Péronne pour 150.000 livres; à Amiens, les fabriques d'étamine et de peluche rapportaient 1.560.000 livres, et les savonneries 100.000; Abbeville fabriquait des serges, des bouracans, des droguets ; les toiles d'emballage seules produisaient 30.000 livres. C'était à Abbeville que se trouvait la manufacture de draps fins des Van Robais, qui, à une époque où leur commerce était réduit d'un cinquième, vendaient encore chaque année pour 480.000 livres.

La Normandie n'était ni moins industrieuse, ni moins riche. Elle faisait le commerce des laines, des cuirs, des chapeaux, de papiers, de cartes, de merceries, mais l'industrie des draps y était surtout florissante. A Elbeuf, il en sortait par an 9 à 10.000 pièces valant plus de 2 millions. Louviers, où la fabrication n'était établie qu'en 1681, occupait bientôt 1.900 ouvriers. Rouen comptait 183 métiers pour les draps, les ratines, les espagnolettes, et 320 pour les bouracans et les tapisseries. Son commerce maritime était, en outre très important, et parmi ses négociants, il n'était pas rare d'en rencontrer possédant 4 à 500.000 livres ; l'un d'eux, nommé Legendre, possédait 5 à 6 millions, fortune immense alors. 2,000 personnes étaient employées à St-Lô dans la fabrication des serges ; les dentelles rapportaient 500.000 livres à Alençon, qui fabriquait aussi des toiles.

Compiègne faisait des bas de laine, Senlis des laines apprêtées, Dreux des draps et des serges, Provins des tiretaines et des gros bas, Dormeille des draps, Beauvais des serges et des tapis. Les dentelles des environs de Paris, faites en partie en fil d'or, d'argent et de soie étaient très estimées. Paris était alors, comme il est toujours resté, le centre de la fabrication des objets d'art et de luxe ; brocards d'or et d'argent, ferrandines et moires lissées et façon d'Angleterre, galons d'or et d'argent, orfévrerie, tapisserie, ébénisterie, etc.

La Champagne avait perdu, avec ses foires, tout le commerce étranger ; ses vins, ses lins, ses chanvres faisaient sa richesse. On y comptait cependant quelques villes manufacturières ; il y avait 1812 métiers occupés dans l'élection de Reims, et les dentelles et les draps de Sedan occupaient un nombre considérable d'ouvriers et d'ouvrières.

La Lorraine faisait des toiles, des dentelles et des broderies communes, exportées pour la plus grande partie en Espagne. Il y avait de grandes fonderies de cloches et de canons à Levescourt, Outremecourt et Brevanne. L'Alsace, qui n'avait pu profiter des grandes réformes de Colbert, n'avait guère que les fabriques de gros draps de Sainte-Marie-aux-Mines, qui consommaient jusqu'à 100.000 quintaux de laine par an ; la Bourgogne n'avait non plus que ses vins, les forges répandues dans le bailliage de Dijon composant la seule industrie importante de la province.

Tout autre était le Lyonnais. Lyon était déjà la seconde ville de France ; la seule fabrication des futaines produisait un million ; pour les étoffes de soie, il y entrait annuellement 6.000 balles, dont moitié était mise en œuvre dans les fabriques de la province ; le tissage des étoffes d'or et d'argent consommait par an 130.000 marcs d'argent et 1.000 marcs d'or ; le seul travail de l'or filé occupait 4.000 personnes ; 18.000 métiers battaient dans la ville. Lyon avait en outre ses foires et son commerce avec l'étranger ; le chiffre de ses exportations dépassait 12 millions, celui des importations 21 millions.

Le Dauphiné devait au voisinage de Lyon un important commerce de transit. On y faisait aussi des draperies, des soieries, des gants, des grosses toiles, des laines filées, des cuirs ; mais l'industrie dominante était celle des métaux, forges et fonderies de cuivre et de fer, fabriques d'acier, etc. Toutes prospéraient, sauf la fabrique de fer blanc établie par Colbert.

Dans le Gévaudan, les paysans fabriquaient les grosses étoffes de laine nommés *cadis*, et malgré leur bas prix, en vendaient chaque année pour 2 millions ; le Puy avait ses fabriques de dentelles.

La Provence s'enrichissait par ses huiles, ses savons, ses cartes, ses cuirs, ses soies, dont elle employait même une petite partie dans les manufactures de Pertuis et de la Tour-d'Aigues. L'industrie des papiers comptait 55 fabriques ; celle des cordes et des paniers de jonc employait 8.000 ouvriers ; à Marseille et dans les environs se préparaient les marchandises pour le Levant ; la fabrication des bonnets de laine comptait 4.000 ouvriers, 600 pour les toiles cotonnées, et plus de 4.000 femmes pour les toiles piquées. Dans le Languedoc, la fabrication pour le Levant était aussi active. On faisait des draps Mahom. imitant ceux de Venise, des londrins, des draps grossiers, des draps fins ; la production annuelle des draperies en tous genres était évaluée à 12.500.000 livres. Nîmes faisait un grand commerce de soies et de draperies ; Montpellier, en dehors de ses vins et de ses liqueurs, produisait par année près de 2.000 quintaux de vert de gris, 100.000 livres de cire blanche, plus de 200.000 livres en cuirs pour l'exportation, et occupait environ 700 familles avec ses futaines et ses couvertures de laine. S'il faut en croire les chiffres fournis par l'intendant de la province, la production agricole et manufacturière s'élevait à près de 25 millions de livres ; ses exportations à 9.290.000 livres ; ses importations, à 4.800.000 livres environ. A la seule foire de Beaucaire il se faisait pour plus de six millions d'affaires.

Le commerce et l'industrie étaient peu développés dans les élections de Montauban, de Cahors, de Villefranche, et, en général, dans toute la partie de la France avoisinant les Pyrénées. Cependant Villefranche et Figeac vendaient dans certaines années, 150.000 livres de toiles de chanvre.

La généralité de Bordeaux n'avait guère qu'une industrie agricole ; elle produisait des vins, des eaux-de-vie, des chanvres. Mais son commerce maritime était considérable ; à l'époque des foires, on voyait quelquefois 500 navires dans le port de Bordeaux. La généralité de la Rochelle occupait ses habitants pour la fabrication des eaux-de-vie et le commerce maritime. Il y avait pourtant des forges, des hauts fourneaux, et une manufacture d'armes à Rochefort. La fabrication des draps de laine, à Fontenay, de droguets, de serges et de peaux de chamois à Parthenay et à Niort, composaient l'industrie du Poitou.

La Bretagne avait un grand commerce maritime ; Nantes rivalisait avec Bordeaux ; St-Malo faisait partir par année 15 frégates pour les Indes et recevait dans son port 130 navires anglais ou hollandais. Morlaix expédiait en Angleterre pour 4.500.000 livres de toiles. L'industrie manufacturière y avait aussi une certaine importance. Dans l'évêché de Rennes, les fils retors rapportaient 200.000 livres ; les bas, les gants et chaussons de Vitré, 25.000 livres. Les toiles royales donnaient lieu à une exportation de 3 à 400.000 livres. L'Anjou avait ses ardoisières, ses raffineries de sucre, ses blanchisseries de toiles, les toiles à Cholet, les articles religieux à Saumur, à la Flèche et à Angers, les serges, les droguets, les camelots fins, les belles étamines rayées d'or. Dans le Maine, outre le commerce de cire, de serges, de toiles, les métiers de grosses toiles à Château-du-Loir occupaient 20.000 ouvriers. Le Perche avait les étamines de Nogent, les fers de la Frette, la verrerie de Montmirail, et surtout la fabrication des grosses toiles et des fils ; à Mortagne, la seule vente des fils s'élevait à 200.000 livres. L'Orléanais produisait des vins, des articles de tricot, des fers et des aciers communs. Les trois raffineries établies à Orléans en 1670 consommaient par an 150.000 livres de moscouade.

La draperie et l'industrie de la soie dominaient en Touraine. La draperie occupait 120 maîtres et 250 métiers ; l'industrie de la soie comptait 20.000 ouvriers ou apprentis, 40.000 personnes occupées à apprêter et à dévider ; la consommation annuelle était de 2.400 balles de soie. Malgré l'obligation d'aller à Lyon chercher la matière première, Tours faisait avec ses seules soieries 10 millions d'affaires avec l'étranger. Dans le Berry, les manufactures de draps et de serges drapées, servant en partie à l'habillement des troupes, occupaient 2.000 personnes à Aubigny, 10.000 à Châteauroux, sans compter d'autres centres moins importants. Issoudun faisait des chapeaux pour l'armée, et les bas à la main et au métier étaient répandus dans la province entière.

Dans le Bourbonnais, les manufactures d'Aubusson et de Feuilletin rapportaient 800.000 livres ; la faïencerie et verrerie de Nevers, 200.000 livres, la coutellerie, la quincaillerie, les émaux de Moulins, 150.000 livres. Le fer blanc produisait 50.000 livres ; les fers du Nivernais, 300.000 livres, les houilles de Decize, 1.200.000. Dans la généralité de Limoges, on vendait chaque année pour 100.000 livres de safran, en dehors des vins et des eaux-de-vie. Il y avait 60 moulins à papier à Angoulême et dans les environs, et les produits en étaient renommés. En Auvergne les papeteries de Thiers, d'Ambert, exportaient chaque année pour 240.000 livres ; la quincaillerie occupait à Thiers 5.000 familles. La fabrication des dentelles avait encore plus d'importance : à Aurillac, la paie seule des ouvrières se montait annuellement de 6 à 700.000 livres. L'Auvergne fournissait aussi du charbon pour près de 50.000 écus par an, des chanvres, des bois de construction, et envoyait déjà à Paris et en Espagne de nombreuses colonies d'ouvriers.

Les progrès des arts avaient été plus rapides encore, et tout, ameublement, dessin des étoffes, fabrication des dentelles, s'en était ressenti. La France donnait le ton à l'Europe ; ses modes, ses goûts, ses ridicules même étaient servilement copiés partout. Comme le disait Frédéric II, « le goût des Français régla nos » cuisines, nos meubles, nos habillements et toutes ces bagatelles » sur lesquelles la tyrannie de la mode exerce son empire ; cette » passion portée à l'excès, dégénéra en fureur. » De cette époque date pour la France cette suprématie dans les choses de goût, suprématie qu'elle a au moins en partie conservée, et qui a tant servi au développement de son industrie.

Colbert avait largement accompli la prédiction de son protecteur, Mazarin, qui, mourant, disait à Louis XIV : « Sire, je vous dois » tout, mais je m'acquitte avec Votre Majesté en lui donnant » Colbert. » La France était parvenue au plus haut point de sa puissance commerciale et industrielle, et si les dernières années de Colbert accusèrent déjà une certaine défaillance, trop motivée par les charges croissantes qu'entraînaient les guerres, il laissait en mourant une France encore riche et prospère. Mais cependant tous ses actes ne furent pas également heureux, et deux créations qui lui sont dues eurent pour la France de funestes effets : la réglementation absolue du travail, et la fondation du système protecteur, que ses imitateurs devaient transformer plus tard en système prohibitif.

Depuis Charles VII, la royauté n'avait cessé de s'ingérer de plus en plus dans les règlements des corporations, les plaçant chaque fois davantage sous l'autorité royale, mais laissant les règlements intérieurs se relâcher peu à peu. Colbert crut que de cette négligence provenait le dépérissement de l'industrie, et pensa qu'une réglementation précise, sévèrement observée, était la condition première du succès industriel. A partir de 1664, chaque année vit paraître plusieurs règlements, s'appliquant à un métier, à une industrie, règlements d'une minutie extrême, déterminant sans la moindre omission, tous les détails de la fabrication. Toute infraction était sévèrement punie ; l'amende, la confiscation, le pilori même étaient applicables, suivant que le marchand ou le fabricant était ou non en état de récidive.

Ces règlements, à l'époque où ils furent établis, constituaient déjà une entrave. Maintenus par la suite, avec une extrême rigueur, ils paralysèrent l'essor industriel et commercial, empêchant de profiter des découvertes de la science ou des progrès réalisés chez les autres nations (1).

L'établissement de droits élevés fut pour Colbert la conséquence de la fondation de manufactures. Voulant éviter la concurrence étrangère, qui venait nuire aux établissements nouveaux, il fit augmenter, en avril 1667, les droits d'entrée sur un nombre considérable de marchandises. Quelques-unes, que la mode soutenait encore malgré leur prix élevé, furent prohibées les années suivantes. Des représailles furent exercées par les autres peuples ; la Hollande surtout se montra émue, et cette guerre de tarifs ne fut pas sans influence sur la guerre réelle qui eut lieu en 1672. Le traité de Nimègue (1678) fit rétablir le tarif de 1664, au grand regret de Colbert, qui aurait voulu maintenir le tarif de 1667, pour le « très-grand bien » des sujets du roi.

Malgré les maux très réels qui plus tard résultèrent de ces mesures, il faut tenir compte que Colbert agissait pour le bien de son pays, et ne fit qu'appliquer des idées qui prévalaient à son époque. Ministre d'un roi absolu, il ne pouvait comprendre la liberté, et ne devait voir une organisation possible qu'avec une sévère réglementation ; et quant aux droits protecteurs, il ne les considérait, sui-

---

(1) Du temps même de Colbert, ces règlements n'étaient que difficilement suivis. Des plaintes nombreuses s'élevèrent, et il fallut, dans certains cas, consentir à des modifications pour empêcher la ruine de certaines industries.

vant son expression, « que comme des béquilles » (1) propres à soutenir les industries naissantes jusqu'au moment où elles auraient été suffisamment développées. Ses idées tendaient plutôt vers la liberté commerciale, fondée sur des avantages réciproques.

En dehors de tout ce qu'il fit pour le commerce et l'industrie de la France, Colbert laissa deux monuments impérissables, et qui seuls suffiraient à immortaliser son nom : les ordonnances de 1673 et de 1681, sur le commerce terrestre et le commerce maritime.

Ce n'étaient plus quelques prescriptions se rattachant au droit commercial, mais ce droit commercial tout entier. Dans la première ordonnance, tout ce qui concerne le commerce terrestre est prévu, une législation complète est établie : tenue des livres, mode de paiement, lettres de change, sociétés, faillites, banqueroutes, tribunaux de commerce, et telle est la valeur de ces prescriptions, que le Code de 1807, qui régit encore, au moins pour une grande partie, nos transactions commerciales, lui a emprunté ses classifications, ses dispositions et souvent même le texte complet de ses articles (2).

L'ordonnance de 1681 fit de même pour le commerce maritime, et le plus bel éloge qu'on en puisse faire, c'est qu'elle fut copiée par l'amirauté anglaise. Elle abolit tout ce qui nuisait au commerce, réduisant l'importance des cours d'amirauté avec leurs sièges inférieurs, ne laissant que deux tribunaux supérieurs de ce genre, dits

---

(1) L'expression se trouve dans une lettre de Colbert aux échevins de Lyon, dans laquelle il leur dit : « Que les fabricants de cette ville feroient bien de con-
» sidérer les faveurs dont leur industrie est l'objet comme des béquilles à l'aide
» desquelles ils devroient se mettre en mesure d'apprendre à marcher le plus tôt
» possible, et que son intention étoit de leur retirer ensuite » (P. CLÉMENT, *Histoire du système protecteur*).

(2) Dans la rédaction de cette ordonnance, Colbert fut aidé par Jacques Savary, auteur du *Parfait négociant* et des *Parères* ; la part prise par ce dernier fut telle que l'ordonnance fut quelquefois appelée le Code Savary. Mais Colbert n'en eut pas moins l'honneur d'avoir conçu le projet, et d'avoir su lui donner une forme définitive.

les *tables de marbre* ; un à Paris, pour la Picardie et la Flandre, l'autre à Rouen, pour la Normandie ; les sièges particuliers de l'Ouest et du Midi relevant des Parlements de Rennes, Bordeaux, Aix et Toulouse. Les attributions des consuls français à l'étranger furent déterminées, et l'ordonnance régla de même les contrats maritimes, la police des chargements, le frêt, les assurances, les avaries, les prises, les lettres de marque, le droit de pêche (1).

Colbert mort, toute cette prospérité allait disparaître. Certaines manufactures, que les subventions gouvernementales pouvaient seules soutenir, sont forcées de liquider, laissant heureusement place à l'industrie libre. C'est ainsi qu'en 1700, dix-huit villes sont autorisées à fabriquer des bas d'estame. Mais si les monopoles tendent à disparaître, les règlements des manufactures continuent à être appliqués avec rigueur. Les progrès réalisés quand même obligent à de nouveaux règlements, mais les prescriptions sont de plus en plus minutieuses, les mesures de contrôle et de vérification plus vexatoires encore. Et non contents des règlements généraux, les intendants en établissent pour leurs provinces, augmentant ainsi les entraves au développement de l'industrie.

La révision des tarifs de douanes, faite sur un plan différent de celui de Colbert, avait eu pour résultat de chasser les Hollandais et les Anglais de nos marchés, les obligeant à s'adresser à l'Espagne et au Portugal. L'élévation des droits engendra une contrebande active, grâce à laquelle les Anglais purent introduire en France leurs produits sans droits d'entrée, faisant ainsi à notre commerce la plus redoutable concurrence (2).

---

(1) Ch. Périgot, *Histoire du commerce français*.

(2) Les délégués du *Conseil de commerce* s'étaient nettement prononcés en faveur de la liberté commerciale, celui de Rouen excepté. Neuf des mémoires présentés ont été conservés, et montrent quels inconvénients avait le maintien du système restrictif appliqué alors. Il fut cependant, non seulement maintenu, mais plutôt aggravé ; il en résulta une rupture à peu près complète des relations avec l'étranger, à cause des mesures de représailles prises par chaque nation.

Les guerres qui marquèrent si tristement la fin du règne de Louis XIV augmentaient chaque année les charges du peuple (1), pendant que les préoccupations politiques faisaient négliger les mesures propres à apporter sinon un soulagement à ces charges, au moins à arrêter la décroissance du commerce et de l'industrie, auxquels la révocation de l'Édit de Nantes avait porté un coup funeste. Obligés de choisir entre leur religion et leur patrie, les protestants partirent emportant avec eux, non-seulement leurs richesses, mais aussi les secrets des industries françaises, dont plusieurs furent ruinées par leur départ. On n'évalue pas à moins de cent mille le nombre des Français qui allèrent alors demander asile à l'Angleterre : papetiers de l'Angoumois abandonnant leurs fabriques, tisserands de la Touraine quittant leurs métiers, vignerons et cultivateurs de la Saintonge et du Poitou laissant leurs fermes, tous allaient chercher en Angleterre un nouveau foyer. De Normandie et de Bretagne le courant d'émigration était plus considérable encore ; plus de dix mille ouvriers quittèrent Rouen ; la population protestante de Coutances s'exila tout entière ; Elbeuf, Caudebec, Le Hâvre, se virent appauvries par la fuite d'une partie de leurs habitants ; il en fut de même de Nantes, Rennes, Le Mans, Laval, et des villes du Nord, Amiens, Abbeville, Doullens, Valenciennes, Lille et Arras, qui perdirent aussi grand nombre de leurs artisans. Quelques-uns de ces réfugiés avaient pu emporter une partie de leur fortune ; en 1687, l'ambassadeur de France écrivait à Louis XIV que l'hôtel des Monnaies de Londres n'avait pas reçu moins de 960.000 louis à convertir en monnaies anglaises ; mais la plupart des immigrants

---

En Angleterre, le commerce fut rendu presque impossible aux Français, tant à cause des droits dont étaient frappées les marchandises venant de France, que des vexations que les commerçants français avaient à subir. Les résultats en furent surtout sentis dans le Bordelais et le Languedoc, qui depuis plusieurs siècles, avaient toujours fait un commerce actif avec l'Angleterre.

(1) De 1700 à 1707, les dépenses annuelles augmentèrent de 116 millions à 258 millions de livres.

n'étaient que des artisans, auxquels toutes ressources faisaient défaut. On fit des quêtes à leur profit, le Parlement vota des sommes considérables, et on put réunir ainsi un capital de 200.000 livres sterling, dont les intérêts annuels servirent à soulager toutes ces misères. Le premier rapport du comité de secours, publié trois années après la révocation de l'Édit de Nantes, dit que seize mille réfugiés français avaient été secourus dans les mois précédents. Mais cette situation ne fut que temporaire. Les réfugiés s'étaient courageusement mis à l'œuvre ; tous travaillèrent, et en dotant l'Angleterre des manufactures et des industries qui lui manquaient encore, trouvèrent les ressources dont ils avaient besoin ; nombre d'entre eux arrivèrent même à de brillantes situations commerciales. C'est aux émigrés de 1685 que l'Angleterre doit d'avoir, à cette époque, des papeteries, des fabriques de tapis, de batistes, de chapeaux de Caudebec, des manufactures de soie brochée, de taffetas lustrés ; neuf années plus tard, la seule ville de Cantorbéry comptait 1000 métiers pour la fabrication des soieries et, en 1698, les taffetas français, dont on importait chaque année pour 200.000 livres, étaient prohibés ; les progrès des fabriques anglaises permettaient de prendre cette mesure. En 1692, les fabricants de soieries, sous le nom de *Royal lustring company*, étaient admis à prendre rang parmi les corporations de Londres. D'après un contemporain, Samuel Fortrez, les produits de luxe que l'Angleterre tirait de France étaient évalués à trois millions sterling chaque année ; dès leur établissement à Londres, les artisans huguenots se mirent à fabriquer les articles de modes, qui furent alors achetés de préférence aux produits français. Les réfugiés de l'Angoumois apprirent aux Anglais l'art de faire les papiers fins et blancs ; l'un d'eux, Henri de Portal, fonda dans le Hampshire, près de Whitchurch, une fabrique dont la renommée était telle, que la Banque d'Angleterre lui donna le privilège de fournir le papier destiné aux bank-notes. Des établissements se formèrent aussi en Irlande, à Dublin, Waterford, Cork, Kilkenny, Lisburn, Portarlington, pour la fabrication des gants, des draps et de la toile, le tissage de la soie, le travail de la dentelle ; la Révolution de 1688 nuisit à ces établissements, mais les manufactures établies à Dublin, pour la fabrication des *popelines d'Irlande*, ne cessèrent pourtant de prospérer. Ce ne fut guère qu'un siècle plus tard, et à la suite de grèves multipliées, que ces manufactures se fermèrent peu à peu. Dans les comtés du nord, l'arrivée des huguenots avait été également bienfaisante ; l'un d'eux, Louis Crommelin, qui s'était d'abord réfugié en Hollande, et n'était venu en Angleterre que sur les instances de Guillaume III, fonda à Lisburn et ensuite à Cork des manufactures de toiles dont les produits rivalisèrent bientôt avec ceux de la Bretagne.

Les progrès réalisés ainsi par l'Angleterre font comprendre quels furent pour la France les résultats de la révocation de l'Édit de Nantes ; la prospérité des manufactures anglaises avait pour corollaire l'appauvrissement des manufactures françaises.

Seules parmi les ordonnances rendues pendant cette période, deux furent favorables au commerce : celle de 1700, créant un conseil de commerce où douze négociants, choisis par les villes principales (1) siégeaient à côté du chancelier et du contrôleur-général des finances; l'autre, rendue vers la même époque, qui crée, dans la plupart des grandes villes, des chambres de commerce dont les membres électifs devaient correspondre avec le conseil central.

Les compagnies de commerce qui n'avaient pu prospérer sous Colbert, ne pouvaient réussir davantage sous ses successeurs (2). Seule la compagnie de Guinée était prospère ; le traité d'Utrecht (3),

---

(1) Rouen, Bordeaux, Lyon, Marseille, La Rochelle, Nantes, St-Malo, Lille, Bayonne, Dunkerque, avaient un représentant ; Paris en avait deux.

(2) L'administration des fonds devint scandaleuse. On prit sur les capitaux des dividendes qu'on donna faussement pour des bénéfices. Les compagnies elles-mêmes, en dehors de leurs opérations, se mirent à faire la contrebande (Gouraud, *Histoire de la politique commerciale de la France*).

(3) Ce traité cédait à l'Angleterre la mer intérieure et le détroit d'Hudson, la grande île de Terre-Neuve et la presqu'île d'Acadie, et aux Antilles, la moitié

en donnant aux Anglais le privilège de l'*assiento*, en rendait la ruine inévitable.

Depuis longtemps, le trafic des esclaves était établi ; et toutes les compagnies commerçant en Afrique s'y livraient sur une grande échelle. Les Hollandais d'abord, les Anglais et les Français ensuite, s'étaient fait les pourvoyeurs des colonies de l'Amérique ; la religion était invoquée pour justifier cet odieux commerce (1). Les colonies espagnoles surtout recevaient de nombreux esclaves et jusqu'en 1704 les Anglais en avaient été les pourvoyeurs à peu près exclusifs. Ce privilège fut alors conféré à la *Compagnie française de Guinée*, qui s'engagea à transporter 48.000 nègres dans le délai de dix années ; par le traité d'Utrecht, un nouveau contrat d'*assiento* fut passé avec les Anglais qui, en 30 ans, devaient conduire aux Indes Occidentales 144.000 nègres. De tels contrats donnaient lieu en même temps à des faveurs quant au commerce proprement dit ; mais soupçonnés d'en abuser, les Anglais se virent plus tard retirer tous les privilèges de ce genre et, en 1739, Anglais et Espagnols en vinrent à une guerre déclarée, à l'issue de laquelle les premiers obtinrent

---

française de St-Christophe. C'était le commencement de la ruine des colonies françaises. L'abandon du droit de 50 sous par tonneau était également stipulé, l'Angleterre conservant son acte de navigation. Nicolas Messager, de Rouen, qui avait été adjoint aux négociateurs du traité, avait obtenu en faveur de nos vins et de nos produits manufacturés des avantages qui furent vivement critiqués par les négociants anglais et qui, en fait, demeurèrent lettre morte (GOURAUD, ouvrage cité).

Le droit de 50 sous par tonneau avait été aboli en faveur de la Hollande, en 1700.

(1) Ce commerce, dit Savary, paraît inhumain à ceux qui ne savent pas que ces pauvres gens sont idolâtres ou mahométans, et que les marchands chrétiens, en les achetant de leurs ennemis, les tirent d'un cruel esclavage et leur font trouver dans les îles où ils sont portés, non-seulement une servitude plus douce, mais même la connaissance du vrai Dieu et la voie du salut par les bonnes instructions que leur donnent les prêtres et religieux qui prennent soin de les faire chrétiens ; et il y a lieu de croire que, sans ces considérations, on ne permettrait pas ce commerce (LEVASSEUR, *Histoire des classes ouvrières*).

comme indemnité 100.000 livres sterling et quelques privilèges commerciaux. Si on veut considérer qu'une prime variable, allant jusqu'à 13 livres par tête, était accordée pour le transport des nègres, on comprendra quelle était l'importance du monopole que le traité d'Utrecht venait de rendre aux Anglais.

Les mémoires des intendants font connaître ce qu'était devenue la France de Colbert. Le Hainaut n'exportait presque plus de fers ; la fabrication des sayetteries de Lille était réduite de moitié ; en Picardie, plus du quart des métiers chômait à cause de la cherté de la laine. Alençon, Sedan, Mézières, Rouen, avaient vu diminuer leur production industrielle dans une proportion considérable ; Lyon ne vendait plus le dixième des futaines qu'on y vendait dix ans auparavant ; le commerce des soies souffrait davantage encore. Les papeteries de Provence, moins nombreuses pourtant, se soutenaient à peine. Les corsaires avaient presque anéanti le commerce de Marseille ; les règlements qui prohibaient l'entrée des toiles peintes et des étoffes de coton avaient puissamment secondé les corsaires. L'exportation française à Alep était réduite à 300.000 piastres, alors que l'Angleterre y envoyait pour 3.000.000 de piastres de marchandises. Dans le Languedoc, la Bretagne, les mêmes souffrances et les mêmes ruines. La fabrication des cuirs était détruite dans le Perche ; dans le Maine, la fabrication des étamines était considérablement réduite. La Touraine avait plus souffert encore : ses tanneries, ses métiers à draps n'existaient pour ainsi dire plus ; la fabrication des étamines et des droguets n'avait plus d'activité qu'à Amboise. Les papeteries de l'Auvergne, de l'Angoumois, avaient cessé de travailler, de même que les trois quarts des moulins de l'Angoumois (1).

Cette situation était celle de tout le royaume, et en mourant Louis XIV laissait la France commercialement diminuée, chargée

---

(1) LEVASSEUR, *Histoire des classes ouvrières*.

d'impôts et avec une dette de 3 milliards 460 millions (1). Il eut fallu alors Sully ou Colbert : on allait avoir le Régent, Law et Dubois.

---

(1) Louis XIV laissait à son successeur, à un enfant de cinq ans, ces tristes fruits de sa dernière guerre :

86 millions en rentes dont le remboursement aurait coûté plus de 12 milliards ;
542.063.078 livres en charges et offices divers et en augmentations de gages ;
576.696.959 livres en billets divers ;
137.222.259 livres en dépenses anticipées sur les revenus des années suivantes;
Et environ 185 millions de dettes diverses dont le paiement n'avait pas encore été assigné.

(LEVASSEUR, *Recherches historiques sur le système de Law.*)

CHAPITRE VI.

De la mort de Louis XIV à la Révolution française.

Louis XIV laissait à son successeur une lourde tâche, et Philippe d'Orléans, en prenant la régence, assumait ainsi une terrible responsabilité. Mais loin d'être pour la France une époque de rénovation, la Régence ne devait être qu'une époque de corruption, de décadence morale, et après avoir au moins contribué à la chute de Law, elle allait, renouvelant les pires traditions des mauvais jours, trouver dans la banqueroute le moyen de rendre aux finances un équilibre apparent.

Au début de la Régence, certaines mesures furent prises en faveur du commerce : suppression des droits sur la circulation des bestiaux, sauf les péages ordinaires, ainsi que d'autres droits sur les marchandises à l'intérieur; liberté d'exportation des graines et légumes secs, liberté du commerce sur la côte méridionale d'Afrique, de Sierra-Leone au Cap, ne servant malheureusement que les intérêts des marchands d'esclaves. D'un autre côté, la prohibition des étoffes de l'Inde fut renouvelée, dans l'intérêt de nos manufactures ; en 1716, on révoqua un règlement de 1699 qui gênait le trafic des laines.

Mais la situation financière ne s'améliorait ni par les expédients de Noailles, ni par les poursuites contre les traitants; on en vint à une sorte de faillite partielle, par l'opération du visa (1716), suivie d'autres opérations du même genre. Mais toutes ces mesures, périlleuses pour le crédit public, étaient insuffisantes pour rétablir les finances : Law arriva alors.

Fils d'un riche orfèvre d'Edimbourg, Law avait été dès sa première jeunesse familiarisé avec toutes les opérations de change ; obligé de s'expatrier (1), il vint à Amsterdam étudier la banque, et poursuivit en Italie ses études sur le commerce et le crédit. Son système, qu'il exposa dans ses *Considérations sur la banque et le commerce*, fut repoussé en Écosse, en Angleterre et tout d'abord en France (1708). Revenu à la mort de Louis XIV, ses mémoires sur les monnaies, sur les banques, attirent l'attention ; il propose alors une banque royale percevant les revenus publics, émettant des billets à cours obligatoire dans les paiements entre le roi et les particuliers, à cours libre dans le commerce et dans les relations des particuliers entre eux. Les billets seront remboursables à vue en écus de banque d'un titre et d'un poids invariables. En garantie du succès, Law offre non seulement sa fortune, mais sa vie.

Ce plan ne fut pas accepté, mais Law fut autorisé à fonder, avec privilège de vingt années, une banque de dépôt et d'escompte, qui pouvait gérer les caisses des négociants au moyen de virements de parties, mais non faire le commerce, ni contracter d'emprunt. Les billets devaient être payables à vue, en monnaie de banque, au poids et titre du jour de la fondation. Le capital était fixé à 6 millions, à verser un quart en argent, le reste en billets d'État, qui perdaient 70 pour 100 ; le capital réel devenait ainsi 3 millions de livres environ.

Le succès de cet établissement dépassa toutes les espérances. Encouragé par ce succès, et revenant toujours à ses grands projets, Law obtint, le 10 avril 1717, une déclaration ordonnant à tous comptables de recevoir les billets de la banque pour le paiement des impôts, et d'acquitter à vue les billets en argent sans escompte. Le

---

(1) Il avait été condamné à mort à la suite d'un duel à Londres.

12 septembre 1717, les comptables de Paris furent astreints à faire leurs recettes et paiements en billets de banque. C'était un acheminement vers la Banque d'État, à laquelle s'étaient opposés les députés des villes de commerce, non par principe, mais parce que le moment n'était pas favorable.

Dans l'intervalle, Law avait repris, du financier Crozat, le monopole du commerce de la Louisiane, et avait aussitôt constitué une grande Compagnie d'Occident, au capital nominal de cent millions qui, par suite du paiement en billets d'État, faisaient une trentaine de millions effectifs. La Compagnie obtenait le monopole du commerce de la Louisiane et du commerce des castors du Canada pour vingt-cinq ans, et la propriété perpétuelle du sol de la Louisiane, sous réserve des droits de quelques colons déjà établis. D'importantes exemptions de droits et d'impôts étaient en outre accordées.

Law tenait ainsi la banque et le commerce ; le renversement de Noailles, son ennemi, allait lui permettre d'appliquer complètement son système. L'arrêt de refonte des monnaies, portant le marc d'argent de quarante à soixante livres, parut presque aussitôt. C'était une nouvelle spoliation du pouvoir ; mais cela différait tellement des principes établis par Law dans ses divers mémoires, qu'on peut se demander si cette mesure ne lui fut pas plutôt imposée que suggérée par lui. Par contre, la banque royale fut bien entièrement son œuvre.

Un moment, l'opposition du Parlement avait semblé tout compromettre ; mais le 4 décembre 1718, la banque est déclarée banque royale, les actions rachetées par le roi, et ses billets cessent en même temps d'être remboursables en monnaie immuable, mesure sur laquelle revient l'arrêté du 22 avril 1719. Le 27 décembre 1718, il est statué qu'à Paris et dans les quatre villes où la banque avait établi des comptoirs, les sommes au-dessous de 600 livres pourraient seules être payées en argent ; au-dessus, l'emploi de l'or ou des billets était obligatoire. Law travaillait en même temps à faire monter les actions de la Compagnie d'Occident ; l'affermage des tabacs pour 4 millions, l'achat des droits de la compagnie du Sénégal, pour 1,600,000 livres, avaient commencé le mouvement de reprise ; la réunion à la Compagnie d'Occident de la Compagnie des Indes Orientales, et d'une Compagnie de la Chine, lui donna le monopole de la presque totalité du commerce de la France hors d'Europe. La Compagnie d'Occident s'intitula alors Compagnie des Indes ; elle fut autorisée à ajouter 50,000 actions nouvelles aux 200,000 actions primitives, la nouvelle émission étant faite avec une prime de 50 livres par action, et le tout payable non plus en billets d'État, mais en argent. Le 25 juillet 1719, la Compagnie afferme, pour neuf ans, la fabrication des monnaies, au prix total de 50 millions. Ses actions arrivèrent alors à 1,000 livres ; à ce prix, 25,000 actions nouvelles furent émises, la valeur nominale étant toujours fixée à 500 livres. L'arrêt du conseil, ordonnant de payer un dividende de 60 livres (12 %) par action, augmenta le mouvement de hausse.

Law essaya alors la colossale opération qu'il avait promise au Régent, le remboursement de la dette. La Compagnie des Indes fut d'abord déclarée adjudicataire des fermes générales, au prix de 52 millions par an et à charge de rembourser les actionnaires de la Compagnie formée par d'Argenson ; les privilèges de la Compagnie furent prorogés jusqu'au terme de 50 années. En échange, la Compagnie s'engagea à prêter au roi 1,200 millions à 3 %, remplaçant les rentes par des actions de la Compagnie.

Des bruits, habilement répandus sur la richesse du Mississipi, sur les mines d'or et de pierreries découvertes, avaient enflammé les imaginations, et les actions de la Compagnie atteignirent 5,000 livres. Le 13 septembre 1719, 100,000 actions furent émises à ce taux, soit avec une prime de 4,500 livres, actions payables en espèces ou en billets de banque. Du 25 septembre au 2 octobre, 200,000 autres actions furent également émises, permettant de faire au Régent un prêt supplémentaire de 300 millions à 3 %, hypothéqué, comme l'autre, sur les impôts. L'engouement devint général; les actions montèrent à 10,000 livres, puis plus haut encore; le papier en vint à faire de 5 à 10 % de prime sur la monnaie. L'agiotage était effréné; les fortunes se faisaient ou se perdaient en quelques heures; pendant six mois, tout Paris, toute la France, toute l'Europe même, se ruèrent sur la rue Quincampoix, qui était devenue le temple de l'agiotage. L'accroissement de la population de Paris (300,000 âmes suivant les évaluations les plus modérées), y donna une vive impulsion au commerce et à l'industrie, impulsion qui rejaillit sur la France entière; le nombre des manufactures s'accrût des trois cinquièmes, l'intérêt tomba à 1 1/4 %.

Law avait profité de sa situation pour obtenir quelques concessions en faveur du commerce. Moyennant l'abandon d'un million par an sur les tabacs, la Compagnie avait obtenu la suppression de quelques droits onéreux; elle avait obtenu l'autorisation d'employer des fonds à la grande pêche et à l'établissement de manufactures, sans réclamer aucun monopole à ce sujet.

Mais déjà le cabinet de Londres, qui voyait les colonies et la marine françaises à la veille de prendre un formidable essor, cherchait à renverser Law, secondé en cela par le cardinal Dubois (1). Un complot pour renverser la banque, en présentant d'un coup une masse de billets au remboursement, avait tourné à son avantage; il en avait été de même de la hausse faite sur la Compagnie (anglaise) du Sud. Cependant la situation était périlleuse. Pour sauver les billets, Law essaya de déprécier la monnaie métallique, en faisant décréter que la Banque ni le Trésor ne recevraient plus d'espèces, si ce n'est comme appoints; la mesure ne put être maintenue. Le

---

(1) « Milord Stanhope (le premier ministre anglais) a été tenté plus d'une fois » d'aller vous féliciter du coup de maître par lequel vous avez fini l'année qui » vient de s'écouler, en vous défaisant d'une concurrence également dangereuse » à vous et à nous.... » (Lettre de l'agent anglo-hanovrien Schaub au cardinal Dubois, du 15 janvier 1721. — H. MARTIN, *Histoire de France*). Voir aussi LEVASSEUR, *Recherches historiques sur le système de Law*.

21 décembre, la banque recommença à délivrer des billets contre de l'argent, mais défense fut faite de payer en argent au-dessus de 10 livres, en or au-dessus de 300 livres, le Trésor n'acceptant les paiements de cette nature qu'avec une bonification de 5 %. Des billets de 10 livres sont émis pour faire descendre aussi bas que possible l'usage du papier. Le 29 décembre, l'émission des billets de banque est élevée officiellement à 1 milliard ; le 30, la Compagnie règle le dividende à 40 % sur le nominal, soit 4 % pour les souscripteurs à 5,000 livres, dividende encore exagéré. Les réalisations commencent ; un moment, Law parvient à enrayer la baisse, entre 9 et 10,000 livres ; mais si l'action se soutient, le billet baisse de jour en jour ; les marchands demandent le double, quand on les paie en billets ; les réaliseurs assiègent la banque. Le prince de Conti, que Law avait gorgé de richesses, donne l'exemple et revient à son hôtel avec trois fourgons chargés d'argent en échange de ses billets. Law continue la lutte, les mesures les plus violentes se succèdent : refonte générale des monnaies avec une légère diminution, cours forcé des billets dans toute l'étendue du royaume ; défense de transporter des espèces, pendant le mois de février, hors des villes où il y a un hôtel de monnaie ; permission à la Compagnie de faire des visites dans toutes les maisons pour rechercher les espèces qu'on n'aurait pas porté à la refonte. Tout ne fait qu'augmenter la panique. On réalise à tout prix, achetant tout ce qui se trouve sur le marché et peut être payé en billets.

Cependant, le 22 février 1720, Law fait accepter au régent une mesure qu'il considère comme son salut : la Compagnie prend l'administration de la banque, le roi restant garant des billets ; la Compagnie ne fera pas d'avances au roi et la banque de versements au Trésor sans avoir reçu les fonds ; les billets de 10 livres seront remboursés en espèces ; la prime de 5 % supprimée ; le roi cède à la Compagnie 100,000 actions qui lui appartiennent, au prix de 900 millions, un tiers payable dans l'année, le reste dans 10 ans. 500 millions d'actions rentières à 2 % seront créés pour rembourser tous ceux qui n'ont pu l'être avec les 1,500 millions prêtés au roi. Le résultat fut négatif, les mesures violentes reparurent, pour limiter, puis pour proscrire presque l'usage de la monnaie métallique. Par l'arrêté du 11 mars, l'argent fut démonétisé pour le 1er mai ; l'or pour le 31 décembre, sauf pour les petites monnaies de fabrication récente, mais avec diminutions successives pour amener l'argent, au 1er décembre, de 80 à 27 livres le marc. Telle était alors la fièvre du jeu que ces mesures ne suscitèrent pas de protestations trop violentes ; la masse se contenta de résister passivement et de garder ses écus. L'agiotage changeait de forme ; le vol, le meurtre même devenaient fréquents, et le descendant d'une des premières familles de France, le comte de Horn, fut roué pour avoir volé et assassiné un agioteur. Le jour même de l'assassinat, le trafic de la rue Quincampoix fut interdit ; la banque avait, du reste, dès le 5 mars, ouvert un bureau pour l'échange des actions contre les billets, ou réciproquement, des billets contre les actions.

Pendant cette période, Law publiait dans le *Mercure de France*, sous le voile de l'anonyme, des lettres apologétiques en faveur du système, cherchant à justifier tout ce qui avait été fait jusqu'alors. Mais une dernière mesure, prise dit-on à l'instigation de d'Argenson, son ennemi avéré, fit disparaître toutes les espérances. Par l'arrêt du conseil du 21 mai, les actions devaient être graduellement ramenées à 5,000 livres au 1er décembre ; les billets devaient de même être réduits, par gradation, à moitié pour la même époque ; ils devaient pourtant être reçus, sans réduction, pour l'impôt et l'acquisition des rentes viagères, jusqu'au 1er janvier. C'était la banqueroute du système, et quoique l'arrêt eût été rapporté le 27 du même mois, la confiance était perdue pour toujours.

Sous la pression de l'opinion publique, Law fut arrêté et sommé de rendre ses comptes ; ce fut pour lui un triomphe ; rien ne pouvait personnellement lui être reproché, ni pour la Banque, ni pour la Compagnie des Indes. Mais tous les efforts devaient tendre à sauver cette dernière. En vain, Law obtint-il du régent l'autorisation de fonder à l'hôtel de la Banque, et dans toutes les villes où il y avait un hôtel de monnaies, des livres de comptes et virements de parties, au capital total de 600 millions ; il était trop tard. La Banque dut suspendre le remboursement des billets supérieurs à 10 livres. Dans la crainte que la suspension de paiements ne devînt complète, on se rua vers la Banque, se battant, s'étouffant pour arriver aux guichets. Le carosse de Law fut mis en pièces ; les actions étaient tombées à 5,000 livres en billets ; les marchandises sextuplaient de prix.

L'émission de 50.000 actions au taux de 9.000 livres, permise pour donner à la Compagnie le moyen d'opérer les retraits des billets (31 juillet), les variations de la valeur du marc d'or et d'argent, avaient remis un moment les billets au pair ; mais cette amélioration disparut bien vite. Le 15 août, un arrêt du Conseil statua que les billets de 1.000 et de 10.000 livres ne seraient plus reçus au Trésor, et n'auraient plus cours libératoire à partir du 1er octobre, si ce n'est pour les rentes, les actions et les comptes en banque ; les petits billets conservaient cours obligatoire jusqu'au 1er mai 1721, époque à laquelle ils cessaient d'être reçus pour les impôts. C'était la condamnation du système ; les actions, deux mois après, étaient mises à 2.000 livres, le papier perdait 90 % ; une nouvelle refonte des monnaies à 90 livres le marc profite plus à l'étranger qu'au gouvernement.

Afin de sauver la Compagnie des Indes, de nouveaux privilèges lui furent accordés. Les droits de la Compagnie de St-Domingue lui furent transférés, le monopole du commerce de Guinée concédé à perpétuité ; trois cent mille actions qui étaient rentrées à la Compagnie et cent mille appartenant au roi furent annulées, le roi renonçant en même temps au payement des 900 millions qui lui avaient été promis lors de l'échange des actions lui appartenant ; par contre, les actionnaires furent assujettis au versement de 3.000 livres par action, qui d'abord ne fut même que facultatif. Mais la baisse ne pouvait être enrayée. En vain la Compagnie obtint-elle l'autorisation d'emprunter 22.500.000 livres de ses actionnaires (27 novembre) ; en vain, malgré une promesse formelle, voulut on forcer les actionnaires qui avaient vendu à rentrer dans la Compagnie et à racheter les actions non placées, la baisse continua de plus belle ; les actions tombèrent de degré en degré à 200 livres ; on en eut plus tard pour un louis.

Un arrêt du 10 octobre, révélant au public la véritable situation de la banque, supprimait le cours des billets, non plus pour mai 1721, mais pour le 1ᵉʳ novembre 1720. Law était sacrifié sans retour ; il quitta Paris le 14 décembre, n'emportant de son opulence passée que 800 louis et quelques pierreries de médiocre valeur. Il allait à Venise où il mourut pauvre, quelques années plus tard (1729), ayant gardé jusqu'au bout une foi inébranlable dans ses idées.

Partant d'idées économiques fort justes, Law avait eu le malheur d'en arriver à une conception utopique du crédit ; mais dans l'effondrement de ce qui fut appelé le *système*, les insatiables demandes du Régent et de sa cour avaient contribué pour une large part. Dans l'arrêt du 10 octobre 1720, il est dit que les billets avaient été fabriqués pour 3 milliards 71 millions de livres (1), dont 2 milliards 138 millions seulement autorisés par les arrêts du Conseil. Le reste des émissions, près de 1 milliard, avait été arraché à Law par le Régent, dont les folles prodigalités avaient dépassé toutes mesures. A une autre époque, avec un autre gouvernement, Law, suivant ses premières idées, aurait pu établir dès le commencement du XVIIIᵉ siècle la puissance financière de la France ; les entraînements qu'il dut subir le firent dévier de la voie qu'il s'était tracée, et en partant, il laissa dans le chaos le pays qu'il avait rêvé de rendre riche et prospère.

---

(1) FORBONNAIS (*Recherches sur les finances de la France*) donne seulement 3 milliards 6 millions sur lesquels 707 millions avaient été brûlés en diverses fois à l'hôtel de ville ; mais ce chiffre de 3 milliards 71 millions est d'accord avec l'état d'un sieur Bourgeois, trésorier de la Banque, publié par M. Courtois dans son *Histoire des banques en France*, (annexe B).

Le trésor se tira de la crise par le moyen déjà employé ; le visa, banqueroute déguisée. On établit des catégories de fortunes, perdant de $1/6^e$ à $19/20^{es}$; cinq cent onze mille personnes déposèrent pour 2 milliards 222 millions de papier, actions ou billets de 1.000 et 10.000 livres non remboursés et devenus actions rentières, qu'on réduisit de 521 millions ; le reste, environ 1.700 millions, fut admis comme capital de rentes perpétuelles, viagères ou en paiement d'offices municipaux ou de lettres de maîtrise. Une très petite partie de la dette (82 millions 1/2), fut acquittée en argent.

A côté de tous les maux qui en résultèrent, le système avait donné quelques avantages à la France. Par les bénéfices qu'il procura aux seigneurs, et à tous ceux qui, refusant d'être marchands sous Colbert, ne rougirent point de devenir agioteurs avec Law, la propriété territoriale fut délivrée des charges qui pesaient sur elle à la mort de Louis XIV; l'élan donné au commerce ne fut pas entièrement perdu; Paris conserva en partie son énorme accroissement, les routes qu'on avait réparées ou construites continuèrent à augmenter les débouchés, et les denrées, malgré la réaction qui suivit la chute de Law, ne retombèrent pas à leur ancien prix.

La Compagnie des Indes avait fondé des établissements sur les côtes de la Louisiane ; dans l'intérieur, des faux-sauniers déportés élevaient une ville naissante qu'ils nommaient la *Nouvelle-Orléans*; quatre mille laboureurs du Palatinat, *achetés* par Law à un prince allemand (1) et destinés à peupler son duché du Mississipi, étaient dirigés sur nos ports. La pêche et le trafic des pelleteries prospéraient sous la protection des forts qu'on élevait dans l'île du Cap Breton; le tabac se multipliait à la Louisiane ; le café se naturalisait à l'île Bourbon, d'où il devait se répandre dans toutes nos colonies tropicales. Lors de sa reddition de compte (1720) la Compagnie possédait 105 gros vaisseaux et plus de 300 millions de valeurs; dans l'hiver précédent, elle avait expédié 18 navires en Orient, 30 en Louisiane et en Afrique.

---

(1) H. Martin, *Histoire de France.*

La Compagnie ne disparut pas avec le système. Dépouillée de tout ce qui ne se rattachait pas au commerce lointain, obligée de rendre compte des sommes que le Régent avait extorquées à Law, elle ne subit qu'en apparence cette monstrueuse iniquité, recevant d'un côté ce qu'elle devait rembourser de l'autre. Le visa réduisit ses actions à 56.000, fixées à 5.000 livres ; leur trafic fut régularisé et reçut un caractère officiel, origine du cours de la bourse. La Compagnie conserva tous ses privilèges commerciaux et toutes ses possessions coloniales, constituant au profit de quelques intéressés un formidable monopole.

Vers la même époque, l'Angleterre payait aussi son tribut à la fièvre de l'agiotage, mais plus heureuse ou plutôt mieux organisée que la France, elle ne voyait pas disparaître, avec les brillants mirages des Compagnies, le crédit public.

Durant la guerre contre la France, sous Guillaume III, les paiements des marins furent négligés, et furent effectués en tickets que les bénéficiaires étaient forcés de réaliser à 40 et même 50 % au-dessous de leur valeur. La dette provenant de ce fait, et de quelques autres causes, s'élevait à 9.471.325 livres sterling, et en 1711, M. Harley, chancelier de l'Echiquier, (qui devint plus tard comte d'Oxford), proposa un plan pour convertir cette dette en un fonds 6 % ; on accorda en même temps le monopole d'un commerce projeté dans les mers du Sud aux propriétaires des billets de la marine, des billets dits *debentur*, et autres effets publics. Mais la Compagnie ainsi formée abandonna bientôt toute idée de commerce, pour ne s'occuper que de spéculation.

En 1720, sir John Blunt, proposa à son tour un plan d'après lequel la Compagnie de la mer du Sud (1) devait devenir l'agent du gouvernement et remplacer la Banque d'Angleterre. La dette nationale

---

(1) South sea bubble (bulle de savon de la mer du Sud) disent les Anglais.

qui se montait alors à 30.981.712 livres sterling (1) devait être convertie en un fonds unique et par ce moyen Blunt espérait en diminuer le montant. En échange des privilèges commerciaux qu'elle réclamait, la Compagnie de la mer du Sud se chargeait de payer l'intérêt de la dette à 5 % jusqu'en 1727, à 4 % ensuite. De plus elle donnait à l'État 3.500.000 livres. La Banque d'Angleterre, en acceptant les autres conditions, offrit 2 millions de plus ; mais la Compagnie ajouta 4 millions à son offre primitive, et évinça la Banque. Un bill fut alors présenté et voté à la Chambre des Communes ; il passa également à la Chambre des lords, mais avec une vive opposition. Pour arriver à ce résultat, la Compagnie sacrifia 2 millions de livres.

Tel était l'engouement pour la Compagnie nouvelle que l'héritier de la couronne, le prince de Galles, consentit à ce que son nom fût placé en tête d'une des entreprises, malgré les remontrances de lord Walpole ; il ne voulut se retirer qu'après avoir réalisé un bénéfice de 40.000 livres sterling. Les directeurs de la Compagnie du Sud se montraient du reste fort généreux envers leurs partisans ; des ducs et des duchesses reçurent des centaines de mille livres, des secrétaires d'État des dizaines de mille ; les membres du Parlement n'étaient pas oubliés.

Sur l'annonce que la Compagnie du Sud allait absorber les fonds de la Banque, de la Compagnie des Indes et de l'Échiquier, la prime sur ses actions monta à 126 ; elle atteignit 860 après l'obtention de son privilège, et arriva même à 1.000. Tout le monde spéculait,

---

(1) HUME (*Histoire d'Angleterre*) dit que la Compagnie fut autorisée à acquérir toutes les dettes non rachetables de la nation, montant à 16.546.482 livres sterling, et toutes les dettes rachetables, qui montaient à la même somme. Le chiffre ainsi obtenu diffère de celui donné par John Francis, 30.981.712 livres, mais ni l'un ni l'autre ne représentent le total réel de la dette de l'Angleterre qui existait alors, car le capital de la Compagnie de la mer du Sud était, d'après la manière dont il fut établi, une véritable dette publique. Il en était de même du capital de la Banque d'Angleterre.

tout le monde voulait faire fortune ; toutes les folies engendrées par la Compagnie du Mississipi vinrent se reproduire à Londres.

A la faveur de l'agitation créée par un tel agiotage, des Compagnies de tous genres se formèrent, ayant immédiatement leur capital souscrit, réalisant d'énormes primes sur leurs actions, sans que les spéculateurs songeassent à se renseigner sur le fondement plus ou moins réel de l'affaire (1). Au moment où l'effondrement se produisit, le capital de toutes ces compagnies atteignait le chiffre insensé de 500 millions de livres sterling (2).

Les cours cotés sur les divers titres peuvent donner une idée de la furie de spéculation qui s'était alors emparée du peuple anglais. Les actions de la mer du Sud avaient atteint jusque 1.050 livres sterling de prime; celles de la Compagnie des Indes-Orientales étaient cotées 345 livres ; celles de la Banque d'Angleterre 164 livres ; la Banque Royale d'Afrique obtenait 177 livres de prime ; la Banque du Million, 340 livres ; la Compagnie de construction d'York, 295 livres ; la Compagnie des lustrines, 115 livres ; la Compagnie du cuivre anglais, 100 livres, les actions de la Compagnie de l'airain de Temple Mills montèrent à 295 livres avant qu'on eût effectué aucun paiement ; la Compagnie qui avait pour objet le transport du poisson frais à Londres voyait ses actions se négocier à 160 livres de prime ; enfin les permis de la Compagnie le Globe, qui n'étaient qu'une promesse de souscrire à une époque indéterminée pour l'éta-

---

(1) Des plaisants de l'époque imaginèrent d'ouvrir un jour, dans l'allée du change, un bureau pour recevoir une souscription de 1 million, sur laquelle devait être payé un acompte de 5 shillings par livre. La foule s'y porta, et le jour même la souscription avait atteint un chiffre considérable. Un avis publié le lendemain annonçait que les sommes versées seraient intégralement rendues, le but qu'on s'était proposé étant de voir combien on pourrait harponner d'insensés en un jour. (JOHN FRANCIS, *Histoire de la Bourse de Londres*.)

(2) YEATS, *Growth and Vicissitudes of commerce*. — LAWSON (*History of Banking*, appendix XV) donne la liste de ces 185 compagnies. A la tête de la plupart d'entr'elles se trouvaient des représentants de la haute aristocratie anglaise.

blissement d'une manufacture de toiles à voile, encore en projet, obtinrent 70 livres de prime. Le reste était en proportion.

Mais bientôt l'inanité de tant de projets fut démontrée, les Compagnies sombrèrent, accumulant les désastres et ruinant banquiers, marchands, nobles ou roturiers. Beaucoup y avaient placé leur fortune entière, et passèrent en quelques jours d'une grande opulence à une misère complète.

Le Comité secret, nommé pour faire une enquête sur les affaires de la Compagnie de la mer du Sud, y découvrit des choses telles, que le secrétaire fut conduit à dire « que s'il lui fallait tout dévoiler, » ce serait un tableau à frapper le monde entier de stupéfaction ». Les livres présentaient des écritures fausses et controuvées, les noms manquaient, les ratures et les surcharges étaient sans nombre. Des pages entières avaient été arrachées des registres, des documents enlevés, un grand nombre détruits, des noms avaient été biffés des documents les plus importants. Bien que la totalité de la Chambre des communes eût pris part à la spéculation, elle répudia comme corps politique les actes que ses membres s'étaient permis comme individus, et déclara toute l'affaire entachée de corruption, d'infamie et de périls. Les débats dans les deux Chambres furent orageux ; des membres furent chassés, d'autres se retirèrent d'eux-mêmes. Quelques-uns des promoteurs furent punis, on fit rendre gorge à ceux dont les succès avaient été les plus scandaleux. On obtint ainsi deux millions de livres sterling qui furent employés à alléger la misère des victimes (1).

Ce fut à la Banque d'Angleterre que le gouvernement s'adressa pour liquider cette désastreuse affaire. Déjà, au moment où avait commencé la baisse des actions de la Compagnie du Sud, M. Robert Walpole avait fait avec la Banque un traité par lequel celle-ci s'engageait à souscrire, dans le capital de la Compagnie de la mer du Sud, L 3.500.000, remboursables l'année suivante. Mais lorsque

---

(1) JOHN FRANCIS. *Histoire de la Bourse de Londres.*

l'effondrement se produisit, et que la fuite d'une partie des directeurs de la Compagnie du Sud eut laissé pressentir quelles turpitudes devaient être relevées, la Banque dénonça le contrat qui, dans les conditions où il avait été établi, ne pouvait l'engager. La Compagnie du Sud éleva un moment la prétention d'obliger la Banque à exécuter ce contrat, mais le gouvernement lui abandonna 2 millions de livres comme indemnité pour la non réalisation, et l'autorisa à vendre une annuité rachetable de 200.000 livres pour 20 années. La Banque d'Angleterre souscrivit le montant de cet emprunt, et en fournissant cette somme à la Compagnie du Sud, en facilita la liquidation, laissant le crédit public intact au milieu de l'ébranlement de tant de fortunes particulières. Quelques années suffirent, de l'un et de l'autre côté du détroit, pour rendre au commerce l'activité que la crise du *systéme*, et l'effondrement des *Bubbles* lui avaient fait perdre.

En France, la période de tranquillité qui caractérisa le ministère du cardinal Fleury fut particulièrement favorable. Le commerce extérieur n'était plus, en 1716, que de 212 millions ; il se relève à 313 millions en 1731, et en 1750 à 669 millions. Les articles de mode et de luxe étaient toujours en grande vogue. Malgré la concurrence des toiles peintes, que Mme de Pompadour fit prévaloir à la cour, la valeur annuelle des soieries était estimée à 125 millions à la fin du siècle ; celle des tapisseries des Gobelins, d'Aubusson, de Flandre, etc., à 1.600 mille livres. L'orfévrerie consommait environ 10 millions de matières d'or et d'argent ; les dentelles et la passementerie, malgré les changements de mode, arrivaient chacune à 10 millions de livres ; l'industrie des glaces prospérait, malgré le privilège qui nuisait à son développement ; la fabrication de la toile était évaluée à 200 millions, celle des draps à 100 millions. La bonneterie de fil, de coton et de laine montait à 40 millions ; la chapellerie, malgré la concurrence étrangère, à 20 millions ; on raffinait pour 30 millions de sucre, dont un tiers dans les fabriques d'Orléans ; Marseille vendait pour 18 millions de savons ; les papeeries, les verreries, les faïenceries étaient également en progrès ; la

France avait 600 grosses forges pouvant rendre par an 196 millions de livres de fer brut. Après la mort de Louis XV, et lorsque la France eut été délivrée des turpitudes dont le roi avait donné le triste exemple, le commerce eut un mouvement ascendant considérable. En 1787, à la veille de la Révolution, le commerce extérieur atteignait 1.153 millions, et ce malgré le désordre financier qui signala les dernières années de la monarchie.

Toute cette prospérité était atteinte malgré la gêne de plus en plus grande que le système des règlements apportait au développement des manufactures. Non seulement le nombre des offices, des inspecteurs, des contrôleurs, augmentait sans cesse, la création de tels emplois étant un expédient toujours utilisé avec succès par un trésor obéré ; mais les règlements, aidés en cela par des corporations jalouses de conserver leurs anciens privilèges, rendaient extrêmement difficile tout progrès industriel. « Ces nouveaux règlements
» étaient des codes volumineux qui prescrivaient les moindres
» choses, et qui, pour ne pas prêter prise à la fraude, ne laissaient
» aucune place à la liberté. Ils comptaient jusqu'à 100 et 200 arti-
» cles. En même temps ils se multipliaient à l'infini à mesure que
» des procédés étaient découverts, ou que des branches d'industrie
» se développaient. La législation allait toujours se compliquant et
» s'embrouillant : au milieu du XVIIIe siècle, le moindre fabricant
» aurait eu besoin d'être un jurisconsulte consommé pour ne pas se
» perdre dans la multiplicité des règlements auxquels il était
» soumis (1) ».

Les entraves qui résultaient de ces règlements avaient pour résultat d'encourager les fraudes, ou d'obliger les marchands à acheter la complaisance des agents ou des juges. Toujours violée, la loi augmentait de rigueur ; les amendes se chiffraient par 2 et 3.000 livres; on appliquait les galères pour de simples délits de douanes.

---

(1) LEVASSEUR, *Histoire des Classes ouvrières*. On peut consulter à ce sujet les écrits de Roland de la Platière dans l'*Encyclopédie méthodique* (Paris, 1785).

Turgot essaya, malheureusement en vain, de remédier à cet état de choses. Un édit, paru au commencement de 1776, supprimait les jurandes, les corporations, les maîtrises, les règlements, les visites, les privilèges. Toute personne pouvait s'établir en faisant connaître son nom, sa demeure et sa profession, et se conformant aux ordonnances générales de police ; liberté d'exercer telle industrie ou tel métier que bon semblait. Seules les quatre professions de barbiers-perruquiers, pharmaciens, orfèvres et imprimeurs-libraires étaient en dehors de cette loi. Malgré l'opposition du Parlement, l'édit fut enregistré dans un lit de justice, le 12 mars 1776 ; mais trop d'intérêts se trouvaient atteints. Turgot dut disparaître, et avec lui toute idée de réforme.

Mais au moins il put, pendant son trop court ministère, supprimer quelques abus, améliorer des routes, abolir des droits onéreux, et en créant la Caisse d'Escompte, rendre au commerce le crédit disparu depuis Law. Et même le système des corporations reçut une amélioration réelle, car les édits qui créèrent de nouvelles corporations et communautés de marchands ne reproduisirent plus les dispositions les plus abusives.

Les progrès de l'Angleterre, où les règlements étaient inconnus, avaient été bien plus considérables que ceux constatés en France. Un rapport présenté au Parlement, en 1739, estimait à 1 million le nombre de personnes employées dans la fabrication de la laine (1) ; les produits étaient exportés en Allemagne, en Russie, en Espagne, en Portugal, dans le Levant et dans les colonies, par les soins de la Compagnie des *Merchants adventurers*, dont le quartier général était toujours à Hambourg ; l'industrie linière avait été favorisée en Irlande, comme dédommagement des mesures prises en faveur des manufactures de laine en Angleterre ; des primes considérables furent accordées, et on créa même, en 1746, une Société au capital

---

(1) Afin de favoriser cette industrie, l'exportation des laines avait été interdite en 1660 ; cette prohibition fut sévèrement maintenue.

de 100 mille livres sterling, la *British linen Company*, ayant pour but « de fournir aux négociants anglais, trafiquant avec » l'Afrique et les colonies d'Amérique, les mêmes qualités de toiles » qu'ils avaient été jusque-là obligés d'acheter à l'étranger (1) ». L'industrie linière fut de même propagée en Écosse ; en 1753, trois mille livres sterling furent allouées pour l'établir dans les Hautes-Terres ; en 1760, l'exportation de toiles de l'Angleterre atteignait 900 mille livres sterling, et dans ce chiffre, l'Écosse figurait pour la moitié. A Dublin existait une vaste halle aux toiles où se passaient les marchés. Dès l'année 1748, les toiles de Cambrai avaient été prohibées, sauf pour la réexportation. Mais la fabrication de la soie, qui avait été développée par les tisseurs français, établis à Spitalfields lors de la révocation de l'édit de Nantes, ne progressait que lentement, tant à cause des mauvaises mesures prises pour favoriser cette industrie, que de la contrebande qui permettait à la France d'importer annuellement pour 500 mille livres de soieries en Angleterre.

Jusqu'en 1760, l'industrie du coton n'avait fait que peu de progrès ; la valeur de la production annuelle de Manchester n'était à cette époque que de 200 000 livres sterling. Mais l'invention de la *Spinning Jenny* par Hargreaves, et les perfectionnements apportés par Arkwright en transformèrent la fabrication, et commencèrent à établir la suprématie industrielle de l'Angleterre.

L'industrie métallurgique tout en progressant moins rapidement, n'en prenait pas moins un remarquable essor. L'étain et le plomb continuaient à être exportés, mais l'extraction du cuivre dans le pays de Galles, le comté de Derby et l'île d'Anglesa prit un tel accroissement qu'en 1790 on put en exporter. La production du fer croissait sans cesse : 17.000 tonnes en 1740, 20.000 en 1750, 68.000 en 1788 ; l'exportation n'atteignait que 12.000 tonnes environ, et en outre de la différence livrée à la consommation inté-

---

(1) SCHERER. *Histoire du Commerce*. Après quelques années, la British linen Company devint une Compagnie de banque.

rieure, des quantités considérables de fers de qualité supérieure étaient importés d'Espagne, de Suède et d'Amérique. En 1721, la fabrication des papiers atteignait 300.000 rames, et en 1783, on estimait à 780.000 livres sterling la valeur annuelle de ce produit. Les poteries, dont Wedgwood avait en 1760 doté le comté de Stafford, avaient ajouté un élément de plus à la puissance commerciale de l'Angleterre. Birmingham, Sheffield, Manchester tendaient à prendre leur importance industrielle ; Liverpool, dont le commerce des esclaves avait commencé la fortune, allait bientôt s'emparer du trafic américain ; Glasgow augmentait ses relations avec les Indes.

L'entretien et la construction des routes, l'établissement des canaux commençaient à être considérés comme de la plus grande importance. Dans les quatorze premières sessions du règne de Georges III, 452 actes furent passés pour réparer les grands chemins de divers districts ; les ports de Liverpool, Hull, Bristol et Londres furent joints par un grand système de canaux. En 1786, le *Board of Trade* était établi ; ce n'était du reste que la suite d'errements anciens ; dès 1318, un véritable Conseil de commerce était convoqué pour discuter l'opportunité d'établir un *Staple* de laines en Flandre ; il en fut de même en 1337 ; en 1622, le roi Jean établit une commission spéciale pour étudier les causes du déclin du commerce ; en 1655, Cromwell demanda également à un conseil de marchands quels seraient les meilleurs moyens d'accroître le trafic et la navigation de l'Angleterre ; ce conseil fut réinstallé par Charles II en 1660, rendu en partie permanent et complété en 1668 par un autre conseil chargé d'étudier les moyens propres aux progrès du commerce et de la navigation ; en 1672, en 1673, des commissions furent créées, et un bureau de commerce établi en 1696. Supprimé en 1782, il fut rétabli quatre années plus tard sous la forme qu'il a encore aujourd'hui (1).

Les relevés de douanes montrent bien l'augmentation du com-

---

(1) Leone Levi, *History of british commerce*.

merce anglais. Pendant la période de 1698 à 1701, le chiffre du commerce extérieur, importations et exportations, était en moyenne de 12 millions de livres sterling; dans la période de 1749 à 1755, la moyenne devient 20.500.000 livres ; les échanges atteignent 25 millions de livres pour l'année 1775, et 32 millions pour 1789 (1).

Le traité d'*Eden*, signé après la paix de Versailles (1786), avait montré toute la supériorité commerciale et industrielle de l'Angleterre. Avant d'envoyer Eden comme négociateur en France, le ministre Pitt avait fait procéder à une sorte d'enquête sur toutes les branches de l'industrie anglaise, tandis que de Calonne, en commençant les négociations, se contenta de prendre les avis de Boyetet, directeur du commerce, et de Dupont de Nemours. Ce dernier, théoricien convaincu, séduit par la pensée d'ouvrir le riche marché anglais à nos produits agricoles, et croyant de plus que l'industrie française était à peu près capable de lutter avec l'Angleterre, fit négliger les observations de Boyetet, beaucoup plus au courant que lui des affaires commerciales, et qui savait parfaitement que si nous étions supérieurs quant aux produits de luxe, l'Angleterre l'emportait considérablement pour les objets de consommation générale, fers, poteries, lins, huiles, coton, etc.

En échange d'une réduction de taxes sur la bière, les vins et eaux-de-vie, et autres produits du même genre, l'Angleterre obtenait de sérieux avantages pour les objets manufacturés de consommation générale, articles qu'elle produisait à 30 ou 40 % meilleur marché, et qui, même avec 10 ou 15 % de droits, pouvaient encore empêcher toute concurrence de la part des fabricants français. Le résultat ne s'en fit pas longtemps attendre, et fut d'autant plus désastreux qu'une crise commerciale, provoquée par les mesures de de Calonne

---

(1) Il est bon de noter que le commerce avec l'Ecosse, jusqu'en 1778, et celui avec l'Irlande jusqu'en 1800, furent considérés comme *commerce extérieur* dans les relevés anglais.

envers la Caisse d'escompte, éclata vers cette époque. Les métiers d'Amiens et sa banlieue tombèrent de 5.000 en 1785 à 2 000 en 1789 ; la maison Van Robais, à Abbeville, de cent métiers à quinze. Rouen employait ses tisserands à creuser des fossés, les filateurs picards travaillaient au canal de la Somme, des ateliers de charité étaient ouverts dans le Nord ; la Chambre de commerce de la Normandie, dans un rapport au Gouvernement, exprimait la crainte que le traité de 1786 n'eût pour la France les mêmes effets que le traité de 1703 pour le Portugal. Par contre, il est vrai, les propriétaires de vignes et d'oliviers, et les fabricants d'articles de fantaisie à Paris, voyaient la demande de leurs produits augmenter chaque jour. Telle avait été la négligence apportée à la préparation de ce traité, que la ville de Lyon put se plaindre de n'avoir été informée du projet que par les journaux anglais. Et d'un traité qui, mieux préparé, mieux conçu, eut pu avoir pour la France les plus heureux résultats, il n'en demeura qu'une répugnance, justifiée au moins en partie chez ceux qui en avaient souffert, contre les doctrines du libre échange (1).

---

(1) Le traité de 1786 a eu des détracteurs ardents et des panégyristes enthousiastes, dont les assertions ne doivent être accueillies qu'avec réserve. On peut remarquer cependant que la moyenne de l'exportation des vins de France à Londres passe de 396 tonnes, chiffre d'avant le traité, à 1.423 tonnes de 1787 à 1792, tandis que les importations d'Angleterre en France qui atteignaient 33 millions en 1787, n'étaient plus en 1789, que de 23 millions, ce qui permettrait de conclure à un réveil de l'industrie française.

La première *Mull Jenny* importée en France le fut pendant la durée du traité de 1786, et c'est aussi pendant cette période que les négociants d'Amiens firent venir des ouvriers anglais qui introduisirent dans le pays l'usage de la navette volante. Comme le disait un député de Lyon, dans un rapport présenté en 1791 à l'Assemblée nationale : Le principe était bon, et les plaintes qui se sont élevées de toutes parts contre le traité de commerce avec l'Angleterre auraient moins de fondement, si les perceptions avaient été conformes aux bases fixées par ce traité. Mais, malheureusement on s'est contenté du principe ; on a pensé que les déclarations du commerce seraient fidèles, et que les perceptions ne s'éloigneraient pas beaucoup des proportions déterminées par le traité. L'expérience a fait connaître combien le ministère s'était trompé sur cet article. Les déclarations ont été faites à la moitié, au tiers, au quart de la valeur effective, en sorte que les droits n'ont été perçus que dans la proportion de 3, 4, 5 et

Un autre traité avec la Russie, signé en 1787, fut plus heureux. Les droits sur les marchandises étaient fortement réduits de part et d'autre ; aucune prohibition n'était stipulée, les droits des neutres proclamés de nouveau. Ce fut l'origine du fructueux commerce de Marseille avec la mer Noire.

Les fautes des gouvernants avaient fait perdre à la France, avec la plupart de ses colonies, la part la plus importante de son commerce extérieur. Après la chute du Système, la Compagnie des Indes, partiellement réorganisée, s'était remise en mouvement. L'impulsion venait alors, non plus de Paris, mais de Lorient, simple bourgade sous Colbert, mais qui devenait rapidement une grande cité. De 2 millions annuellement (période de 1714 à 1719), les retours s'étaient élevés à 18 millions entre 1734 et 1736 ; les comptoirs de l'Inde resplendissaient d'une activité triomphante ; cent mille Indiens se pressaient autour de Pondichéri, Chandernagor croissait rapidement, l'île Bourbon, l'île de France acquéraient de plus en plus d'importance. Le trafic de l'Inde en France, et vice-versa, exercé exclusivement par la Compagnie, comme le trafic d'Inde en Inde l'était par les agents de la Compagnie et les agents français, activait le développement de la marine française. Avec La Bourdonnais et Dupleix, les colonies françaises de l'Inde allaient atteindre leur *summum* de splendeur.

Mahé de La Bourdonnais était, de par sa naissance, destiné au commerce maritime (1). Envoyé dans les mers du Sud dès l'âge de 10 ans, il entrait à 20 ans au service de la Compagnie des Indes ; le commerce libre de l'Inde lui avait permis d'acquérir une grande fortune. Nommé en 1735 Gouverneur des îles de France et de

---

6 %, et dans un temps encore où les manufactures nationales étaient grevées de droits de circulation d'un taux souvent supérieur à celui des droits *réellement acquittés* par les manufacturiers anglais. Il semble donc que beaucoup des inconvénients du traité auraient pu être évités par une étude préalable mieux conduite.

(1) Il était d'une famille d'armateurs établie à Saint-Malo.

Bourbon, il développe dans cette dernière la production agricole, et crée tout à l'Île de France : fortifications, agriculture et commerce. Il délivre en 1741 Mahé assiégé par les Malabars, et en 1746 commence à combattre contre les Anglais ; après avoir défait une escadre anglaise, il met le siège devant Madras, n'ayant avec lui que deux mille soldats débarqués de l'escadre française. Madras se rendit presque sans résistance (septembre 1746). Mais La Bourdonnais ne voulait qu'exiger une forte rançon, dont il entendait faire profiter la Compagnie, projet que Dupleix ne voulut pas admettre. La lutte entre ces deux hommes, ayant à peu près des pouvoirs égaux, se termina par le retour de La Bourdonnais en Europe. Loin d'être accueilli comme il le méritait, il fut jeté à la Bastille (mars 1748), et tenu deux ans au secret. Acquitté en 1751, alors que son frère était mort prisonnier, il ne put rétablir sa santé et mourut en 1753, miné par le chagrin. C'était une première injustice qui devait être suivie d'une injustice plus grande encore.

Le départ de La Bourdonnais avait laissé Dupleix seul maître dans l'Inde, et lui facilitait la réalisation des plans qu'il avait élaborés depuis longtemps déjà (1). Envoyé dans l'Inde en 1714, à l'âge de 18 ans, comme conséquence d'étourderies de jeunesse, il entrait en 1721 au Conseil supérieur de l'Inde française, à Pondichéri. Comme à La Bourdonnais, le commerce d'Inde en Inde lui donnait la fortune ; sous son impulsion, Chandernagor devenait, d'une misérable bourgade, une ville florissante, centre du commerce de

---

(1) Un Français, le premier, devina qu'il était possible de fonder une domination européenne sur les ruines de la monarchie Mogole ; ce fut Dupleix. Son intelligence active, vaste, remuante, novatrice, avait déjà formé ce plan à une époque où les plus habiles agents de la Compagnie anglaise ne s'occupaient encore que de connaissements et d'affrétages. Et il ne s'était pas seulement proposé ce but sublime, il avait conçu avec une netteté, une justesse de vues qu'on ne saurait trop admirer, les moyens les plus propres à l'y conduire...... En un mot, les artifices guerriers ou politiques qu'employèrent avec tant de succès quelques années plus tard les Anglais qui menèrent à bien la conquête de l'Inde, furent compris et pratiqués d'abord par ce Français ingénieux, hardi et plein d'ambition (MACAULAY, *Biographical essays. Clive*).

grand cabotage que les 72 navires de Dupleix faisaient dans les mers d'Asie, depuis le Golfe Arabique jusqu'aux Philippines. Un second comptoir avait été fondé à Patna, à 38 lieues de Benarès. Nommé en 1740 Gouverneur de Pondichéri et Président du Conseil supérieur, Dupleix devenait en 1742, Gouverneur général des possessions françaises dans l'Inde ; il put alors mettre à exécution le plan grandiose qu'il avait formé. Admirablement secondé par sa femme, Jeanne Albert, qui, familière avec tous les dialectes de l'Indoustan, lui permettait d'entretenir une vaste correspondance diplomatique, il put se mêler activement à toutes les affaires intérieures de l'Inde et saisir toutes les occasions d'agrandissement.

La lutte avec La Bourdonnais l'avait occupé un instant, sans lui faire négliger cependant les intérêts qui lui étaient confiés. Après avoir repoussé une attaque du Nabab du Carnatic, Dupleix déclarait nulle la capitulation de Madras, chassait les colons anglais, et invitait les négociants et artisans indigènes à venir s'établir à Pondichéri. Les Anglais cependant avaient obtenu de grands avantages dans les combats maritimes et, maîtres des mers, ils vinrent attaquer Dupleix à Pondichéri. Celui-ci, aidé par les troupes indigènes qu'il avait formées, parvint à repousser leur attaque. Le résultat moral était ici plus important que le succès lui-même.

La mort du Soubahdar du Dekhan allait fournir à Dupleix l'occasion qu'il attendait. Soutenant Murzapha Jung, et suscitant en même temps une révolte dans le Carnatic, Dupleix obtient de Tchunda Saeb la ville de Vilnom, près de Pondichéri, tandis que Murzapha Jung lui promet la cession de Masulipatam, au nord du Carnatic, où se faisaient les plus fines mousselines et les plus belles toiles peintes de l'Inde.

Effrayés, les Anglais vinrent au secours des compétiteurs de Murzapha Jung et, grâce à leur concours, Nazir Jung en vint même à menacer Pondichéri. Les relations que Dupleix avait su entretenir avec l'Inde entière le sauvèrent. Après avoir gagné du temps par d'habiles négociations, Dupleix put faire attaquer l'ennemi par le commandant de Gingi, Prevost des Touches, et une révolte survenue au même moment décida la victoire. En assurant le triomphe de Murzapha, Dupleix établissait la suprématie française ; Murzapha cédait à Dupleix, avec le Carnatic, tout le midi du Dekhan, toute l'extrémité méridionale de l'Inde, un pays presque aussi grand que la France.

Dupleix avait donné à Murzapha, pour l'aider à conquérir le Dekham, un officier dans lequel il avait toute confiance, et qu'il avait jugé comme l'homme le plus capable de le comprendre et de le seconder ; c'était Bussi, l'officier qui avait pris Gingi en 1751. Une révolte des chefs patanes, dans laquelle Murzapha perdit la vie, fut étouffée par Bussi, qui fit proclamer en remplacement Salabut Jung, oncle de Murzapha, et assura son avènement au trône. En reconnaissance, Salabut conféra à la Compagnie, comme fief militaire, toute la côte d'Orissa. Masulipatam devint ainsi le centre d'un véritable royaume français, séparé du Dekhan par une chaîne de montagnes faciles à défendre. Le revenu des nouveaux territoires de la Compagnie atteignait 15 millions.

Loin de soutenir Dupleix, le gouvernement d'alors, effrayé d'une audace qui contrastait par trop avec d'autres agissements, ne cessait de conseiller la paix. D'un autre côté, les Anglais, comprenant que la conquête de l'Inde était en jeu, faisaient tous leurs efforts pour contrecarrer les projets de Dupleix. Ils vinrent au secours de Mahomet Ali, concurrent de Tchunda Saëb et, en empêchant la prise de Tritchenapali (1751), portèrent un premier coup à la puissance française. C'est à cette époque que se révéla Clive, le futur rival et l'heureux imitateur de Dupleix.

L'échec subi par les Français avait eu pour suite la défection du rajah de Mysore ; le corps franco-indien qui assiégeait Tritchenapali était bloqué à son tour, Tchunda Saëb pris par trahison était mis à mort, et le commandant français Law capitulait. La diplomatie servit Dupleix une fois encore, et six mois après la capitulation de Law, l'offensive était reprise. Mais, quoique battu, Laurence parvint à ravitailler Tritchenapali et empêcha la prise de cette place. Secouru par la Compagnie, Dupleix eut été facilement vainqueur ; mais les vaisseaux qui parurent en rade de Pondichéri (1754), amenant 1200 soldats, amenaient un commissaire chargé de faire la paix quand même ; Dupleix était remplacé par Godeheu, son ennemi, qui depuis longtemps cherchait tous les moyens de lui nuire. En vain Dupleix chercha-t-il à faire reprendre en partie ses projets ; en vain obtint-il de Bussi qu'il resterait quand même, la paix fut conclue sur les bases arrêtées par les cabinets de Versailles et de St-James. Les deux Compagnies s'interdisaient d'intervenir dans la politique intérieure de l'Inde, renonçaient à tous les territoires conquis depuis la guerre du Carnatic, leurs agents à toutes charges et dignités conférées par les princes du pays ; les possessions des deux Compagnies étaient mises sur un pied de parfaite égalité quant à l'étendue et au revenu, le district de Masulipatam étant partagé entre les deux Compagnies, la Compagnie française renonçant à tout revenu territorial dans le reste des *circars* d'Orissa. L'Angleterre abandonnait quelques bourgades, la France cédait un empire. C'était en un jour la ruine de nos colonies de l'Inde, c'était « l'idéal de l'ignominie », bien digne de l'amant de la Pompadour et de la Dubarry, du triste héros du Parc-aux-Cerfs.

Dupleix était rentré en France, espérant que justice lui serait rendue, et que tout au moins sa fortune et celle de ses amis, englouties dans les dépenses de la guerre, leur seraient restituées. Ce fut en vain qu'il employa ses dernières années à ces réclamations ; sur un ordre du roi la Compagnie refusa de payer, et celui qui avait consacré sa fortune et sa vie à doter la France d'un immense empire, mourut pauvre, oublié, attendant de la postérité une justice tardive.

Tout n'était pas encore terminé dans l'Inde. Le traité de Godeheu n'avait été exécuté qu'en partie, les Anglais l'ayant violé presque aussitôt en intervenant dans le Maduré. La révolte du Soubahdar du Bengale qui, en 1756, prenait Calcutta et chassait les Anglais du Bengale, offrait une occasion de reprendre les projets de Dupleix.

Loin de lui porter secours, les agents de la Compagnie française obligèrent presque le Soubahdar à conclure la paix et à rendre aux Anglais leurs comptoirs. Aussitôt, et sans se soucier des traités, Clive vint mettre le siège devant Chandernagor ; les Français furent à leur tour chassés du Bengale.

Les hostilités ayant recommencé dans le Carnatic, une escadre fut envoyée de France, amenant un nouveau gouverneur, le comte de Lally-Tolendal. Son système était celui de La Bourdonnais, de détruire partout et quand même les établissements anglais, mais sans idée politique, sans vue d'ensemble. Ses premiers actes lui aliénèrent sans retour l'esprit des Hindous, irrités des profanations qu'il fit commettre ; la désertion des Hindous fit manquer l'expédition contre Tandjaour. En même temps, Bussi était rappelé du Dekhan avec la plupart de ses troupes. En vain, Lally, malgré tout, entreprit-il le siège de Madras ; il dut y renoncer, pendant que le marquis de Conflans, qui avait remplacé Bussi, capitulait en 1759 et faisait perdre sans retour le Dekhan à la France.

L'année suivante, Lally perdait encore contre le colonel Coote une bataille décisive, dans laquelle Bussi était fait prisonnier ; en mai 1760, les Anglais mettaient le siège devant Pondichéri, sans que le gouvernement songea à envoyer les secours nécessaires. Lally essaya alors de reprendre le système de Dupleix, en nouant des relations avec les chefs indigènes ; il échoua, et, en janvier 1761, la garnison, n'ayant plus que 24 heures de vivres, se rendit à discrétion. Les autres places que possédait encore la France se rendirent dans la même année, et l'étendard français disparut de l'Inde.

Il fallait à l'opinion publique une victime expiatoire pour supporter la conséquence des lâchetés du gouvernement de Louis XV. Lally-Tolendal fut arrêté, retenu dix-neuf mois sans être interrogé et, le 6 mai 1766, condamné à mort pour « avoir trahi les intérêts du Roi, de l'État et de la Compagnie », arrêt qui fut exécuté. Le coupable était tout autre et, sans excuser les fautes de Lally, ce n'est pas à lui que la postérité a imputé la perte de l'Inde.

La situation était la même dans les autres colonies. Les Français, dont les comptoirs remontaient le Sénégal jusqu'à trois cents lieues dans l'intérieur des terres, avaient pris la prépondérance sur les côtes de Guinée. En 1758, une expédition anglaise s'empara de St-Louis du Sénégal, puis de l'île de Gorée, et le pavillon français disparut de cette côte.

Il en était de même en Amérique. Depuis que la Compagnie l'avait rétrocédée (1731) et que la liberté du commerce individuel y avait été établie, la Louisiane prospérait ; aux Antilles, la France prenait peu à peu une place prépondérante ; des règlements, inspirés par Law, favorisaient le commerce entre les Antilles et la métropole. En 1740, le sucre français avait remplacé le sucre anglais sur tous les marchés européens ; la partie française de St-Domingue prenait un tel développement qu'elle valait à elle seule toutes les Antilles anglaises. La Martinique comptait 72.000 cultivateurs noirs en 1736, contre 15 000 en 1700, et recevait chaque année dans ses ports 200 vaisseaux de France et 30 du Canada. La Guadeloupe cherchait à rivaliser avec sa puissante voisine, et les ports privilégiés de France pour le commerce d'Amérique, Nantes, Marseille, Bordeaux, attestaient par leurs somptueux édifices les résultats que leur procurait ce commerce. Au Canada, le progrès était moins remarquable, mais sa population avait pourtant sensiblement augmenté depuis le temps de Louis XIV et atteignait 82.000 âmes en 1759.

L'Angleterre n'avait pas tardé à attaquer ces colonies. En 1745, Louisbourg était assiégée et forcée de se rendre ; l'envahissement du Canada n'était empêché que grâce au courage des colons français et à la sympathie des *peaux-rouges*. Une attaque contre la Martinique et les autres Antilles était moins heureuse, des combats navals infligeaient de part et d'autre des pertes sérieuses ; les Anglais durent momentanément renoncer à leurs projets.

La paix d'Aix-la-Chapelle avait valu à la France la rétrocession de Louisbourg ; mais l'antipathie qui existait entre les colons anglais et français rendait la lutte imminente en Amérique. « Point de repos

» pour nos treize colonies, écrivait Benjamin Franklin, tant que les
» Français seront maîtres du Canada » (1). Les Anglo-Américains
cherchèrent bientôt à réaliser leurs projets, en portant leurs postes
de plus en plus vers le territoire français et en s'efforçant, d'autre
part, de détacher les *peaux-rouges* de l'alliance française. La
Galissonière fit échouer ces tentatives; rappelé en France (1749), il
chercha, mais inutilement, à convaincre le gouvernement de la
nécessité d'envoyer au Canada des colons agricoles. Pas un laboureur ne partit, pendant que quatre mille nouveaux colons, envoyés
par le gouvernement anglais, allaient fonder Halifax.

Malgré les négociations entamées entre les deux cabinets, les
hostilités avaient commencé sur l'Ohio, et la surprise d'un détachement commandé par un officier français, Villiers de Jumonville
(1754), tué par les miliciens anglais quoique parlementaire, rendit
la lutte plus ardente. Dès 1755, une escadre appareillait d'Irlande
pour conduire en Virginie le général Braddock, chargé d'exécuter le
plan de conquête du Canada; une seconde escadre, commandée par
l'amiral Boscarven, se porta près de Terre-Neuve pour attaquer au
passage l'escadre que le gouvernement français s'était enfin décidé à
envoyer : deux vaisseaux furent enlevés après une vive résistance
(juin 1755). Les corsaires anglais se déchaînèrent alors sur toutes les
mers; une troisième et quatrième escadres sortirent des ports britanniques, afin d'intercepter les vaisseaux français; avant la fin de
l'année, 300 bâtiments de commerce, valant une trentaine de
millions, avaient été capturés, et six mille matelots emmenés en
captivité.

En même temps, le Canada était assailli sur quatre points à la fois

---

(1) H. Martin, *Histoire de France*. Il n'est pas sûr... que Franklin et bien d'autres colons n'entrevissent pas déjà, au moins comme une des possibilités de l'avenir, l'indépendance de l'Amérique derrière la conquête du Canada. Des esprits pénétrants avaient chez nous prédit, dès 1711, que si le Canada était enlevé à la France, les colonies anglaises, une fois débarrassées de ces belliqueux voisins, ne tarderaient pas à se séparer de leur métropole. En 1733, le marquis d'Argenson avait renouvelé cette prédiction dans ses mémoires (H Martin, id).

par quinze mille Anglo-Américains, auxquels sept mille combattants pouvaient seuls être opposés. L'Acadie dut être évacué, mais par contre le général Braddock était vaincu et tué dans une rencontre. La lutte vers le lac du St-Sacrement, non moins sanglante, n'avait pas donné de résultats décisifs. A son tour Montcalm prenait l'offensive, et l'expédition d'Oswégo (1756) obligeait les Anglais à songer à leur défense. L'année suivante leur était également défavorable.

Mais l'Angleterre ne voulait rien épargner pour la conquête qu'elle avait projetée, et tandis que Montcalm réclamait en vain des renforts et des subsides, les Anglais recevaient incessamment de nouvelles troupes. En 1758, et malgré une défense héroïque, Louisbourg succombe ; le fort Duquesne, (le Pittsbourg actuel) succomba de même, et l'indomptable valeur de Montcalm, battant en juillet le général Abercromby, put seule retarder encore l'invasion du Canada. Mais nul secours ne fut envoyé par le gouvernement, malgré les appels désespérés de Montcalm (1). En 1759, et grâce à de nouveaux renforts, les Anglais disposaient de 30 mille hommes de troupe de terre et de huit mille marins ou soldats de marine ; par un suprême effort, Montcalm avait pu réunir treize à quatorze mille combattants. Bientôt tout l'Ontario fut aux Anglais, mais Montcalm luttait avec succès contre Wolfe, et lui faisait éprouver des pertes sérieuses. Cependant, conseillé par ses lieutenants, Wolfe avait renouvelé l'attaque de Québec, et ses troupes avaient pu surprendre les avant-postes français. Une bataille s'engageait ; presque en même temps, Montcalm et Wolfe tombaient frappés à mort, mais les Français étaient obligés de se replier, laissant une garnison dans Québec, qui capitulait quelques jours après (18 septembre 1759). La lutte continuait cependant quelque temps encore ; le général de Levis battit

---

(1) Le ministère prévoyait même le cas où la colonie serait réduite à capituler et paraissait en prendre son parti. Choiseul était absorbé par sa descente en Angleterre et croyait sauver le Canada dans Londres. (H. MARTIN, *Histoire de France*).

même les Anglais sous Québec (1760), et mit le siège devant le ville; mais sans secours de France, l'issue ne pouvait être douteuse ; le 8 septembre 1760, une convention était signée qui rayait la nouvelle France de la carte du globe. Les Canadiens devenaient sujets du roi d'Angleterre. Traité d'abord en terre conquise, le Canada obtint bientôt les mêmes libertés que les autres colonies anglaises. En 1774, le *Québec Bill* rendait aux Français la coutume de Paris, établissait un Conseil législatif ; les communes obtenaient l'indépendance et l'initiative qu'elles ont toujours eues sous la domination anglaise. La révolution d'Amérique donna au Canada un développement nouveau; les *loyalistes* américains s'y réfugièrent en grand nombre et formèrent une province distincte de celle qui existait alors, et qui par le langage, par les coutumes, était encore une vraie province française. La séparation en deux districts fut reconnue par l'Angleterre, qui accorda à l'un et à l'autre la représentation législative. Les institutions qui résultèrent de ce système ne furent modifiées que sous Huskisson.

Un an avant le Canada, la Guadeloupe avait succombé, et la Désirade, les Saintes, la Petite-Terre, Marie-Galande passaient de même aux mains des Anglais.

Le traité de 1763 allait ratifier toutes ces conquêtes. Par ce traité, dont les préliminaires étaient signés à Fontainebleau, le 3 novembre 1762, la France renonçait à toutes prétentions sur l'Acadie ; elle cédait le Canada, l'Ile du Cap-Breton et toutes les îles du St-Laurent, la portion de la Louisiane à la gauche du Mississipi, sauf la ville de la Nouvelle Orléans, toute la vallée de l'Ohio et la rive gauche du Mississipi étant considérées comme dépendance du Canada. Dans les Antilles, elle cédait la Grenade et les Grenadins ; elle abandonnait trois des îles neutres, conservait la quatrième, Sainte-Lucie ; la Guadeloupe, la Martinique, Marie-Galande et la Désirade lui étaient rendues. Minorque était rendue aux Anglais, auxquels était cédé l'établissement du Sénégal, la France recouvrant l'îlot de Gorée. Dans l'Inde les possessions françaises d'avant 1749 étaient rendues, mais avec interdiction de tenir des troupes au Bengale. Comme conséquence du droit de pêche à Terre-Neuve, les petites îles de Saint-Pierre et Miquelon étaient cédées pour servir d'abri aux pêcheurs français. En outre, la Louisiane était promise à l'Espagne, en échange de la Floride qui était cédée à l'Angleterre. Pour cette dernière, le traité de 1763 était la consécration de sa puissance coloniale.

La perte des colonies avait eu pour conséquence la disparition de Compagnie française des Indes. En 1764 elle rétrocédait au roi les îles de France et de Bourbon en échange de 12.000 de ses actions appartenant au Trésor, et du droit de s'administrer elle-même sans commissaires royaux. Son privilège, que les économistes attaquaient comme funeste, lui fut enlevé en 1769, le commerce avec l'Inde étant déclaré libre. La Compagnie fut réduite à céder tous ses biens au Gouvernement, à charge de payer la rente de ses actions et de satisfaire tous ses créanciers (1770).

Pendant quelques années, le commerce avec l'Inde, stimulé par l'absence de monopole, reprit quelque importance, et les importations, qui en 1768 étaient estimées à 21 millions de livres, atteignaient 24 millions en 1773 et 32 millions en 1776 ; mais la guerre vint encore arrêter ce mouvement, et en 1782, l'importation n'était plus que de 412 mille livres (1).

En Angleterre, la politique coloniale avait été tout autre, et les résultats bien différents. La lutte contre la France avait été conduite avec énergie, le Gouvernement étant soutenu par la nation, qui ne lui refusait ni hommes, ni argent ; d'un autre côté, le régime intérieur des colonies anglaises avait continué à en favoriser le développement. Tandis que dans les colonies françaises, le rigorisme religieux le plus étroit continuait à s'exercer, les colonies anglaises donnaient asile à toutes les communions, à toutes les croyances. Les résultats de cette tolérance religieuse avaient surtout été sensibles

---

(1) BOUCHER, *La science des négociants*.

dans les colonies de l'Amérique ; en 1750, la population des colonies anglaises était évaluée à 1.200.000 habitants.

Maîtres dans l'Inde, les Anglais s'étaient empressés d'appliquer les théories de Dupleix, ne négligeant aucun moyen de s'ingérer dans les affaires de l'Inde. Dès 1757, Clive fomentait une révolte contre le Soubahdar de Bengale, le renversait et le remplaçait par le chef de la révolte ; en 1763, la bataille de Plassey faisait accorder à la Compagnie, moyennant une faible rente, l'administration des provinces du Bengale, de Bahas et d'Orissa (1). Sa prospérité semblait ne devoir plus connaître de bornes, et ses actions montèrent de 260 à 1.000 livres stg Cependant une telle puissance avait appelé l'attention du gouvernement, et en 1766, une commission fut nommée par la Chambre des communes pour faire une enquête sur les affaires de la Compagnie, ses chartes, transactions, etc. L'engagement pris par la Compagnie, de payer pendant deux ans d'abord, puis ensuite pendant cinq ans, une somme de quatre cent mille livres stg., arrêta l'intervention gouvernementale. Mais quand, en 1772, la Compagnie eut à solliciter du gouvernement un prêt de 35 millions, elle dût consentir à l'obligation de déclarer tout dividende au-dessus de 10 %; le choix de ses directeurs fut soumis à des règles plus sévères; les actionnaires ne furent plus admis à voter que sous certaines conditions ; le Gouvernement général fut attribué au Gouverneur du Bengale ; enfin l'établissement d'une Cour suprême de justice, la sanction royale exigée dans certains cas, complétèrent cette réforme. En 1783, William Pitt rattacha plus encore la Compagnie au Gouvernement de la Métropole. Un bureau de contrôle, composé de dix membres du Conseil privé, fut établi pour régler, surveiller et contrôler tous actes et opérations ayant rapport au Gouvernement civil ou militaire ou aux revenus des territoires et possessions de la Com-

---

(1) Même avant ces annexions, le revenu de la Compagnie des Indes, en dehors des bénéfices de son commerce, s'élevait à plus de 120 millions (Ch. PÉRIGOT, *Histoire du Commerce français*).

pagnie. Mais, par le fait même de ses acquisitions territoriales, du Gouvernement plus ou moins occulte qu'elle exerçait dans l'Inde, la Compagnie s'était détournée de son premier but, et de Compagnie commerciale, elle était arrivée à être « un état dans l'État ».

Si l'Angleterre avait montré, dans les questions coloniales, une grande habileté politique, il n'en était pas de même dans les règlements commerciaux appliqués aux colonies. D'année en année, les conséquences de l'acte de navigation se faisaient plus durement sentir, et les restrictions imposées au commerce colonial en entravaient le développement. Des faveurs étaient quelquefois accordées, mais elles avaient toujours pour but un certain avantage pour la Métropole. C'est ainsi qu'en 1748, une prime est accordée pour l'indigo importé directement des colonies, sur la demande commune des commerçants de la Caroline et des teinturiers d'Angleterre ; en 1764, une prime était également accordée sur le lin et le chanvre, et en 1770 sur la soie brute d'Amérique. Mais ces primes étaient toujours accordées à titre temporaire, et les règlements qui les instituaient fixaient un terme à leur durée. D'un autre côté, on établissait des droits différentiels qui frappaient les produits étrangers en faveur des produits coloniaux. En un mot, le système colonial anglais était celui-ci :
« D'un côté, interdiction aux colonies de s'adonner aux manufac-
» tures, et obligation, sauf quelques exceptions, de se fournir
» d'objets manufacturés anglais ; de l'autre côté, faveurs spéciales
» accordées aux colons pour la production de certains produits
» naturels nécessaires à la Métropole, et obligation pour la mère-
» patrie de prendre les denrées coloniales de préférence aux denrées
» étrangères » (1). Les Antilles anglaises, si florissantes au commencement du XVIIIe siècle, subirent, dès 1750, un temps d'arrêt ; la concurrence des Iles françaises, la prohibition de raffiner le sucre dans les colonies, les plaçaient dans un réel état d'infériorité. Pour leur donner partiellement satisfaction, on permit l'exportation des

---

(1) Paul LEROY BEAULIEU. *De la Colonisation.*

sucres pour toutes les contrées du monde, mais avec des restrictions telles que cette liberté d'exportation resta à peu près sans effet. La séparation de l'Amérique fut pour les Antilles anglaises un coup terrible. Non seulement leur exportation fut diminuée, les États Unis s'approvisionnant alors à Saint-Domingue, mais l'obligation de ne commercer qu'avec des colonies anglaises forçait les Antilles à tirer du Canada les vivres et les bois qui leur étaient nécessaires. L'éloignement du Canada, et les difficultés de communication avec un pays dont le principal fleuve, le Saint-Laurent, est chaque hiver fermé pour quatre ou cinq mois par les glaces, furent cause des plus dures privations. De 1780 à 1787, plus de 15.000 nègres périrent à la Jamaïque par mauvaise nourriture (1).

En Amérique, les restrictions établies à la suite de l'acte de navigation avaient été non-seulement maintenues, mais aggravées, rendant à peu près impossible tout développement industriel (2). Tant que continua la lutte contre la France, les colonies se soumirent à la situation qui leur était faite ; mais après le traité de 1763, elles commencèrent à réclamer plus d'indépendance et de liberté. Loin de donner suite à ces demandes, le Parlement décréta l'établissement de taxes aux colonies, déclarant, non sans quelque raison, que vu les sacrifices faits pour l'établissement et la protection des colonies, celles-ci « pouvaient supporter quelque partie, au moins, des far- » deaux annuels ». L'établissement du droit du timbre (3) en 1765, fut accueilli en Amérique par les plus violentes protestations. Les timbres qui arrivèrent à New-York furent livrés aux flammes, et une

---

(1) Paul LEROY-BEAULIEU. *De la colonisation.*

(2) En 1757, il fallut une pétition de la Société des *merchants adventurers* de Bristol, appuyée par un grand nombre d'autres négociants, pour obtenir un bill accordant l'importation en franchise des fers américains dans tous les ports d'Angleterre ; jusque là, et en vertu d'un acte 23 Georges II, l'importation n'était permise qu'à Londres, et les fers ne pouvaient être transportés à plus de 10 milles de la capitale (HUME, *Histoire d'Angleterre*).

(3) Les seules recettes du Trésor pour les droits de timbre, furent 3.000 livres stg. en 1767, et 1.000 livres en 1768.

détermination fut prise d'employer tous les moyens pour nuire le plus possible à la Métropole. L'arrivée de troupes destinées à assurer la perception des taxes, et la saisie d'un navire appartenant à un représentant déterminèrent une émeute à Boston. Après de longues discussions dans les deux Chambres, la politique de répression prévalut en Angleterre. Le résultat fut la déclaration de 1776, que les États-Unis de l'Amérique devenaient libres, et après six années de guerre, plus coûteuse encore à l'Angleterre qu'à l'Amérique, la reconnaissance des États-Unis devint un fait accompli.

L'Angleterre perdait ainsi une de ses plus importantes colonies, mais contrairement aux craintes qui s'étaient manifestées depuis le commencement de la guerre, son commerce n'en reçut qu'une plus vive impulsion, montrant ainsi combien étaient fondées les critiques contre le système colonial. De 1766 à 1775, les exportations aux colonies américaines atteignaient en moyenne 2 millions de livres par année. Suspendues naturellement pendant la guerre, elles reprirent après le traité de 1783, et de 1784 à 1794, la moyenne des exportations arriva à 3 millions de livres, malgré les restrictions qui, de part et d'autre, s'opposaient au libre développement du commerce (1).

Malgré le soin apporté à la confection des ordonnances de 1673 et 1681, il avait été nécessaire, au XVIIIe siècle, de combler certaines lacunes ou de modifier ou remplacer certaines dispositions ; une Commission avait même été établie en 1787 pour préparer la révision de la législation commerciale, mais les événements politiques ne permirent pas de donner suite à ce projet. En Angleterre, pendant cette même période, un grand nombre des statuts furent édictés, ayant trait aux matières commerciales, surtout aux lettres de change;

---

(1) A l'époque de la guerre de l'Indépendance, les habitants de Bristol s'imaginaient que si l'Amérique devenait libre, leur port deviendrait désert et que ses revenus ne suffiraient plus aux frais d'entretien. Quelques années après la paix, ces mêmes habitants adressaient une supplique au Parlement afin de pouvoir agrandir leur port, devenu insuffisant par l'augmentation du nombre des vaisseaux.

les lois sur les banqueroutes furent aussi plusieurs fois modifiées, et des dispositions permirent au débiteur malheureux de se soustraire à l'emprisonnement perpétuel qui, d'après les anciens statuts, pouvait lui être infligé par un créancier inexorable.

Dans le droit maritime, un principe nouveau avait été établi par l'Angleterre, en violation des droits des neutres : celui du blocus fictif, opposé au blocus réel. Les conséquences devaient s'en faire sentir dans les guerres maritimes de la Révolution et de l'Empire.

Cependant tout se préparait pour une modification profonde de l'état social. Avec Quesnay, Turgot, Adam Smith, une science nouvelle avait pris naissance, établissant les lois qui régissent l'industrie humaine dans ses multiples applications, et cherchant la part de vérité dans les systèmes empiriques qui, depuis des siècles, avaient été appliqués à la résolution des questions économiques et sociales. L'application de la vapeur, théoriquement établie par Papin (1), réalisée pratiquement par Newcommen, et trouvant avec James Watt sa formule définitive, allait transformer l'industrie. Enfin la Révolution française, en renversant d'un seul coup ce qui constituait l'ancien régime, va faire sortir, d'une crise profonde, un nouvel ordre social, qui, s'il ne permet pas au XIXe siècle de réaliser toutes les promesses, toutes les espérances, lui fournira au moins les moyens d'arriver au développement commercial et industriel que nous pouvons constater de toutes parts.

---

(1) On peut dire même que Papin réalisa pratiquement sa conception; le bateau que brisèrent les bateliers du Weser était véritablement actionné par une machine à vapeur. Et si au lieu d'être, de par la volonté de Louis XIV, condamné à errer en Angleterre et en Allemagne, le huguenot Papin était resté dans son pays, la France aurait eu peut-être l'honneur et le profit de voir réaliser chez elle l'emploi de la vapeur, plus d'un demi-siècle avant Newcommen.

CHAPITRE VII.

De la Révolution française à nos jours.

L'Assemblée nationale, en proclamant les droits de l'homme, avait aboli en même temps toutes les entraves qui s'opposaient au développement de l'industrie et du commerce ; les corporations, les privilèges des provinces, des villes ou des personnes, les douanes intérieures, les péages, les droits des halles, marchés et foires, étaient supprimés, le commerce et l'industrie déclarés libres, la patente devenant une des formes de l'impôt ; seules et pour des motifs spéciaux, les professions de pharmacien et d'orfèvre se trouvaient soumises à des règles particulières. Ce n'était du reste que l'accomplissement des vœux présentés par les cahiers, vœux sur lesquels les trois ordres s'étaient rapidement mis d'accord ; c'était la réalisation de la réforme entrevue par Colbert et Turgot ; mieux encore, la Constituante établissait en principe l'unité des poids et mesures, en décrétant l'adoption du système métrique décimal, les mesures dérivant toutes de l'unité de longueur que la mesure d'un arc de méridien allait permettre de déterminer avec une absolue précision.

Les Chambres de commerce avaient été supprimées, sous le vain prétexte qu'elles constituaient un privilège ; il n'y avait donc plus possibilité de leur soumettre l'examen de tous les traités de commerce, comme le demandaient les cahiers. Mais les conditions du commerce extérieur n'en furent pas moins l'objet du plus sérieux examen. Un comité spécial avait été chargé de l'examen de la question ; tout d'abord son rapporteur avait conclu à la prohibition de tous les produits que les fabriques françaises pouvaient fournir, mais par contre affranchissant de tous droits les substances alimentaires et les matières premières non ouvrées. Ce rapport n'ayant pas été admis par l'Assemblée Nationale, on adjoignit au Comité précédemment formé le Comité des contributions publiques. Après une nouvelle enquête, où des négociants nombreux furent entendus, au cours de laquelle les départements firent connaître leur opinion par de nombreux mémoires, un nouveau rapport fut présenté, dans lequel les prohibitions étaient restreintes à quelques articles, toutes les autres marchandises n'étant passibles que de droits modérés. Les conclusions en furent adoptées, et le tarif voté le 15 mars 1791. C'était le tarif le plus libéral que la France eût jamais connu. Malgré les troubles politiques, le commerce extérieur s'éleva en 1792 (importations et exportations), à 1.734 millions, contre 1.047 en 1789 (1).

Mais à la Constituante avait succédé la Convention Nationale, et avec elle commençait cette période de guerres sanglantes, qui allaient couvrir l'Europe de deuils et de ruines, et à l'issue desquelles la France, après 24 années de gloire et de conquêtes terminées par de terribles revers, se retrouvait ruinée, meurtrie, en proie à l'occupation étrangère, et perdait les frontières naturelles conquises par la République.

Elue sous la menace de l'invasion étrangère, la Convention avait dû faire face sur toutes les frontières, déjouer les conspirations, réprimer la révolte de Lyon, lutter contre l'insurrection en Vendée.

---

(1) Les prohibitions portaient : sur les médicaments composés — les dorures fausses et les fils d'or faux — la poudre et le salpêtre — les eaux-de-vie autres que de vin — les verreries, autres que les bouteilles et la verroterie (à raison de la difficulté de la vérification et par crainte de la fraude) — les barques, bateaux, bâtiments de mer vieux et neufs. — Cette dernière prohibition avait soulevé de vives protestations de la part de divers ports de mer, notamment Marseille.

Pour les droits sur les produits manufacturés, ils variaient de 5 % (montres, dentelles, mousselines, etc.), à 15 % (cuirs et fers ouvrés, quincaillerie, mercerie, etc.)

A la violence elle avait répondu par une violence plus terrible. Dès le 1ᵉʳ mars 1793, elle annulait tous les traités de commerce avec les puissances en guerre contre la République. Les prohibitions, de plus en plus nombreuses, étaient maintenues par tous les moyens, des peines allant jusqu'à la condamnation à 20 ans de fers. Certaines mesures étaient même si préjudiciables que le décret du 19 mai de la même année vint en atténuer les dispositions. Quelques mois plus tard (septembre 1793), la Convention crut apporter un encouragement au commerce extérieur en votant l'*acte de navigation*, qui n'était en réalité que la copie de l'acte de Cromwell. Le monopole du commerce maritime était réservé à la flotte nationale, le cabotage interdit aux bâtiments étrangers qui ne pouvaient apporter dans les ports français que les produits de leur pays, en payant encore un droit de 50 sous par tonneau. Le résultat fut surtout le développement de la fraude : il entra par contrebande pour plus de 140 millions de produits anglais.

Le commerce intérieur allait être soumis à des mesures plus rigoureuses encore. L'année 1793 avait débuté avec la disette, et loin de chercher à rétablir la sécurité et à favoriser les entreprises commerciales, la Convention crut que des mesures draconiennes arriveraient à faire renaître l'abondance. Le 19 août 1793, elle décrétait que les Directoires des départements étaient autorisés à fixer le maximum du prix des bois de chauffage, du charbon, de la tourbe et de la houille ; le 11 septembre, elle fixait un maximum pour le prix des grains, des farines et des fourrages, et édictait des peines contre l'exportation ; le 29 septembre, elle étendait la mesure à tous les objets de première nécessité. Il y avait en outre un maximum pour les gages, les salaires, la main d'œuvre, fixé par les Conseils généraux, d'après le taux de 1790 augmenté d'un tiers. Le décret du 1ᵉʳ novembre 1793 organisait l'application de la loi du maximum ; en février 1794, parurent, en 3 volumes, les prix de toutes les denrées soumises à la loi du maximum. L'effet de toutes ces mesures fut d'augmenter l'intensité de la crise commerciale ; en présence des réclamations universelles, la Convention revint sur ses décisions, et par la loi du 24 décembre 1794, abolit toutes les prescriptions relatives au maximum.

Une crise monétaire, qui rappelait les pires jours du système, était venue empirer encore la situation commerciale. Par le décret loi du 17-21 décembre 1789, l'Assemblée Nationale avait décidé l'émission de 400 millions en bons rapportant 5 %, garantis sur les biens de la couronne et les biens ecclésiastiques ; ces billets devaient être employés à rembourser à la *Caisse d'Escompte* les billets dus par le trésor, le reste étant destiné à éteindre les anticipations à leur échéance, et à rapprocher d'un semestre le paiement des intérêts arriérés de la dette publique.

Mais bientôt le gouvernement réduisit, puis supprima l'intérêt attaché à ces bons, et en décréta ensuite le cours forcé. De bons hypothécaires, les assignats devenaient papier monnaie. Par suite de nouveaux besoins. et malgré les observations de Talleyrand et de Dupont de Nemours, un décret du 29 septembre 1790 fixa à 1.200 millions la limite que les émissions pouvaient atteindre ; cette limite fut rapidement franchie. Au 5 octobre 1792, la fabrication s'élevait à 1.972 millions, par suite d'autorisations successives ; le décret du 24 octobre éleva le maximum de circulation à 2 milliards 400 millions. Au 26 janvier 1793, l'émission des assignats, d'après le rapport de Cambon, s'élevait à 3 milliards 67 millions, sur lesquels 682 millions avaient été annulés ; en août 1793, il y avait 3.776 millions en circulation; au commencement de 1794, la somme émise s'élevait à près de 8 milliards, sur laquelle 2,464 millions étaient rentrés ou annulés ; le Directoire, en l'espace de moins de 14 mois, en créa plus de 20 milliards ; le 19 février 1796, l'émission atteignait la somme incroyable de 45 milliards 581 millions (1).

---

(1) La quantité circulante avait été, par suite de diverses causes, réduite à 36 milliards, puis à 24 milliards, qui furent échangés contre 800 millions de mandats territoriaux. Le règne des assignats avait duré du 19 décembre 1789 au 21 mai 1797.

La conséquence de telles émissions était facile à prévoir, et malgré toutes les mesures prises, malgré les peines sévères prononcées contre ceux qui refusaient de livrer des marchandises contre des assignats, ou stipulaient des prix différents selon que le paiement avait ou non lieu en monnaie métallique, les assignats perdirent de plus en plus leur valeur. Au moment où ils furent supprimés, le louis d'or valait 7.000 livres en assignats.

Le Directoire avait renoncé aux mesures de violence, mais le commerce n'avait cependant pas pu se relever. Pour faire face aux dépenses nécessitées par un continuel état de guerre, les taxes existantes avaient été augmentées, d'autres établies à nouveau. Malgré les exhortations du gouvernement, il était impossible de faire fonctionner des banques de circulation, et les prêts étaient faits par les *Lombards* à des taux variant de 10 à 20 %$_0$ par mois. D'un autre côté, et dans le but de forcer le gouvernement anglais à demander la paix, les prohibitions contre les produits de l'Angleterre et de l'Inde avaient été renforcées, stimulant de plus en plus la contrebande qui s'exerçait au détriment du commerce régulier. Et pendant que les mesures prohibitives les plus exagérées étaient prises par le gouvernement, le Ministre de l'intérieur, François de Neufchateau inaugurait à Paris la première exposition (17-24 septembre 1797) déclarant devant les représentants du commerce et de l'industrie que les victoires du travail étaient des victoires immortelles, mais qu'elles ne pouvaient s'obtenir que par la liberté ! Les chiffres du commerce extérieur étaient en rapide décroissance; de 1.734 millions en 1792, ils étaient arrivés en 1797 à 595 millions, et à 590 en 1799.

Au Directoire avait succédé le Consulat, puis l'Empire, et avec Napoléon Bonaparte le commerce allait recevoir une direction nouvelle. Centralisateur absolu, partageant les idées de Colbert sur la nécessité d'une réglementation industrielle, rêvant, inconsciemment peut-être, un retour vers un ancien état de choses, Bonaparte rétablit, dans une certaine mesure, les formes commerciales et industrielles antérieures à 1789. Avec les offices ministériels, les privilèges furent en partie restaurés ; la surveillance des marchés fut confiée au Préfet de police à Paris , aux commissaires généraux de police dans les villes, et devint bientôt une source de gêne et d'ennuis pour le commerce ; les facteurs de la halle formèrent une sorte de corporation privilégiée , le commerce de la boulangerie et de la boucherie fut soumis à des règles spéciales, l'impôt du sel fut rétabli, le monopole du tabac créé en 1810. Mais d'un autre côté, la restauration de routes anciennes ou la création de voies nouvelles, la sécurité rendue par la dispersion des brigands qui infestaient l'Ouest et le Midi, le rétablissement des Chambres de commerce, la création de Chambres consultatives des manufactures , le droit accordé aux tribunaux de prud'hommes de juger les contestations relatives au travail, la multiplication des Bourses de Commerce (1), la promulgation du Code de commerce (1807), emprunté en grande partie aux deux ordonnances de Colbert, avaient procuré de grands avantages au commerce et à l'industrie. Réalisant le vœu de la Constituante, le Consulat avait établi d'une façon définitive l'unité des poids et mesures ; il avait réglé également la circulation monétaire, en établissant le rapport de l'argent à l'or, rapport qui, légalement au moins, est encore la base de notre système monétaire actuel.

La création de la Banque de France n'avait pas eu un effet moins favorable. Dès la fin de la tourmente révolutionnaire , des établissements de crédit s'étaient créés à Paris : Caisse des comptes courants (1796), Caisse d'escompte du commerce (1797), Comptoir commercial dit aussi Caisse Jabach (1800) ; et malgré leur capital restreint, ces banques rendaient au commerce de réels services. Mais fidèle à son système de centralisation, et voulant aussi avoir un établissement dont, à un moment donné, toutes les ressources seraient à sa disposition, Napoléon créa en 1800 la Banque de France, au capital de 30 millions ; les opérations commencèrent le 20 février 1800, et consistaient : à escompter le papier commercial ayant au

---

(1) 74 Bourses de commerce furent établies de 1801 à 1806.

plus 90 jours d'échéance ; à recouvrer les valeurs qui lui seraient remises et à faire des avances sur les recouvrements paraissant certains ; à recevoir des dépôts en compte courant et payer jusqu'à due concurrence ; à émettre des billets au porteur et à vue, et des billets à ordre à un certain nombre de jours de vue, dans des proportions déterminées par le montant du numéraire et du portefeuille ; à ouvrir une caisse de placement et d'épargne. Tout d'abord la Banque de France, quoique investie de privilèges particuliers considérables, en relations suivies avec l'État, avait conservé une indépendance complète ; la loi du 14 avril 1803, sans modifier profondément son organisation, lui conférait le privilège exclusif de l'émission des billets au porteur, le gouvernement se réservant pourtant le droit d'accorder ce privilège à d'autres établissements le jour où il le jugerait convenable ; mais à la suite de la crise de 1805-1806, due cependant en grande partie au concours que la Banque avait été obligée de prêter au gouvernement, celui-ci modifia son organisation intérieure, tant pour la composition du conseil des régents que pour le gouverneur et les deux sous-gouverneurs, qui devaient être nommés par le chef de l'État. La Banque de France devenait ainsi, au moins momentanément, un rouage gouvernemental. Ce fut sur un ordre formel que les comptoirs de Lyon, de Rouen et de Lille furent créés, comptoirs qui n'eurent, du reste, qu'une existence éphémère.

Mais les opérations de la Banque de France n'étaient pas faites uniquement avec l'État, et malgré la gêne qui résultait quelquefois de l'obligation d'escompter les billets des receveurs généraux ou des fournisseurs du gouvernement, son influence sur le commerce se faisait sentir. De 6 $^0/_0$ en 1800, le taux d'escompte était tombé à 5 $^0/_0$, puis à 4 $^0/_0$ (1), et les escomptes atteignaient 715 millions en 1810, pour descendre ensuite et arriver même à 84 millions lors de l'in-

---

(1) Il est vrai de dire que Napoléon voulait fixer quand même le taux d'intérêt au minimum qui lui plaisait, se souciant assez peu des nécessités commerciales.

vasion de 1814 (1) ; les encaissements comptant, pour la même période, passaient de 492 millions (1810) à 220 millions (1814).

Si les mesures prises pour le commerce intérieur avaient été heureuses, au moins en partie, il n'en avait pas été de même pour le commerce extérieur. Au moment de la paix d'Amiens, des négociations avaient été ouvertes avec le gouvernement anglais pour l'établissement d'un traité de commerce ; mais tandis qu'en France on voulait discuter les bases nouvelles de ce traité, l'Angleterre demandait le retour pur et simple au traité de 1786. L'entente n'était pas possible, et la rupture, pour avoir tardé, n'en fut que plus éclatante.

Trouvant toujours et partout l'Angleterre, ne pouvant l'atteindre sur mer, où ses flottes la rendaient invincible, Napoléon conçut le projet de ruiner le commerce britannique, et répondant au blocus prononcé de Brest aux côtes de l'Elbe par l'Angleterre, il déclara les Iles Britanniques en état de blocus par le décret de Berlin (21 novembre 1806). Tout commerce avec l'Angleterre est absolument défendu, toute marchandise anglaise se trouvant sur le continent sera confisquée, toute correspondance de ou pour l'Angleterre sera détruite. Tout Anglais saisi en France ou dans les pays occupés par les armées françaises, sera prisonnier de guerre ; tout navire ayant touché à un port anglais sera déclaré de bonne prise dans tous les ports d'Europe. Ce décret est immédiatement exécuté, non seulement en France, mais en Hollande, en Espagne, en Italie, et dans la plus grande partie de l'Allemagne.

A leur tour, les Anglais rendent les célèbres *ordres du conseil*, en vertu desquels la circulation sur mer est interdite à tout bâtiment neutre qui ne viendra pas toucher à Londres ou à Malte et y faire vérifier sa cargaison, en payant des droits énormes. A ces mesures, Napoléon répond par le décret de Milan (17 décembre 1807), qui déclare dénationalisés et de bonne prise tous les navires

---

(1) Dans les escomptes sont compris les escomptes gouvernementaux ; on voit alors comment de 1810 à 1814 il peut y avoir une différence aussi considérable.

ayant accompli ces odieuses formalités. En présence de ces violations du droit des gens, les Américains rendent alors les lois d'*embargo* et de *non intercourse*, par lesquelles ils défendaient à leurs bâtiments de voyager dans les mers d'Europe, et déclaraient saisissable tout navire français ou anglais qui oserait toucher aux côtes d'Amérique. C'était, suivant l'expression de Napoléon lui-même, revenir, après tant d'années de civilisation, aux principes qui caractérisent la barbarie des premiers âges du monde.

La lutte était engagée entre les deux nations, lutte économique d'où pouvait sortir la ruine de l'Angleterre. Pour maintenir les rigoureuses dispositions du décret de Berlin, Napoléon ne cesse d'étendre ses conquêtes ; successivement le territoire est étendu de l'Escaut au Wahal, du Wahal à la Meuse, de la Meuse au Helder, du Heler jusqu'à l'Ems. Après avoir annexé la Hollande, il réunit à son empire le Valais, le duché d'Oldembourg, Brême, Hambourg, Lubeck et une partie du Hanovre. Mais les souffrances du commerce devenaient intolérables ; privés d'une partie des produits auxquels un long usage les avait accoutumés, les peuples s'irritaient de ces mesures. La contrebande, de plus en plus active, déjouait toutes les précautions ; les marchandises venant des ports anglais en étaient arrivées à payer 50 % de frais aux contrebandiers qui les transportaient en violation du blocus (1). Bientôt Napoléon autorise l'entrée des marchandises permises, c'est-à-dire provenant de prises

---

(1) Plus de vingt mille douaniers, a dit le comte Mollien, avaient sans cesse à défendre un cercle menacé dans tous ses points par plus de cent mille contrebandiers, ce qui laissait à la fraude quatre-vingts probabilités de succès. La contrebande, au surplus, s'était élevée à la hauteur d'une véritable industrie. De grands manufacturiers de Bruxelles, de Gand, d'Anvers, etc., des négociants de Paris et des départements, ne dédaignaient pas d'y participer, et ils faisaient en peu de temps, par ce moyen, de brillantes fortunes. Quelquefois, il est vrai, la douane, intervenant soudainement dans leurs ateliers, dans leurs comptoirs, demandait l'origine des bénéfices, et en prélevait une partie dans l'intérêt du fisc ; mais, dit encore M. Mollien, soutenus par l'opinion, favorisés par les populations qui, en définitive, profitaient de la fraude, ils en étaient quittes pour recommencer. (P. Clément, *Histoire du système protecteur*).

ou apportées par de vrais neutres, en payant à la douane ce même droit de 50 %; ce privilège accordé d'abord à la Hollande est ensuite étendu à la France. C'était le système des licences, qui était généralisé quelque temps après. Mais les produits manufacturés anglais étaient toujours sévèrement prohibés, et un décret du 5 août 1810 décide qu'ils seront partout confisqués et brûlés. D'immenses saisies sont pratiquées en France, en Italie, en Espagne, en Allemagne : on brûle pour 1100 millions de marchandises anglaises.

Le système était également funeste à la France et à l'Angleterre; de part et d'autre, nombre de négociants considérables durent suspendre leurs paiements. Au mois de mai 1811, des députations des municipalités et des Chambres de commerce d'Amiens, de Rouen, de St-Quentin et de Gand vinrent entretenir le gouvernement des craintes que la crise commerciale leur inspirait. En Angleterre, dès 1810, le papier de banque, qui représentait la valeur des marchandises errant sur les mers ou déposées dans les entrepôts lointains, perdait 20 %; en 1811, la détresse était à son comble, et le Parlement craignit une banqueroute générale. Mais la Russie venait de rompre ouvertement avec la France, son marché était ouvert aux marchandises anglaises, et par là même le blocus continental se trouvait définitivement rompu. L'issue malheureuse de la guerre de Russie en fit tomber les prescriptions en désuétude, et la chute de Napoléon entraîna la disparition de tout le système. Il n'en restait que des ruines immenses dans toute l'Europe, et le résultat fut l'établissement de la suprématie de l'Angleterre au point de vue maritime et industriel.

Napoléon avait aussi tenté la restauration de nos colonies; mais après s'être fait céder la Louisiane par les Espagnols, il s'était vu forcé d'en faire l'abandon aux États-Unis pour éviter la prise de possession de l'Angleterre; à St-Domingue, la révolte des nègres obligeait le général Leclerc à abandonner la conquête; le traité de 1815 ne nous laissait, aux Antilles, que la Martinique et la Guadeloupe ; l'Ile de France (l'île actuelle de St-Maurice) devenait possession anglaise.

Pendant cette même période, le commerce anglais avait eu également à subir des terribles vicissitudes. Dès le début de la guerre, l'Angleterre s'était mise à la tête de la coalition contre la France, et jusqu'à la chute de Napoléon, elle ne cessa de lutter, surmontant tous les embarras financiers ou autres. Son or servit à payer les souverains alliés (1), tandis que la Banque d'Angleterre suspendait ses paiements en espèces; les emprunts succédaient aux emprunts (2), les impôts les plus lourds étaient établis, et maintenus jusqu'au jour où la défaite de la France assura le triomphe de l'Angleterre.

Les années 1792 à 1795, par suite d'une mauvaise récolte, avaient nécessité une importation de grains considérable, et les paiements à faire de ce chef, joints aux subsides que le gouvernement devait adresser à l'étranger et aux sommes prélevées pour l'entretien des troupes, avaient considérablement restreint la circulation ; la Banque d'Angleterre, en face de diverses exigences, n'ayant plus, le 25 février 1797, que 1.272.000 livres en monnaie ou lingots, dut solliciter du gouvernement l'autorisation de suspendre tout paiement en espèces.

Le commerce intérieur souffrait de la direction anormale que lui

---

(1) Le montant total avancé par l'Angleterre aux puissances étrangères par emprunts, subsides ou autrement, de 1792 à 1817, est de 57,153,819 livres stg. (1,428,845,475 fr.). (LÉONE LEVI, *History of british commerce*). La mesure la plus hardie que l'Angleterre prit en 1813 fut celle-ci : l'Allemagne, la Pologne, étaient inondées de papier-monnaie russe, autrichien, prussien ; ce papier perdait déjà beaucoup, la circulation n'en était pas suffisamment active. L'Angleterre n'hésita pas : comme l'alliance était intime et le but commun, un traité financier mutuellement contracté, porta la création d'un papier garanti par les grandes puissances, y compris l'Angleterre. Ce papier-monnaie fut bientôt au pair ; on le préféra quelquefois à l'argent, tous les banquiers l'acceptèrent ; ainsi la coalition grandit ses ressources, et parvint à son but. (CAPEFIGUE, *Histoire des grandes opérations financières*, tome II.)

(2) Les emprunts contractés par l'Angleterre, de 1793 à 1815, forment un total de 474,920,000 livres stg.. 11,873,000,000 de fr. (JOHN FRANCIS, *Histoire de la Bourse de Londres*).

donnaient les approvisionnements pour les belligérants, faisant rechercher tout ce qui était pour l'usage militaire, employant à l'étranger des sommes considérables en achats de navires, de munitions de toutes sortes ; mais le commerce extérieur souffrait encore davantage. Par suite des mesures prises par les gouvernements anglais et français, le commerce était interdit par chaque puissance avec l'autre, et il en résultait qu'au fur et à mesure des victoires remportées par les armées françaises, des pays nouveaux frappaient de prohibition les produits britanniques. En Hollande, les importations de produits anglais tombent de 1.600.000 livres sterling en 1793 et 1794, à 100.000 livres en 1795 ; en 1798 et 1799, les relations commerciales sont rompues avec le territoire de Gênes, les États du Pape, le grand duché de Toscane, la République de Venise. Un traité est conclu à nouveau avec la Russie ; mais peu de temps après paraît un ukase prohibant un grand nombre d'articles, où figuraient principalement les produits des manufactures britanniques. Au fur et à mesure que la guerre se continuait, les relations devenaient de plus en plus difficiles, et après le décret de Berlin, ce ne fut plus guère que grâce à la contrebande que les produits anglais purent pénétrer sur le continent. Les marchands anglais s'étaient cependant frayé des voies nouvelles, par lesquelles, non sans d'onéreux sacrifices, s'écoulaient leurs produits. Les îles de Jersey, d'Héligoland, de Sardaigne, de Malte, de Sicile, étaient les entrepôts où le continent venait s'approvisionner des armes, des tissus, des draps dont il avait besoin. « Pendant le règne de Bonaparte, écrit » J.-B. Say dans son *Cours d'économie politique* (1), on expé- » diait de Londres des bâtiments chargés de sucre, de café, de » tabac, de coton filé, pour Salonique, d'où ces marchandises » étaient portées sur des chevaux ou des mulets à travers la Servie » et la Hongrie, dans toute l'Allemagne et même en France ; de

---

(1) D'après Tooke, Thoughts and détails on the high and low prices of the last 30 years.

» sorte qu'une marchandise que l'on consommait quelquefois à
» Calais, venait d'Angleterre qui en est à sept lieues, après avoir
» fait un détour qui équivalait pour les frais à un voyage de deux
» fois le tour du monde. » De telles opérations, on le comprend,
ne pouvaient être ni fructueuses, ni fréquentes. Mais l'Amérique
espagnole et portugaise ouvrait des débouchés immenses, la flotte
anglaise permettait de faire des expéditions en toute sécurité, et le
commerce anglais put trouver là, de même que dans la péninsule où
les marchands pénètrent à la suite des armées, le moyen d'atténuer
les effets de la crise qu'il subissait depuis tant d'années. En 1807,
l'Angleterre ne fournissait à l'Espagne que 2 millions de livres de
ses produits ; elle atteint 9 millions en 1809, 11 millions en 1811.
La rupture entre la France et la Russie vint lui ouvrir encore de
nouveaux marchés.

La paix de 1815 permit à l'Angleterre de revenir à une condition
meilleure, et commença une ère de prospérité qui, malgré des crises
violentes, s'est continuée jusqu'à nos jours. Un des points les plus
importants était le retour à une circulation normale, et cette question devint l'objet de sérieuses discussions. Des mesures transitoires
furent prises tout d'abord. Le 17 avril 1817, la Banque annonça
qu'elle rembourserait les notes de 1 et 2 livres datées antérieurement au 1er janvier 1816, ou les échangerait pour des notes de
même valeur, au choix des porteurs ; le 18 septembre, la Banque
informait le public que toutes notes d'une date antérieure au 1er janvier 1817 pouvaient être changées contre du numéraire ; cette disposition fut critiquée dans le Parlement, et un bill proposé par M. Pell
(59 George III ch. 49) vint établir dans quelles conditions le remboursement des billets devait être fait par la Banque. Mais à partir
de 1821, la Banque put reprendre les paiements en espèces, quoique le bill de 1819 eût fixé à 1823 la date de la reprise des paiements. La situation prospère de la Banque avait conduit ses directeurs à anticiper ainsi.

En même temps que l'on s'occupait de la reprise des paiements pas la Banque, une autre question aussi importante était agitée : celle de l'adoption d'un étalon monétaire. Depuis longtemps déjà, l'or était en fait le seul métal employé dans les paiements d'une réelle importance ; une disposition administrative avait même fixé à 25 shillings la somme qui pouvait être payée en monnaie d'argent ; mais cependant l'or n'avait pas encore été reconnu comme seul « standard ». L'époque de reprise des paiements parut opportune pour régler cette délicate question ; après avoir pris l'opinion de nombreux marchands et financiers, le gouvernement, d'accord avec les économistes de l'époque et surtout lord Liverpool, déclara que l'or seul serait monnaie légale, l'usage de la monnaie d'argent étant limité à 40 shillings. On ne pensait guère alors qu'on ouvrait la question du double ou simple étalon, problème économique dont l'époque actuelle cherche et redoute en même temps la solution.

La législation douanière et commerciale de l'Angleterre allait subir des modifications profondes, préparant la grande réforme de 1846. Grâce aux efforts de Huskisson, l'acte de navigation fut profondément modifié, le principe de réciprocité admis pour les nations étrangères traitant les navires anglais sur le même pied que les leurs; de nombreux droits d'entrée furent diminués ou supprimés (1), et malgré de violents efforts de la part des intéressés, la prohibition qui frappait les soieries fut levée. Plus tard, l'avènement du duc de Wellington vint ébranler ces résultats, mais l'élan était donné et devait aboutir quelques années plus tard.

Le commerce n'avait pas trouvé, après la paix de 1815, tous les débouchés qu'il pouvait attendre ; la plupart des nations européennes avaient établi des tarifs presque prohibitifs, et les relations commerciales avec le continent devenaient moins fréquentes et plus difficiles qu'avant la guerre. Mais le commerce avec les colonies et l'Amérique augmentait d'activité et d'importance ; les années de 1820 à

---

(1) Voir dans LEONE LEVI, *History of british commerce*, la liste des droits diminués ou supprimés de 1823 à 1826.

1822 avaient vu d'heureuses récoltes ; malgré les ressources qui permettaient à la Banque, conformément à l'acte de 1819, de rembourser les billets inférieurs à 5 livres, le gouvernement avait autorisé la continuation de la circulation de ces notes. Toutes ces circonstances avaient favorisé le développement du commerce, stimulé l'établissement de sociétés nouvelles. L'année 1824 vit s'établir la Compagnie des Docks de Ste-Catherine, celles pour la navigation des Indes orientales et la Compagnie générale de navigation ; la Compagnie du Tunnel de la Tamise fut formée, et divers projets de chemins de fer présentés. Bien d'autres projets virent le jour, et les diverses compagnies existant alors ou projetées présentaient ensemble un capital de 372.173.000 livres sterling dont 17.605.000 livres payées. L'année suivante, la reconnaissance de certains États de l'Amérique du Sud comme indépendants, les récits sur les richesses de leurs mines, enflammèrent la spéculation, et les scènes qui avaient eu lieu lors de la Compagnie de la mer du Sud, recommencèrent en grande partie. La spéculation ne s'exerça pas seulement sur les titres ; les prix des marchandises s'élevèrent, et en conséquence les importations arrivèrent à un taux exagéré. La réaction ne se fit pas attendre. Une crise violente éclata, augmentée encore par la suppression de nombreuses banques. La Banque d'Angleterre dut non seulement demander au gouvernement de permettre l'émission de billets de 1 livre, retirés depuis longtemps de la circulation, mais elle demanda encore à la Banque de France un prêt de 50 millions de francs qui fut réalisé par l'escompte de traites tirées de Londres à 3 mois.

La crise de 1825-26 n'avait été que momentanée, et le commerce anglais avait rapidement repris son essor. Un progrès considérable venait d'être réalisé. Le 15 septembre 1830, l'inauguration de la ligne de Liverpool à Manchester était faite, commençant ce grand réseau de voies ferrées qui allait bientôt sillonner l'Angleterre. La navigation à vapeur, établie d'abord sur les rivières, prenait de plus en plus d'importance, et en 1838, le *Great western* et le *Sirius* se rendaient de Bristol et de Cork à New-York. L'introduction du télégraphe électrique en 1837, et surtout la réforme postale de 1839, avaient donné au commerce de précieux avantages.

D'importants établissements financiers (*Joint stocks Banks*) s'établissaient à Londres. La *London and Westminster Bank* était fondée en 1834, après une lutte de plusieurs années contre la Banque d'Angleterre qui forte de son privilège, refusait d'ouvrir un compte courant à la nouvelle institution de crédit, et lui déniait le droit d'accepter des billets à 6 mois de date. Grâce à l'habileté et aux talents remarquables de son directeur, James W. Gilbart, la *London and Westminster Bank* triompha de tous les obstacles, et devint la plus importante banque de dépôts du monde entier. Elle fraya la route aux autres *Joint Stocks* — la *London Joint stock Bank* (1836), l'*Union Bank* (1839), la *London and County Bank*, originairement la *Surrey, Kent and Sussex Bank* (1839), la *Commercial Bank* (1840) et bien d'autres qui avec les banques privées, ont formé cette puissance financière qui constitue le marché de Londres.

Malgré tout, malgré les traités conclus avec les diverses nations européennes, les années qui suivirent 1830 donnèrent lieu à des plaintes nombreuses et en partie justifiées. Les mauvaises récoltes des années 1828 à 1831, le ralentissement du commerce de l'Inde, avaient eu leur influence sur le commerce anglais. Un comité de la Chambre des Communes fut même établi en 1833 pour rechercher les causes de cette dépression commerciale. Mais vers cette époque les prix se relevèrent, et l'activité devint considérable. Pourtant la Banque, alarmée par la diminution croissante de son encaisse, crut devoir restreindre ses escomptes, au moment où éclatait en Amérique une crise terrible, dans laquelle sombraient 250 banques. Il en résulta un trouble profond en Angleterre, qui bientôt détermina une crise entraînant de nombreuses faillites. Malgré cela, l'année 1838 s'était ouverte sous de favorables auspices, la récolte seule ayant laissé à désirer ; la récolte fut également mauvaise l'année suivante, et les achats de grains, joints aux nombreux emprunts contractés par les gouvernements étrangers, firent continuer le drainage de l'or; la Banque dut encore recourir à des mesures extrêmes. La crise qui en résulta ne fut ni aussi longue, ni aussi intense que celle de 1837, mais ne laissa pas moins de nombreuses ruines.

Avec plus ou moins de raison, la conduite de la Banque avait été attaquée ; on la rendait responsable de ces crises par l'extension donnée d'abord à la circulation, ce qui facilitait la spéculation, tandis que les restrictions déterminaient les crises. Les enquêtes remettaient en question les conditions de l'émission des billets et devaient aboutir à l'*act* de 1844.

La puissance coloniale de l'Angleterre n'avait cessé de croître. Le traité de 1815 avait augmenté le nombre et l'importance de ses possessions ; les mesures prises par Huskisson et ses successeurs avaient considérablement favorisé le développement des colonies. Aux restrictions anciennes, qui obligeaient les colonies à ne commercer, pour ainsi dire, qu'avec la mère-patrie, Huskisson substitua l'autorisation d'exporter les produits coloniaux soit sur des navires anglais, soit sur des navires appartenant à la contrée vers laquelle se faisait l'exportation ; l'importation aux colonies devait toujours être faite sur des navires anglais, mais de nombreuses exceptions étaient faites à cette règle absolue. En 1825, à l'exception des pays dans lesquels s'exerçait le privilège de la Compagnie des Indes, l'importation fut permise sur des navires anglais, ou sur des navires appartenant à la contrée où avaient été produites les marchandises importées. Comme le faisait remarquer Huskisson, il résultait de ces dispositions que les colonies pouvaient commercer librement avec toutes les nations, mais que les relations entre les colonies elles-mêmes ou avec la mère-patrie, étaient toujours le monopole exclusif de la marine anglaise. Plus tard (1841), M. Labouchère, en réduisant les droits fort lourds qui frappaient certaines importations dans les colonies, vint encore aider à leur développement. Mais c'est seulement sous l'administration de sir Robert Pell qu'arrivait à être obtenue l'égalisation des droits sur les sucres.

Pendant cette période, le commerce de l'Inde avait subi une complète transformation. A partir de 1793, et après un renouvellement de la charte qui avait été accordée à la Compagnie des Indes, le commerce avec l'Inde avait été permis à tous sous certaines restrictions. Lors du renouvellement de 1813, cette même stipulation fut maintenue, le commerce avec la Chine et beaucoup d'autres contrées de l'Est, demeurant pourtant encore le monopole de la Compagnie (1). Mais les restrictions qui accompagnaient les entreprises aux Indes, les licences, les autorisations qu'il était nécessaire de demander à la Compagnie, suscitaient des plaintes nombreuses, qui cependant ne pouvaient obtenir aucun résultat tant que la Charte concédée était en vigueur. Ce fut en vain que le gouvernement essaya d'obtenir certaines concessions. Mais le privilège expirait en 1833, et après une enquête, tous les privilèges commerciaux furent supprimés à la Compagnie, qui perdit en même temps toutes ses attributions quasi-souveraines, ses territoires et ses créances qui furent transmis à la couronne, le gouvernement s'engageant à acquitter toutes les obligations de la Compagnie et à rembourser par annuités le capital aux actionnaires. Cette ouverture complète de l'Inde au commerce privé développa considérablement les rapports, et permit même au commerce britannique de se créer de nouveaux débouchés. Des relations avaient été ouvertes avec la Chine aussitôt suppression du privilège de la Compagnie; et à la suite de la « guerre de l'opium » terminée par le traité de Nankin, les Anglais obtenaient l'autorisation de trafiquer à Canton, Annoy, Fouchowfoo, Ningpo, Shanghaï et Hongkong (2).

---

(1) L'effet de l'ouverture du commerce de l'Inde aux entreprises privées fut que de suite le montant du commerce privé dépassa celui de la Compagnie des Indes. En 1814, les importations de cette Compagnie s'élevaient à 4.208.000 livres sterling, et celles du commerce privé à 4.435.000 livres En 1815, les importations de la Compagnie étaient de 3.016.000 livres, celles du commerce privé 5.119.000 livres, et ceci continua de façon que la disproportion devint de plus en plus grande. (LEONE LEVI, *History of british commerce*)

(2) Le traité de Whampon (1844) ouvrit également ces ports à la France.

En France, les premiers actes du gouvernement de la Restauration avaient tendu à la suppression complète du système prohibitif qui, avec Napoléon, avait été la conséquence du blocus continental. Le principe de la prohibition était nettement repoussé, et le baron Louis indiquait bien les tendances nouvelles en disant : « le roi ne
» veut élever les droits qu'autant qu'il est nécessaire pour compenser
» les désavantages actuels de notre industrie, et lui assurer les
» moyens de se maintenir, à la condition expresse de tendre à l'éco-
» nomie et aux procédés les plus simples, et de faire de continuels
» efforts pour atteindre à tous les perfectionnements déjà découverts
» ou à découvrir. » Mais les grands industriels, qui avaient su profiter de la situation que l'Empire avait créée, les grands propriétaires, dont les produits étrangers menaçaient les revenus, firent à ces projets la plus vive opposition. Maîtres des deux Chambres, ils obligèrent le gouvernement à frapper d'un droit de 50 °/₀ l'importation des fils étrangers, ce furent ensuite les laines, et enfin la loi du 27 juillet 1822, due en grande partie aux efforts du baron de Saint-Cricq, directeur général des douanes, appliquait la protection de la façon la plus complète ; une loi de 1826 vint encore augmenter les droits déjà élevés établis par le précédent tarif ; antérieurement (lois des 19 juillet 1819 et 4 juillet 1821, le système de l'*échelle mobile* avait été établi pour réglementer le commerce des grains. C'était l'application du système anglais, pratiqué en réaction des idées de Huskisson, et qui devait, en 1839, susciter la formation de l'*anti corn law league*, faisant après plusieurs années de lutte triompher le libre échange en Angleterre.

En présence des prohibitions établies par le tarif français, les autres gouvernements prirent des mesures analogues, et les exportations décrurent dans une proportion sensible. Les plaintes étaient d'autant plus vives qu'à côté des griefs invoqués par les fabricants dont l'exportation était ralentie, étaient ceux des commerçants contraints de subir des visites domiciliaires opérées pour saisir les marchandises suspectes. Les plaintes furent tellement vives, et parurent en somme si motivées, qu'en 1828 une commission fut nommée pour étudier la question, et que M. de Saint-Cricq lui-même déclara qu'il y avait nécessité à imposer quelques adoucissements aux lois qui régissaient nos relations internationales. Une proposition fut même déposée en ce sens ; mais la gravité de la situation politique absorbait l'attention de tous, et le renversement de Charles X ne permit pas de donner suite à ce projet.

Malgré les difficultés intérieures qui signalèrent son avènement, le gouvernement de juillet sembla d'abord disposé aux mesures libérales. En déposant, en 1832, le projet de loi qui autorisait l'*exportation* des soies grèges et moulinées françaises, le comte d'Argout, ministre du commerce, disait : « que le temps était venu de dégager le
» régime protecteur de tout ce qu'il avait d'inutile, de vexatoire et
» d'exorbitant ; que les intérêts industriels d'un pays comme la
» France ne devaient pas être régis par un système exclusif, et que
» les trois objets principaux d'un tarif de douanes étaient : de pro-
» téger toujours, dans une juste et suffisante mesure, la production
» et le travail du pays ; de réserver au commerce extérieur la plus
» grande somme de liberté possible, et de le dégager de toutes
» entraves superflues et nuisibles ; enfin de garantir au Trésor le
» revenu dont les échanges avec l'étranger offrent l'occasion natu-
» relle et légitime. » Ce programme suscita une opposition aussi violente que celle qui s'était manifestée contre le projet du baron Louis sous la Restauration. Le programme de M. d'Argout ne fut pas discuté, pas plus que celui présenté en 1834 par M. Thiers qui tout en différant de celui qu'avait présenté son prédécesseur, contenait cependant de sérieuses modifications.

A son tour le comte Duchâtel prit l'initiative d'une réforme des tarifs des douanes, et afin d'éclairer le gouvernement sur les véritables intentions du pays, il adressa aux Chambres de commerce une circulaire leur demandant de faire une sorte d'enquête à ce sujet. La lutte entre protectionnistes et libéraux devint ardente ; l'annonce d'une réduction de droits occasionna même des soulèvements dans certains centres manufacturiers, Rouen, Roubaix, Lille et d'autres encore ; le gouvernement craignant de funestes conséquences, préféra abandonner en partie le projet, faisant pourtant abaisser les droits sur les laines, les fers et la houille, et voter l'importation en France de certains produits manufacturés. Les questions politiques se mêlaient intimement aux questions économiques, et un député, le comte Jaubert, défendant la cause des protectionnistes, déclarait que le gouvernement devait soutenir la cause des industriels et des manufacturiers, qui constituaient l'aristocratie nouvelle, étaient les vrais fondateurs de la monarchie de juillet, et ajoutait : « il faut sans » cesse rassurer l'industrie : l'ordre intérieur et la stabilité sont à » ce prix. »

Cependant l'année 1836 avait marqué le commencement d'une ère de véritable prospérité ; la reprise se manifestait dans toutes les branches du commerce et de l'industrie ; la Banque de France commençait à établir des comptoirs ; ses escomptes, dont la moyenne annuelle, de 1830 à 1835, était de 332 millions, atteignaient 773 millions en 1836, 1183 millions en 1839. Les chemins de fer commençaient à s'établir en France, et la loi du 11 juillet 1842 vint donner aux entreprises de voies ferrées une nouvelle impulsion; en 1841, la France ne possédait que 566 kilomètres de chemins de fer, dont 319 kilomètres seulement étaient ouverts ; à la fin de 1847, le réseau comprenait 4035 kilomètres dont 1124 livrés à l'exploitation (1). D'importantes découvertes industrielles, le développement et surtout le perfectionnement de la fabrication de certains articles de modes et de parures, avaient donné à la France de nouvelles ressources et de nouveaux moyens d'exportation.

---

(1) L'emploi de la traction par locomotives était, en France comme en Angleterre, plus ancien que ne l'indiquent les dates d'inauguration des grandes voies ferrées. En France, les locomotives étaient employées en 1832 sur la ligne de Roanne à St-Étienne ; en Angleterre, leur emploi datait de 1812, mais c'est l'invention de la chaudière tubulaire par Seguin qui permit à Stephenson de réaliser la locomotive à grande vitesse et de l'appliquer au transport rapide des voyageurs.

Pendant que le pays voyait croître ainsi sa puissance commerciale et industrielle, que, grâce à ses savants, à ses artistes, il augmentait ses facultés d'exportation, d'autres songeaient à renouveler la société, à donner au crédit une base nouvelle, et préparaient les dangereux expédients qui caractérisèrent la Révolution de 1848. En 1808, Fourier avait établi, dans sa *Théorie des quatre mouvements et des destinées générales*, la formule fondamentale de sa nouvelle doctrine ; ses autres ouvrages ne firent que la développer et la compléter. C'est l'établissement d'une société idéale où tout, travaux et amusements, serait réglé par les attractions individuelles, où des phalanstères, réunions de 16 à 1800 travailleurs, viendraient remplacer l'organisation existante et y réaliseraient ce que Fourier appelle le *travail attrayant*, répartissant le bénéfice obtenu dans une proportion invariablement déterminée, où les passions mêmes auraient servi à l'accomplissement de l'œuvre commune. Tout impraticables qu'elles fussent, ces idées avaient réuni de nombreux partisans, et le système fouriériste ne fut pas sans influence sur les erreurs économiques du gouvernement provisoire.

Plus autoritaire, St-Simon voulait, en réformant le travail, réformer en même temps toutes les institutions sociales. La devise de son école : à chacun selon sa capacité, à chaque capacité selon ses œuvres, les idées que ses disciples émettaient quant au groupement des capitaux, seuls moyens de réaliser des entreprises industrielles importantes, étaient sinon des idées nouvelles, au moins des idées justes ; plusieurs de ces disciples, lorsque la dispersion de l'école saint-simonnienne les fit rentrer dans la société, rendirent de grands services par leur esprit d'initiative et leurs vues sur les entreprises utiles au commerce et à l'industrie, entreprises dont la réalisation fut souvent due à leurs connaissances spéciales. Mais en voulant subordonner tout dans la société à un chef suprême, en remettant aux prêtres saint-simoniens tous les instruments de production, dont ils avaient à déterminer l'emploi, l'école saint-simonienne préparait la théorie nouvelle des écoles socialistes, de l'État maître de tout, et distribuant à tous travail et salaire.

Les idées de Cabet, inspirées plutôt par les utopies des XVIe et XVIIe siècles que des théories de Fourier, n'avaient conduit qu'à la triste colonisation du Texas ; mais l'*organisation du travail*, où Louis Blanc demandait pour éteindre le prolétariat industriel la création d'*ateliers sociaux*, dirigés par des chefs élus et avec des salaires également partagés entre tous, devait avoir, sur les masses ouvrières ignorantes encore, une influence malheureusement trop grande. Toutes ces doctrines furent vivement combattues par les économistes de l'époque, s'efforçant de démontrer quelle devait être la vraie organisation du travail, celle qui découle de la liberté ; mais luttant d'une part contre les préjugés populaires, de l'autre contre tous ceux que la liberté commerciale effrayait, ils ne pouvaient attendre que de l'avenir la consécration de leurs théories.

Alors que la France cherchait, dans des utopies irréalisables, le remède aux souffrances des classes pauvres, que déjà des symptômes faisaient prévoir une révolution prochaine, l'Angleterre accomplissait une réforme d'une extrême importance. Huskisson avait adouci la législation qui régissait le commerce des céréales, mais les restrictions qui entravaient encore ce commerce continuaient à produire des effets désastreux ; en 1838, une récolte mauvaise, qui nécessitait des approvisionnements considérables, détermina une crise intense, amena une baisse des salaires et suscita une redoutable émeute. Richard Cobden conçut le projet de faire réformer la loi des céréales ; aidé de quelques amis, il fonda l'*anti corn law league*. Des réunions furent organisées ; peu suivies d'abord, elles finirent par prendre une importance considérable et, en 1846, Cobden était à la tête d'une société puissamment organisée, ayant ses journaux, ses orateurs ; dont le programme, bien agrandi depuis le début, était d'obtenir : l'abolition totale, immédiate et sans condition de tous les monopoles, de tous les droits protecteurs quelconques, en faveur de l'agriculture, des manufactures et de la navigation, en un mot la liberté des échanges. Après avoir longtemps hésité, Robert

Pell s'était rallié aux idées de Cobden (1) ; la disette de 1845 le décida à agir. Le 28 janvier 1846, il présentait un projet de loi réduisant successivement, pendant trois années, les droits sur les céréales, pour les supprimer complètement à partir de 1849. Le projet fut voté, malgré la violente opposition qu'il rencontra à la Chambre des Lords. L'effet des mauvaises récoltes était ainsi atténué dans une large proportion ; les réductions de droits, les mesures prises en faveur des colonies, plus tard le rappel de toutes les lois de navigation, vinrent favoriser le commerce britannique, et les exportations, qui étaient de 47 millions de livres sterling en 1842, s'élevaient en 1845 à 60 millions, et en 1850 à 71 millions.

Entre temps, la constitution de la Banque d'Angleterre subissait une modification profonde. Lors des crises qui, à diverses reprises, avaient frappé le commerce anglais, la conduite de la Banque d'Angleterre avait été l'objet de critiques violentes; l'extension donnée aux émissions, dans la période d'activité précédant généralement les crises, avait été dénoncée comme favorisant directement la spéculation et comme constituant un sérieux danger. Afin d'y remédier, et après une enquête, sir Robert Pell présenta le bill de 1844, par lequel la Banque d'Angleterre est séparée en deux départements distincts, l'un, celui de l'émission, ayant le droit d'émettre des banknotes à concurrence des sécurités (rentes sur l'État) que la Banque possède en représentation de son capital, et des monnaies et lingots qu'elle détient ; le second département, intitulé *Banking department*, agit comme une banque ordinaire au moyen des ressources que met à sa disposition le département de l'émission. En même temps, le maximum d'émission permise aux banques particu-

---

(1) Sir Robert Pell, dès son arrivée au pouvoir, s'était montré partisan des réductions de taxes, principalement sur les matières premières et les articles de consommation. Il suffit pour s'en rendre compte, de voir les taxes réduites ou supprimées de 1841 à 1846. C'est par un droit d'*income tax* et quelques autres mesures financières, que sir Robert Pell obtint le revenu que l'abaissement ou la suppression des droits faisait perdre au Trésor. (Voir Léone LEVI, *History of british commerce*).

lières était établi, l'émission de banknotes inférieures à 5 livres était interdite ; en 1845, ces mesures furent appliquées à l'Écosse et à l'Irlande, mais en y maintenant cependant la circulation des banknotes d'une somme minimum d'une livre.

Le développement commercial de l'Angleterre, en augmentant les transports, avait favorisé la création de voies nouvelles ; les chemins de fer, alors à leur début, en avaient largement profité. Les lignes créées à partir de 1834 avaient prospéré, et chaque nouvelle création semblait susciter une activité plus grande encore. Les profits à réaliser dans ces entreprises paraissaient si grands, si assurés, qu'en 1844 il fut établi par la législature que si à la fin de la vingt-et-unième année après la concession le net profit dépassait 10 % du capital payé, les Lords de la Trésorerie auraient le droit de réviser les charges de façon à réduire le dividende à 10 %.

La spéculation s'était emparée des titres nouveaux, et les prix s'étaient élevés dans une proportion considérable. Le « Midland stock », dont la valeur au pair était de 4.180.000 livres, montait en 1846 à 7.000.000 d'après les prix du marché ; les parts du « Great Western » de 8.168.000 à 13.500.000 ; d'autres actions montaient, de mars à septembre, de 3 livres 10 shillings à 23 livres 15 shillings ou même, comme celles du « Bolton Wigan and Liverpool », de 4 livres 10 shillings en janvier à 42 livres 15 shillings en septembre (1). Comme on peut le présumer, les projets succédaient aux projets ; en 1846, il en fut présenté 1263 nécessitant une dépense de 560 millions de livres. Nombreux étaient ceux où les dépenses avaient été diminuées, les profits augmentés dans les prospectus, et comme conséquence, des mécomptes se produisirent, ce qui, joint à une mauvaise situation du commerce de coton, à un resserrement sur le marché des grains et à un excès de production des propriétaires de hauts-fourneaux, occasionna en 1847 une crise suffisamment violente pour que le gouvernement crût devoir sus-

---

(1) Leone LEVI, *History of british commerce.*

pendre, sur la demande de banquiers et négociants de Londres, les dispositions de l'acte de 1844 relativement aux émissions de la Banque d'Angleterre.

Une fois de plus, le commerce reprit sa marche après la crise, et en 1851, un événement considérable se produisit en Angleterre : l'ouverture de l'Exposition internationale. A l'exemple de la France, des Expositions nationales avaient été faites, et Dublin, Manchester, Liverpool, Birmingham, Leeds, les avaient eues comme Londres. Mais ces expositions étaient toujours restreintes aux seuls produits nationaux. Prenant à son tour la proposition inutilement faite en France en 1849, d'admettre les producteurs étrangers, la Société des arts mit en avant l'idée d'une exposition internationale. Son succès fut complet : six millions de visiteurs vinrent admirer les merveilles de tous genres présentées par 13.937 exposants.

La guerre de Crimée, de même que celle avec la Chine, avaient modifié momentanément les conditions du commerce, mais tandis que la première ne donnait que des résultats pour ainsi dire politiques, la seconde ouvrait au commerce britannique de nouveaux ports et par suite de nouveaux débouchés. Lord Elgin, qui avait été envoyé en mission en Chine, profita de ce voyage pour négocier un traité de commerce avec le Japon (1858) ; un autre traité avait été conclu entre l'Angleterre et le royaume de Siam en 1855.

La découverte des mines d'or de la Californie et de l'Australie avait eu un grand effet sur le commerce anglais ; les exportations en avaient été facilitées, et ce fait, joint à d'heureuses récoltes, avait donné une vigoureuse impulsion aux affaires. Comme toujours il en était résulté une tendance vers la spéculation, qui devait amener une nouvelle crise. En 1857, un grand nombre de banques américaines suspendirent leurs paiements, et comme contre-coup, des faillites éclatèrent à Liverpool. D'autres faillites suivirent en Angleterre et en Écosse, les retraits à la Banque, les demandes d'escompte affluèrent, et il fallut encore suspendre provisoirement les effets de l'acte de 1844 pour permettre à la Banque d'Angleterre de suffire aux demandes. Chaque crise amenait donc comme résultat la suspension de l'acte de 1844, et les adversaires de cette mesure en prirent texte pour en demander l'abrogation. La réalité des faits ne pouvait être contestée ; mais malgré cela aucun changement ne fut apporté, et cet acte régit encore actuellement la circulation en Angleterre.

Le mouvement libre échangiste avait eu son contre-coup en France, et à l'exemple de l'*Anti corn law league*, une *association pour la liberté des échanges* se forma à Bordeaux ; des sociétés analogues s'établirent à Paris, à Lyon, à Marseille, au Havre, tandis que les partisans du système protecteur instituaient un *comité pour la défense du travail national*. De part et d'autre des manifestations s'organisèrent, et la polémique prit bientôt un caractère acrimonieux très marqué. La lutte ne pouvait du reste être douteuse, les partisans de la protection étant maîtres de la majorité dans les deux Chambres. Contraintes par la nécessité, les Chambres votèrent bien, en 1847, que les droits sur les grains ne pourraient être augmentés avant la récolte suivante, ce qui était la suspension du système de l'*échelle mobile*, mais le projet de M. Cunin Grudaine, quoique ne touchant à aucun des objets importants du tarif, donna lieu à un rapport hostile et aurait certainement été repoussé à la session suivante. Dans l'intervalle, la Révolution de 1848 éclatait et renversait le Gouvernement de juillet.

Le pays était alors engagé dans un grand nombre d'affaires industrielles, surtout dans l'établissement de lignes de chemins de fer (1) : les mauvaises récoltes des années précédentes avaient nécessité des importations considérables dont le commerce en général subissait les conséquences ; la Révolution, survenant alors, détermina une crise commerciale violente. Les fonds publics subirent

---

(1) De 1823 à 1839, les capitaux dépensés dans l'industrie des chemins de fer dépassaient à peine 100 millions (102,470,000) ; ils atteignirent 689,744,000 dans la seule année 1846 ; les engagements résultant de concessions faites, y compris bien entendu les sommes déjà dépensées, atteignaient 1,911,542,000 fr. fin 1846 (COURTOIS, *Histoire des banques en France*).

une baisse considérable, la confiance sembla disparaître, les transactions s'arrêter ; pour enrayer la crise, le Gouvernement provisoire crut bien faire en prenant des mesures prohibitives, rendant les importations de plus en plus difficiles, mesures que le tarif présenté ensuite par M. Flocon, alors Ministre de l'agriculture et du commerce, rendirent définitives. Ce retour vers le système prohibitif fut du reste celui qui caractérisa la législature d'alors, car à la révision des tarifs échéant en 1849, 1850 et 1851, des dispositions libérales, dues au Gouvernement de juillet, furent en partie supprimées.

Les agitations intérieures n'avaient fait que rendre la crise plus intense. Les ateliers nationaux, sinon création de M. Louis Blanc, au moins conséquence de son projet d'organisation du travail, avaient rapidement constitué une charge telle que le Gouvernement avait dû songer à leur licenciement ; les propositions qui furent faites aux ouvriers aboutirent aux terribles journées de juin. Cette insurrection empêcha l'Assemblée constituante d'inscrire dans la constitution le *droit au travail ;* afin d'éviter le retour de ces désordres, un crédit de 3 millions fut ouvert pour favoriser la formation d'associations libres, soit d'ouvriers entre eux, soit entre ouvriers et patrons. 2.590.000 fr. furent employés à cet objet ; mais sur les 56 associations ainsi formées, 4 seulement étaient prospères en 1858, 30 avaient sombré à partir de 1852.

D'autres mesures avaient été prises en faveur du commerce. A partir de février, la Banque de France avait eu à faire face à des demandes sans cesse croissantes. En vingt jours, 110 millions étaient présentés à l'escompte à Paris, et 43 millions dans les succursales ; l'encaisse descendait le 14 mars à 70 millions, et à 59 millions le 15 au soir ; les prorogations d'échéances décrétées par le gouvernement n'avaient pas permis au commerce de faire face à ses engagements ; les demandes continuaient. Craignant pour elle à son tour, la Banque demanda et obtint le 15 mars 1848, le cours forcé pour ses billets ; l'émission de billets de 100 fr. était autorisée.

Les autorités départementales avaient pris des mesures du même genre en faveur des banques d'émission particulière, mais afin d'établir une complète uniformité, le Gouvernement provisoire prit le 25 mars, un arrêté autorisant les neuf banques d'émission à ne pas rembourser leurs billets, à la condition de ne pas dépasser la limite fixée pour leur circulation (1), et d'adresser deux fois par semaine leur bilan au Ministre des Finances. Le minimum des coupures était également abaissé à 100 fr.

Mais la difficulté d'échanger entre elles leurs billets, difficulté augmentée il est vrai par la mesquine réglementation que leurs statuts édictaient, conduisirent ces banques locales à fusionner avec la Banque de France; les décrets du 27 avril et du 2 mai vinrent sanctionner cette réunion. Du même coup, le capital de la Banque atteignait 91.250.000 fr.

Un grand nombre de maisons d'escompte avaient dû suspendre et liquider, et leur disparition causait une grande gêne au commerce, la Banque de France ne pouvant escompter le papier ne portant que deux signatures. Des comptoirs d'escompte furent créés. « Les
» particuliers, l'Etat et les villes étaient appelés à fournir chacun
» un tiers du capital des comptoirs; le premier tiers, celui des
» particuliers, devait être entièrement versé et représenté par des
» actions, les deux autres tiers étaient représentés chacun par des
» bons du Trésor et des obligations municipales déposées dans la
» caisse du comptoir. Outre ce capital, tous les comptoirs (sauf
» Lyon et Douai), reçurent de l'Etat, à l'époque de leur formation,
» un prêt subventionnel en espèces, portant intérêt à 4 % au
» profit de l'Etat. Presque tous ces prêts furent remboursés au bout
» de trois années. » (2).

Ces comptoirs pouvaient faire toutes les opérations de banque,

---

(1) Lyon, 20 millions — Rouen, 15 — Bordeaux, 22 — Nantes, 6 — Lille, 5 — Marseille, 20 — Le Havre, 6 — Toulouse, 5 — Orléans, 3 — en tout 102 millions.

(2) COURTOIS, *Histoire des banques en France*.

principalement l'escompte et étaient autorisés à recevoir les effets à deux signatures. Le premier qui fut organisé fut le *Comptoir d'Escompte de Paris*, devenu par la suite un des plus importants établissements financiers de la capitale (1). Le nombre des comptoirs créés dans toute la France s'éleva à 67 ; la législation particulière qui les régissait prit fin en 1853, et tous ces comptoirs rentrèrent dans le droit commun.

La création des sous-comptoirs, destinés à servir d'intermédiaires entre le commerce, l'agriculture et l'industrie, d'une part, et les comptoirs nationaux d'escompte de l'autre, de même que celle des magasins généraux avec son indispensable auxiliaire, le warrant, sont dus encore au gouvernement de 1848. Toutes ces mesures avaient sinon rendu une grande activité au commerce, au moins facilité la liquidation des opérations antérieures.

Cependant Napoléon-Bonaparte avait été nommé à la Présidence de la République, et profitant du discrédit dans lequel était tombée l'Assemblée nationale, de la popularité qui s'attachait à son nom, de la complicité des principaux chefs de l'armée, réalisait le coup d'Etat du 2 décembre, commençant par la proscription de nombreux citoyens, par la suppression de libertés chèrement acquises, un régime qui, s'il donna quelques années de réelle prospérité à la France, devait les lui faire tristement payer plus tard.

Pourtant, lorsque la consolidation du régime nouveau parut acquise, quelques mesures libérales furent prises en faveur du commerce. Des dégrèvements étaient consentis sur les houilles, les fers, les fontes, les aciers, les graines oléagineuses; en 1853, l'échelle mobile était momentanément suspendue jusqu'à la fin de l'année, et ensuite pour toute l'année suivante. L'Exposition universelle de Paris, en 1855, avait permis de constater les réels progrès

---

(1) Jusqu'en 1888, nul n'aurait osé mettre en doute la solidité du Comptoir d'Escompte, et il a fallu toutes les imprudences, toutes les fautes commises pour arriver en 1889 à une catastrophe.

de l'industrie française, et encouragé le gouvernement à supprimer la plupart des prohibitions, la France étant à même de lutter avec les marchés extérieurs. Une proposition présentée en ce sens échoua cependant en 1856, devant l'opposition faite par le Corps législatif ; mais l'année suivante, un projet de loi fut voté, qui consacrait les mesures prises antérieurement par décrets, et marquait un pas en avant dans la voie des abaissements de tarifs. En même temps les résultats de la production de l'or en Californie et en Australie se faisaient sentir en France, biens moins qu'en Angleterre, mais suffisamment toutefois pour donner un vigoureux essor aux affaires ; en 1859, le commerce général atteignait près de 6 milliards. Le moment parut opportun pour une réforme commerciale plus complète.

A plusieurs reprises, l'idée d'un traité de commerce avec l'Angleterre avait été présentée, mais jusqu'alors aucun gouvernement n'avait osé en prendre l'initiative. Des traités de navigation avaient été établis, non seulement avec la Grande Bretagne, mais avec d'autres puissances; la marine française en avait ressenti les heureux effets, la clause d'égalité de pavillon, désavantageuse en face de la puissante marine commerciale anglaise, devenait un réel avantage vis-à-vis de puissances moins favorisées sous ce rapport. Mais là s'étaient bornées les concessions, et ni les résultats obtenus par Huskisson, ni ceux du Zolwerein allemand, n'avaient pu diminuer l'opposition à tout traité de ce genre. Des négociations, entamées à diverses reprises, n'avaient pu aboutir. Mais en 1859, a la suite d'une campagne menée par M. Michel Chevalier, des négociations officieuses furent entreprises avec Richard Cobden, puis ensuite entre les cabinets anglais et français, et quand tout fut réglé, se transformèrent en négociations officielles. Le 5 janvier 1860, une lettre de l'Empereur à M. Fould, Ministre d'État, indiquait les bases nouvelles de la politique commerciale ; le 23 janvier 1860, un traité de commerce était signé avec l'Angleterre. Des abaissements de droits étaient consentis de part et d'autre ; les produits industriels anglais étaient admis en France à des taux relativement modérés, tandis que grand nombre de produits naturels ou fabriqués étaient reçus en franchise en Angleterre. Des délais étaient fixés en France pour l'application du nouveau tarif, afin de permettre aux industriels de modifier leur outillage et de le mettre en rapport avec les progrès réalisés de l'autre côté du détroit.

Ce traité, dans chacun des deux pays, donna lieu à une discussion fort vive, et fut l'objet des plus vigoureuses attaques. Il fut voté malgré tout, et les conventions des 12 octobre et 16 novembre 1860, en le modifiant et le complétant sur certains points, en établissaient l'application. D'autres traités étaient ensuite conclus avec la Belgique, le Zolwerein, l'Italie, la Suisse etc. Il en fut de même en Angletere, où des traités furent successivement conclus avec les mêmes puissances.

Le changement dans la politique commerciale avait été précédé de mesures propres à augmenter la facilité des débouchés. Le gouvernement de Louis-Philippe avait commencé la formation du réseau français, et à partir de 1838, favorisé l'exécution des grandes lignes. La révolution de 1848 avait enrayé le mouvement, et cela, joint aux résultats de la crise de 1847, avait obligé plusieurs petites Compagnies à suspendre leurs travaux. L'Empire crut devoir faciliter la fusion de toutes ces petites Compagnies, de façon à constituer des groupes puissants, opération qui fut menée à bien et terminée en 1857; le chiffre des Compagnies, de 33 en 1846, tombait à 11 environ en 1857, à 6 en 1859, alors que les lignes concédées s'élevaient à 16,000 kilomètres contre 3,900 à la fin de 1851. La crise de 1857 vint déprécier les titres des chemins de fer, sur lesquels le public s'était porté d'abord avec faveur; le gouvernement crut devoir étudier la question, et alléger les charges des Compagnies, afin de faire reprendre à leurs titres la faveur momentanément perdue; le système des garanties d'intérêt, et de division d'ancien et de nouveau réseaux, fut ainsi adopté. Comme conséquences, un grand nombre de lignes nouvelles purent être décrétées dans les années suivantes, et acceptées par les Compagnies.

Les voies navigables n'avaient pas été l'objet de la même sollicitude. Tandis que le gouvernement de juillet avait dépensé pour cet objet 28 millions en moyenne chaque année, les travaux de 1852 à 1859 ne s'étaient élevés qu'à une cinquantaine de millions, soit 6 1/2 millions environ par année. Mais à partir de 1860 une réaction se produisit, et les travaux furent repris avec activité. Par contre, des travaux considérables avaient été effectués dans les ports de Marseille, Dunkerque, Dieppe, le Hâvre, Cherbourg, dont la digue et le bassin furent achevés en 1858.

Le traité de 1860, et ceux qui en avaient été la suite, avaient été la cause d'incontestables progrès au point de vue industriel et commercial. Tout d'abord les industries françaises avaient dû reconnaître la supériorité de certaines industries étrangères ; mais stimulés par la concurrence, les industriels français s'étaient mis à l'œuvre, et avaient rapidement regagné le terrain perdu. Alors qu'en 1860 le commerce général était en France de 5 milliards 800 millions, il atteignait près de 8 milliards en 1868, et la population industrielle, qui n'était que de 9,283,000 têtes sur 35,783,000 habitants en 1851, s'élevait, lors du dénombrement de 1866, à 13,770,000 sur une population de 38,000,000 d'habitants. Les progrès de l'agriculture avaient été au moins aussi grands ; l'exportation des produits agricoles, principalement des vins, avait pris une extension considérable.

L'Angleterre prenait une part prépondérante dans l'ensemble des relations extérieures de la France, et une circonstance particulière avait largement contribué à développer encore ces rapports. La guerre de la sécession, en fermant les ports américains au commerce de l'Europe, avait paralysé l'importation du coton. L'Angleterre en avait demandé à sa colonie de l'Inde, non seulement pour elle-même, mais pour les marchés étrangers ; les importations d'Angleterre en France, qui pour cet article n'étaient en 1859 que de 4.195 tonneaux métriques, arrivaient à 29,343 tonneaux en 1863, à 44,233 en 1866, pour revenir en 1869 à 14,850. les importations de l'Inde anglaise ayant passé pendant la même période, de 3,988 tonneaux en 1856, à 28,568 tonneaux en 1869. D'un autre côté, l'exportation des produits alimentaires avait pris une extension de plus en plus grande. Prises dans leur ensemble, les transactions avec l'Angleterre (commerce spécial), qui se chiffraient en 1861 par 894 millions, représentaient en 1869 la somme de 1,460 millions.

Pendant que la France accroissait ainsi ses relations commerciales, son outillage financier se développait avec une surprenante rapidité. La Banque de France avait, en 1857, obtenu pour 40 années le renouvellement de son privilège, et l'autorisation de doubler son capital; au Crédit Foncier et au Crédit Mobilier, fondés en 1852, venaient se joindre la Société Générale de Crédit industriel et commercial (1859), la Société des Dépôts et comptes courants (1863), la Société générale pour favoriser le développement du commerce et de l'industrie en France (1864), le Crédit Lyonnais (1865). Les lois sur les Sociétés (1856-1863-1867) en favorisant l'association des capitaux, permettaient la constitution de puissantes Compagnies financières, industrielles et commerciales.

Après quelques années de prospérité réelle, un malaise se faisait pourtant sentir. Les mesures prohibitives prises par les États-Unis avaient pour ainsi dire arrêté les exportations pour ce pays, et la gêne des industries en rapport avec cette contrée s'était, par une répercussion toute naturelle, fait sentir sur le commerce entier. Des plaintes s'élevèrent, accusant de tout cela le régime commercial nouveau qu'avait inauguré le gouvernement impérial; afin de donner satisfaction aux désirs qui avaient été exprimés à la tribune, une Commission d'enquête fut nommée afin d'apprécier, dans son ensemble, les effets des conventions internationales. Mais les évènements de 1870 ne permirent pas à cette Commission d'achever son œuvre, et les malheurs de la France vinrent donner à ses rapports commerciaux une direction toute différente de celle qui existait alors.

Les divers traités conclus par l'Angleterre à la suite du traité de 1860 avaient, en développant le trafic, atténué en partie les effets de la guerre de la sécession. Plus qu'en France, le blocus des ports américains avait été désastreux, et les importations de coton indien n'avaient pu éviter un ralentissement marqué dans la fabrication et, avec la diminution du travail, la misère pour les ouvriers (1). Mais de ce mal naquit un nouvel élément de prospérité pour l'Angleterre; la culture du coton fut perfectionnée dans l'Inde, les graines choisies avec le plus grand soin, et l'exportation du coton indien prend chaque année plus d'importance.

En 1866 une nouvelle crise, plus financière que commerciale, éclatait en Angleterre. A l'imitation de la Société de Crédit Mobilier, dont les succès, lors de son début, avaient enflammé l'imagination des financiers audacieux, des Sociétés similaires s'étaient formées en Angleterre, la clause de *limited liability* leur donnant toutes facilités pour leur constitution ; à leur tour ces Sociétés s'attachaient à lancer de nouvelles affaires. En quelques années, 300 Compagnies furent formées dans le Royaume Uni, chacune avec un capital d'un million de livres ou plus, pour un montant total de 504 millions de livres. Beaucoup de ces Sociétés n'eurent qu'une existence éphémère, ne laissant à leurs actionnaires que le souvenir des capitaux perdus; mais les demandes auxquelles elles donnaient lieu lors de leur formation, jointes à une activité plus grande dans toutes les branches du commerce, à un excédant d'importation de l'Inde qu'il fallait régler en numéraire (2), produisirent un resserrement des capitaux,

---

(1) Dans le Lancashire, un fonds de secours fut établi, et en décembre 1862, 485,434 personnes étaient secourues. Les sommes distribuées s'élevèrent à 841,809 livres, auxquelles il convient d'ajouter les objets fournis en nature et évalués à 111.968 livres. (LEONE LEVI, *History of british commerce*).

(2) En 1861, l'Inde exportait pour une valeur de 33 millions de livres sterling contre 28 millions d'importation, en 1865, les exportations atteignaient 68 millions contre 28 millions à l'importation. Il y avait donc, pour cette seule année, une balance de 40 millions de livres à régler, pour la plus grosse part en numéraire. Ce fut du reste le drainage du métal blanc dans l'Inde qui fit faire la convention relative à la monnaie divisionnaire de l'Union latine, à un titre inférieur au titre légal.

et déterminèrent une augmentation du taux de l'intérêt à Londres. Les affaires cependant paraissaient prospères, lorsque la suspension de la vieille banque Overend-Gurney et C° (10 mai 1866) détermina une panique sans exemple. Les banques furent assiégées, les réserves de la Banque d'Angleterre diminuées dans une énorme proportion; la crise fut si intense que, dès le 11 mai, la Banque était de nouveau autorisée à enfreindre les prescriptions de l'acte de 1844, en même temps que le taux minimum d'intérêt était fixé à 10 %. Ce taux fut suffisant pour déterminer un afflux de capitaux vers l'Angleterre, et la Banque n'eut même pas à dépasser les limites de sa circulation.

Pendant ce temps, un français illustre, Ferdinand de Lesseps, accomplissait en Égypte, malgré l'opposition de l'Angleterre qui devait pourtant en retirer tant d'avantages, cette œuvre gigantesque du canal de Suez. Commencée en 1859, l'entreprise était achevée dix années plus tard ; le 17 novembre 1869, une voie commerciale nouvelle était inaugurée. Et pendant que les relations de l'Europe et des Indes trouvaient un nouveau moyen de prendre plus d'essor, les cables transatlantiques, reliant l'ancien et le nouveau continent, allaient servir les intérêts commerciaux de tous les peuples.

La guerre de 1870-71 vint enrayer tous ces progrès en France. Pendant 10 mois, son sol fut livré aux horreurs d'une guerre faite par un ennemi sans pitié; la paix, en imposant une colossale rançon, consacrait la cession de deux provinces, plus chères encore depuis cette séparation ; et pour ajouter à tant de maux, les horreurs de la guerre civile venaient se joindre à celles de la guerre étrangère. Mais nul ne désespéra de la France. En deux ans et demi, la rançon était payée, le territoire libéré, et en conservant l'espoir de jours meilleurs, la nation travaillait sans relâche à reprendre la place qui lui était due, place que ses malheurs lui avaient un moment fait perdre.

Le crédit en France n'avait pas été ébranlé. Malgré les versements énormes faits à l'Allemagne, malgré les ruines occcasionnées par la guerre, la confiance était restée intacte. La Banque de France, pour une large part, avait aidé à ce magnifique résultat. Grâce à son concours, les services publics furent toujours assurés (1) ; par la création de petites coupures, elle vint en aide au commerce et fit disparaître tous les inconvénients produits par la rareté du numéraire; le cours forcé donné à ses billets ne les fit pas descendre au-dessous du pair, et bien longtemps avant la décision légale, la Banque, ayant reconstitué ses réserves métalliques, avait en fait cessé le cours forcé des billets

En maintenant intact le crédit national, la Banque de France facilita la reprise qui commença en 1872. Les affaires financières se développèrent avec rapidité ; un grand nombre de Sociétés nouvelles furent créées, tandis que d'autres augmentaient considérablement leur capital originaire. Il en résulta un immense mouvement de capitaux, une spéculation ardente, qui aboutit en 1881 à la catastrophe de l'Union Générale, dont les marchés français ont été plusieurs années à se remettre, et qui jusqu'en ces derniers temps, avait empêché toute reprise vraiment sérieuse.

La politique commerciale de la France avait été profondément modifiée par les évènements de 1870-71. Les emprunts rendus nécessaires pour la libération du territoire, pour la liquidation des charges de la guerre, avaient forcé à la création de nouveaux impôts. Avec M. Thiers, surtout avec M. Pouyer-Quertier, il était évident que c'était aux douanes que seraient demandées les ressources nouvelles. Un projet en ce sens fut déposé par le gouvernement ; mais vivement combattu, il fut repoussé : M. Thiers crut même devoir, à cette occasion, donner sa démission de Président de la République, démission qui fut du reste retirée après quelques explications. Une Commission d'enquête fut nommée, dont les conclusions étaient plutôt contre le projet gouvernemental ; cependant, après une discussion acharnée, et par crainte d'une grave crise politique, l'Assemblée nationale vota l'impôt sur les matières premières, revenant

---

(1) Du 18 juillet 1870 à juillet 1871, les avances de la Banque à l'État s'élevèrent à 1.470 millions.

ainsi à la protection dont M. Thiers avait toujours été l'ardent défenseur. Une campagne diplomatique fut alors entreprise, afin d'obtenir la modification des traités existants ; des conventions nouvelles furent même conclues avec l'Angleterre et la Belgique. Mais la chute de M. Thiers, et son remplacement par le Maréchal de Mac Mahon, remirent tout en question ; après de longues discussions, l'Assemblée vota le retour aux traités antérieurs, annulant les conventions récentes.

Mais d'un autre côté, en vue de la prochaine échéance des traités de commerce, le Gouvernement provoquait une sorte d'enquête près des Chambres de commerce et des Chambres consultatives. La majorité se prononça en faveur du renouvellement des traités, demandant cependant qu'on établit le plus tôt possible un tarif général, destiné à servir de base aux négociations futures, et repoussant la clause de la *nation la plus favorisée*, comme touchant à la stabilité et à la réciprocité des conventions. La convocation du Conseil supérieur de l'agriculture, du commerce et de l'industrie, réorganisé par le Gouvernement du 16 mai, suivit cette enquête, mais contrairement aux vœux exprimés, le tarif général qui résulta de ses délibérations était nettement protecteur. Le Gouvernement, il est vrai, avait cru devoir élever, dans une notable proportion, les droits établis par le Conseil. La crise commerciale de 1877 avait été largement invoquée pour arriver à ce résultat.

Le tarif général ne put être voté qu'en 1882, après des remaniements lui enlevant tout caractère déterminé, quoique les tendances soient restées dans le sens de la protection ; il servit de base aux conventions nouvelles qui ne purent même être établies avec toutes les puissances. Depuis cette époque, et en présence des plaintes causées par la crise commerciale que la France n'est certes pas seule à subir, par les souffrances de l'agriculture, des droits protecteurs ont été votés, en vue d'apporter un soulagement à des maux très réels. Cette tendance à un retour vers la protection était du reste encouragée par les systèmes suivis par la plupart des États de l'Europe cherchant, à l'exemple de l'Allemagne, à faire de la protection l'instrument de leur prospérité. Mais en attendant la France travaille et complète son outillage commercial et industriel ; les travaux publics, qu'un programme célèbre avait fait entreprendre avec trop d'ardeur, sont maintenant poursuivis plus lentement, mais sûrement; les conventions avec les Compagnies de chemins de fer ont assuré l'exécution de nouvelles voies ferrées ; l'amélioration des ports et de leur aménagement se poursuit, et lorsque le malaise actuel aura pris fin, lorsque le commerce pourra reprendre son essor, la France, mieux organisée, mieux préparée à la lutte commerciale et industrielle, aura toute facilité de recommencer l'expérience de 1860, dans des conditions qui assureront son succès.

Les années qui suivirent en Angleterre la crise de 1866 avaient été sans grande activité ; cependant une reprise paraissait se produire, quand éclata la guerre de 1870-71. Quoique n'ayant aucun intérêt commun avec les deux puissances en lutte, l'Angleterre devait en ressentir le contre-coup; la perplexité dans laquelle se trouvait l'Europe entière empêchait toute reprise sérieuse. A la conclusion de la paix, cette reprise fut d'autant plus complète que la question de l'*Alabama* venait d'être terminée. L'industrie du fer, stimulée par les demandes des États-Unis, prit une activité considérable, entraînant celle des charbonnages ; l'industrie du coton subit de même une influence heureuse, et toutes les autres industries prirent également une rapide extension.

Non seulement les échanges du Royaume-Uni s'accrurent considérablement, mais le marché financier prit une activité sans précédent. Les emprunts contractés par les divers gouvernements étrangers, de même que les affaires nouvelles s'élevèrent à un chiffre considérable (1), donnant un immense aliment aux spéculations. La réaction arriva bientôt. De mauvaises nouvelles des chemins américains, le

---

(1) 50.652.000 livres stg. en 1870 ; 119.034.000 livres en 1871 ; 85.153.000 livr. en 1872 ; 94.393.000 livres en 1873 (Leone Levi, *History of british commerce*).

krach de Vienne, la crise aux États-Unis, la cessation des paiements par plusieurs États du Sud Amérique amenèrent une baisse générale, des ruines dont le Stock-Exchange n'a présenté que trop d'exemples (1), et pour le commerce en général, une stagnation de plus en plus grande des affaires. Les mesures douanières prises par les diverses contrées de l'Europe, en rendant plus difficiles les exportations, ont accentué cette gêne, dont les enquêtes sur le commerce ont donné la preuve, mais à laquelle elles n'ont pu apporter le remède. Cependant, malgré les plaintes dont certaines Chambres de commerce se sont fait l'écho, en dépit de quelques mesures récentes, dictées peut-être plus par des vues financières qu'économiques, il semble que le commerce anglais ne veut pas répudier les doctrines auxquelles il doit en grande partie sa puissance actuelle, préférant chercher des débouchés nouveaux, et attendant que des circonstances favorables viennent lui permettre de rendre leur ancienne activité aux échanges avec les diverses contrées actuellement vouées à la protection.

Pendant cette période, la puissance coloniale de l'Angleterre n'a fait que s'accroître, chaque année, pour ainsi dire, ajoutant une nouvelle possession à la liste si longue des colonies britanniques. Et non seulement les territoires devenaient ainsi de plus en plus considérables, mais les colonies croissaient en population, quelques-unes même prenant un développement inouï. En 1885, le territoire des possessions anglaises, y compris le Royaume-Uni, représentait à peu près la cinquième partie du monde habitable; le Royaume-Uni n'était que la dix-septième partie de l'Empire Britannique. Les annexions faites aux Indes rendent une comparaison difficile, mais le

---

(1) D'après un rapport présenté aux Commissaires royaux sur le Stock exchange, il résulte que sur des emprunts émis à Londres pour 614.228.300 livres stg. ceux dont les obligations ont été complètement remplies ne donnent qu'un pourcentage de 45.89, ceux en défaut s'élevant à 54.11 pour cent. La somme totale en défaut partiel ou total était de 332.399.800 livres (Leone LEVI, *History of british commerce*).

Dominion of Canada, qui, en 1837, ne comptait que 1.400.000 habitants, en comptait 4.500.000 en 1885 ; l'Australie, de 134.000 en 1837, a passé à 3.279.000 en 1885, et les colonies du Cap, qui n'avaient en 1837 que 143.000 habitants, en 1855 que 268.000, en comptent en 1885, 1.252.000. L'accroissement du mouvement commercial a été plus considérable encore. Dans l'Inde les échanges (importations et exportations de marchandises), s'élevaient en 1836-37 à 18.776.000 livres, à 39.522.000 livres en 1856-57, à 139.516.000 livres en 1885-86 ; en Australie, le commerce total était seulement de 3.300.000 livres en 1837; en 1863-64, le chiffre devenait 65.600.000 livres, puis 81.900.000 en 1873-74, et enfin 117.900.000 en 1883-84. Il est vrai de dire que la découverte de gisements aurifères a largement contribué au développement de cette colonie (1). Sans être aussi marquants, les progrès des autres colonies ont été considérables, le commerce total des colonies et dépendances, qui n'était que de 54.773.000 livres en 1837, a atteint en 1887, 434.338.000 livres (2).

Pour arriver à ce résultat, bien des difficultés ont dû être surmontées, et plus d'une fois les progrès, sinon l'existence même de certaines colonies, ont été en question ; il suffit de rappeler la révolte du Canada en 1837, et celle de l'Inde en 1856. Mais des concessions de plus en plus grandes, le développement du *self government* qui sauf pour l'Inde, existe dans les grandes colonies, a non seulement

---

(1) Assurément, dans toute l'histoire, il est impossible de trouver rien qui ressemble au développement rapide et continu des colonies de l'Australasie, pour employer l'expression anglaise qui désigne le groupe des Iles-britanniques dans l'Océan pacifique. En 1789, l'on recueille la première moisson ; en 1790 le premier colon fixe (*Settler*), un convict, prit possession du coin de terre qui lui était personnellement concédé ; en 1793, le premier achat de grain colonial, 1.200 boisseaux, fut fait par le gouvernement ; le premier journal imprimé parut en 1802; en 1803, M. Macarthur expose à Londres le premier échantillon de laine mérinos des colonies; en 1807, l'on exporte de Sydney 245 livres de cette laine, 100.000 livres en 1820 ; en 1830, 3.564.532 livres et environ 7 millions de livres en 1840 (P. LEROY-BEAULIEU. *De la colonisation*).

(2) Fifty years' progress.

facilité l'expansion coloniale, mais en relâchant les liens gouvernementaux, en créant en quelque sorte une fédération immense, a augmenté l'attachement des colons pour la mère-patrie, envers laquelle ils savent être reconnaissants des services rendus. L'Angleterre, en effet, a supprimé toutes les lois, toutes les entraves qui pouvaient gêner ses colonies ; elle leur a accordé l'entière liberté du commerce; en donnant aux grandes colonies une autonomie presque complète, elle leur a permis de mettre en pratique, quelquefois même au détriment de son commerce propre (1), les meilleurs moyens d'assurer leur prospérité, elle a su créer des liens plus étroits et plus durables que ceux qu'auraient pu établir une législation plus unitaire et une intervention plus directe dans l'organisation de ses possessions lointaines.

En France, le développement colonial, sans pouvoir être comparé à celui de l'Angleterre, a eu, dans les cinquante dernières années, une certaine importance. Les acquisitions faites dans l'Océan Indien et dans l'Océanie par le gouvernement de Juillet, la prise de possession de la Nouvelle-Calédonie, de la Cochinchine, le protectorat du Cambodge, réalisés sous le second Empire, et plus récemment la conquête du Tonkin, le protectorat de l'Annam et de la grande île de Madagascar, ont augmenté le domaine colonial de la France, plus encore par leur situation, par le lien qu'elles établissent entre les autres colonies, que par leur importance propre, toute considérable qu'elle soit pour quelques-unes de ces acquisitions. Mais c'est surtout en Afrique que s'est développée l'influence française. Au Sénégal, grâce à de hardis explorateurs, à des administrateurs dévoués, la colonie embrasse actuellement un domaine considérable, dont la mise en valeur est poursuivie sans relâche ; il en sera, sans doute, de même au Congo; mais c'est l'Algérie, si heureusement complétée par la Tunisie, qui de toutes les colonies est la plus

---

(1) Les tarifs des colonies Australiennes et du *Dominion* ont excité de vives plaintes en Angleterre.

importante. Commencée en 1830, la conquête de l'Algérie ne fut considérée comme faite qu'en 1848, et ne fut même achevée qu'en 1857, après la conquête de la Kabylie, nécessitant en hommes et en argent des sacrifices considérables. Pendant toute cette période, l'administration militaire intervint seule ; il s'agissait d'asseoir notre domination avant de songer à coloniser. Mais à partir de 1845, époque à laquelle fut rendue une ordonnance pour organiser le service financier de l'Algérie, les services administratifs de cette colonie ont subi de nombreuses transformations, ayant toutes pour but d'identifier l'administration algérienne avec celle de la métropole ; plus d'une fois ces changements plus ou moins motivés firent perdre de vue l'objet principal, c'est-à-dire la mise en valeur de cette belle possession (1). Mais dans ces dernières années, l'Algérie a réalisé des progrès considérables ; la substitution du gouvernement civil au gouvernement militaire a favorisé la création de communes de plein exercice, mixtes ou indigènes ; des établissements de crédit, Banque, de l'Algérie, Crédit foncier et agricole de l'Algérie, Compagnie algérienne, etc., ont apporté les capitaux qui faisaient défaut ; la réalisation du réseau algérien, commencée en 1857, a donné de nouveaux débouchés, de nouvelles facilités au commerce, en même temps que de nombreux Alsaciens-Lorrains, fuyant le joug étranger, venaient y apporter l'appoint de colons intelligents et courageux (2). Le commerce total de l'Algérie, qui, pendant la période de 1830-1840, n'était en moyenne que de 17 millions, dans celle de 1861-1870 de 254 millions, s'est élevé en 1875 à 336 millions, et en

---

(1) D'après le rapport fait en 1872 par l'amiral de Gueydon, la grande route qui doit relier Alger à Constantine n'était pas alors terminée. « J'espère, écrit-il » dans ce rapport, j'espère réussir à rendre praticable au roulage, dès l'année » prochaine, cette grande voie de communication dont le parcours n'est pas » moindre de 440 kilomètres » C'est une triste constatation de la manière dont les travaux publics avaient été conduits en Algérie.

(2) On peut estimer de 8 à 10,000 le nombre de colons alsaciens qui sont venus se fixer en Algérie à la suite des événements de 1870-71. Ce nombre s'applique à des familles complètes.

1885 à 415 millions. Les relations nouvelles avec la Tunisie, suites du protectorat français, ne peuvent qu'accentuer encore ces progrès.

Dans les autres colonies, les changements administratifs, pour être moins répétés, n'en ont pas moins été nombreux, et ce n'est que lentement qu'on est arrivé à donner aux colonies une organisation locale indépendante, et la faculté d'administrer au mieux une partie de leurs ressources propres. Au point de vue commercial, le pacte colonial, qui subsista jusqu'en 1860, en obligeant les colonies à envoyer leurs marchandises en France, leur créait une situation d'autant plus désavantageuse que la production du sucre, élément principal du commerce d'une partie d'entr'elles, augmentait rapidement dans le monde entier. Des tolérances avaient été accordées sur ce point, à partir même de 1826, mais c'est à dater de 1860 seulement que les colonies purent chercher ailleurs que dans la métropole les débouchés qui leur étaient nécessaires, avec la faculté d'employer concurremment les navires français et étrangers. La création de banques coloniales (1851), malgré l'étroitesse des limites dans lesquelles elles peuvent agir, et le développement donné aux travaux publics, ont également contribué à l'amélioration réalisée jusqu'à ce jour.

Le droit commercial, qui existait complètement à la fin du XVIIIe siècle, a subi, pendant cette longue période, de sérieuses modifications. Des besoins nouveaux, nés de découvertes industrielles ou de nouvelles relations commerciales, ont nécessité de part et d'autre des lois et des règlements nouveaux. C'est ainsi qu'en France, les lois sur les Sociétés ont été plusieurs fois modifiées, et sont à la veille de l'être encore ; que la liquidation judiciaire, évitant au commerçant simplement malheureux le déshonneur de la faillite, est maintenant établie ; que le courtage des marchandises a été rendu libre ; que des lois sont venues élucider ou compléter certaines dispositions obscures relatives au droit maritime, modifier certaines prescriptions relatives aux tribunaux de commerce ; tandis que des lois entièrement nouvelles venaient réglementer l'usage des magasins généraux, des warrants et des chèques, introduits dans l'outillage commercial.

En Angleterre, ces mêmes matières ont été l'objet d'ordonnances nombreuses, établissant des règles et des dispositions nouvelles, mais se rattachant à d'autres ordonnances plus anciennes. Pourtant, fait digne de remarque, en ce sens qu'il indique une évolution nouvelle du droit anglais, des lois spéciales ont été faites, abrogeant du même coup toutes les anciennes ordonnances, constituant ainsi, pour une catégorie spéciale, une sorte de code analogue au code français : le *Bill exchange act*, les lois sur la Faillite, et même si on veut, le *Married property act*. C'est un grand et réel progrès, qui facilitera l'étude du droit anglais, si utile et si intéressant à connaître, surtout au point de vue commercial.

L'histoire commerciale de l'Angleterre présente un grand enseignement : elle nous montre comment une nation, inférieure d'abord à toutes celles qui l'entourent, dépendant des étrangers pour son industrie et son commerce, arrive à conquérir la suprématie industrielle et commerciale. Le mouvement de rénovation, ébauché par Édouard III, repris par Élisabeth, puis définitivement par Cromwell, s'est continué et poursuivi pendant près de deux siècles. Ni les dissentions, ni les guerres, ni les révolutions, qui n'ont pas épargné l'Angleterre plus que les autres nations européennes, n'ont interrompu cette suite d'efforts, où les gouvernements, qu'ils fussent libéraux ou autoritaires, sentaient toujours la nation avec eux. C'est avec orgueil, mais un orgueil bien légitime, que, lors du jubilé de l'Impératrice-Reine, l'Angleterre a établi une sorte d'inventaire de ce qui constitue sa richesse, qu'elle a montré sa colossale industrie, son commerce rayonnant sur le monde entier, son immense flotte marchande. Ces progrès, accomplis ou non dans l'étendue d'un règne, sont, en résumé, ceux accomplis par la nation elle-même, et en donnant à tous cette preuve, tangible pour ainsi dire, de sa force et de sa puissance, l'Angleterre a montré en même temps à quoi peut arriver un peuple qui a placé sa liberté comme fondement de ses institutions, et a su, quand même et malgré tout, marcher toujours vers le but qu'il s'était proposé d'atteindre.

A un autre point de vue, l'histoire de la France présente autant d'intérêt. Non qu'il y ait à constater d'aussi heureux résultats; trop souvent, au contraire, ce sont des fautes dont il faut montrer les suites funestes. A plus d'une reprise, la France a été à la veille de conquérir, définitivement peut-être, la suprématie sur les nations qui l'environnaient; toujours une réaction s'est produite, faisant perdre en quelques années le terrain péniblement conquis. La nation, qui n'avait alors qu'à obéir, ne pouvait ni ne savait discuter les mesures prises; et lorsqu'un changement heureux s'accomplissait, il n'était que l'œuvre d'un homme et disparaissait avec lui. La Révolution a permis à la nation de se faire entendre, mais alors les révolutions, les guerres, les invasions même, sont trop souvent venues remettre en question les progrès réalisés, et motiver quelquefois des mesures dont les tristes effets se faisaient longtemps sentir.

Mais de cette histoire un fait reste acquis : l'excessive vitalité de la France, contre laquelle rien n'a pu prévaloir. Alors que sa ruine semblait la plus prochaine, elle trouvait, au suprême moment, les ressources et la force nécessaires, et se relevait plus grande que jamais. Comme l'a dit Michelet, « les réveils et les renouvellements » subits, imprévus, de la France, sont des miracles inconnus à » toutes les nations du monde », et l'histoire contemporaine nous en a donné un nouvel exemple. En 1871, la France vaincue, si non humiliée, à la merci d'un vainqueur ne désirant que sa ruine, ayant à réprimer une formidable insurrection, ne semblait plus devoir compter parmi les grandes nations. Tout était contre elle. Pourtant, après quelques années, sa rançon était payée, son armée, réorganisée, lui rendait conscience de sa force, l'industrie, le commerce, reprenaient leur marche en avant, et en 1878, la France, en conviant les nations à une Exposition universelle, les invitait, pour ainsi dire, à venir prendre acte de son nouveau réveil.

Certainement il y a beaucoup à faire ; la lutte devient de plus en plus ardente, la marche en avant de plus en plus pénible. Mais la nation qui a su triompher de tant d'obstacles, se relever de tant de ruines ; qui est arrivée, malgré ses dissentions intérieures , malgré les vilenies, de tout genre et de tout ordre, inspirées par une politique de haine contre la France, à présenter au monde une Exposition plus belle que toutes celles qu'on avait vues jusqu'alors, accumulant merveilles sur merveilles, forçant à l'admiration ses pires ennemis mêmes, et remportant, pour fêter le centenaire de ses libertés, le plus beau des triomphes pacifiques ; une telle nation ne peut pas, n'a pas le droit de s'abandonner. Elle doit, toujours et quand même, avoir confiance dans ses destinées futures.

DEUXIÈME PARTIE

ORGANISATION COMMERCIALE.

I.

LE COMMERCE INTÉRIEUR.

Après avoir présenté, dans ses grandes lignes, l'histoire du commerce en France et en Angleterre, il reste à en étudier l'organisation dans l'un et l'autre pays. De chaque côté du détroit existe la liberté du commerce ; et si en France cette liberté a été proclamée dès le début de la Révolution, elle existait en fait en Angleterre longtemps avant que les lois de 1856 vinssent y donner la consécration légale. Cette liberté, cette non-ingérence de l'État n'est pas bornée aux individus seuls ; elle laisse accomplir par des corporations, tenues seulement à être approuvées par acte du Parlement, des services qui en France ressortissent du pouvoir central ; et en outre, par le fait même de cette liberté d'association, de réunion, si profondément passée dans les mœurs anglaises, elle permet des assemblées où se discutent les grandes questions commerciales et où sont prises des décisions qui, pour n'être pas officielles, n'en sont pas moins examinées avec l'attention qu'elles méritent (1)

---

(1) Il est curieux de constater que les corporations disparues en France depuis 1789, ont subsisté en Angleterre, non avec leurs anciens privilèges, mais avec une partie de leurs coutumes et traditions. « Elles (les *London Guilds*) sont au

Dans l'un et l'autre pays, la loi a précisé ce qu'on devait entendre par commerçants, et a édicté certaines règles les concernant spécialement. Mais il y a une grande différence entre les deux législations.

En France, la loi appelle commerçant « celui qui exerce des actes de commerce et en fait sa profession habituelle », et les articles 632 et 633 du code de commerce énumèrent ce qu'il faut entendre par actes de commerce, mais toutefois pas assez explicitement pour que des contestations ne soient quelquefois soulevées sur la commercialité de certains actes, et par suite sur la qualité de commerçants attribuée à ceux qui soulèvent la contestation. De ce qu'une personne est réputée commerçante, certaines obligations lui incombent ; elle doit tenir des livres, le journal et le livre d'inventaires, copier ses lettres, réunir en liasse celles qu'elle reçoit, publier son contrat de mariage ; en cas de suspension de paiements, elle est soumise au régime de la liquidation judiciaire ou à celui plus rigoureux de la faillite ; par contre, tout commerçant est électeur pour les tribunaux de commerce et peut même en faire partie ; ses livres peuvent faire foi en justice ; ses engagements sont dispensés de certaines formalités imposées au non-commerçant ; enfin, en général, il est justiciable des tribunaux de commerce (1).

» nombre d'environ 90, ont 10.000 membres libres, 7.319 membres et 1.500 qui
» forment ce qu'on pourrait appeler les *cours* ou le corps gouvernemental......
» Comme la Chambre des Lords, elles sont juste ce qu'elles étaient il y a
» 500 ans...... Ces *guilds* sont, en un mot, des conseils municipaux incorporés
» de commerce et manufacture. Les noms des principales *guilds* sont : merciers,
» épiciers, drapiers, marchands de poisson, orfèvres, pelletiers, marchands tail-
» leurs, marchands de salaisons, quincailliers, marchands de vin, tisserands....
» La Compagnie des fruitiers de Londres a pour armes l'Arbre du Paradis, et
» pour devise : « Deus dat in crementum ». Et une de leurs curieuses coutumes
» est de présenter au Lord-Maire de Londres, chaque année, un assortiment de
» tous les fruits de choix en leur saison ; et en retour, le Lord-Maire donne
» aux fruitiers un dîner annuel ». *England as seen by an American banker.*

(1) Dans un article, fort bien écrit du reste, publié dans les *Annales de droit commercial*, M. E. THALLER, après avoir étudié et surtout critiqué l'organisation et le fonctionnement des tribunaux de commerce, arrive à conclure que l'unité de juridiction est désirable, et par suite, que la suppression des tribunaux de

Toute personne capable de contracter peut faire le commerce ; toutefois certaines restrictions sont imposées à cause de fonctions particulières. C'est ainsi que le commerce est interdit aux magistrats (sauf bien entendu les juges des tribunaux de commerce), aux avocats, aux avoués, aux huissiers, aux notaires, aux consuls, aux ecclésiastiques (quoique pour ces derniers l'interdiction soit contestée), mais en laissant parfaitement valables tous les actes accomplis au mépris de cette interdiction. Les femmes mariées, ni les mineurs, ne peuvent donc être commerçants ; mais la femme mariée autorisée par son mari peut faire le commerce et engager son mari dans les limites de son contrat de mariage ; le mineur émancipé de l'un ou l'autre sexe, âgé de 18 ans accomplis, peut également faire le commerce, pourvu qu'il soit autorisé par son père, ou la mère à défaut du père, ou par le conseil de famille à défaut de l'un et de l'autre, l'autorisation étant alors homologuée par le juge de paix.

La désignation des commerçants n'est pas faite de même en Angleterre ; mais le *Bankrupt law consolidation act*, en déclarant que ses dispositions sont applicables à « tous fabricants d'alun, » apothicaires, commissaires-priseurs, banquiers, blanchisseurs... » et toute personne faisant du trafic par voie de marché, d'échange, » de commission, de consignation ou autrement, en gros ou en » détail, et toutes personnes qui soit par elles-mêmes, soit comme » agents ou facteurs d'autrui, ont pour moyen d'existence d'acheter » pour revendre ou pour louer, de façonner par le travail toute » matière ou marchandise », donne bien une désignation de ce

---

commerce arrivera tôt ou tard à s'imposer. Or, il est à remarquer qu'en Angleterre, où existe précisément cette unité de juridiction, les délégués des Chambres de commerce, dans leur réunion du 10 avril 1889, ont renouvelé un vœu présenté déjà l'année précédente, et tendant à l'institution de tribunaux de commerce, composés au moins en partie de juges commerciaux et ayant juridiction sur toutes les questions commerciales. Il est évident que le mode d'élection, de recrutement et le fonctionnement des tribunaux de commerce peuvent donner lieu à certaines critiques, mais il est indiscutable que ce mode de juridiction offre au commerce de grands avantages et de sérieuses garanties.

qu'on entend par commerçants. Mais de cette qualité ne naissent ni avantages, ni obligations particulières ; la loi n'oblige pas même le commerçant à tenir des livres ; cependant, en cas de faillite, l'absence de livres l'empêche d'obtenir sa décharge.

Comme en France, il faut être capable de contracter pour faire le commerce ; mais malgré cette capacité, les avocats, les ecclésiastiques, les officiers publics ne peuvent devenir commerçants, quoique les actes faits au mépris de cette prohibition soient valables. Antérieurement à la loi de 1882, les femmes mariées non séparées, ou non abandonnées par leur mari, ne pouvaient être commerçantes, sauf dans la cité de Londres où la coutume les y autorisait ; mais depuis la loi de 1882, la femme ayant une existence légale indépendante, peut être commerçante et peut s'obliger sur ses biens personnels. Quant au mineur, il y a interdiction absolue ; la loi anglaise ne connaît pas l'émancipation et par suite, jusque 21 ans, nul ne peut être légalement commerçant.

Les règles de l'association commerciale présentent des différences plus sensibles encore, différences qui s'expliquent facilement par la liberté dont les associations jouissent en Angleterre. La loi française reconnaît trois sortes d'associations commerciales : la société en nom collectif, contractée entre deux ou un plus grand nombre d'individus solidairement responsables des dettes de la société ; la société en commandite, se composant de un ou plusieurs gérants responsables et de commanditaires responsables seulement à concurrence de leur part dans le capital social ; la commandite est simple ou par actions, suivant que le capital est ou non divisé en titres de même valeur ; enfin la société anonyme, où aucun associé n'est engagé personnellement, tous étant tenus seulement jusqu'à concurrence de leurs mises. Dans la société en commandite comme dans la société anonyme, les actions ou coupons d'actions ne peuvent être inférieurs à 100 fr. si le capital n'excède pas 200.000 fr., et à 500 fr., lorsqu'il est supérieur.

Toutes ces sociétés peuvent être constituées par des actes publics ou sous seing privé, mais avec des formalités notablement différentes de l'une à l'autre. L'acte social, donnant tous les renseignements quant au but de la société, à la date où elle commence et celle où elle prend fin, au siège social, au capital, aux gérants, doit être déposé au greffe du tribunal de commerce et à celui de la justice de paix du siège de la société, et un extrait publié dans un journal recevant les annonces légales, dans le mois de constitution de la société ; mais si ces formalités sont suffisantes pour la société en nom collectif ou celle en commandite simple, il en est d'autres pour la société en commandite par actions et la société anonyme. Le capital social doit être intégralement souscrit, chaque actionnaire doit avoir versé au moins le quart des actions par lui souscrites ; cette souscription et ce versement doivent être constatés par une déclaration notariée ; il faut que l'évaluation des apports ait été faite par l'assemblée générale des actionnaires ; enfin, dans la société en commandite, il faut qu'un conseil de surveillance soit nommé, et pour la société anonyme, que les administrateurs soient désignés, statutairement ou par l'assemblée générale, et que celle-ci ait nommé des commissaires de surveillance. L'omission de ces formalités entraîne la nullité des sociétés, la responsabilité de ceux qui en sont cause, et enfin dans certains cas, l'application des peines édictées par la loi. Les modifications aux statuts entraînent en général des formalités du même genre.

En Angleterre, les associations entre particuliers, analogues aux sociétés en nom collectif quant à la responsabilité, ne sont soumises à aucune règle spéciale ni à aucune publicité. Mais pour être opposable aux tiers, la dissolution doit être insérée dans le journal officiel la « *London gazette* », il faut également un avis public pour dégager un associé de toute responsabilité dans les opérations ultérieures de la société. Pour les sociétés, on ne trouve rien d'analogue à la société en commandite, simple ou par actions (1) ; mais

---

(1) Dans le droit anglais, l'associé commanditaire (*sleeping partner*), qu'il ne faut nullement confondre avec le simple prêteur de fonds, est responsable des

en dehors des *Chartered companies*, établies en vertu de chartes ou d'actes du Parlement, on peut diviser les sociétés anonymes en compagnies par actions à responsabilité limitée (*companies limited by shares*), où la responsabilité des actionnaires est limitée au montant de leurs actions, quoique la responsabilité des administrateurs puisse être illimitée, si les statuts l'établissent ainsi ; les compagnies à responsabilité par garantie (*companies limited by guarantee*), où la responsabilité des actionnaires est limitée à la part pour laquelle ils s'engagent à contribuer, dans le cas où la société serait liquidée de la manière prévue par la loi ; enfin les sociétés à responsabilité illimitée (*unlimited companies*), qui peuvent se transformer en sociétés à responsabilité limitée en vertu d'une résolution spéciale des actionnaires. Ces sociétés ainsi transformées peuvent décider que telle partie du capital, non appelée, ne le sera qu'en cas de liquidation, ce qui constitue une sorte de réserve légale ; ce pouvoir est également accordé aux sociétés à responsabilité limitée. Pour ces dernières sociétés, le capital doit être divisé en actions, obligation qui n'est pas imposée aux autres. Il faut au moins sept personnes pour former une *Joint stock company* (1) ; ces personnes signent le *memorandum of association*, mémoire ou avant-projet contenant : le nom que l'on se propose de donner à la compagnie, son siège social et son objet, en indiquant si la compagnie est à responsabilité limitée ou illimitée. Ce memorandum est déposé au bureau du *Registrar* (Receveur des actes des Joint stock companies), avec une copie imprimée, signée des parties, des statuts de la société. Le Registrar enregistre ces documents et

---

dettes comme les autres. Néanmoins, nous pensons qu'en vertu de *Letters patent* émanant du souverain ou d'une loi spéciale, une société en commandite par actions pourrait être créée. Il n'est pas à notre connaissance qu'une loi anglaise ait jamais fait naître une espèce semblable (Pavitt, *Les lois anglaises sur les sociétés anonymes*).

(1) Les associations de banque au-dessus de dix personnes, et les associations pour d'autres buts au-dessus de vingt personnes, doivent être constituées sous la forme anonyme.

délivre un certificat constatant que la compagnie a été incorporée sous tel numéro et si elle est à responsabilité limitée ou illimitée ; ce certificat confère une existence légale à la compagnie. Les statuts peuvent être établis comme bon semble aux promoteurs ; ils indiquent le taux des actions, les versements à faire, les conditions pour leur conversion, leur transfert, leur transformation en *stock* (1), ou si le capital n'est pas divisé en actions, les conditions requises pour devenir membre de la compagnie, les droits des actionnaires, etc. Pour l'émission des actions, le prospectus doit contenir les noms des parties qui ont passé avec ladite compagnie des contrats relatifs à l'objet pour lequel elle est fondée, la date de ces contrats, le nom des fondateurs et des directeurs, à peine d'être entaché de fraude et sous réserve de tous dommages et intérêts envers les souscripteurs. Dans les quatre mois de l'enregistrement d'une compagnie, ses directeurs doivent à peine d'une amende de 5 livres sterling par jour de retard, convoquer la première assemblée générale des actionnaires ou des membres de la Société. Les augmentations ou diminutions du capital peuvent avoir lieu suivant les statuts ou sur une décision conforme de l'assemblée générale des actionnaires ; avis doit en être donné au Registrar dans les quinze jours. Comme en France, copie des statuts doit être délivrée moyennant une somme modique déterminée (1 shilling en Angleterre, 1 fr. en France).

A côté de ces facilités, la loi a prescrit diverses mesures en vue de sauvegarder les intérêts des tiers. Par une loi passée en 1890, les Directeurs doivent être déclarés responsables si, même étant de bonne foi, ils ont laissé mettre sur les prospectus des indications, des extraits, des renseignements quelconques où il leur était possible de relever des données fausses, ou des indications erronées, par une vérification personnelle. Toute compagnie doit tenir à la disposition de ses sociétaires, au moins deux heures par jour, un registre

---

(1) On appelle *stock* la réunion en une seule de plusieurs actions libérées; le titulaire peut alors en vendre tout ou partie, comme il le juge convenable.

spécial donnant tous renseignements sur les membres de la compagnie, et s'il y a des actions, le nombre que chacun possède et les versements qui ont été effectués. Cette liste doit être dressée chaque année, dans les quatorze jours qui suivent la première assemblée générale ordinaire, et adressée au Registrar dans les sept jours de sa confection. Chaque compagnie doit mettre à la disposition de ses créanciers et actionnaires, un registre de toutes les hypothèques et charges quelconques grevant ses biens, et ce sous peine de très fortes amendes. En cas de refus, la communication peut être ordonnée par la justice. Le mot *Limited* doit être apposé en caractères visibles sur tous les documents émanant d'une société à responsabilité limitée. Enfin, sur la demande qui lui en est faite par le cinquième, au moins, des membres d'une compagnie, le *Board of trade* a le droit de faire vérifier les actes de cette compagnie, pourvu que la demande repose sur des motifs sérieux, et que les frais de vérification soient garantis. Les inspecteurs nommés pour cet objet ont le droit d'interroger sous serment les employés de la compagnie, de se faire représenter tous registres et documents, et la loi édicte une amende de 5 livres sterling contre tout employé ou toute compagnie qui refuse de se soumettre à leurs injonctions. Ces inspecteurs font ensuite un rapport au Ministre qui les a délégués, et celui-ci peut prendre ou faire prendre telles mesures qu'il juge utiles (1).

Par ces prescriptions, la loi donne faculté aux intéressés de prendre toutes les précautions, toutes les mesures qu'ils jugent nécessaires, sans cependant qu'aucune disposition législative vienne entraver la facilité d'association indispensable au développement du commerce britannique.

A ne considérer d'abord que le commerce intérieur, il est évident

---

(1) Toute société peut, par assemblée générale, désigner des personnes pour vérifier la situation, mais dans les sociétés de banque, constituées sous la forme *limited*, les comptes doivent être examinés tous les ans par des commissaires nommés par l'assemblée générale. Leur rapport est lu à l'assemblée.

que son importance en Angleterre est bien plus considérable qu'en France. L'immense exportation de l'Angleterre, le gigantesque essor de son industrie, laissent supposer d'énormes transactions journalières, dont la statistique ne peut être établie, mais auxquelles ne sauraient être comparées les opérations semblables effectuées en France. Les statistiques postales et télégraphiques montrent suffisamment l'activité plus grande de l'Angleterre, l'énorme différence qui existe ne pouvant être attribuée, au moins pour une notable partie, qu'à des relations commerciales plus multipliées.

France.

	LETTRES.	Journaux, imprimés, cartes postales, échantillons etc.	TÉLÉ-GRAMMES.		LETTRES.	Journaux, imprimés, cartes postales, échantillons etc.	TÉLÉ-GRAMMES.
	Millions.	Millions.	Millions.		Millions.	Millions.	Millions.
1872...	339	297	6	1881...	580	780	19
1873...	340	331	6	1882...	594	728	20
1874...	350	368	7	1883...	619	768	21
1875...	367	376	7	1884...	631	788	22
1876...	381	452	8	1885...	642	881	23
1877...	388	476	8	1886...	656	837	24
1878...	438	536	11	1887...	672	850	25
1879...	492	630	13	1888...	698	882	26
1880...	530	699	16				

Angleterre.

	Millions.	Millions.	31 Mars.	Millions.		Millions.	Millions.	Millions.
1872...	885	299	1873	15	1881...	1165	497	29
1873...	907	326	1874	17	1882...	1229	547	31
1874...	964	337	1875	19	1883...	1281	573	32
1875...	1009	367	1876	21	1884...	1322	591	32
1876... 31 Mars	1019	392	1877	21	1885...	1360	624	33
					1886...	1403	662	39
1878...	1058	420		22	1887...	1460	699	50
1879...	1097	439		24	1888...	1512	731	53
1880...	1128	460		26				

L'usage plus fréquent des banques, et comme conséquence, une meilleure pratique du crédit, une hardiesse plus grande dans les affaires, caractérisent le commerce anglais ; en France une prudence quelquefois trop grande, un attachement exagéré aux traditions anciennes, viennent souvent paralyser les progrès du commerce. « Il
» y a une calme, ferme, ancienne adhérence aux vieilles méthodes,
» combinée avec une très nette appréciation des méthodes modernes,
» qui d'abord frappe un étranger qui est familier avec les mé-
» thodes spéculatives, fiévreuses et quelquefois inconsidérées,
» employées dans les grands centres commerciaux d'origine mo-
» derne (1) ». « L'esprit d'économie et de frugalité caractéristique de
» la nation française, la crainte de perdre ce qu'on possède, si peu
» que ce soit, prédominant largement sur quelque ambition d'ac-
» quérir une rapide et immense richesse, sont profondément mar-
» quées dans les relations commerciales et les coutumes de la nation.
» Comme une règle, les transactions en France sont marquées par
» une extrême prudence, arrivant presque à un manque d'entre-
» prise, manifestée par une répugnance générale à des spéculations
» un peu importantes, ou à quelque plus considérable dispensation
» de crédit dans le sens le plus général de ce mot (2) ». « Les
» Français ne sont pas spéculateurs, et préfèrent généralement des
» fortunes modestes lentement accumulées à des risques considé-
» rables pouvant conduire à acquérir de rapides et larges fortunes.
» Après avoir réalisé une somme suffisante pour tenir un rang con-
» venable, ils préfèrent quitter les affaires plutôt que de courir le
« risque de perdre ce qu'ils ont eu peine à acquérir (3) ».

Dans une certaine mesure, la statistique des sociétés confirme cette appréciation. Les sociétés en nom collectif forment près de 80 % des sociétés constituées annuellement, et cette forme n'est certainement

---

(1) *United states consular reports N° 43.* — Rapport du Consul de Reims.
(2) Rapport du Consul de Marseille.
(3) Rapport du Consul de Rouen.

pas celle qui convient le mieux aux opérations de longue durée, ni en général à celles qui demandent d'importants capitaux.

	SOCIÉTÉS					TOTAL.	DISSOLUTIONS de SOCIÉTÉS.
	en nom collectif.	en commandite simple.	en commandite par actions.	anonymes	à capital variable.		
1882...	3.794	433	156	738	58	5.179	2.910
1883...	3.658	385	117	482	49	4.691	2.786
1884...	3.482	354	90	363	49	4.338	2.569
1885...	3.339	668	89	325	52	4.473	2.544
1886...	3.174	710	91	319	42	4.336	2.521

La statistique des sociétés ne peut être relevée de même en Angleterre ; seules les *Joint Stock companies* sont soumises, comme on l'a vu, à la formalité de l'enregistrement. Pour les sociétés enregistrées, voici leur répartition, le nombre existant en chaque année, et le capital versé.

Nombre et Capital nominal des compagnies enregistrées dans le Royaume-Uni sous le « *Compagnies act. 1862* **».**

	AVEC CAPITAL NOMINAL				SANS CAPITAL NOMINAL		TOTAL.	CAPITAL NOMINAL Paris. (en francs) (1)
	nouvelles limitées.	nouvelles illimitée.	anciennes limitées.	anciennes illimitées.	limitées par garantie	mutuelles etc.		
1882...	1.527	3	31	»	47	24	1.632	6.368.608.275
1883...	1.634	2	26	6	60	38	1.766	4.192.004.675
1884...	1.446	2	23	2	52	16	1.541	4.712.285.700
1885...	1.389	3	16	2	50	22	1.482	2.980.574.025
1886...	1.791	7	18	1	64	10	1.891	3.646.267.550
1887...	1.952	»	37	»	52	9	2.050	4.254.316.850
1888...	2.443	4	34	2	50	17	2.550	8.844.539.850

(1) Les monnaies anglaises sont réduites au change de 25 fr. par livre sterling.

Nombre des Sociétés considérées comme étant en exercice en avril de chaque année, et capital versé.

(Y compris le montant considéré comme versé par les vendeurs de parts)

Avril 1884.........	8.692	11.888.782.350
» 1885.........	9.344	12.372.746.550
» 1886.........	9.471	13.240.942.100
» 1887.........	10.494	14.787.717.300
» 1888.........	11.000	15.285.759.275
» 1889.........	11.968	16.796.754.600

Pris dans l'ensemble, le commerce en France et en Angleterre est loyal ; la régularité des paiements est considérée par la grande majorité des commerçants comme étant pour eux de la plus haute importance. Si même on prend la statistique des faillites et liquidations dans les dernières années, l'avantage semble être absolument en faveur de l'Angleterre.

France.

	FAILLITES OUVERTES.	FAILLITES LIQUIDÉES.	ACTIF.	PASSIF.
1880.....	6.295	3.481	69.893.330	237.362.625
1881.....	6.795	3.439	63.540.772	236.257.919
1882.....	7.061	3.553	75.137.464	243.900.188
1883.....	6.966	3.639	80.551.241	313.320.923
1884.....	7.719	3.598	80.885.629	284.426.273
1885.....	8.024	3.774	86.854.786	354.560.470
1886.....	8.759	3.972	95.797.748	341.874.477
1887.....	8.126	3.642	75.635.496	293.180.701

Angleterre (1).

	FAILLITES OUVERTES.	FAILLITES LIQUIDÉES.	ACTIF.	PASSIF.
1880.....	11.551	»	152.230.625	473.965.025
1881.....	10.711	»	154.050.950	513.799.800
1882.....	9.926	»	172.345.225	869.241.700
1883.....	9.247	»	181.318.750	597.995.925
1884.....	5.080	»	126.065.950	570.890.300
1885.....	5.236	»	112.600.200	285.130.400
1886.....	5.862	»	93.681.975	265.085.175
1887.....	5.790	»	97.897.300	284.998.500

Il y a surtout en cela une question de législation, et l'influence de l'*act* de 1883 se fait ici directement sentir. En France, jusqu'à la loi du 4 mars 1889, il était à peu impossible au commerçant obligé de suspendre ses paiements d'arriver à un accord amiable avec ses créanciers ; il fallait tout d'abord faire déclarer la faillite, puis obtenir ensuite un concordat qui devait recevoir l'homologation du tribunal de commerce. La loi du 4 mars 1889 est venue précisément faciliter les arrangements légaux entre créanciers et débiteurs, en vue surtout « de diminuer le nombre des naufrages et de protéger » le sauvetage » ; la liquidation judiciaire n'enlevant que l'éligibilité à toute fonction élective, alors que la faillite entraînait la privation complète des droits politiques, on a pensé que les commerçants malheureux hésiteraient moins à convoquer leurs créanciers, étant considéré surtout qu'une majorité des deux tiers de la totalité des

---

(1) Le nombre de faillites, compositions ou arrangements terminés n'est pas indiqué pour les retours relatifs à l'Angleterre et à l'Ecosse. Pour l'Irlande, le passif est bien indiqué, mais l'actif est seulement celui se rapportant aux créanciers non garantis. Les montants des créances garanties ont été ajoutés, mais il y a en outre les créances partiellement garanties dont le montant ne peut être établi.

créances suffit pour le vote du concordat. Mais le dépôt du bilan et la déclaration conforme sont toujours nécessaires, et par suite, les liquidations judiciaires, comme les faillites, continueront à figurer sur les statistiques de la justice commerciale.

En Angleterre, les lois assez nombreuses sur la faillite, et surtout celle de 1869, étaient considérées comme favorisant les arrangements plus ou moins réguliers avec les créanciers, comme propices aux débiteurs peu scrupuleux, et en outre, les frais énormes qui résultaient de la déclaration de faillite faisaient souvent accepter par les créanciers des propositions dérisoires. La loi de 1883 (1) a modifié profondément la législation existante ; la liquidation et la composition amiable, au moins dans leurs anciennes formes, ont été abolies ; la demande en faillite est suivie d'une ordonnance de la Cour appelée *receiving order* dont le résultat est soit la composition amiable ou l'arrangement, soit la faillite ; la décharge est accordée plus difficilement au failli par ses créanciers, l'emploi des procurations a été restreint ; jusqu'à nomination du syndic, des *official receivers* sont chargés de gérer les biens du failli, et durant toutes les opérations de la faillite, assistent les créanciers et la Cour de leurs avis. Tant que la situation du failli n'a pas été suffisamment établie, les créanciers ne peuvent prendre une résolution tendant à une composition amiable ; cette résolution ne peut produire d'effet tant que des détails complets et authentiques sur les affaires du failli n'aient été fournis, et jusqu'à ce que l'opinion de l'*official receiver* ait été exprimée ; la Cour peut refuser d'approuver une composition ou un arrangement ; comme précédemment, elle a le droit d'accorder une décharge au failli, c'est-à-dire de le déclarer quitte envers ses créanciers pour toutes dettes légitimes.

En dehors de ces dispositions, les créanciers peuvent accorder des lettres de répit (*letters of license*), donnant au débiteur un certain

---

(1) Applicable seulement à l'Angleterre proprement dite ; l'Écosse et l'Irlande ont des lois spéciales.

délai pour s'acquitter, délai pendant lequel il ne peut être poursuivi. En outre, il peut être établi un concordat amiable, par lequel le débiteur s'engage à payer un dividende déterminé sur les créances contre lui. Mais en dehors des dispositions de la loi sur les faillites, on peut entrer en arrangement de la manière suivante. Les créanciers sont convoqués, le débiteur invité à se présenter avec un état de ses affaires, préparé par un comptable et dûment affirmé comme correct. Le débiteur est alors interrogé, puis un ami offre à chaque créancier de lui reprendre sa créance moyennant un tant pour cent. Les créanciers qui acceptent lui remettent leurs titres, reçoivent la somme convenue et tout est terminé à l'amiable.

Il est certain que ce dernier système est de plus en plus pratiqué en Angleterre. On reproche aux *official receivers* les frais énormes qu'ils occasionnent, et à la loi elle-même les lenteurs interminables de la procédure. La diminution marquée depuis 1884 dans le nombre des faillites ou arrangements déclarés montre suffisamment que les arrangements à l'amiable remplacent en grande partie les formalités légales.

Ce n'est pas la consommation intérieure, toute importante qu'elle soit, qui donne son activité au commerce anglais, c'est surtout au commerce extérieur; à son exportation immense, à son importation non moins considérable, que le commerce intérieur doit son essor. A côté de l'industrie s'attachant à produire de plus en plus au meilleur marché possible, se place le négociant s'efforçant d'obtenir à meilleur compte la matière première, cherchant de nouveaux débouchés, estimant, comme on le dit à Manchester, que rien n'est fait tant qu'il reste quelque chose à faire ; recueillant, par tous les moyens en son pouvoir, les informations, les renseignements utiles en vue d'opérations futures, s'attachant, lorsqu'il le juge nécessaire, à faire réaliser un progrès ou supprimer une entrave, et s'adressant pour cela aux pouvoirs publics ou locaux. L'intervention des associations, et surtout des Chambres de Commerce, est ici de grande importance.

En France, les Chambres de Commerce sont créées par un décret du Chef de l'Etat, et les membres qui la composent sont élus par les commerçants et quelques personnes assimilées, portés sur une liste dressée à cet effet par une Commission spéciale. Mais leur dépendance en face du pouvoir central est à peu près absolue. Ces Chambres de Commerce sont consultées sur tout changement apporté à la législation économique, sur l'établissement des tarifs de douane, de transports ou de courtages, sur la création de Bourses, etc. Mais, soit qu'elles agissent de leur propre mouvement, soit qu'elles aient été sollicitées par l'Administration, les décisions des Chambres de Commerce « n'ont d'autre résultat qu'une influence plus ou moins salutaire sur l'esprit des Ministres et des Législateurs (1) ». Cette influence est loin d'être encore considérable, et la manière dont ces décisions sont transmises le fait comprendre aisément. Alors qu'il s'agit très souvent d'intérêts généraux, intéressant non une seule région, mais la France entière, chaque Chambre doit faire connaître son opinion, sans avoir pu ni connaître, ni discuter celle des autres Chambres de commerce; et le législateur, en face d'opinions quelquefois identiques quant au fond, mais différant sur certains détails, s'arrête à celles qui sont conformes à sa façon de voir, alors même que l'opinion contraire, si elle avait été discutée par les intéressés, aurait rallié la majorité des suffrages.

Il est loin d'en être de même en Angleterre. Les Chambres de Commerce britanniques sont des associations absolument privées, dont les dépenses sont couvertes par les cotisations de leurs membres, et dont les finances sont réglées en dehors de toute intervention gouvernementale. Ces Chambres forment une association connue sous le nom de « Associated chambers of commerce of the United Kingdom »; elles s'occupent de tout ce qui intéresse, non seulement leur région, mais le commerce en général, et chaque année deux réunions ont

---

(1) Voir à ce sujet un article très complet de M. Léon RENARD, *la Représentation commerciale et industrielle en France* (*Journal des Économistes*, juillet 1890).

lieu, dans les villes désignées à cet effet (1). Les questions à l'ordre du jour sont discutées par les délégués envoyés par les diverses Chambres, et les décisions prises acquièrent ainsi une autorité bien plus considérable. Sans prendre officiellement part à ces discussions, le gouvernement est cependant représenté à ces assemblées; c'est ainsi qu'à la réunion de Cardiff (1888), se trouvaient Sir Michael Hicks-Beach, président du *Board of Trade*, et Sir John Gorst, sous-secrétaire d'État pour les Indes.

Il serait inutile de reprendre les conditions de vente et de crédit en usage en France et en Angleterre; ces conditions varient pour chaque genre de commerce, et ne sont même pas toujours semblables d'une ville à une autre. Sans nier l'influence que des conditions sagement établies peuvent avoir sur les transactions, il est évident qu'elles ne peuvent avoir un effet considérable sur le développement commercial d'une nation. Mais il est un point sur lequel l'Angleterre diffère profondément de la France, et où elle trouve de sérieux avantages : les ventes publiques aux enchères.

En France, les ventes publiques de marchandises neuves sont entourées de tant de formalités, que sauf les ventes autorisées par justice, elles ne peuvent guère avoir lieu que par exception. Jusqu'en 1858, les formalités étaient telles que leur exécution était presque impossible; la loi du 28 mai 1858 y a apporté une modification profonde; l'exposé des motifs présenté par le Conseil d'État au Corps législatif montrait même d'une façon remarquable tous les avantages que le commerce pouvait retirer d'une organisation rationnelle de ces ventes : « Quant aux ventes publiques de marchandises en » gros, qui se définissent d'elles-mêmes et par leur nom, elles por- » tent sur des masses de marchandises de toutes espèces si considé- » rables et se renouvellent si fréquemment qu'elles ont fait de l'An- » gleterre le marché du monde..... Parmi les grands services que

---

(1) Cet usage est suivi par d'autres pays, notamment en Belgique, en Allemagne et aux États-Unis.

» les ventes publiques rendent à l'Angleterre, il ne faut pas omettre
» l'immense mouvement d'affaires qu'amène l'affluence des étran-
» gers attirés par ces sortes de ventes, l'augmentation incessante
» des revenus de la douane et l'aliment considérable fourni à la
» marine. » A son tour, le rapporteur du Corps législatif insistait
sur ces avantages, avouant que si la France était déshéritée de cet
élément commercial, la faute en était « à une législation prodigue
» d'obstacles, qui entoure les ventes publiques volontaires de for-
» malités tellement fiscales et tellement compliquées que ces ventes
» n'ont plus lieu que dans de rares circonstances et ne font plus
» partie des institutions commerciales du pays ». La loi de 1861
a apporté des facilités nouvelles, mais nous sommes encore bien
loin des facilités offertes par l'Angleterre. Là, les ventes publiques
jouissent de la plus entière liberté ; elles peuvent porter sur toutes
espèces de marchandises, manufacturées ou non, sans avoir à
demander la moindre autorisation. Ces ventes peuvent s'effectuer
partout, mais en fait elles sont concentrées dans quelques villes, et
surtout à Londres, Liverpool et Hull.

De nombreuses salles de ventes publiques sont ouvertes dans la
Cité, et plusieurs d'entr'elles sont affectées à une seule espèce de
marchandises ; il y a des salles spéciales pour les laines, d'autres
pour les huiles, etc., etc. Des marchandises de toutes sortes passent
en ventes publiques ; nous citerons le sucre, le café, le thé, le
cacao, etc., qui se vendent toutes les semaines ; les laines qui ne
passent aux enchères que tous les mois ; les ivoires, la nacre, etc.,
qui sont mis en vente tous les trois mois. Certaines de ces ventes ont
une importance telle qu'elles attirent l'attention des acheteurs du
monde entier. Toutes, quelles qu'elles soient, sont régulièrement
suivies par les intéressés. Il serait impossible d'énumérer toutes les
marchandises qui passent aux enchères ; on y trouve tout ce qui est
imaginable, depuis les produits les plus usuels, jusqu'aux collections
les plus rares. En outre, des cargaisons entières, composées des
marchandises les plus variées, réunies à la cueillette, sont écoulées

par ce procédé, qui a non seulement l'avantage d'être le moins coûteux, mais aussi et surtout le plus expéditif (1).

Le mécanisme de ces ventes est simple, et donne à la fois sécurité complète pour le vendeur, et facilités à l'acheteur.

Losqu'une vente publique doit avoir lieu, le warrant représentant la partie de marchandises à vendre est envoyé au magasinier, pour être remplacé par un certain nombre d'autres, au nom de la personne qui réclame l'échange. Ce nombre de nouveaux titres est déterminé par la quantité de lots que l'on prépare pour la vente, ce qui donne lieu à une nouvelle constatation de poids, et en même temps, à une prise d'échantillons.

Ces nouveaux titres, appelés *warrants de vente* (*sale warrants*), sont accompagnés d'un nombre égal de duplicatas, intitulés *weight notes* (notes de poids), sur lesquelles sont inscrites les mêmes mentions d'espèce, de qualité et de poids que sur le warrant de vente (2).

---

(1) Bivort et Turlin, *Étude sur le courtage des marchandises.*

(2) Lorsque la ou les *weight notes* ont été délivrées, le warrant porte l'indication suivante : « Une weight note pour ces marchandises a été délivrée et
» nulle délivrance ne sera faite sur ce warrant avant l'expiration du *Prompt*
» sans la production de la weight note.

» Le possesseur de la weight note a droit sur ce warrant en accomplissant les
» conditions de vente, et payant le solde dû sur le prix d'achat, comme il est
» indiqué sur la weight note, sur ou avant l'expiration du *Prompt*.

» Après des délivrances partielles, ce warrant sera retourné, et le porteur
» aura droit au restant des marchandises. »

La weight note porte les indications suivantes : « M..... s'engage à délivrer
» à M.... ou ordre le warrant délivré par la Compagnie pour les marchandises
» qui y sont mentionnées, sur accomplissement des conditions de vente et paie-
» ment du prix sur ou avant l'expiration du *Prompt*. » (Signatures de l'acheteur et du vendeur.)

Et comme note : « Un warrant pour les marchandises mentionnées ci-dessus
» ayant été délivré, aucune délivrance de marchandises ne sera faite avant l'ex-
» piration du *Prompt*, sans la production dudit warrant et cette weight note. Le
» porteur de cette weight note a droit au warrant sur accomplissement des con-
» ditions de vente et paiement du solde du prix sur ou avant l'expiration du
» *Prompt*. Après l'expiration du *Prompt*, cette weight note n'aura plus aucune

Dès que la marchandise est adjugée, la *weight note*, correspondant au lot vendu, est seule remise à l'acheteur, auquel, moyennant le paiement d'un acompte de 10 à 20 %, suivant la nature de la denrée, il est accordé, pour prendre livraison, un délai qui est stipulé sur la *weight note*. Ce délai varie de 30 à 90 jours.

Durant ce laps de temps, l'acheteur est autorisé à faire acte de propriété, il peut revendre la marchandise, mais il ne peut la retirer du magasin avant d'avoir obtenu du vendeur primitif la remise du warrant; autrement dit, avant d'avoir complété le paiement, ou remis un règlement satisfaisant.

Dès que le délai stipulé sur la *weight note* est expiré, ce titre est considéré comme nul et le warrant suffit pour obtenir livraison (1).

On aurait tort de croire que ces ventes nuisent au commerce, en ce sens qu'elles permettent l'approvisionnement direct des particuliers. En fait, elles ne sont suivies que par les intéressés, commerçants de demi-gros ou détaillants, qui trouvent ainsi le moyen d'obtenir leurs marchandises à des prix plus modérés, et font en définitive profiter leur clientèle, c'est-à-dire les consommateurs, de la différence obtenue, non seulement par un prix d'achat inférieur, mais surtout par l'absence presque complète de frais accessoires. Quant à la crainte de crises commerciales, provoquées par des ventes trop importantes, la rapidité des communications a établi entre tous les marchés une solidarité trop grande, pour que des ventes de ce genre puissent provoquer autre chose qu'une baisse passagère. L'exemple de l'Angleterre est du reste concluant à cet égard.

L'utilisation du warrant est tout autre en Angleterre qu'en France,

---

» valeur. Aucun changement n'est permis au contenu de cette weight note, » excepté par un commis autorisé par la Compagnie. »

Les conditions et la date de la vente sont naturellement indiquées sur la weight note.

(1) LEBAUDY, *L'organisation commerciale et le magasinage public en France et en Angleterre*

où il ne sert guère qu'à permettre au négociant de contracter un emprunt sur la marchandise déposée par lui en entrepôt. Ce rôle est rempli également en Angleterre, avec la différence toutefois que les courtiers servent d'intermédiaires pour la négociation des warrants, les endossent, et ajoutent ainsi leur garantie personnelle à celle de leur client, au lieu de certifier uniquement le cours comme on le fait en France. Mais, en plus, le warrant sert à effectuer des négociations, des ventes de marchandises, dont la propriété est réellement transférée, avec des frais presque nuls, par la remise du warrant. Comme les Docks sont responsables de toutes les pertes ou avaries qui proviennent du fait de leurs employés, les transports de warrants s'effectuent en toute sécurité; les Docks examinent avec le soin le plus scrupuleux la régularité des titres endossés, et ne négligent rien de ce qui peut déceler les manœuvres frauduleuses auxquels ces titres peuvent donner lieu. Dans les ventes à terme, le warrant remplace la filière, mais avec l'avantage d'une transmission plus simple, sur laquelle les contestations sont beaucoup plus difficiles, et en outre avec la certitude que la marchandise est bien et réellement existante au moment de la transmission, et qu'elle ne peut cesser d'appartenir au détenteur du warrant. Pour les opérations commerciales ordinaires, c'est-à-dire en dehors de la spéculation proprement dite, le warrant permet au négociant anglais de faire rapidement succéder les opérations les unes aux autres, en supprimant les délais et les frais que la manutention réelle des marchandises impose généralement au négociant français. « Les sucres, les cafés, les
» indigos se monnaient ainsi, et transformés en billets de crédit, ces
» produits d'un autre hémisphère, entrent dans la circulation.....
» Le crédit commercial devient quelque chose de semblable au
» crédit en matière de banque, et les opérations quotidiennes d'une
» grande place peuvent se liquider par des soldes entre les mains
» des courtiers. » (1). Tel qu'il est compris et utilisé en Angle-

---

(1) L. FAUCHER, *Études sur l'Angleterre.*

terre, le warrant remplit pour les marchandises le rôle de la lettre de change dans le transport des capitaux.

Le warrant est le complément des Docks, qui servent aux négociants anglais d'entrepôts et de magasins, et leur permettent de faire des affaires immenses en n'ayant qu'un bureau et quelques commis; dès son arrivée, la marchandise est prise du navire et transportée dans les magasins des Docks; la Compagnie qui les administre remet au négociant le warrant qui constate qu'elle a reçu et emmagasiné pour son compte telle quantité de marchandise, de tel poids, de telle nature, et dont l'échantillon est envoyé à la Cité, après que son numéro d'ordre a été repris sur le warrant.

C'est à Liverpool que fut établi le premier dock humide en 1699; le second bassin fut inauguré en 1748, et en 1800, alors que Londres n'avait pas encore de docks, ceux de Liverpool couvraient déjà un espace de 45 acres. Les docks de Liverpool se développent maintenant sur une longueur de plus de 8 kilomètres, couvrant avec les magasins qui les entourent un espace de 414 hectares, présentant 20 kilomètres de quais. Mais on a creusé en outre d'autres docks devant la ville de Garston; de même à Birkenhead, dont les docks ont une surface liquide de 67 hectares, 15 kilomètres de quais, et dont les entrepôts couvrent 132 hectares. Le travail est complètement divisé entre ces docks, dont l'un reçoit les navires du Canada, l'autre des États-Unis, un troisième ceux des Indes, du continent de l'Europe, de la Chine; les quais constituent un véritable musée commercial, où les objets sont représentés non par des échantillons, mais par d'énormes quantités. Londres n'a construit de docks que longtemps après Liverpool et, à la fin du siècle dernier, les quais légaux, les seuls sur lesquels il était permis de décharger certaines marchandises, ne s'étendaient que sur un espace de 445 mètres de long sur 13 de large. Il y avait en plus les « quais de tolérance », mais peu importants. Un pareil état de choses, qui amenait un encombrement constant et des vols qu'on estimait à 12 millions par an, ne pouvait être longtemps toléré et, en 1800, Pitt donnait le premier coup de pioche pour l'établissement des docks à l'endroit appelé *Isle of dogs* (île des chiens), espace alors désert. D'autres docks vinrent s'ajouter successivement aux premiers : les West India docks, East India docks, maintenant ouverts aux navires de toutes provenances, les London docks, destinés surtout aux riz, aux tabacs, aux vins et aux eaux-de-vie, les Ste-Catherine's docks, qui ont nécessité la démolition de 1250 maisons, les Victoria docks, ayant ensemble plus de 260 hectares et qui doivent s'augmenter encore. Mais, par suite de leur dissémination, ces docks frappent moins l'imagination que ceux de Liverpool, et il faut les parcourir, voir les rangées interminables de navires qui s'y trouvent, les amas de marchandises importées de tous les points du monde, pour se faire une idée de leur importance (1). Tous ces docks sont reliés avec les diverses lignes de chemins de fer, de telle sorte que l'envoi vers l'intérieur ne nécessite pas de transbordement intermédiaire. D'autres docks, moins importants, existent à Hull, Glocester, Leith, etc. (2).

---

(1) RECLUS, *Géographie universelle*.

(2) Voici le règlement des *London and India Docks*, qui peut être considéré comme étant à peu près suivi dans tous les docks de Londres.

RÈGLES RELATIVES AUX MARCHANDISES IMPORTÉES.

Droits de douane sur marchandises. — Dans le but de prévenir toute perte de temps en mettant à terre, échantillonnant, etc., les consignataires donneront des instructions pour la remise au bureau de la douane, aussitôt que le navire est annoncé, des marchandises destinées à être warrantées.

Connaissements. — Une attention particulière est nécessaire pour la régularité des endossements des connaissements, car les employés du dock ne peuvent recevoir un connaissement sur lequel la délivrance du chargeur au porteur n'est pas déduite par une suite complète et nette d'endossements.

Chaque connaissement doit être spécialement endossé, de manière à désigner clairement la personne à l'ordre de laquelle les marchandises reprises doivent être délivrées.

En tout cas d'irrégularité dans les connaissements, de manque d'endossements, etc., ou de perte, une demande sera faite au secrétaire, établissant les circonstances, et renfermant des documents qui montreront le droit à la délivrance des marchandises. En chaque cas le demandeur devra s'engager à indemniser la

En France des docks et magasins généraux ont été créés à Paris, Marseille, Bordeaux, Nantes, Le Hâvre, Rouen, Dunkerque, etc., et tandis que la loi du 28 mai 1858 exigeait un décret du gouvernement, la loi du 31 août 1870 a permis de les établir par un simple arrêté préfectoral. Le titre qui est délivré lors du dépôt de marchan-

---

Compagnie contre toute perte ou dommage, par obligation ou autrement, comme la direction peut le demander.

Ordres pour la délivrance ou le transfert des marchandises. — Les ordres remis pour la délivrance ou le transfert des marchandises, avant que les marchandises auxquelles ils se rapportent aient été mises à terre, seront reçus et tenus pour la convenance des personnes les plaçant ainsi seulement, mais ces ordres seront considérés, en ce qui concerne la Direction, comme de nulle valeur ou effet. La Direction ne sera pas responsable pour la conservation des ordres remis comme il est dit ci-dessus, ni ne sera pas sous quelque obligation de les retourner. Les ordres pour la délivrance ou le transfert des marchandises doivent être signés par la ou les personnes au nom de laquelle ou desquelles les marchandises sont placées dans les livrés de la Direction, ou par un agent dûment autorisé par écrit émanant de la ou des personnes ci-dessus désignées. Tout interligne, grattage, ou autre altération dans un *delivery order* doit être approuvé par les initiales de la ou des personnes signant cet ordre.

Paiement des frais. — Antérieurement au transfert ou à la remise de tous warrants (excepté des warrants originaux), et avant que toute délivrance de marchandise puisse prendre place, les frais et débours sur le tout ou la partie doivent être payés. Ces paiements sont à effectuer à quelqu'un des offices généraux.

Dépôts pour frêts. — Lorsque les marchandises placées en la garde du *Joint Committee* ont été arrêtées pour frêt ou charge, ou pour les deux, le propriétaire peut les libérer en remettant en dépôt au *Joint Committee* le montant réclamé, conformément aux dispositions du *Merchand shipping acts amendment act 1862* (25 et 26 Vict. C. 63).

Warrants. — Un warrant est le seul document établi par le *Joint Committee* pouvant être considéré comme le symbole légal des marchandises qui y sont décrites, et les marchandises peuvent être transférées par endossement dudit sans que le warrant ait à être produit au dock office.

Les warrants pour marchandises sont émis, sur demande écrite, en faveur de telle personne que le propriétaire peut désigner (sous les conditions stipulées sur les documents), et lorsque déposés, dûment endossés, donnent pouvoir au porteur de transférer ou d'obtenir la délivrance des marchandises. Nul warrant ne sera émis jusqu'à ce que l'arrêt sous frêt (s'il y en a) n'ait été annulé, ou un dépôt égal au montant réclamé pour tel arrêt, n'ait été fait au Joint Committee; ni jusqu'à ce que la mise à terre et les autres charges ne soient payées, excepté un » prime warrant » qui comporte le débarquement aussi bien que les autres charges. Les premiers warrants sont émis sans frais, excepté pour le coût du

dise, en même temps que le récépissé, porte également le nom de warrant, comme en Angleterre, il est transmissible par endossement et peut servir à un emprunt sur la marchandise. Mais l'usage des docks et des warrants est en France tout autre qu'en Angleterre.

« Après dix-neuf années d'absence, il m'a été donné de revoir dans

---

timbre, sur les « prime warrants », et tous les subséquents warrants et transferts, les frais sont comme suit (timbre en plus) :

Pour chaque warrant ou transfert contenant :

1 à 3 paquets.................................	0 sh.	2 d.
4 à 6 —	0	4
7 à 10 —	0	6
11 à 20 —	0	9
21 à 30 —	1	0
31 à 40 —	1	3
41 et au-dessus	1	6
Marchandises en vrac, sous 3 tonnes.............	0	6
— 3 tonnes et sous 6 tonnes ...	1	0
— 6 — et au-dessus	1	6
Pour chaque nouveau chèque remis................	0	3
« Prime warrant », chaque......................	2	0

Chaque warrant peut être divisé en autres warrants pour plus petites quantités à la volonté du porteur.

Si plus d'un warrant est nécessaire pour un tas de marchandises en vrac, les marchandises seront déplacées et remises en accordance avec l'importance de chaque warrant, et les frais faits pour toutes opérations dépendant de ceci devront être payés avant que de nouveaux warrants puissent être établis.

Les ordres des marchands pour délivrance ou transfert peuvent être échangés pour des warrants au dock office, sur instructions écrites préalablement données.

Si les marchandises pour lesquelles un warrant a été établi sont demandées pour être pesées à nouveau, le warrant sera préalablement déposé chez le *Joint Committee*, afin que le nouveau poids puisse y être indiqué. Lorsque quelque altération de la mise en paquets doit être faite, le warrant doit, de la même manière, être préalablement remis et un nouveau warrant peut être obtenu représentant les marchandises correctement indiquées.

Dans le cas où des warrants seraient égarés, ils doivent être mentionnés dans tels journaux que peut le décider le *Joint Committe*, et sept jours doivent s'écouler après l'avertissement, et le *Joint Committee* mis hors de cause, avant que quelque délivrance puisse être faite; mais lorsque la délivrance des marchandises est pressante, les parties peuvent l'obtenir immédiatement, en déposant la valeur estimée. Sous nulles circonstances, on ne peut obtenir le duplicata d'un warrant.

Des *notes de poids* correspondant aux warrants seront délivrées, si elles

» notre pays une grande cité maritime. Par sa situation, l'étendue
» de ses rapports avec l'Orient, le caractère hardi et intelligent de
» son commerce, Marseille est le Liverpool de la Méditerranée....
» Depuis une vingtaine d'années, de grandes constructions ont été
» entreprises pour favoriser les progrès de la navigation et du com-
» merce...... Après avoir doté Marseille, avec son argent, de

---

sont demandées par le propriétaire des marchandises, au droit fixe de 2 1/2 deniers chaque,

Des *formules pour autoriser* à signer les ordres, etc., pour marchands ou courtiers peuvent être obtenues à l'office général, Dock House. Les courtiers possédant des autorisations générales en écrit de négociants, pour inspecter les marchandises ou prendre échantillons, doivent les produire dans le but de les enregistrer.

L'inspection de marchandises ou la prise d'échantillons aura lieu sur des ordres signés par les propriétaires ; mais lorsque des warrants ont été émis, le numéro des warrants doit être indiqué sur les ordres.

Les échantillons pour vente ne seront pas prélevés tant que les marchandises n'aient été préparées, sauf des ordres spéciaux du propriétaire.

Marchandises préparées pour la vente. — L'arrangement ordinaire pour la vente des marchandises sera effectué aussitôt leur mise à terre, à moins qu'un ordre contraire ne soit donné par le propriétaire ou consignataire.

Les marchandises retirées d'une vente après avoir été montrées seront sujettes à un droit supplémentaire pour être présentées de nouveau.

Déficits, etc. — Pour toutes marchandises autres que vins et esprits, le *Joint Committee* ne sera pas responsable pour les pertes ou déficits qui peuvent être dus à des causes naturelles (ou à la vermine), et il ne sera pas responsable pour pertes ou déficits sur marchandises quelconques (y compris vins et esprits), à moins que l'importance des pertes ou déficits ne soit constatée avant l'enlèvement.

Les *caisses vides, emballages et paquets* quelconques qui ne seront pas enlevés dans les trois mois du règlement de compte à terre des marchandises, appartiendront et deviendront la propriété du *Joint Committee*.

Ordres pour travail supplémentaire. — Les frais pour tout travail non compris dans la table seront déterminés de temps en temps, en tenant compte du coût de la main-d'œuvre, des matériaux et de toutes les circonstances de chaque cas. Ces frais doivent être payés par la ou les personnes donnant l'ordre ou réglant les marchandises.

Des comptes de dépôts peuvent être ouverts qui faciliteront matériellement les opérations des négociants, et rendront plus promptes les délivrances ; mais ces comptes ne peuvent pas être débiteurs.

Le *Joint Committee* ne prend aucune responsabilité pour les marchandises délivrées en dehors.

» bassins pour le mouillage des navires, l'idée vint un jour de lui
» construire des docks. Les magasins de ces établissements sont de
» grands et nobles bâtiments pourvus d'un outillage considérable ;
» mais que l'étranger pénètre dans l'intérieur, et il s'étonnera du
» vide qui règne sous ces voûtes de pierre. Où sont les marchan-
» dises ? Les vastes salles, qui contiennent à peine quelques tonneaux
» de mélasse et quelques balles de coton, proclament assez que les
» docks ne répondent point encore aux habitudes et aux besoins du
» commerce marseillais » (1). Depuis plus de vingt ans que ces
lignes ont été écrites, des progrès ont été réalisés, à Marseille et
ailleurs ; mais malgré tout, les docks et magasins généraux ne sont
encore que trop généralement considérés par le commerce français
comme des annexes à leurs magasins, et plus souvent encore comme
de véritables établissements destinés à rendre plus faciles les prêts sur
gage.

Après avoir envisagé le commerce intérieur en général, il peut
être utile d'étudier ce qui en constitue une part notable, le commerce
de consommation.

Il semble qu'une étude sur l'organisation du commerce de détail
n'est ici que peu nécessaire ; en effet, ce commerce dépend surtout
d'habitudes qu'il est difficile de modifier, car elles proviennent en
grande partie des coutumes et du mode d'emploi des consommateurs.
On comprend sans peine qu'entre les populations manufacturières et
les populations agricoles, entre celles qui s'agglomèrent dans les villes
et celles qui sont disséminées dans les campagnes, qui attendent leur
salaire de la bonne ou mauvaise récolte, d'une pêche plus ou moins
fructueuse, ou qui, recevant chaque semaine le produit de leurs
journées, dépendent directement des crises qui frappent le commerce
ou l'industrie, il existe des différences profondes quant aux systèmes
suivis pour se procurer les objets indispensables à l'existence. L'ob-

---

(1) Alph. Esquiros. Le Port de Liverpool et les Institutions anglaises. (*Revue des Deux Mondes*, octobre 1869).

servation s'applique à l'un comme à l'autre des deux pays, en remarquant toutefois qu'en Angleterre, bien plus qu'en France, existent les grandes agglomérations où domine la population ouvrière, où doit donc dominer le petit commerce de détail (1), tandis que parmi les populations agricoles de l'Écosse, où sont répandues depuis longtemps de saines notions sur le crédit et ses conséquences, où l'emploi des banques est familier à tous, doit exister une organisation meilleure que dans les districts agricoles de la France. De chaque côté existent ces maisons colossales, sortes de bazars gigantesques où se trouvent tous les produits imaginables, depuis l'humble instrument de ménage jusqu'au bronze d'art ou au bibelot coûteux, depuis le ruban de prix minime à la toilette complète la plus élégante ; les *parcel posts*, comme les *colis postaux* (2), leur permettent de faire pénétrer leurs articles partout, et donnent à l'habitant du petit village les mêmes facilités d'achat qu'au bourgeois des grandes villes.

---

(1) Population des principales villes de la France et de la Grande-Bretagne :

FRANCE (*recensement de 1886.*)	milliers d'habitants.	GRANDE-BRETAGNE (*recensement de 1881.*)	milliers d'habitants.
Paris	2.344	Londres	3.816
Lyon	402	Liverpool	552
Marseille	376	Manchester (avec Salford)	518
Bordeaux	241	Glasgow	511
Lille	188	Birmingham	401
Toulouse	148	Leeds	309
Nantes	127	Sheffield	285
St-Étienne	118	Edimbourg	228

(2) Nombre de Parcel posts :

1883 1er Août au 31 Déc.	8.830.017
1884	22.114.233
1885	25.870.454
1886	31.088.894
1887	36.104.691
1888	38.794.030
1889	42.275.604

Nombre de colis postaux :

	FRANCE CONTINENTALE.	EXTÉRIEUR
1881 1er Mai au 31 Déc.	4.203.217	337.699
1882	9.457.023	1.078.102
1883	11.882.646	1.520.997
1884	13.847.897	1.703.682
1885	15.684.102	2.068.159
1886	17.136.490	2.411.996
1887	18.678.404	2.730.094
1888	19.862.306	3.058.009
1889	21.405.051	3.360.565

Mais un facteur relativement nouveau produit entre les deux pays une différence sensible, et il importe d'autant plus de l'étudier, qu'après avoir profondément modifié le commerce de détail, il tend à exercer maintenant une influence considérable sur le commerce de gros et la production manufacturière. Ce facteur, c'est la coopération, d'où sont issues les sociétés de consommation.

L'application de la coopération remonte déjà à plus d'un siècle en Angleterre. D'après un document officiel, on trouve en 1775 la Société industrielle de l'Anti-Moulin, à Kingston-sur-Hull ; en 1832, la Société industrielle coopérative, à Holmfirh ; la Société coopérative de Ripponden ; en 1838, l'*Intégrité*, société coopérative de prévoyance, à Admondbury; en 1840, la Société coopérative industrielle à Halifax, toutes antérieures à la formation de la célèbre association des *Equitables Pionniers* de Rochdale, dont le succès a été pour beaucoup dans l'extension des sociétés de consommation anglaises.

En France, la première association de consommation fut créée à Lille, en 1848. Au début, cette association nommée l'*Humanité* avait été établie à peu près dans un but charitable, mais l'année suivante, elle se transformait totalement et devenait une institution fondée sur l'assistance de chacun par lui-même. Mais ni la législation, ni le pouvoir ne favorisaient, en France, le développement des associations coopératives, et ce n'est guère qu'à partir de 1864 qu'elles prirent un certain essor. Il est vrai que d'autres associations ouvrières, ayant pour but la production, nées à la suite du mouvement de 1848, mal conçues, mal dirigées, avaient considérablement nui à cette idée de coopération, et fait même admettre un moment que des sociétés de ce genre, utiles à l'étranger, ne pouvaient réussir en France.

La création de telles associations a été largement favorisée par le désir des grandes Compagnies houillères ou industrielles d'améliorer le sort de leurs ouvriers, et très souvent c'est au moyen de fonds prêtés, quelquefois donnés par les Compagnies, que ces associations ont été établies. C'est dans ces centres que sur les 800 sociétés que la France possède, se trouvent les plus importantes, atteignant même un chiffre de ventes respectable : 2.500.000 fr. pour Anzin, 7 à 800.000 fr. pour Commentry, 500.000 fr. pour la Ruche Stéphanoise, sans en mentionner d'autres atteignant de 3 à 500.000 fr.

Les résultats obtenus par ces associations montrent bien qu'elles répondent à un besoin réel, et aussi que la coopération pourrait s'implanter aisément en France. L'une de ces associations, sur laquelle des renseignements complets ont été communiqués, peut ici servir d'exemple.

Société coopérative des Mines de Bruay, *(Pas-de-Calais).*

	Actionnaires.	Ventes.	Bénéfices nets.
1868........	59	8.898	269
1872........	244	133.503	6.376
1876........	343	219.629	19.067
1880........	465	255.210	12.272
1884........	565	367.057	38.600
1887........	703	483.258	48.325

Dans cette période de 20 années, les ventes ont atteint la somme totale de 4.745.650 fr. ; les répartitions faites aux sociétaires ont été ensemble de 320.006 fr. ; et tant sur les bénéfices nets que lors des inventaires, des amortissements pour 88.912 fr. ont été effectués, et une réserve atteignant 149.979 fr. en 1887, prélevée sur les bénéfices des ventes.

D'autres associations fournissent des résultats du même genre, et en distribuant de larges dividendes à leurs sociétaires, arrivent à constituer des réserves relativement importantes (1). Mais l'effet de

---

(1) En 20 ans, la Société des forgerons de Commentry a non seulement payé aux consommateurs actionnaires un bel intérêt d'argent, mais encore, à chaque

ces associations est purement local ; restreintes au personnel d'un établissement, ou tout au plus possédant une clientèle dans une ville ou centre industriel, chaque société vit isolée de celles qui l'entourent, ne leur faisant pas concurrence, mais ne profitant nullement des avantages qu'un groupement pourrait présenter. L'effet sur le commerce de détail ne se fait donc sentir que dans le faible rayon d'influence de ces associations, et on peut dire qu'en général les sociétés de consommation n'ont exercé en France aucune influence sur ce genre de commerce (2).

Il n'en est pas de même en Angleterre. Favorisée par la loi, implantée dans les mœurs, l'idée d'association s'y retrouve sous toutes les formes, s'applique pour ainsi dire à tous les besoins. « Je voyais
» continuellement aux fenêtres des boutiques et estaminets, en
» Angleterre, des écriteaux annonçant l'existence et les réunions de
» clubs de charbon, de clubs de montres, clubs d'habits, clubs
» d'ombrelles, etc., et ma curiosité était naturellement excitée pour
» découvrir au juste quelles étaient ces nouvelles institutions.

» J'obtins bientôt une facile explication de ce mystère. Les clubs
» sont des organisations d'ouvriers. Un certain nombre d'artisans et
» de travailleurs agricoles, — ou en fait quelque groupe d'individus
» ne possédant que des ressources modérées, — se réunissent en
» un club de montres, par exemple, l'objet étant de fournir à chaque
» membre une montre d'un modèle déterminé. Un de ces clubs de
» montres, qui existait à Newcastle-sur-Tyne, avait quarante
» membres.

---

exercice de 12 mois, elles leur a remboursé 8 à 9 % sur leur consommation, et finalement les a mis en possession, au moyen des réserves accumulées, de 400 fr. liquides par titre de 100 fr., tout en laissant à chacun d'eux une action de jouissance, gagée sur un capital très réel, et demeurant aussi productive que par le passé (*Nouveau dictionnaire d'économie politique*, article *Coopération*).

(2) On estime à 2,200 le nombre des sociétés coopératives existant en France ; sur ce nombre 800 sont des sociétés de consommation, 700 des syndicats agricoles, 600 des sociétés fruitières et 100 se livrent à la production industrielle (*Nouveau dictionnaire d'économie politique*, même article).

» Chaque membre paie au club deux shillings par semaine, et
» avec ces quatre-vingts shillings le trésorier du club achète chaque
» semaine une montre d'argent ; et une très bonne montre d'argent
» peut être achetée en Angleterre pour quatre-vingts shillings.

» Les noms de tous les membres du club sont alors écrits sur des
» cartes, jetées dans une boîte ou un sac, remuées, et une tirée
» comme pour une loterie, le nom tiré donnant au titulaire la pro-
» priété de la montre. Il sera pensé tout d'abord que le fortuné pro-
» priétaire du premier « tirage » qui a obtenu une montre pour
» deux shillings peut, s'il n'a pas de sens moral, ne plus retourner
» aux réunions de ce club, ne payant plus de shillings pour des
» montres qui ne sont plus pour lui ; en fait c'est une bonne chose
» pour lui de démissionner. Les constitutions de ces associations
» prévoient ce danger, et établissent que les gagnants doivent s'en-
» gager à demeurer et payer jusqu'à ce que le dernier membre du
» club soit capable de parader avec une montre d'argent de quatre-
» vingts shillings dans sa poche, et la mission du club est finie (1). »

A côté de ces associations, essentiellement temporaires, et qui embrassent tout ce que l'ouvrier anglais peut désirer, depuis l'oie de Noël jusqu'au cercueil, existent de véritables associations de consommation. Celle qui a suscité de nombreux imitateurs, qui est donnée partout comme le meilleur exemple des résultats de la coopération, est celle des Equitables Pionniers de Rochdale. Fondée en 1844 par 28 ouvriers courageux, réunissant le faible capital de 28 livres (700 fr.), ayant à lutter contre la mauvaise volonté ou la malveillance de ceux qui les entouraient, la Société a su sortir victorieuse de toutes les épreuves, et arriver, sinon à être la plus puissante des Sociétés anglaises, au moins à compter parmi les plus importantes. Installée d'abord dans une boutique louée deux cent cinquante francs par année, où chaque associé venait « détailler à la lueur d'un
» bout de chandelle la chétive provision de sel, de beurre et de

---

(1) *England as seen by an american banker.*

» farine qui était tout le trésor de la petite boutique », la Société possède maintenant outre son siège social, dix-huit succursales installées dans ses immeubles, un moulin à blé, une manufacture de tabac ; elle commandite une société d'achats en gros, une compagnie coopérative d'assurances, une usine coopérative pour la filature et le tissage du coton ; c'est un merveilleux exemple de la puissance de l'association.

Les Sociétés de consommation appartiennent à deux systèmes bien tranchés : pour les unes, le prix de vente est à peu près semblable au prix ordinaire, mais la différence, entre ce prix et le prix coûtant, en tenant compte des frais d'administration et des réserves, est portée au crédit du consommateur, membre de l'association ; chez les autres, au contraire, le prix de vente est calculé pour couvrir les dépenses et permettre un amortissement du matériel et des immeubles, et la vente est faite aux membres et à ceux qui sont présentés par eux, mais dans ce dernier cas, sous paiement d'un droit plus ou moins élevé. Les premières constituent une réserve, forcée pour ainsi dire, à ceux qui font partie de l'association ; les autres les font immédiatement profiter de tous les avantages, leur laissant la disposition de l'économie faite par leur intermédiaire ; mais toutes arrivent en fait au même but, de faire profiter le consommateur des bénéfices autrefois réalisés par le détaillant intermédiaire.

Les résultats atteints par ces associations sont prodigieux, et sont devenus plus favorables encore par la constitution des *Wholesale Societies* (Sociétés de vente en gros) achetant tout ce qui est nécessaire non plus à une, mais quelquefois à plusieurs centaines de Sociétés à la fois.

Les progrès réalisés sont montrés par les tableaux suivants, comparant les divers résultats obtenus en 1874 et en 1887 (1).

---

(1) La plupart des renseignements concernant les sociétés de consommation du Royaume-Uni sont extraits des *Annuals* publiés depuis quelques années par la *Cooperative wholesale Society* de Manchester.

Angleterre et Pays de Galles (1).

	1874	1887	AUGMENTATION pour cent.
Sociétés (publiant un compte-rendu)..	810	1.170	44
Membres	337.824	813.537	141
Capital (souscrit et emprunté)	103.790.850	271.696.050	162
Ventes	357.394.050	705.549.700	97
Profits	26.803.475	63.572.100	137

Écosse.

	1874	1887	AUGMENTATION pour cent.
Sociétés (publiant un compte-rendu)..	216	334	54
Membres	54.431	152.866	180
Capital (souscrit et emprunté)	8.473.650	42.947.475	407
Ventes	51.562.900	155.397.275	201
Profits	3.877.175	16.125.450	316

Irlande.

	1874	1887	AUGMENTATION pour cent.
Sociétés (publiant un compte-rendu)..	5	12	140
Membres	481	1.425	196
Capital (souscrit et emprunté)	46.375	301.275	549
Ventes	394.375	1.147.300	190
Profits	20.300	60.175	196

(1) Ces chiffres s'appliquent aux sociétés de consommation et de production et aux moulins coopératifs ; mais la part des sociétés de consommation est de beaucoup la plus importante. Il est à remarquer que certaines sociétés de consommation sont en partie sociétés de production.

Les détails suivants permettront mieux encore d'apprécier l'importance acquise par les associations coopératives et leur influence commerciale.

Royaume-Uni.

ANNÉES	SOCIÉTÉS		MEMBRES.	CAPITAL		VENTES.	PROFIT NET.
	publiant un compte-rendu.	no publiant pas de compte-rendu.		SOUSCRIT.	EMPRUNTÉ.		
1862	332	68	90.341	10.709.400	1.362.475	58.338.075	4.139.050
1865	403	182	124.659	20.484.175	2.681.575	84.346.175	6.980.650
1868	673	93	211.781	42.791.075	4.442.650	178.059.000	10.610.500
1871	746	235	262.188	57.648.775	5.386.325	236.594.275	16.659.975
1874	1.031	232	412.733	97.590.200	14.674.300	408.956.950	30.680.650
1877	1.148	246	529.081	135.948.975	26.831.625	534.350.325	48.059.025
1880	1.183	100	604.063	155.802.325	33.532.250	581.207.850	46.714.975
1881	1.240	»	643.617	173.504.325	37.089.575	623.626.575	49.527.725
1882	1.288	115	687.158	189.781.025	40.560.775	688.530.300	53.884.950
1883	1.291	170	729.957	198.033.900	39.427.150	733.400.700	60.874.900
1884	1.400	63	797.950	216.154.700	45.770.900	760.602.525	68.094.850
1885	1.441	50	850.659	230.281.475	48.645.850	782.647.750	74.717.250
1886	1.486	65	894.488	243.686.300	54.002.250	818.268.625	76.752.775
1887	1.516	145	967.828	258.605.400	56.339.400	862.094.275	79.757.725

Pour les plus importantes Sociétés de consommation dont les comptes rendus complets ont été publiés, voici les chiffres des ventes pour les sept dernières années :

En milliers de francs.

	1882	1883	1884	1885	1886	1887	1888
Rochdale Equitable Pioneers...	6.865	6.911	6.556	6.302	6.151	6.418	6.693
Civil service supply association.	40.091	42.066	42.286	43.966	43.582	43.312	44.095
Oldham Industrial.............	8.008	8.392	8.616	8.251	7.805	8.052	8.434
Bury District	6.005	6.253	6.249	6.413	6.006	5.901	6.026
Manchester Equitable..........	6.353	6.473	6.006	5.824	5.747	5.829	6.233
Bolton.......................	6.360	7.385	8.155	8.111	8.397	8.182	8.925
Gateshead, Durham............	5.630	6.209	6.207	6.718	6.739	6.650	6.822
Barnsley British	5.385	6.337	6.665	6.503	7.097	7.347	7.316
Oldham Equitable.............	5.264	5.892	5.984	5.697	5.723	5.713	5.836
Huddersfield.	5.043	5.217	4.882	4.543	5.235	6.317	6.746
Newcastle-upon-Tyne	4.312	5.997	7.167	7.818	8.450	8.221	8.198
Accrington and Church........	4.516	4.999	5.015	5.207	5.232	5.280	5.368

La fondation de la *Cooperative Wholesale Society* a donné à la coopération anglaise une force bien plus considérable que celle qu'elle possédait jusqu'alors. Les sociétés de consommation existaient en effet sans liens entr'elles; chacune agissait pour son propre compte et si quelques-unes, par le nombre de leurs adhérents, et comme conséquence, par l'importance de leurs ventes, pouvaient à certains égards imposer leurs conditions aux vendeurs des denrées dont elles avaient besoin, beaucoup d'autres, moins importantes, ne pouvaient agir de même et offraient par suite, moins d'avantages à leurs sociétaires. En groupant ces sociétés, en achetant d'un seul coup tout ce qui pouvait leur être nécessaire, la *Wholesale* a rendu un service immense à la coopération, et en même temps elle a doté l'Angleterre d'une institution commerciale sans équivalent à l'étranger, tant par la puissance de ses capitaux, dont l'accroissement est en raison du nombre des sociétaires, que par le nombre toujours plus grand de ses adhérents, et comme conséquence, par le développement de ses affaires. Les relevés ci-dessous montrent avec quelle rapidité ce développement s'est opéré.

ANNÉES.	MEMBRES (1).	CAPITAL (2).	VENTES NETTES.	PROFITS NETS.
1864 30 semaines	18.337	61.375	1.296.425	6.675
1868.........	59.349	657.825	8.293.600	110.275
1872.........	114.588	1.302.200	18.969.100	196.675
1876.........	249.516	9.490.175	56.184.875	668.750
1880.........	361.523	14.146.350	83.492.025	1.050.225
1881.........	367.973	14.501.150	89.352.375	1.171.250
1882.........	404.006	15.805.075	100.955.950	1.241.450
1883.........	433.151	17.279.525	113.672.225	1.197.125
1884.........	459.734	19.033.950	116.884.275	1.362.275
1885.........	507.772	21.029.375	119.828.775	1.940.750
1886.........	558.104	23.609.475	130.579.475	2.083.200
1887.........	604.800	25.426.050	142.830.875	1.628.525
1888.........	634.196	27.900.875	155.001.850	2.062.250

Fidèle au principe qui a présidé à sa constitution, la *Wholesale*

---

(1) Membres appartenant aux Sociétés ayant souscrit des parts de la coopérative Wholesale. Le chiffre de vente par membre est très variable, certaines Sociétés ne prenant que peu de chose à la *Wholesale*. Il faut dire que des réductions de prix ont été consenties aux Sociétés de consommation par les commerçants désireux de conserver leur clientèle ; là encore, l'action de la *Wholesale Society* a été utile à la coopération.

(2) Capital, comprenant le montant des parts, les emprunts et dépôts, les fonds pour banque, commerce et réserve, le fonds d'assurances et celui des dépenses réservées.

Society a continuellement cherché à se mettre le plus directement possible en rapport avec les producteurs. C'est dans ce but que des agences ont été établies successivement à Tipperary, Kilmallock, Limerick, New-York, Hambourg, Copenhague, Rouen, et un agent installé à Londres pour l'achat des thés et des cafés ; quatre steamers appartenant à la *Wholesale Society* font le service de Garston (Liverpool) à Rouen, Goole à Calais et à Hambourg.

Un progrès plus important a été réalisé par l'établissement des manufactures de Crumpsall (biscuits) 1874 — Leicester (chaussures) 1874 — Durham (savons) 1875 — Heckmondwicke (chaussures) 1880 — qui pour la période 1885-1888 ont donné les résultats suivants :

	1885	1886	1887	1888
Production.				
Crumpsall	545.750	572.125	727.500	803.875
Leicester	2.695.150	3.067.575	3.108.100	3.498.875
Durham	449.850	394.575	382.000	543.900
Heckmondwicke	595.275	585.450	501.275	574.950
Profits nets.				
Crumpsall	37.275	Perte 1.525	Perte 75	Perte 5.550
Leicester	76.950	151.475	158.600	161.325
Durham	22.675	18.525	13.100	14.750
Heckmondwicke	6.525	9.375	5.925	25.525

Sur le même principe, et tendant aux mêmes résultats, une *Scottish cooperative Wholesale Society* a été établie en 1868 ; le tableau ci-dessous montre les progrès de cette association.

ANNÉES.	MEMBRES.	CAPITAL (1).	VENTES.	PROFITS NETS.
1868	5.590	44.875	242.425	1.200
1872	18.708	773.275	6.563.275	135.875
1876	29.008	1.680.450	11.438.225	220.900
1880	41.584	2.754.475	21.130.525	542.125
1881	49.073	3.392.825	24.666.175	599.525
1882	53.684	4.235.700	27.514.725	580.500
1883	59.529	4.884.900	31.328.850	709.150
1884	65.331	6.104.650	32.508.275	735.875
1885	70.066	7.223.625	35.955.500	991.025
1886	79.874	8.341.325	46.428.800	1.259.950
1887	87.220	9.182.725	45.250.375	1.181.950
1888	96.521	10.241.700	49.096.325	1.338.450

A l'exemple de sa devancière, la *Scottish Wholesale Society* a établi à Glasgow une manufacture de chaussures donnant également les meilleurs résultats.

Ces manufactures coopératives ne sont pas les seules existant en Angleterre, et beaucoup d'autres, plus anciennes même, y fonctionnent dans de favorables conditions.

Les sociétés coopératives anglaises ont d'abord substitué, au magasin de détail plus ou moins bien assorti, où le petit consommateur était obligé de s'adresser, des établissements importants où leurs sociétaires trouvent ce qui leur est nécessaire aux meilleures conditions possibles ; elles ont, presque partout, fait adopter le principe de la vente au comptant, empêchant ainsi toute consommation imprévoyante ; mais elles tendent à faire plus encore. Les usines coopératives, surtout celles créées par les *Wholesale Societies*, arrivent à faire de

---

(1) Comprenant le capital souscrit et emprunté, les fonds de réserve et assurance.

chaque consommateur un producteur intéressé, le capital de l'association de consommation venant servir à la production. Les associations coopératives ont transformé le commerce de détail ; il est probable que leur action ne sera pas moindre relativement à la production manufacturière. Le mouvement si bien commencé se continuera, et l'exemple des Pionniers de Rochdale montre à quoi on peut arriver par l'association, quand on y joint l'union et la persévérance.

II.

LE COMMERCE EXTÉRIEUR.

Sans exagérer l'importance des chiffres, il est certain que l'étude du commerce extérieur ne peut être complète sans les statistiques qui donnent l'importance des échanges, et leur répartition entre les diverses branches d'industrie et de commerce, ou entre les différentes nations. Non pas certes que ces statistiques doivent être acceptées sans discussion aucune, et les chiffres qu'elles fournissent considérés comme absolument exacts. Par la nature même des choses, des erreurs doivent se glisser dans ces relevés, quelque soin qu'on y apporte ; en outre, les moyens d'estimation varient, rendent souvent les comparaisons incertaines, et dans tous les cas obligent à faire des réserves. Les nomenclatures sont loin d'être identiques, et les procédés font quelquefois attribuer à certaines contrées, comme transactions réelles, de simples opérations de transit (1). L'estimation des valeurs importées ou exportées tend à

---

(1) L'Angleterre est précisément dans ce cas, les marchandises importées étant indiquées comme provenant du pays d'où elles arrivent en dernier lieu, et les exportations comme destinées au pays où se trouve le port de débarquement. C'est ainsi que les statistiques anglaises ne font jamais mention de la Suisse, avec laquelle l'Angleterre n'est pas directement en communication.

devenir plus sérieuse, mais les méthodes, usitées il y a peu d'années encore, laissaient place à des différences considérables. En Angleterre, ce n'est que depuis 1820 que les exportations sont enregistrées d'après les valeurs déclarées, le même système n'étant appliqué aux importations que depuis 1870 ; antérieurement, et jusqu'en 1854, les prix appliqués étaient ceux établis par le tarif de 1696, modifié partiellement en 1798 ; à partir de 1854, les chiffres étaient établis par un service spécial, rattaché à l'inspection générale des importations et exportations ; en France, de 1826 à 1847, les chiffres des échanges furent fournis au moyen des valeurs officielles, qui avaient pour résultat de créer un écart considérable avec la valeur vraie ; en 1846 la Commission des valeurs fut instituée, et depuis cette époque les tableaux des douanes sont établis d'après les prix fixés chaque année par la Commission (1).

Cependant, si les résultats pour une année donnée ne peuvent être pris comme étant d'une complète exactitude, il n'en est pas de même lorsqu'on embrasse une certaine période. Les mêmes causes d'erreur se retrouvant d'année en année, on peut estimer l'augmentation ou la diminution proportionnelle des échanges, et arriver ainsi à des résultats suffisamment exacts.

Si on considère d'abord les chiffres totaux du commerce anglais et français, pour les cinquante dernières années, les résultats sont les suivants :

---

(1) Sur cette question, consulter l'article *Commission des valeurs* (*Dictionnaire du commerce et de la navigation*); l'article *Commerce* du *Dictionnaire des finances*, et pour des renseignement généraux, les rapports de MM. E. BATEMAN et CAIGNON au Congrès de statistique, tenu à Rome en 1887. (*Bulletin de l'Institut international de statistique*, 1ʳᵉ livraison 1887). Voir aussi *Synopsis of the tariffs and trade of the Bristish empire*, par Sir RAWSON W. RAWSON.

En millions de francs.

ANNÉES	FRANCE (1)		ANGLETERRE (R. U.) (2)		ANNÉES	FRANCE (1)		ANGLETERRE (R. U.) (2)	
	Importations.	Exportations.	Importations.	Exportations.		Importations.	Exportations.	Importations.	Exportations.
1840...	1.052	1.011	1.687	1.285	1868...	4.258	3.721	7.367	5.694
1844...	1.193	1.147	1.838	1.463	1872...	4.502	4.757	8.867	7.864
1848...	708	936	2.231	1.321	1876...	4.909	4.548	9.378	6.419
1852...	1.392	1.680	2.733	1.952	1880...	6.113	4.612	10.280	7.160
1856...	2.740	2.659	4.313	3.480	1884...	5.239	4.218	9.750	7.399
1860...	2.657	3.148	5.263	4.113	1888...	5.187	4.298	9.690	7.447
1864...	3.408	3.921	6.873	5.315					

Ces chiffres comprennent de part et d'autre les produits étrangers reçus en transit aussi bien que les produits nationaux ; pour ces derniers seuls les chiffres du commerce spécial pour la France, ceux de la consommation intérieure et de l'exportation des produits britanniques pour l'Angleterre, nous fournissent les résultats ci-dessous :

ANNÉES	FRANCE		ANGLETERRE (R. U.)		ANNÉES	FRANCE		ANGLETERRE (R. U.)	
	Importations.	Exportations.	Importations.	Exportations.		Importations.	Exportations.	Importations.	Exportations.
1840...	747	695	»	1.285	1868...	3.304	2.790	6.165	4.492
1844...	868	790	»	1.463	1872...	3.570	3.762	7.409	6.406
1848...	474	690	»	1.321	1876...	3.988	3.576	7.975	5.016
1852...	989	1.257	»	1.952	1880...	5.033	3.468	8.696	5.576
1856...	1.990	1.893	3.728	2.895	1884...	4.344	3.233	8.177	5.825
1860...	1.897	2.277	4.547	3.397	1888...	4.107	3.247	8.090	5.846
1864...	2.528	2.924	5.569	4.011					

---

(1) Commerce général.

(2) Il est bon de remarquer que, jusqu'en 1854, les chiffres de l'exportation anglaise ne comprennent que des produits anglais. L'abréviation R. U. indique le Royaume-Uni.

En valeur relative, tout au moins pour les chiffres qui peuvent être comparés, exportations (commerce spécial), pour la France, exportations des produits britanniques pour l'Angleterre, l'avantage est légèrement en faveur de la France ; mais en valeur absolue, l'accroissement des échanges est de beaucoup supérieur en Angleterre; pour les seules exportations, telles qu'on les a déjà comparés, la différence est de 2.552 millions pour la France, et de 4.564 millions pour l'Angleterre.

L'augmentation de la population est ici un facteur d'une certaine importance; or, en tenant même compte des territoires cédés à l'Allemagne par le traité de Francfort, la différence en faveur de l'Angleterre est encore très considérable ; l'égal emploi des forces productives devait donc amener un avantage à ce pays.

Population *(en milliers d'individus)*.

FRANCE.		ANGLETERRE (R. U.)	
1841	34.230	1841	27.058
1851	34.901	1851	27.746
1861	35.844	1861	29.321
1872	36.102	1871	31.874
1881	37.672	1881	34.952
1888	38.400	1888	37.440

Les résultats que fournissent les statistiques générales, s'ils indiquent une différence sensible dans le développement de la puissance commerciale de l'Angleterre et de la France, ne donnent naturellement aucune indication sur le sens dans lequel ce développement a pu s'opérer. Une analyse plus complète est donc nécessaire. Les documents permettraient de faire ce travail pour une période assez longue, mais il faut remarquer que les évènements de 1870-71 ont imposé à la France des charges spéciales, modifié certaines de ses relations, et déterminé en fait un état de choses nouveau, en partie dû aux modifications apportées par les évènements eux-mêmes, en partie à des mesures fiscales ou douanières qu'il n'y pas à discuter ici. Dans cet ordre d'idées, c'est à partir de 1872 que cette analyse doit être faite, afin de voir quels résultats ont été obtenus de part et d'autres.

Montant des échanges de 1872 à 1888
(en millions de francs).

ANNÉES.	FRANCE.		ANGLETERRE (R.-U.)	
	COMMERCE GÉNÉRAL. Importations et exportations réunies.	COMMERCE SPÉCIAL. Importations et exportations réunies.	Importations, exportations et réexportations.	Importations pour consommation intérieure, exportations de produits britanniques.
1872	9.258,2	7.331,7	16.732,0	13.815,4
1873	9.398,7	7.342,1	17.057,3	14.265,3
1874	9.124,6	7.209,8	16.693,3	13.788,7
1875	9.268,8	7.409,3	16.388,7	13.481,5
1776	9.456,3	7.563,9	15.798,3	12.991,4
1877	8.940,7	7.106,1	16.169,5	13.496,5
1878	9.200,6	7.355,9	15.356,3	12.724,6
1879	9.848,9	7.826,5	15.294,3	12.431,8
1880	10.725,3	8.501,0	17.441,1	14.273,3
1881	10.720,2	8.424,9	17.352,6	14.199,6
1882	10.725,9	8.396,2	17.992,0	14.732,3
1883	10.448,4	8.256,2	18.308,2	15.026,3
1884	9.457,4	7.576,0	17.149,6	14.002,5
1885	8.885,8	7.176,5	16.059,3	13.141,3
1886	9.362,5	7.456,9	15.463,3	12.651,5
1887	9.180,9	7.272,5	16.074,7	13.107,3
1888	9.485,4	7.353,7	17.138,0	13.935,8

Si on prend le rapport entre le commerce général, pris pour base, et le commerce spécial pour la France, et le chiffre des importations pour la consommation intérieure et des exportations des produits britanniques avec le chiffre total des importations, exportations et réexportations, le résultat, quoique un peu plus favorable à l'Angleterre, ne diffère pas sensiblement et n'a subi que peu de variations dans la période considérée.

ANNÉES.	France.	Angleterre.
1872	79,19 %	82,57 %
1873	78,12	83,63
1874	79,01	82,60
1875	79,94	82,26
1876	79,98	82,23
1877	79,48	83,47
1878	79,95	82,86
1879	79,46	81,28
1880	79,24	81,83
1881	78,59	81,83
1882	78,28	81,88
1883	78,65	82,12
1884	80,10	81,65
1885	80,76	81,83
1886	79,64	81,81
1887	79,21	81,54
1888	77,52	81,31

Si on prend maintenant la proportion par habitant, le montant est de beaucoup supérieur pour l'Angleterre, mais avec une tendance marquée à décroître, l'augmentation du chiffre d'affaires n'ayant pas suivi l'accroissement de la population, tendance sensiblement moindre pour la France.

Proportion des échanges par habitant.

ANNÉES.	FRANCE		ANGLETERRE (R.-U.)	
	Commerce général.	Commerce spécial.	Importations et exportations totales.	Importations nettes et exportations (produits britann.)
1872........	256,45	203,10	525 »	433,50
1873........	259,05	202,35	530 »	443 »
1874........	250,35	197,80	513,50	424,15
1875........	253,45	202,25	499 »	410,50
1876........	256,25	204,95	475,75	391,25
1877........	241,25	191,75	481,50	401,50
1878........	246,65	197,70	452,25	374,75
1879........	263,60	209,45	445,75	362,25
1880........	285,85	226,60	503,75	412,25
1881........	284,55	223,65	496,25	406,25
1882........	283,90	222,25	509,50	417,50
1883........	275,85	218 »	514 »	422 »
1884........	249,25	199,65	476,75	389,25
1885........	232,90	188,10	442 »	361,50
1886........	244,95	195,10	421,25	344,65
1887........	239,70	189,85	433,50	353,50
1888........	247 »	191,50	457,50	372 »

Il semble ainsi que toute proportion gardée, la situation du commerce français ait été meilleure que celle qui existait en Angleterre ; mais en examinant les chiffres des importations et des exportations, la situation n'est plus la même, la différence étant surtout produite par l'accroissement des importations.

Importations et exportations *(en millions de francs)*.

ANNÉES.	FRANCE				ANGLETERRE (R.-U.)			
	COMMERCE GÉNÉRAL		COMMERCE SPÉCIAL		COMMERCE GÉNÉRAL		COMMERCE SPÉCIAL	
	IMPORTATIONS.	EXPORTATIONS.	IMPORTATIONS.	EXPORTATIONS.	IMPORTATIONS totales.	EXPORTATIONS (prod. britanniq. et étrangers).	IMPORTATIONS (réexportations déduites).	EXPORTATIONS (produits britanniques).
1872	4.501,6	4.756,6	3.570,1	3.761,6	8.867,3	7.864,7	7.409,0	6.406,4
1873	4.576,4	4.822,3	3.554,8	3.787,3	9.282,1	7.775,1	7.886,2	6.379,1
1874	4.422,5	4.702,1	3.508,7	3.701,1	9.252,0	7.441,2	7.799,7	5.988,9
1875	4.461,8	4.807,0	3.536,7	3.872,6	9.348,4	7.040,3	7.894,8	5.586,6
1876	4.908,8	4.547,5	3.988,3	3.575,6	9.378,8	6.419,4	7.975,4	5.016,0
1877	4.569,9	4.370,8	3.669,8	3.436,3	9.860,4	6.308,6	8.524,1	4.972,3
1878	5.088,9	4.111,7	4.176,2	3.179,7	9.219,2	6.137,0	7.903,3	4.821,2
1879	5.579,3	4.269,6	4.595,2	3.231,3	9.074,7	6.219,6	7.643,5	4.788,3
1880	6.113,0	4.612,3	5.033,1	3.467,9	10.280,7	7.160,3	8.696,9	5.576,5
1881	5.996,2	4.724,0	4.863,4	3.561,5	9.925,5	7.427,0	8.349,0	5.850,5
1882	5.961,9	4.764,0	4.821,8	3.574,4	10.325,4	7.606,5	8.695,6	6.036,6
1883	5.886,7	4.561,7	4.804,3	3.451,9	10.672,2	7.635,9	9.031,3	5.995,0
1884	5.239,0	4.218,4	4.343,5	3.232,5	9.750,4	7.399,2	8.176,9	5.825,6
1885	4.930,0	3.955,8	4.088,4	3.088,1	9.274,2	6.785,1	7.815,2	5.326,1
1886	5.116,6	4.245,9	4.208,1	3.248,8	8.740,5	6.716,6	7.340,7	5.310,8
1887	4.942,7	4.238,2	4.086,0	3.244,5	9.055,6	7.019,1	7.571,9	5.535,3
1888	5.187,2	4.298,2	4.107,0	3.246,7	9.690,9	7.447,1	8.089,8	5.846,1

Index Numbers.

ANNÉES.	FRANCE				ANGLETERRE (R.-U.)			
	COMMERCE GÉNÉRAL		COMMERCE SPÉCIAL		COMMERCE GÉNÉRAL		COMMERCE SPÉCIAL	
	IMPORTATIONS.	EXPORTATIONS.	IMPORTATIONS.	EXPORTATIONS.	IMPORTATIONS totales.	EXPORTATIONS totales.	IMPORTATIONS (réexportations déduites).	EXPORTATIONS (produits britanniques).
1872............	100 »	100 »	100 »	100 »	100 »	100 »	100 »	100 »
1873............	101,66	101,38	99,57	100,68	104,68	98,86	106,44	99,57
1874............	98,24	98,85	98,28	98,39	104,34	94,61	105,27	93,48
1875............	99,11	101,06	99,03	102,95	105,42	89,52	106,56	87,20
1876............	109,04	95,60	111,71	95,05	105,77	81,62	107,65	78,30
1877............	101,52	91,89	102,80	91,35	111,20	80,21	115,05	77,61
1878............	113,04	86,44	116,98	84,53	103,96	78,03	106,67	75,26
1879............	123,94	89,76	128,71	85,90	102,34	79,08	103,17	74,74
1880............	135,80	96,97	140,98	92,19	115,94	91,04	117,38	87,04
1881............	133,20	99,31	136,23	94,63	111,93	94,43	112,69	91,32
1882	132,44	100,16	135,06	95,02	116,44	97,48	117,37	94,23
1883............	130,77	95,90	134,57	91,77	120,36	97,09	121,90	93,58
1884............	116,38	88,68	121,66	85,93	109,96	94,08	110,36	90,93
1885............	109,52	83,16	114,78	82,09	104,60	86,27	105,48	83,14
1886............	113,66	89,26	117,87	86,37	98,72	85,40	99,08	82,90
1887............	109,80	89,10	112,77	86,25	102,12	89,25	102,20	86,40
1888............	115,23	90,36	115,04	86,31	109,29	94,09	109,19	91,25

De part et d'autre, les produits de la culture et de l'exploitation du sol, les matières brutes ou transformées par l'industrie, figurent dans les importations et les exportations, mais dans des proportions bien différentes, et qui permettent, pour ainsi dire, de déterminer la zone d'activité de chacune des deux nations.

Pour les produits alimentaires, l'avantage est naturellement en faveur de la France ; alors que l'Angleterre demande ce qui lui est indispensable pour sa consommation, les mêmes produits donnent lieu en France à un commerce important; l'importation y est notablement inférieure, alors que l'exportation accuse des montants considérables. Il faut tenir compte, toutefois, des conditions d'existence bien différentes de chaque côté du détroit.

Céréales et Farines.

ANNÉES.	FRANCE (1)		ANGLETERRE (1)	
	Importations.	Exportations.	Importations.	Exportations.
1872............	147,6	247,4	1.277,3	16,0
1876............	239,6	146,9	1.284,6	15,5
1880............	788,5	62,6	1.555,9	18,0
1881............	519,6	95,3	1.509,8	19,1
1882............	502,4	56,8	1.569,8	14,1
1883............	375,0	57,6	1.680,3	7,5
1884............	360,2	44,9	1.187,6	8,9
1885............	232,5	34,6	1.322,6	8,3
1886............	262,4	29,9	1.076,3	9,9
1887............	289,2	18,9	1.198,9	8,1
1888............	375,3	14,4	1.274,8	9,4

(1) Dans toutes ces statistiques, les chiffres pour la France sont ceux du commerce spécial ; pour l'Angleterre (Royaume-Uni), les importations sont celles pour la consommation intérieure, et les exportations des seuls produits britanniques. Ces relevés sont en millions de francs.

Vins.

ANNÉES.	FRANCE		ANGLETERRE	
	Importations.	Exportations.	Importations.	Exportations.
1872	19,4	273,2	169,1	»
1876	25,3	211,6	156,4	»
1880	313,9	245,1	146,2	»
1881	363,9	252,8	126,1	»
1882	314,9	246,7	121,1	»
1883	376,6	236,5	121,8	»
1884	344,3	237,3	120,5	»
1885	388,6	255,9	114,6	»
1886	517,7	259,6	114,8	»
1887	443,7	233,7	122,7	»
1888	437,9	242,5	119,6	»

Eaux-de-vie et Esprits.

ANNÉES.	FRANCE		ANGLETERRE	
	Importations.	Exportations.	Importations.	Exportations.
1872	5,4	74,5	39,1	5,6
1876	8,0	105,5	85,0	8,0
1880	27,2	73,4	36,3	13,6
1881	25,9	67,9	28,7	19,5
1882	25,0	60,6	34,3	19,1
1883	21,1	64,3	31,8	20,2
1884	21,9	62,8	35,3	20,3
1885	23,1	67,9	38,5	21,8
1886	17,2	70,4	41,2	22,5
1887	17,4	66,7	42,1	26,0
1888	14,5	64,9	36,9	29,1

Beurres, Fromages et Œufs.

ANNÉES.	FRANCE		ANGLETERRE	
	Importations.	Exportations.	Importations.	Exportations.
1872	36,5	91,7	271,8	9,7
1876	44,1	163,7	414,4	7,0
1880	57,7	120,3	486,7	6,3
1881	54,2	121,7	460,8	6,4
1882	56,2	149,1	462,1	7,1
1883	58,3	137,8	484,9	6,8
1884	55,2	139,7	511,4	6,6
1885	53,6	128,9	464,1	5,7
1886	52,2	115,7	446,5	5,4
1887	47,3	112,3	487,3	5,3
1888	42,9	115,0	495,3	4,9

Sucre brut et raffiné. (1)

ANNÉES.	FRANCE		ANGLETERRE	
	Importations.	Exportations.	Importations.	Exportations.
1872	81,9	184,7	520,8	25,3
1876	101,2	159,8	483,2	34,1
1880	131,2	108,0	558,5	28,1
1881	131,5	107,6	593,7	26,8
1882	138,1	108,8	610,7	30,5
1883	96,1	108,7	603,9	30,9
1884	75,8	68,8	476,9	27,8
1885	109,6	34,9	445,1	19,1
1886	52,5	52,5	380,3	15,1
1887	50,9	58,8	396,4	11,6
1888	77,8	65,5	428,5	12,9

(1) L'importation en France ne comprend que des sucres bruts.

Café et Thé.

ANNÉES.	FRANCE		ANGLETERRE	
	Importations.	Exportations.	Importations.	Exportations.
1872............	32,3	»	258,3	»
1876............	109,8	»	275,3	»
1880............	99,8	»	260,3	»
1881............	100,0	»	235,2	»
1882............	87,8	»	247,8	»
1883............	97,2	»	266,3	»
1884............	84,6	»	212,6	»
1885............	81,8	»	232,4	»
1886............	105,0	»	243,9	»
1887............	134,3	»	241,9	»
1888............	133,8	»	222,7	»

Viandes fraîches, salées et fumées.

ANNÉES.	FRANCE		ANGLETERRE	
	Importations.	Exportations.	Importations.	Exportations.
1872............	36,4	10,5	27,1	»
1876............	29,3	4,3	29,2	»
1880............	69,7	2,5	58,4	»
1881............	55,3	4,2	53,8	»
1882............	34,9	12,2	59,2	»
1883............	31,0	12,4	64,1	»
1884............	24,7	13,8	71,7	»
1885............	34,1	12,9	77,9	»
1886............	44,6	2,7	67,2	»
1887............	38,8	2,5	75,8	»
1888............	34,6	2,8	85,9	»

Pour les produits extractifs et ce qui en dérive, au contraire, l'avantage revient à l'Angleterre. Pour la houille, la situation est absolument contraire entre les deux pays ; la France importe, en regard d'une exportation qui n'atteint que quelques unités pour cent de l'importation ; en Angleterre, au contraire, c'est l'exportation qui accuse des montants élevés. Pour les métaux bruts ou ouvrés (métaux précieux non compris), et malgré les produits de son sol, l'importation en Angleterre est bien plus considérable ; mais son exportation est bien plus grande encore, et la balance en faveur de l'exportation est en Angleterre de plusieurs centaines de millions chaque année.

Houilles.

ANNÉES.	FRANCE Importations.	ANGLETERRE Exportations.	ANNÉES.	FRANCE Importations.	ANGLETERRE Exportations.
1872	148,4	261,1	1884	167,8	271,3
1876	173,1	222,6	1885	146,0	265,8
1880	170,1	209,4	1886	124,6	245,9
1881	170,7	219,6	1887	126,2	254,2
1882	189,1	239,1	1888	143,4	283,6
1883	167,4	266,2			

Métaux bruts et ouvrés.

ANNÉES.	FRANCE		ANGLETERRE	
	Importations.	Exportations	Importations.	Exportations.
1872	102,5	47,3	268,3	1036,6
1876	128,6	13,5	249,2	637,3
1880	104,0	13,7	317,8	829,1
1881	132,8	15,0	293,1	816,6
1882	133,9	27,5	328,5	916,5
1883	133,1	21,0	335,5	844,2
1884	94,8	19,3	319,1	737,7
1885	86,7	19,1	308,8	654,2
1886	85,0	19,2	271,9	647,2
1887	94,9	32,0	298,0	732,2
1888	150,1	38,5	392,8	783,1

Si on prend ensuite ce qu'on peut appeler presque l'industrie artistique, celle où le goût, le tour de main spécial, ont une importance considérable, les chiffres français accusent encore un avantage ; l'importation est souvent moindre, et l'exportation beaucoup plus considérable.

Soies et bourres de soie.

ANNÉES.	FRANCE		ANGLETERRE	
	Importations.	Exportations.	Importations.	Exportations.
1872............	423,6	134,3	112,9	»
1876............	543,8	173,1	87,9	»
1880............	322,2	156,6	84,6	»
1881............	391,1	197,1	66,1	»
1882............	318,2	205,2	74,4	»
1883............	306,2	147,0	84,0	»
1884............	268,6	155,2	107,2	»
1885............	211,4	121,1	52,0	»
1886............	292,6	147,4	52,9	»
1887............	274,7	141,4	70,2	»
1888............	192,0	116,9	79,8	»

Tissus et fils de soie.

ANNÉES.	FRANCE		ANGLETERRE	
	Importations.	Exportations.	Importations	Exportations.
1872............	37,8	437,8	226,7	102,1
1876............	38,0	295,9	287,8	71,9
1880............	42,3	234,3	326,7	67,8
1881............	49,6	245,1	286,6	89,3
1882............	40,5	289,7	270,8	87,9
1883............	43,1	301,2	254,6	78,3
1884............	42,6	236,8	258,5	69,7
1885............	41,2	221,9	240,3	58,3
1886............	43,0	242,0	252,9	66,7
1887............	53,4	209,8	244,7	69,1
1888............	50,5	223,2	243,5	76,3

Peaux brutes et préparées et ouvrages en peaux.

ANNÉES.	FRANCE		ANGLETERRE	
	Importations.	Exportations.	Importations.	Exportations
1872............	175,6	293,3	205,5	113,6
1876............	202,2	274,5	240,1	104,8
1880............	189,3	318,2	234,7	122,2
1881............	195,4	334,1	224,7	142,9
1882............	208,2	339,0	265,4	145,3
1883............	241,6	325,7	258,8	137,2
1884............	218,7	309,1	267,7	132,3
1885............	225,1	303,2	246,3	121,2
1886............	212,1	289,4	222,3	110,7
1887............	189,5	277,1	224,2	118,5
1888............	173,9	290,5	224,8	126,4

Orfèvrerie, bijouterie et horlogerie.

ANNÉES.	FRANCE		ANGLETERRE	
	Importations.	Exportations	Importations.	Exportations.
1872............	5,6	51,3	19,7	9,3
1876............	5,9	70,8	22,4	10,2
1880............	9,9	71,8	24,5	9,8
1881............	13,7	84,4	23,7	11,5
1882............	15,4	89,1	25,2	15,3
1883............	14,7	100,6	24,5	16,3
1884............	13,0	90,2	26,1	15,3
1885............	11,9	62,5	25,9	16,1
1886............	11,6	68,2	27,3	14,4
1887............	13,2	86,6	28,7	12,1
1888............	15,1	74,4	26,4	13,8

Meubles et ouvrages en bois, mercerie, modes, etc.

ANNÉES.	FRANCE		ANGLETERRE	
	Importations.	Exportations.	Importations	Exportations.
1872	»	215,4	40,5	182,5
1876	»	212,4	56,1	111,6
1880	»	200,8	72,0	120,3
1881	»	207,6	72,3	131,2
1882	»	168,6	89,7	137,6
1883	»	167,6	92,7	128,1
1884	»	146,2	99,8	103.8
1885	»	143,6	84,9	86,7
1886	»	157,1	87,2	81,3
1887	»	155,1	71,2	88,1
1888	»	157,7	65,0	93,2

Mais en considérant enfin les chiffres de l'industrie proprement dite, soit des matières premières, soit des produits qui en résultent, l'avantage est tout en faveur de l'Angleterre, les chiffres anglais dépassant dans une proportion énorme les chiffres français.

Machines et outils.

ANNÉES.	FRANCE		ANGLETERRE	
	Importations	Exportations.	Importations.	Exportations.
1872	24,9	117,8	»	214,2
1876	36,2	94,8	»	190,6
1880	42,1	90,1	»	241,0
1881	66,6	96,6	»	259,5
1882	87,6	94,7	»	313,1
1883	93,0	112,1	»	357,2
1884	60,1	94,3	»	351,7
1885	43,7	86,0	»	299,1
1886	38,9	89,2	»	274,2
1887	43,5	105,6	»	300,4
1888	37,6	106,3	»	348,5

Cotons en laine.

ANNÉES.	FRANCE		ANGLETERRE	
	Importations.	Exportations.	Importations.	Exportations.
1872............	252,4	60,8	1114,1	»
1876............	229,2	78,9	891,1	»
1880............	215,4	69,5	932,6	»
1881............	225,4	64,1	971,4	»
1882............	211,8	44,4	1009,1	»
1883............	205,1	39,4	994,7	»
1884............	170,4	38,0	977,6	»
1885............	178,6	32,5	800,2	»
1886............	161,3	30,7	853,8	»
1887............	203,3	44,7	860,7	»
1888............	157,7	34,3	861,7	»

Coton filé.

ANNÉES.	FRANCE		ANGLETERRE	
	Importations.	Exportations.	Importations.	Exportations.
1872............	39,1	6,5	»	417,4
1876............	47,6	3,6	»	319,6
1880............	31,3	2,8	»	297,5
1881............	37,4	2,5	»	329,1
1882............	37,3	2,7	»	321,6
1883............	40,6	2,2	»	337,7
1884............	39,5	2,3	»	345,3
1885............	38,8	2,1	»	296,6
1886............	36,2	1,9	»	287,2
1887............	31,2	2,5	»	284,5
1888............	25,8	2,7	»	291,4

Tissus de coton.

ANNÉES.	FRANCE		ANGLETERRE	
	Importations.	Exportations.	Importations.	Exportations.
1872	97,5	68,7	28,8	1.586,7
1876	77,2	66,1	39,6	1.371,5
1880	66,4	79,1	46,3	1.591,6
1881	72,4	88,2	48,3	1.648,1
1882	73,0	97,8	47,2	1.573,3
1883	70,8	90,3	47,7	1.573,4
1884	75,3	91,0	46,1	1.473,4
1885	66,8	102,2	36,0	1.377,8
1886	57,0	107,2	35,8	1.434,2
1887	50,2	117,8	39,4	1.489,5
1888	41,0	106,2	43,2	1.508,2

Laines.

ANNÉES.	FRANCE		ANGLETERRE	
	Importations.	Exportations.	Importations.	Exportations.
1872	325,0	102,2	231,1	15,7
1876	277,2	74,8	307,3	19,0
1880	370,2	132,5	299,5	29,7
1881	304,3	105,6	253,9	22,3
1882	303,1	95,2	243,7	21,9
1883	330,1	95,1	226,3	25,7
1884	332,1	96,0	280,7	20,6
1885	276,4	90,8	179,4	23,3
1886	386,9	132,1	263,1	23,3
1887	325,6	120,4	265,7	22,9
1888	329,0	131,4	305,9	25,4

Laine filée.

ANNÉES.	FRANCE		ANGLETERRE	
	Importations.	Exportations.	Importations.	Exportations.
1872............	18,9	31,1	36,6	152,7
1876............	19,3	28,6	42,5	110,4
1880............	17,4	49,3	46,1	83,6
1881............	20,7	38,1	33,8	80,6
1882............	15,5	39,9	43,8	85,0
1883............	17,8	34,6	50,0	81,6
1884............	17,4	32,3	46,9	97,2
1885............	22,7	35,9	49,9	109,5
1886............	15,1	43,9	62,3	110,2
1887............	12,5	39,6	53,0	99,2
1888............	14,1	37,2	51,8	101,3

Tissus de laine.

ANNÉES.	FRANCE		ANGLETERRE	
	Importations.	Exportations.	Importations.	Exportations.
1872............	100,0	314,5	91,8	809,6
1876............	79,0	316,5	115,4	465,1
1880............	79,1	370,2	174,5	431,6
1881............	77,0	360,7	136,4	453,2
1882............	84,3	401,9	137,5	469,2
1883............	91,9	370,1	144,3	457,9
1884............	88,8	334,3	157,1	503,4
1885............	75,5	330,1	170,0	471,2
1886............	70,8	375,6	188,7	493,5
1887............	63,9	350,4	181,3	514,9
1888............	65,2	323,4	203,9	499,8

Tissus de lin ou chanvre.

ANNÉES.	FRANCE		ANGLETERRE	
	Importations.	Exportations.	Importations.	Exportations.
1872	18,0	23,2	»	205,6
1876	12,5	31,7	»	140,5
1880	10,1	28,0	»	145,9
1881	9,7	23,5	»	146,1
1882	8,6	22,6	»	149,2
1883	6,9	19,7	»	136,0
1884	8,3	14,1	»	129,5
1885	5,6	12,9	»	124,0
1886	5,7	13,3	»	131,5
1887	5,4	7,7	»	136,3
1888	5,2	8,3	»	138,8

A l'inspection de ces données statistiques, il est facile de reconnaître que la zone d'activité commerciale doit être moins étendue pour la France que pour l'Angleterre. Certaines matières premières, certains produits alimentaires obligent bien à s'adresser à des pays déterminés, les mêmes pour tous, mais l'exportation est ici bien différente. Laissant l'importance comparative de côté, il est évident que l'exportation française, où les produits alimentaires, les objets de luxe tiennent une place importante, s'adresse plutôt à des peuples ayant des habitudes semblables aux nôtres, des goûts de luxe, de confortable, indices d'une civilisation avancée, alors que les cotonnades et les lainages de l'Angleterre ont pour marché le monde entier. Il suffit, pour s'en convaincre, de relever les statistiques des exportations des deux nations avec les autres pays.

Commerce de la France avec l'Angleterre (EXPORTATIONS).

1872	935,5	1884	844,1
1876	1038,1	1885	832,2
1880	913,8	1886	858,3
1881	901,2	1887	822,4
1882	965,6	1888	866,8
1883	906,6		

Commerce de l'Angleterre avec la France (EXPORTATIONS).

1872	431,7	1884	418,6
1876	402,1	1885	374,5
1880	389,8	1886	340,3
1881	424,2	1887	341,5
1882	435,5	1888	370,2
1883	439,2		

ANNÉES.	FRANCE.	ANGLETERRE.	FRANCE.	ANGLETERRE.
	ALLEMAGNE.		AUTRICHE.	
1872	409,6	790,4	8,0	36,8
1876	431,2	502,0	17,1	19,6
1880	362,9	423,6	28,5	14,8
1881	383,0	435,8	31,9	17,3
1882	338,8	462,9	31,3	17,6
1883	326,0	469,7	27,0	24,2
1884	327,9	468,2	20,3	23,5
1885	300,4	410,4	15,6	19,7
1886	297,6	391,9	16,1	22,6
1887	316,2	390,4	19,9	21,9
1888	308,2	393,3	19,6	23,2

ANNÉES.	FRANCE.	ANGLETERRE.	FRANCE.	ANGLETERRE.
	BELGIQUE.		DANEMARK.	
1872	478,9	162,5	4,7	51,4
1876	445,7	146,9	5,6	55,0
1880	465,0	144,9	6,2	47,5
1881	453,3	176,9	8,2	50,3
1882	457,2	202,0	5,5	54,2
1883	471,4	208,2	7,0	56,6
1884	456,5	212,5	7,2	54,9
1885	437,3	195,1	7,6	47,6
1886	448,0	178,1	6,8	43,2
1887	480,6	170,8	9,7	46,1
1888	472,5	169,7	10,7	52,0

ANNÉES.	FRANCE.	ANGLETERRE.	FRANCE.	ANGLETERRE.
	ESPAGNE.		GRÈCE.	
1872	112,8	90,3	14,4	23,1
1876	154,5	99,8	13,9	21,6
1880	158,7	80,5	16,5	20,5
1881	167,5	91,3	29,2	28,5
1882	157,6	91,7	14,3	26,9
1883	171,4	94,6	15,9	32,2
1884	153,1	96,7	11,9	29,7
1885	162,4	79,1	10,8	21,8
1886	173,3	77,7	21,0	24,6
1887	149,3	85,3	10,6	24,7
1888	172,1	88,1	10,0	23,7

ANNÉES.	FRANCE.	ANGLETERRE.	FRANCE.	ANGLETERRE.
	ITALIE.		PAYS-BAS.	
1872............	228,8	163,9	35,3	405,3
1876............	215,8	167,2	44,1	294,4
1880............	181,3	135,8	37,5	231,1
1881............	210,2	165,7	45,8	222,5
1882............	200,4	162,0	44,6	234,5
1883............	176,8	178,1	36,9	237,6
1884............	171,8	174,8	34,3	256,0
1885............	177,3	165,7	37,4	221,9
1886............	192,5	152,3	30,3	204,9
1887............	192,1	194,8	29,7	204,6
1888............	119,4	144,1	30,1	212,8

ANNÉES.	FRANCE.	ANGLETERRE.	FRANCE.	ANGLETERRE.
	PORTUGAL.		ROUMANIE (1).	
1872............	15,3	57,7	»	20,3
1876............	25,6	55,8	»	17,7
1880............	19,7	52,6	3,5	27,8
1881............	19,2	52,3	6,2	33,1
1882............	18,4	48,9	8,6	24,3
1883............	19,8	49,0	7,6	33,6
1884............	20,0	49,2	6,9	23,7
1885............	20,4	43,7	3,4	19,8
1886............	23,3	46,0	3,0	23,2
1887............	22,1	53,5	5,2	25,9
1888............	23,8	55,2	7,6	24,7

(1) Avec la Turquie jusqu'en 1880, pour les statistiques françaises ; Valachie et Roumanie pour les chiffres anglais jusqu'à la même époque.

ANNÉES.	FRANCE.	ANGLETERRE.	FRANCE.	ANGLETERRE.
	RUSSIE.		SUÈDE ET NORWÈGE.	
1872	41,5	165,2	21,3	85,3
1876	34,6	154,5	25,8	105,6
1880	34,0	198,8	18,8	79,9
1881	29,6	154,1	22,7	84,0
1882	30,7	144,3	12,7	90,7
1883	22,5	125,9	14,3	96,7
1884	13,4	124,8	14,2	96,4
1885	12,6	104,8	12,0	87,7
1886	10,8	110,6	12,5	81,8
1887	15,2	104,2	11,0	80,8
1888	10,0	120,2	12,2	93,7

ANNÉES.	FRANCE.	ANGLETERRE.	FRANCE.	ANGLETERRE.
	SUISSE.		TURQUIE.	
1872	294,5	»	81,5	190,9
1876	279,0	»	46,5	148,1
1880	220,4	»	45,5	169,2
1881	243,0	»	40,6	172,0
1882	249,0	»	44,0	160,5
1883	229,2	»	46,3	167,2
1884	218,4	»	46,9	159,8
1885	188,2	»	49,8	153,3
1886	209,9	»	46,3	147,6
1887	216,6	»	46,7	140,9
1888	209,1	»	47,6	126,8

ANNÉES.	FRANCE.	ANGLETERRE.	FRANCE.	ANGLETERRE.
	INDES ANGLAISES.		CHINE (1).	
1872	4,6	461,8	1,9	165,6
1876	6,4	560,1	3,4	115,3
1880	5,6	761,3	3,4	126,6
1881	4,9	731,1	3,4	149,1
1882	8,6	726,5	3,0	115,3
1883	8,1	796,8	2,5	105,6
1884	9,2	764,6	4,0	103,8
1885	6,2	732,2	3,9	129,7
1886	8,6	783,5	4,4	131,2
1887	7,9	764,6	4,5	156,1
1888	12,2	813,8	3,8	155,1

ANNÉES.	FRANCE.	ANGLETERRE.	FRANCE.	ANGLETERRE.
	ALGÉRIE.		ÉGYPTE.	
1872	140,6	2,2	40,1	180,3
1876	148,5	5,2	29,0	65,7
1880	161,8	7,3	37,5	76,5
1881	160,9	6,9	30,6	79,2
1882	165,4	7,9	20,2	61,2
1883	154,5	8,7	24,1	84,2
1884	146,7	9,5	20,5	72,3
1885	167,7	8,9	23,6	87,0
1886	189,2	6,8	23,8	71,4
1887	153,2	7,3	20,4	75,1
1888	173,6	6,3	18,3	72,6

(1) Pour l'Angleterre, Hongkong non compris.

ANNÉES.	FRANCE.	ANGLETERRE.	FRANCE.	ANGLETERRE.
	ÉTATS-UNIS.		BRÉSIL.	
1872............	332,5	1018,4	78,4	188,0
1876............	229,6	420,8	81,4	148,0
1880............	332,2	771,4	76,2	167,0
1881............	319,1	744,9	74,0	166,4
1882............	365,0	774,2	62,1	171,9
1883............	350,1	684,3	66,6	166,2
1884............	275,1	610,6	62,5	161,8
1885............	254,2	549,8	54,7	133,7
1886............	282,2	670,6	57,2	151,7
1887............	271,3	738,7	59,6	145,6
1888............	255,6	722,4	64,7	156,4

ANNÉES.	FRANCE.	ANGLETERRE.	FRANCE.	ANGLETERRE.
	RÉPUBLIQUE ARGENTINE.		AUSTRALIE.	
1872............	101,3	97,8	1,3	353,5
1876............	52,9	38,6	1,5	442,1
1880............	84,6	61,2	3,9	423,2
1881............	96,5	83,5	4,8	534,4
1882............	102,6	104,1	4,0	634,1
1883............	105,6	122,6	4,8	605,4
1884............	119,2	145,2	6,0	597,4
1885............	95,8	116,5	7,6	629,1
1886............	110,5	129,7	6,5	559,6
1887............	143,7	155,7	5,9	493,4
1888............	134,4	191,4	6,1	635,3

En résumant ces chiffres, en établissant la proportion pour cent des exportations à chacun des pays considérés à l'exportation totale, on voit quelle part considérable certains pays prennent dans l'exportation française ; pour l'Europe, cette proportion est de 70 % environ, tandis qu'elle n'atteint guère que 40 % pour l'Angleterre, laissant ainsi, pour les autres parties du monde, un pourcentage double de celui de la France.

Part proportionnelle dans l'exportation totale.

	1872		1876		1880		1881	
	FRANCE.	ANGLE-TERRE.	FRANCE.	ANGLE-TERRE.	FRANCE.	ANGLE-TERRE.	FRANCE.	ANGLE-TERRE.
Angleterre.......	24,87	»	29,03	»	26,35	»	25,30	»
France..........	»	6,74	»	8,01	»	6,99	»	7,25
Allemagne.......	10,89	12,34	12,06	10, »	10,46	7,59	10,75	7,45
Autriche........	0,21	0,57	0,48	0,39	0,82	0,26	0,89	0.29
Belgique........	12,73	2,53	12,46	2,93	13,41	2,60	12,73	3,02
Danemark.......	0,12	0,80	0,15	1,10	0,18	0,85	0,23	0,86
Espagne.........	3,00	1,41	4,32	1,99	4,57	1,44	4,70	1,56
Grèce...........	0,38	0,36	0,39	0,43	0,47	0,36	0,82	0,48
Italie...........	6,08	2,56	6,03	3,33	5,23	2,43	5,90	2,83
Pays-Bas........	0,94	6,32	1,23	5,87	1,08	4,14	1,28	3,80
Portugal........	0,40	0,90	0,71	1,11	0,57	0,94	0,54	0,89
Roumanie.......	»	0,31	»	0,35	0,10	0,50	0,17	0,56
Russie..........	1,10	2,58	0,96	3,08	0,98	3,56	0,83	2,63
Suède et Norwège	0,56	1,33	0,72	2,10	0,54	1,43	0,63	1,43
Suisse..........	7,83	»	7,80	»	6,35	»	6,82	»
Turquie.........	2,16	2,98	1,30	2,95	1,31	3,03	1.14	2,94
Indes anglaises...	0,12	7,21	0,18	11,16	0,16	13,65	0,13	12,49
Chine...........	0,05	2,58	0,09	2,30	0,10	2,27	0,09	2,55
Algérie.........	3,74	0.03	4,15	0,10	4,66	0,13	4,52	0,12
Égypte..........	1,06	2,81	0,81	1.31	1,08	1,37	0,86	1,35
États-Unis......	8,84	15,89	6,42	8,39	9,58	13,83	8,96	12,73
Brésil..........	2,08	2,93	2,27	2,95	2,19	2,99	2,07	2,84
République arg^{ne}.	2,69	1,52	1,48	0,77	2,44	1,09	2,71	1,42
Australie.......	0,03	5,52	0,04	8,81	0,11	7,59	0,13	9,13
Autres pays.....	10,08	19,78	6,92	20,57	7,26	20,96	7,80	21,38
	100 »	100 »	100 »	100 »	100 »	100 »	100 »	100 »

Part proportionnelle dans l'exportation totale *(suite).*

	1882		1883		1884		1885	
	FRANCE.	ANGLE-TERRE.	FRANCE.	ANGLE-TERRE.	FRANCE.	ANGLE-TERRE.	FRANCE.	ANGLE-TERRE.
Angleterre.......	27,01	»	26,26	»	26,11	»	26,95	»
France	»	7,21	»	7,32	»	7,18	»	7,03
Allemagne.......	9,48	7,67	9,44	7,83	10,44	8,03	9,73	7,70
Autriche	0,87	0,29	0,78	0,40	0,63	0,40	0,50	0,37
Belgique........	12,79	3,34	13,65	3,47	14,12	3,64	14,16	3,66
Danemark.......	0,15	0,90	0,20	0,94	0,22	0,94	0,24	0,89
Espagne.........	4,41	1,52	4,96	1,58	4,73	1,66	5,26	1,48
Grèce...........	0,40	0,44	0,46	0,53	0,37	0,51	0,35	0,41
Italie...........	5,60	2,68	5,12	2,97	5,31	3. »	5,74	3,11
Pays-Bas.......	1,25	3,88	1,07	3,78	1,06	4,39	1,21	4,16
Portugal.........	0,51	0,81	0,57	0,82	0,62	0,84	0,66	0,82
Roumanie.......	0,24	0,40	0,22	0,56	0,21	0,40	0,11	0,37
Russie	0,86	2,39	0,65	2,10	0,41	2,14	0,41	1,96
Suède et Norwège.	0,35	1,50	0,41	1,61	0,44	1,66	0,39	1,64
Suisse...........	6,96	»	6,64	»	6,75	»	6,09	»
Turquie.........	1,23	2,66	1,34	2,79	1,45	2,74	1,61	2,88
Indes anglaises...	0,24	12,03	0,23	13.29	0,28	13,12	0,20	13,74
Chine...........	0,08	1,91	0,07	1,76	0,12	1,78	0,12	2,43
Algérie..........	4,62	0,13	4,47	0,14	4,54	0,16	5,43	0,16
Égypte	0,56	1,01	0,70	1,40	0,63	1,24	0,76	1,63
États-Unis.......	10,21	12,82	10,14	11,44	8,49	10,48	8.23	10,32
Brésil...........	1,74	2,85	1,92	2,77	1,93	2,77	1,77	2,51
République arg^{ne}.	2,87	1,72	3,06	2,04	3,68	2,49	3,10	2,18
Australie	0,11	10,50	0,14	10,10	0,18	10,25	0,24	11,81
Autres pays......	7,46	21,35	7,50	20,36	7,24	20,18	6,74	18,74
	100 »	100 »	100 »	100 »	100 »	100 »	100 »	100 »

Part proportionnelle dans l'exportation totale *(suite).*

	1886		1887		1888	
	FRANCE.	ANGLE-TERRE.	FRANCE.	ANGLE-TERRE.	FRANCE.	ANGLE-TERRE.
Angleterre	26,42	»	25,34	»	26,70	»
France	»	6,41	»	6,17	»	6,33
Allemagne	9,16	7,38	9,74	7,05	9,49	6,72
Autriche	0,49	0,42	0,61	0,39	0,60	0,40
Belgique	13,79	3,35	14,81	3,08	14,55	2,90
Danemark	0,21	0,81	0,30	0,83	0,33	0,89
Espagne	5,33	1,46	4,60	1,50	5,30	1,50
Grèce	0,64	0,46	0,32	0,44	0,31	0,40
Italie	5,92	2,87	5,92	3,52	3,67	2,46
Pays-Bas	0,93	3,86	0,91	3,69	0,92	3,64
Portugal	0,71	0,86	0,68	0,96	0,73	0,94
Roumanie	0,09	0,43	0,16	0,47	0,23	0,42
Russie	0,33	2,08	0,47	1,88	0,31	2,05
Suède et Norwège	0,38	1,54	0,34	1.46	0,37	1,60
Suisse	6,46	»	6,67	»	6,44	»
Turquie	1,42	2,78	1,44	2,54	1,46	2,17
Indes anglaises	0,26	14,75	0,24	13,81	0,37	13,92
Chine	0,13	2,47	0,14	2,82	0,12	2,65
Algérie	5,82	0,13	4,72	0,13	5,35	0,11
Égypte	0,73	1,34	0,63	1,35	0,56	1,24
États-Unis	8,68	12,62	8,36	13,34	7,87	12,35
Brésil	1,76	2,85	1,83	2,63	1,99	2,67
République argentine	3,40	2,44	4,43	2,81	4,14	3,27
Australie	0,20	10,53	0,18	8,91	0,19	10,86
Autres pays	6,74	18,16	7,16	20,22	8, »	20,51
	100 »	100 »	100 »	100 »	100 »	100 »

Consommation des produits anglais et français par habitant.

	1880		1881		1882	
	Français.	Anglais.	Français.	Anglais.	Français.	Anglais.
France.............	»	10,25	»	11,25	»	11,50
Angleterre..........	25,25	»	30,75	»	27,25	»
Allemagne..........	8 »	9,25	8,50	9,75	7,25	10,25
Autriche............	0,75	0,50	0,75	0,50	0,75	0,50
Belgique............	84,25	25,25	81 »	30,20	80,75	35,25
Danemark..........	3,35	25,50	4,15	25,50	2,80	27,50
Espagne............	9,50	4,75	10 »	5,50	9,50	5,50
Grèce...............	9,75	12,50	16,75	17,25	8,25	16,25
Italie...............	6,25	4,75	7,25	5,75	7 »	5,75
Pays-Bas...........	9,25	57,50	11,25	55,50	11 »	58,50
Portugal............	4,50	12 »	4,50	12 »	4,25	11,25
Roumanie..........	0,70	5,25	1,20	6,25	1,60	4,50
Russie.............	0,50	3,75	0,25	2 »	0,25	2 »
Suède et Norwège....	5,75	12,25	7 »	12,75	3,25	14 »
Suisse..............	77,25	»	85,50	»	87,50	»
Indes anglaises......	»	4 »	»	3,75	»	3,75
Algérie............	49 »	»	48,50	»	49 »	»
Égypte.............	5.75	11,25	4,50	10,25	3 »	9 »
États-Unis..........	6,50	15,50	6,25	14,75	7,25	15,50
Brésil..............	6,25	13,70	6 »	13,50	5 »	13,85
République Argentine.	28,25	20,25	32 »	27,50	33,75	34,50
Australie	»	150 »	»	180,75	»	212,25
Straits et Hong-Kong.	»	350 »	»	264,50	»	230 »
Cap et Natal........	»	147,50	»	104,25	»	110,50
Martinique..........	83,25	»	76,75	»	76,75	»
Guadeloupe	85 »	»	60 »	»	64,50	»

Consommation des produits anglais et français par habitant (suite).

	1883		1884		1885	
	Français.	Anglais	Français.	Anglais.	Français.	Anglais.
France............	»	11,75	»	11 »	»	9,75
Angleterre.........	25,25	»	23,50	»	22,75	».
Allemagne.........	7 »	10,50	7 »	10,25	6,50	9 »
Autriche..........	0.50	0,75	0,50	0,75	0,50	0,50
Belgique..........	81,75	37,75	79 »	38,50	74,50	35,25
Danemark.........	3,55	28,75	3,70	28 »	3,85	24 »
Espagne...........	10,25	5,75	9,25	5,75	9,75	4,75
Grèce.............	9,25	19,50	7 »	18 »	6,25	12,75
Italie.............	6 »	6,25	6 »	6,25	6,25	5,75
Pays-Bas..........	9 »	59,25	8,50	63,75	9,25	55,25
Portugal..........	4,50	11,25	4,50	11,25	4,50	10 »
Roumanie.........	1,40	6,25	1,30	4,50	0,70	4 »
Russie............	0,25	1,75	0,15	1,75	0,15	1,25
Suède et Norwège..	3,75	14,75	3,75	14,75	2,50	13,25
Suisse............	80,50	»	76,75	»	66 »	»
Indes anglaises....	»	4 »	»	4 »	»	3,75
Algérie...........	46,50	»	44,25	»	50,75	»
Égypte............	3,50	12,50	3 »	10,75	3,50	12,75
États-Unis........	7,25	14 »	5,50	12,25	5,50	11 »
Brésil............	5,25	13,10	5 »	12,95	4,50	11 »
République Argentine.	35 »	40,50	39,50	48 »	31,75	30,50
Australie..........	»	192,75	»	179,50	»	180,25
Straits et Hong-Kong..	»	236 »	»	259 »	»	193,25
Cap et Natal.......	»	64,50	»	60,50	»	56,25
Martinique........	80,10	»	63,75	»	59 »	»
Guadeloupe........	62 »	»	58,50	»	47,50	»

Consommation des produits anglais et français par habitant (suite).

	1886		1887		1888	
	Français.	Anglais.	Français.	Anglais.	Français.	Anglais.
France.............	»	9 »	»	9 »	»	9,50
Angleterre..........	23,25	»	22 »	»	23 »	»
Allemagne..........	6,25	8,75	6,75	8,25	7 »	8,50
Autriche...........	0,50	0,50	0,50	0,50	0,50	0,50
Belgique...........	76,50	32,25	80,50	31 »	79,50	30,75
Danemark..........	4 »	22 »	4,95	23,50	5,40	26,25
Espagne...........	10,25	4,75	8,75	5 »	9,75	5,25
Grèce..............	12,25	14,25	6,25	14,25	5 »	13,75
Italie..............	6,75	5,25	6,25	5,25	4 »	5 »
Pays-Bas...........	7,50	51 »	6,75	51 »	6,75	55,50
Portugal.	5,25	10,50	6,25	12,25	5 »	12,50
Roumanie...........	0,50	4,25	1 »	5 »	1,45	4,75
Russie..............	0,10	1,25	0,15	1 »	0,10	1,50
Suède et Norwège....	2,50	12,50	2 »	12 »	2,25	14 »
Suisse.............	72,50	»	76,25	»	70,75	»
Indes anglaises......	»	4 »	»	3,75	»	4 »
Algérie.............	48,25	»	38,50	»	58,50	»
Égypte.............	3,50	10,50	3 »	11 »	3,75	10,50
États-Unis..........	5,50	13,25	5,25	14,50	5 »	14,25
Brésil	4,50	11,90	4,75	11,60	6,50	15,70
République Argentine.	36,75	43,25	37,75	50,20	34,75	55,25
Australie...........	»	160,25	»	134,25	»	172,25
Straits et Hong-Kong.	»	139,75	»	167,50	»	179,75
Cap et Natal........	»	48,75	»	67,25	»	79,50
Martinique..........	59,50	»	80,50	»	64,75	»
Guadeloupe.........	45,50	»	53,50	»	68 »	»

Ces divers tableaux montrent bien la part prépondérante de l'Angleterre dans le commerce du monde. Mais cette prépondérance étant admise, quelles causes viennent l'expliquer ?

Étant donné l'immense empire colonial de l'Angleterre, et le trafic très important effectué avec ces possessions, on pourrait supposer tout d'abord que l'Angleterre, par des règlements, par des lois, par des mesures quelconques, a su se réserver sinon le monopole, au moins la plus forte part dans le commerce de ses colonies. Une telle supposition serait absolument erronée. En fait, depuis que l'Amérique s'était violemment séparée de l'Angleterre, les hommes d'État anglais n'avaient cessé de chercher le moyen d'éviter le retour de faits semblables. Après diverses tentatives, après des discussions sans nombre, le principe de l'autonomie presque complète prévalut, et depuis 1840, on peut suivre, dans les diverses colonies anglaises, les progrès de cette doctrine, qui a conduit à laisser les colonies s'administrer à peu près comme bon leur semble (1). Elles sont maîtresses de leurs tarifs ; il suffit, pour s'en convaincre, soit de consulter l'ouvrage de sir Rawson W. Rawson, (cité page 276), soit la table placée à la fin des « Colonial Abstracts ». Au point de vue politique, l'Angleterre ne demande à ses sujets coloniaux que d'être « de loyaux sujets de la Reine », et au point de vue commercial, d'être de bons mais libres clients. Ce n'est donc pas comme conséquence d'une sujétion légale que les colonies anglaises commercent avec la mère-patrie, et sous ce rapport, la France est dans une position plus favorable — abstrac-

---

(1) Exception doit être faite de l'Inde, qui est sous le gouvernement de l'Impératrice-Reine, et de quelques autres colonies, généralement nouvelles ou de peu d'importance. Mais toute l'Australasie (sauf l'Australie occidentale), le Cap, le Dominion, jouissent d'une indépendance à peu près complète, et dans la Guyane, l'Australie occidentale, Maurice, la Jamaïque, etc., l'ingérence du gouvernement de la Métropole ne se fait guère sentir dans les questions économiques.

tion faite de toutes autres considérations — pour son commerce avec ses colonies (1).

On pourrait voir encore, dans la puissance commerciale de l'Angleterre, le résultat de l'immense développement de son industrie. Pourtant ce développement est plutôt la suite que la cause de la puissance commerciale anglaise. Il est évident que l'industriel, en cherchant par tous les moyens en son pouvoir à distancer ses rivaux, à réduire au minimum son prix de revient, facilite par cela même la consommation de ses produits. Mais il faut, pour arriver au résultat qu'il désire, qu'à son tour le commerçant lui maintienne les débouchés qu'il possède, en écarte les concurrents, cherche sans cesse de nouveaux marchés, et par des avis judicieux, oblige le producteur à faire des efforts suffisants pour maintenir la situation acquise, et obtenir de plus en plus de nouveaux débouchés. Le commerçant a ici le rôle prépondérant; la production industrielle, quelque perfectionnée qu'elle soit, deviendrait vite encombrante et stérile, si des efforts continuels, incessants, n'étaient faits pour écouler ses produits. Et ce rôle est mieux et plus avantageusement rempli en Angleterre qu'en France.

---

(1) *COMMERCE AVEC LES COLONIES* (*en millions de francs.*)

	FRANCE (commerce spécial).		ANGLETERRE.	
	IMPORTATIONS.	EXPORTATIONS.	IMPORTATIONS (consommation intérieure).	EXPORTATIONS (produits britanniques).
1880.............	244,5	219,6	2312,9	1881,3
1881.............	206,6	223,7	2288,5	1984,1
1882.............	232,2	226,4	2485,7	2120,6
1883.............	218,1	220,7	2467,0	2086,9
1884.............	223,9	209,5	2395,3	2021,9
1885.............	277,2	224,5	2110,0	1948,2
1886.............	259,3	240,1	2047,1	1887,6
1887.............	261,9	208,4	2094,9	1878,4
1888.............	298,2	240,3	2172,9	2098,4

Sans doute, il y a de part et d'autre ce qu'on pourrait appeler des situations privilégiées. Il est évident que malgré leur richesse, les bassins houillers du Nord de la France ne peuvent rivaliser avec ceux du Lancashire, des comtés de Northumberland et de Durham, de la principauté de Galles, etc. ; il n'y a pas en France, pour les minerais de fer, de plomb, d'étain, de richesses ni de situations analogues à celles qu'on remarque en Angleterre, pas plus qu'on ne peut trouver dans les Iles britanniques rien de semblable au Bordelais, à la Champagne et à la Bourgogne. Il y a donc pour tout cela des situations particulières, expliquant et justifiant la situation commerciale se rapportant à certains produits. Mais l'exportation de l'Angleterre est loin de se borner à son charbon ou aux autres produits de ses mines, de même que la France envoie à l'étranger autre chose que ses vins ou ses produits agricoles. Nombre d'autres marchandises sont exportées par l'un et l'autre des deux pays ; pour un certain nombre, la matière première, en partie et même en totalité, est à recevoir d'abord de l'étranger ; il semble donc que sur un tel terrain la part de la France pourrait être plus considérable qu'elle ne l'est actuellement.

La faute en est due, pour une notable partie, à l'indifférence du commerce français.

Pendant de longues années, les produits français jouirent d'une réputation universelle; ceux surtout qui, légitimement ou non, portaient le mot magique de Paris comme lieu de fabrication, semblaient supérieurs à tous les autres. Arbitre suprême du goût, de l'élégance, Paris imposait ses lois, ses caprices au monde entier ; et sans peine, sans soucis presque, le commerce français voyait d'année en année grossir le chiffre des commandes. Ce renom n'est certes pas perdu ; actuellement même, des concurrents peu scrupuleux — nous ne parlons plus ici de la Grande-Bretagne — n'hésitent pas à revêtir leurs produits des marques françaises, imposant ainsi à notre commerce une double perte, celle des affaires ainsi enlevées, et celle, beaucoup plus grave, qui résulte de la défaveur jetée sur des produits qu'on peut supposer français. Mais en dehors de ces pratiques déloyales, d'autres causes sont venues diminuer l'exportation française. Des progrès considérables ont été réalisés par les autres peuples ; la concurrence s'est produite en tout et partout ; la lutte commerciale et industrielle s'exerce en tous lieux et sur tous les articles. Longtemps le commerce français ne s'est pas départi de son attitude, se renfermant dans une douce quiétude. C'est à la veille seulement de se voir supplanté à peu près partout qu'une réaction, bien tardive, a commencé à se produire.

La plus importante des choses, en matière de commerce, est de n'offrir aux consommateurs que des objets dont ils sont à même de faire usage. On cite souvent, non sans ironie, des envois faits au commencement de ce siècle par des négociants anglais, à certains pays de l'Amérique du Sud et de l'Australie, d'objets que le climat et les habitudes rendaient absolument inutilisables. C'était une lourde erreur économique, à peine compréhensible à une époque de spéculation à outrance, et qui n'a pas dû se renouveler souvent. Mais sur une échelle beaucoup moindre, le commerce français commet encore maintenant une erreur de ce genre. Envoyer des machines bien finies, *pomponnées* si on peut s'exprimer ainsi, où il faut des outils robustes, pouvant être maniés par des mains à peu près inexpérimentées ; des étoffes bien faites, solides, alors que le climat réclame impérieusement des tissus ultra légers, que la transpiration détériore rapidement toutes les étoffes servant à l'habillement, et où la durée n'a donc qu'une importance secondaire ; des bijoux en or là où les ressources du pays ne permettent que l'achat des bijoux en doublé ou même en imitation ; ce sont des fautes qui sont trop souvent commises. Mieux avisés, les commerçants anglais se conforment aux goûts et aux ressources de leurs acheteurs. Ils ne leur fournissent pas ce qu'on est convenu d'appeler des articles de pacotille, rebuts des magasins qui, le plus souvent, ne peuvent jamais trouver un acheteur, mais bien des articles fabriqués comme le consommateur le désire, et au prix qu'il peut ou veut y mettre. La lecture des rapports consulaires est intéressante à cet égard.

Aujourd'hui comme avant, l'industrie française tient le sceptre en ce qui concerne la durée du produit, la pureté du goût, la distinction artistique de la forme et la finesse du travail ; comme toujours, elle excelle et domine dans l'exquis, mais l'exquis ne constitue pas un article de consommation pour la masse. C'est dans la fabrication des articles courants, c'est-à-dire de ceux que consomme tout le monde, que notre industrie s'est laissé distancer par ses rivales, et c'est à mieux réussir sous ce rapport que doivent tendre toutes ses facultés (1). Je ne crois pas, écrit un autre consul (2), que les affaires commerciales se réduisent davantage ; c'est pourquoi j'ai l'honneur d'adresser au département la situation commerciale de notre résidence. convaincu que je suis... que des opérations fructueuses peuvent y être tentées pour nos nationaux dans l'avenir. Une condition cependant est indispensable dans ce but ; c'est de fournir des marchandises au plus bas prix possible, fabriquées selon le goût du pays, sans que la qualité en soit négligée. Il est des articles d'importation où je ne pense pas que nous puissions faire concurrence à nos rivaux, mais il en est d'autres, en revanche, où nous pouvons et nous devons nous maintenir ou arriver au premier rang, si nous opérons, je le répéterai, au meilleur marché possible et conformément aux goûts et aux habitudes des acheteurs. Plus affirmatif encore est le consul de France à Jérusalem (3) : Les articles les plus demandés dans cette ville sont sans contredit les cotonnades et indiennes. La valeur de cet article atteint 500.000 fr , dont 95 % de provenance anglaise ; le commerce français ne figure que pour environ 3 %. Ce qui explique la supériorité des Anglais dans cette partie, c'est qu'ils savent habilement se conformer au goût des indi-

---

(1) Rapport de M. Ed. Sempé, consul de France à la Vera-Cruz. (*Bulletin consulaire*, juin 1886).

(2) Rapport de M. J. de Lostalot-Bachoué, consul de France à Djeddah. (*Bull. cons.*, juillet 1886).

(3) Rapport de M. Ledoulx. (*Bull. cons.*, juillet 1886)

gènes, très amateurs de couleurs voyantes et de dessins à arabesques. De plus, ils fabriquent à un bon marché excessif et à des prix tellement bas que les produits similaires français, quoique de meilleure fabrication, ne peuvent point soutenir la concurrence. Pour augmenter les débouchés de la France sur ces articles, nos fabricants devraient s'outiller de manière à confectionner, à côté des étoffes de qualité supérieure, des tissus plus ordinaires et plus adaptés aux goûts et aux habitudes de ce pays. Il n'y a aucun doute qu'avant peu notre commerce de cet article prendrait une plus grande extension. A deux années d'intervalle les mêmes observations sont faites par un autre consul résidant également dans la Turquie d'Asie : Nos négociants et nos fabricants ne doivent pas perdre de vue que la marchandise à bon marché seule peut être placée en Orient ; qu'en conséquence, tout en maintenant la qualité de leurs produits, ils doivent chercher, pour évincer la concurrence étrangère, à les livrer au plus bas prix possible (1). D'un tout autre point, c'est encore une observation analogue qui est transmise : les producteurs français pourraient, je crois, entrer en concurrence sur ces articles (indiennes, madapolams et coutils), avec les producteurs anglais et américains, s'ils étudiaient davantage les goûts et les besoins de ce peuple. Au Mexique, la marchandise vaut plus par l'apparence que par la qualité réelle. Aussi les Anglais et les Américains s'efforcent-ils de confectionner des tissus légers contenant peu de matière première, tout en offrant l'aspect des qualités supérieures. Ils obtiennent ce résultat par le *fini* qu'ils donnent à la fabrication et qui ne se trouve pas dans les produits français de qualité inférieure. Telle est la raison pour laquelle les indiennes, les madapolams et les coutils français ne supportent pas la comparaison avec les produits anglais et américains (2).

---

(1) Rapport de M. BERTRAND, consul de France à Diarbékir. (*Bull. cons*, novembre 1888).

(2) Rapport de M. J. DUPAS, vice-consul de France à Tampico. (*Bull. cons.*, février 1887)

En dehors de la nature des articles à expédier, il y a encore une chose importante à considérer : les crédits à faire. En Europe, tout au moins chez les grandes nations commerçantes, les dates des paiements sont toujours acceptées à l'avance, et le terme de 90 jours est souvent le délai extrême qu'il est d'usage d'accorder. Mais dans les pays dont le développement commercial est en train de se faire, dans ceux où les paiements dépendent de la récolte, de la façon dont elle est réalisée, il faut de toute nécessité accorder de longs crédits ; il suffit de parcourir les rapports déjà cités des Consuls Américains pour être édifié à cet égard. Or, trop souvent, le commerce français refuse d'accorder les crédits nécessaires, et par cela même, ne peut obtenir les ordres qui passent alors à des concurrents (1). On comprend sans peine qu'on ne peut accorder des crédits dépassant quelquefois une année sans informations, sans références. Mais c'est là un des points faibles de la façon de procéder du commerce français. Le plus souvent on écrit à un Consul, qui forcément ne peut donner que des renseignements vagues sur le crédit du ou des acheteurs, et des données générales sur la façon de procéder de la place où il se trouve. Traitées de cette manière, les affaires ne peuvent aboutir dans la plupart des cas.

Il faudrait pour cela une enquête personnelle, mais il semble qu'en France les déplacements lointains soient considérés comme inutiles. Pour des raisons qu'il n'est pas besoin de rechercher ici, le Français ne veut ni voyager, ni surtout émigrer (2) et les statistiques à ce sujet sont instructives.

---

(1) Le crédit accordé est la raison pour laquelle l'Angleterre a le plus grand commerce de cette place, les maisons de Manchester et Londres donnant aux marchands d'ici de 6 à 9 mois et comptant 5 à 6 % d'intérêt seulement et 3 % de commission. (Rapport de M. Dawson, à Barranquilla (Colombie). — *United states consular Reports*, N° 43).

(2) Il est pénible d'avoir à constater que chez nous le public, en général, manifeste une profonde répugnance pour toutes les entreprises qui rendraient nécessaire un séjour plus ou moins prolongé hors de nos frontières ; ces regrettables dispositions se rencontrent particulièrement dans les classes moyennes de notre société qui pourraient cependant, grâce aux ressources

Si nous prenons, en effet, les chiffres de l'émigration pour les années 1887 et 1888 (1) l'Angleterre a fourni :

		ANGLAIS.	ECOSSAIS.	IRLANDAIS.	TOTAL.
1887		168.221	34.365	78.901	281.487
1888		170.822	35.873	73.233	279.928
Avec les destinations suivantes :					
États-Unis.	1887	107.069	25.373	69.084	201.526
	1888	103.674	26.006	66.306	195.986
Amérique septentrionale britannique.	1887	24.611	3.612	3.802	32.025
	1888	26.711	5.351	2.791	34.853
Australie et Nouvelle-Zélande.	1887	25.085	3.847	5.251	34.183
	1888	24.743	2.799	3.585	31.127
Indes Orientales.	1887	1.918	489	415	2.822
	1888	2.765	243	117	3.125
Indes Occidentales et britanniques.	1887	1.090	129	37	1.256
	1888	1.221	129	33	1.383
Cap de Bonne-Espérance et Natal.	1887	4.378	463	68	4.909
	1888	5.797	606	63	6.466
Amérique centrale et méridionale.	1887	2.370	184	145	2.699
	1888	3.837	565	267	4.699
Autres pays.	1887	1.700	268	99	2.067
	1888	2.044	174	71	2.289

pécuniaires et à l'instruction qu'elles possèdent, fournir à notre commerce extérieur un excellent personnel. Mais il y a plus : loin de rendre justice à l'énergie et au courage des jeunes gens qui ne craignent point de s'en aller au loin, risquant leur santé et leur vie, faire connaître notre race, sa langue, ses idées et les produits de son industrie, on ne peut se défendre à leur égard, en France, d'un sentiment d'inexplicable méfiance, et l'on n'est guère éloigné de les considérer comme des aventuriers ; on ne peut comprendre qu'il y ait des hommes disposés à aller ainsi s'établir dans ce qu'on appelle dédaigneusement des *pays perdus*. Oui, pays perdus effectivement, pourrait-on répondre, perdus pour nous et par notre faute, mais perdus pour nous seulement, car nos concurrents étrangers, doués d'un caractère moins hautain et plus avisés que nous, ne croient pas déroger en allant y vivre et savent souvent s'y enrichir (Rapport de M. Ch. Nodot, consul de France à Manille. — *Bull. cons.*, août 1887).

(1) Appunti di statistica comparata dell' emigrazione dall' Europa e della immigrazione in America e in Australia. — (*Bulletin de l'Institut international de statistique*, 1889, 1re livraison).

De 1880 à 1888, l'excédant net de l'émigration, c'est-à-dire déduction faite des Anglais revenus dans leur patrie, atteint 1.643.487 individus.

Si nous prenons la France, les chiffres d'émigration sont les suivants :

1887.......... 11.170 | 1888............ 23.339

se répartissant ainsi pour la dernière année :

États-Unis et Canada............................	4.142
Mexique et Amérique Centrale..................	128
Antilles	69
Colombie, Vénézuela, Équateur.................	148
Chili et Pérou.....................................	716
Brésil...	1.396
Montévideo et Buenos-Aires.....................	16.716
Réunion, Sénégal, Port natal...................	22
Autres pays.......	2

Tenant compte, en outre, de tous ceux, bien plus nombreux en Angleterre qu'en France, qui voyagent dans les diverses contrées sans pouvoir être considérés comme émigrants, on comprend mieux la situation du commerce français, surtout dans les pays d'outre-mer.

Alors que les concurrents — l'Angleterre n'étant pas seule en jeu — envoient de nombreux représentants solliciter la clientèle, discuter les conditions, débattre et conclure les affaires, se rendant compte *de visu* de tout ce qui peut développer les relations, le commerce français se contente trop souvent de l'envoi de circulaires et d'échantillons, sans même toujours donner suite aux affaires qui peuvent se présenter dans des conditions aussi défavorables (1). Les

---

(1) Sur la réception du prospectus d'une grande fabrique de billards, un hôtelier d'Andrinople avait adressé une commande à une grande maison de Paris qui sollicitait sa clientèle. Que répond le fabricant ? Nous ne traitons pas directement avec l'étranger. Si vous avez un correspondant sur la place de Paris, vous pourrez le charger de vous faire vos achats et de vous les expédier (Rapport de M. Gustave LAFFON, consul de France à Andrinople. *Bull. cons.*, septembre 1886).

maisons françaises se trouvant à l'étranger, établissements principaux ou succursales de maisons ayant leur siège en France, sont peu nombreuses, et surtout si on ne tenait pas compte de l'Europe, la liste ne serait pas bien longue à établir. Encore parmi les Français ainsi mentionnés en trouverait-on beaucoup appartenant à ce qu'on appelle le moyen commerce, et même le commerce de détail. Il en résulte que l'exportation est à peu près entièrement entre les mains de maisons étrangères, n'achetant et ne livrant les marchandises françaises que le moins possible, et que pour l'importation, pour l'achat des produits qui leur sont nécessaires, les commerçants et les industriels français sont à la merci de commissionnaires ou agents également étrangers. Il est facile de se rendre compte de ce qu'une telle situation a de défavorable. L'intermédiaire, commissionnaire ou agent, n'a pour unique souci que d'agir dans les limites qui lui sont tracées, et surtout de conclure une affaire en vue de la commission qu'il prélève. Si dévoué qu'il soit, il ne faut pas attendre de lui qu'il signale les opérations à faire, et il ne lui est pas possible de prendre l'initiative, alors même qu'il aurait la certitude de servir le mieux possible les intérêts de son client. A tous les points de vue, la création de maisons françaises ou tout au moins l'installation de représentants sérieux, visitant activement la clientèle, faisant une large publicité, moyen trop négligé encore (1), se livrant à une active propagande, aurait les meilleurs résultats.

Le temps où le chef de fabrique pouvait attendre le client derrière son comptoir et réaliser ses produits sans se déplacer est déjà loin de nous ; c'était l'âge d'or de la fabrication. Mais il ne faut pas perdre de vue que celle-ci a franchi le seuil de son âge de fer. Tout fabricant soucieux de faire connaître et d'écouler ses produits dans les

---

(1) On peut dire même que les négociants français ne s'occupent pas suffisamment des journaux étrangers. A un moment donné, certains journaux américains, dans un but facile à comprendre, répandirent le bruit qu'on ne faisait plus d'eaux-de-vie dans les Charentes. Cela put être répété nombre de fois, alors que dès le premier jour un démenti formel aurait dû être donné.

pays étrangers doit prendre le parti d'aller trouver l'importateur à domicile ; il faut qu'il lui fasse palper, tourner et retourner, éprouver la marchandise ; qu'il lui en démontre les avantages et les qualités, qu'il écoute ses objections et tâche d'y répondre victorieusement. Ce commerçant a déjà ses fournisseurs et sa marque privilégiée à laquelle il tient, parce qu'il y a trouvé son bénéfice ; il s'agit de lui faire accepter une marque nouvelle, ce n'est point une petite besogne. D'ordinaire une première entrevue n'y suffit pas ; il faut revenir à la charge, multiplier les visites, ne jamais faiblir ni se lasser, et, si la résistance se prolonge en faire le siège et la battre en brèche, mais sans froissements ni brusquerie, en n'employant d'autres armes que celles de la souplesse et de l'insinuation. Se figurer qu'on peut obtenir une clientèle au moyen de simples offres de service transmises par la voie de la poste est désormais une illusion, dont il importe au relèvement de notre commerce que la fatale influence cesse de prévaloir dans l'opinion de nos manufacturiers (1).

---

(1) Rapport de M. Ed. SEMPÉ, consul de France à la Vera-Cruz (*Bull. cons.* juin 1886).
Ce n'est pas seulement pour les pays d'Outre-Mer que ces observations peuvent être faites ; il en est de même pour des pays limitrophes de la France. Voici, en effet ce qu'écrivait M. BELLE, consul général de France à Francfort, dans le *Bulletin consulaire* d'août 1890 : Ce n'est qu'en visitant fréquemment et régulièrement la clientèle, en lui demandant directement les articles dont elle a besoin, que l'on a chance de maintenir des relations suivies...... L'industriel, le fabricant français, non seulement n'est pas au courant des types en usage dans les pays où il voudrait exporter, mais quand on les lui fait connaître, il refuse de s'y conformer. Il ignore le plus souvent les usages commerciaux des marchés extérieurs. Enfin soit crainte, soit routine, soit indifférence, il ne se met pas en relations directes avec le consommateur étranger et il s'adresse, pour le placement de ses produits, à des intermédiaires...... Le négociant en gros, obéissant aux mêmes vues étroites et timides, charge un ou plusieurs concessionnaires du placement à l'étranger, et ces derniers, à leur tour, cherchent dans les différentes villes des consignataires qui prennent en dépôt tels ou tels articles pour les offrir ensuite à la vente...... Il en résulte que ces articles, dont le prix de revient de fabrique est déjà trop élevé, se trouvent grévés de ce que ces intermédiaires successifs viennent prélever et ne peuvent dès lors lutter à prix égal avec les similaires étrangers. Quelques chefs d'industrie, frappés cependant de l'infériorité et se rendant compte des causes qui l'amènent, voudraient bien s'y

Au point de vue même du paiement, l'établissement de maisons françaises plus nombreuses serait à désirer. Dans nombre de pays, les retours ont une tendance à se faire en produits exportés, c'est-à-dire dans la forme de remboursements en nature ; mais un commissionnaire ou un agent n'ira jamais, pour le compte de son commettant, chercher le placement de tels produits. Il en résulte que le règlement des articles français doit se faire par traites, qu'il y a lieu d'employer d'autres intermédiaires encore, d'où des frais supplémentaires et par suite une augmentation réelle du prix des articles vendus.

Mais, étant donné le besoin réel de maisons françaises à l'étranger, ceux qui désirent les fonder trouvent-ils les encouragements nécessaires ? Les rapports consulaires renseignent également sur ce point.

« Un jeune français, ancien employé de commerce à Paris, qui paraît jouir de la confiance de plusieurs bonnes maisons françaises, est arrivé ici il y a six mois. Il s'est mis tout de suite à étudier cette place et s'est adressé à divers commerçants en France pour leur demander de les représenter. Il a, bien entendu, en adressant sa proposition, donné d'excellentes références. Il a reçu des réponses favorables de quelques négociants en vins et liqueurs, soit à Bordeaux, soit à Cognac et à Reims, lesquels ont consenti volontiers à faire de longs crédits ou à expédier leurs articles en consignation.

» Mais beaucoup de fabricants et de commerçants de tissus ou de mercerie, etc., dont les marchandises trouveraient un placement facile ici, ont répondu en mettant comme condition, soit le paiement immédiat, soit, tout au plus, des crédits ne dépassant

---

soustraire, mais se contentent de demi-mesures tout à fait insuffisantes et ne se résignent pas aux sacrifices nécessaires..... Ils envoient des prospectus, quelques prix-courants, sans vouloir risquer les frais d'une publicité indispensable. Ils persistent à vouloir imposer leur marchandise, à ne recevoir des demandes qu'au comptant, ou tout au plus à trente jours, tandis que les concurrents anglais, américains, accordent de longs crédits. Les relations établies de la sorte n'ont pas de consistance et finissent par s'éteindre.

pas soixante ou quatre-vingt-dix jours et toujours des ordres fermes (1). »

Un autre rapport, publié dans la même année, donne des détails plus complets, et non moins défavorables. La citation est un peu longue, mais l'intérêt qu'elle présente est suffisant pour la justifier.

« En ce qui concerne spécialement le commerce de la France avec le Japon, les appréciations restent les mêmes et nous avons à déplorer les mêmes lacunes et surtout les mêmes errements regrettables que pendant les périodes antérieures.

» Les neuf dixièmes, sinon plus, de nos transactions commerciales avec ce pays sont entre les mains de négociants étrangers, le plus souvent anglais, allemands ou suisses.

» A l'importation, les rares maisons françaises existant ici ne s'occupent guère que des articles portés à la classe « divers », les tissus de laine, mousselines et autres, qui représentent les deux tiers de la valeur totale de notre commerce, sont vendus par des maisons étrangères, quoique expédiés encore en grande partie d'Europe par nos nationaux.

» Ces maisons, les maisons suisses et allemandes surtout, conservent encore environ la moitié de notre commerce de vins et liqueurs, produits essentiellement d'origine française.

» Si nous considérons l'exportation, nous avons le même fait à signaler. Comme expéditeur de soie nous n'avons qu'un seul négociant français établi dans ce pays, et encore ses transactions sont-elles relativement de peu d'importance ; ses expéditions de l'année ont atteint un total de 312 balles, dont 7 pour l'Amérique et 305 pour la France.

» Toutes les autres soies sorties du Japon à destination de la France, c'est-à-dire 10.725 balles sur 11.030, ont été achetées par l'intermédiaire de maisons étrangères. Il est vrai de dire que la

---

(1) Rapport de M. Mancini, consul de France à l'Assomption (*Bull. cons.*, juin 1886).

plupart de ces maisons comptent dans le personnel de ses employés un inspecteur de soies de nationalité française et qui leur est recommandé, sinon imposé, par leurs commettants en Europe. Mais ne serait-il pas plus simple, pour ne pas dire plus patriotique, d'accorder à ces inspecteurs les crédits que l'on adresse aux étrangers, chefs des maisons qui les occupent, crédits dont ils sont en somme chargés de diriger, sinon de contrôler l'emploi? Si leur rôle actuel se borne à classer la marchandise, il n'en ressort pas moins que les achats ne sont faits que d'après leur classification et sur leur avis ; en raison de leurs connaissances spéciales, ils jouissent donc de la confiance pleine et entière, tant des chefs des maisons auprès desquels ils sont placés ici que des négociants français qui transmettent à ces derniers leurs ordres d'achat. Plusieurs de ces employés correspondent même directement, par télégraphe, sans passer par leurs chefs étrangers, avec les maisons françaises en Europe dont ils ont ici à exécuter les ordres.

» Le correspondant étranger ne court de ce fait aucun risque, et sa responsabilité est couverte par l'inspecteur en ce qui concerne la qualité de la marchandise. Il n'a donc ici qu'à traiter la négociation des crédits et des traites documentaires avec les banques, et à fournir les bureaux, magasins et autres moyens matériels d'achat et d'expédition, toutes choses n'offrant en somme aucune difficulté pour n'importe quel résident de ce pays.

» L'étranger ne court donc de ce fait aucune chance de perte ; il prélève les frais de magasinage, d'assurance et autres, ainsi que sa commission, tant sur la valeur de la marchandise que sur le montant de ces mêmes frais et du frêt ; la maison d'Europe qui donne les ordres d'achat opère, au contraire, le plus souvent à ses risques et périls.

» Or, si on considère l'importance de la somme qui représente le commerce annuel des soies du Japon (1), on ne saurait trop regret-

---

(1) Un rapport de 1889 estime à plus de 50 millions la valeur des soies envoyées en France.

ter que les commissions payées pour ces achats ne profitent point entièrement à nos nationaux. Elles suffiraient certainement à couvrir les frais de plusieurs maisons françaises, qui, s'occupant encore d'autres articles, tant à l'entrée qu'à la sortie, arriveraient par la suite à la hauteur des grands établissements étrangers, anglais ou autres, cités au premier rang dans le monde commercial.

» Il va sans dire que notre situation est exactement la même pour les déchets de soie et pour tous les autres articles.

» La situation peu prospère, ou pour mieux dire la marche rétrograde du commerce de la France dans l'Extrême-Orient doit être attribuée, on ne saurait trop le répéter, au sentiment regrettable qui nous pousse à confier nos intérêts à nos concurrents et même à nos ennemis, et à procurer ainsi aux étrangers des bénéfices qui suffiraient souvent à faire vivre nos commerçants français au dehors.

» A l'étranger, le négociant anglais, allemand ou autre qui reçoit nos produits à la vente possède déjà des relations plus ou moins anciennement établies avec ses compatriotes dans sa mère-patrie; la langue, les usages de son pays lui sont plus familiers que les nôtres; qu'y a-t-il donc de surprenant que le jour où il pourra trouver chez ces mêmes compatriotes des produits similaires ou analogues à ceux que nous lui expédions, il cesse peu à peu de nous donner la préférence, même à conditions égales? Et combien de fois n'a-t-on pas vu nos produits servir ainsi à provoquer l'imitation ou la concurrence? Nous fournissons trop souvent nous-mêmes les armes pour nous faire battre (1). »

Trois ans plus tard, le rapport provenant du même point relate encore les mêmes faits, les mêmes errements; il cite un seul magasin nouvellement créé, succursale des grands magasins du Printemps; puis après avoir reproduit, sous une forme plus succincte, les critiques ci-dessus, après avoir mentionné les efforts faits par les

---

(1) Rapport de M. L. DE LALANDE, consul suppléant à Yokohama (*Bull. cons.*, janvier 1886).

Chambres de commerce ou les Sociétés d'encouragement pour remédier à cet état de choses, le rapport ajoute : Nos négociants de France ne peuvent souvent s'en prendre qu'à eux-mêmes des déboires qu'ils ont à subir. En effet, il existe dans notre pays un certain *engouement* pour tout ce qui est étranger ; la plupart de nos nationaux établis depuis longtemps au-dehors en ont fait l'expérience à leurs dépens : tel crédit qu'on refuse à un compatriote est accordé, souvent sans aucun renseignement préalable, sans difficultés et dans des proportions bien autrement larges, à tout étranger qui offre les apparences d'une plus grande *surface*, pour employer le terme commercial consacré. Il est évident que nos négociants auraient tort de refuser la vente de leurs marchandises à qui veut les acheter et les payer, quelle que soit la nationalité de l'acheteur ; mais telle n'est point la portée des observations qui précèdent ; elles s'appuient sur la constatation des faits suivants : tandis que nos maisons françaises travaillent le plus souvent pour leur compte, les maisons étrangères, d'une manière générale, reçoivent en consignation, ou avec toutes facilités pour le paiement à long terme, les produits français qu'elles importent. Il ne serait que temps de réagir contre cette déplorable façon d'opérer ; car si le commerce, surtout au loin, ne tient pas compte des sentiments et des nationalités, il est du devoir de nos négociants de s'entr'aider, de se protéger mutuellement dans tous les pays, et de ne point donner, pour le soin de leurs affaires, la préférence à des étrangers qui, dans bien des cas, deviennent peu à peu leurs concurrents, et, imitant ou copiant nos produits, les remplacent à la longue par ceux de leur propre pays, nous chassant ainsi d'un marché que nous leur avons quelquefois ouvert et qu'ils exploitent à nos dépens (1).

Avec quelques variantes, les mêmes observations, les mêmes

---

(1) Rapport de M. GOUDAREAU, consul de France à Yokohama (*Bull. cons*, mars 1889).

critiques, pourraient être présentées par les autres consuls (1). Sur trop de points, malheureusement, on remarque cette remise des intérêts français en des mains étrangères, cette confiance envers des étrangers et cette méfiance envers des nationaux. De coûteuses expériences ont cependant été faites, mais elles n'ont pas encore été suffisantes pour apporter le remède à cet état de choses (2).

L'organisation du commerce anglais est bien différente. Ce n'est pas là qu'on pourra retrouver cet *engouement* qu'on reproche, non sans motifs, aux commerçants français. Les Anglais, on le sait, poussent l'amour de leur nationalité jusqu'à l'exclusivisme, et avec eux un commerçant est toujours certain de trouver l'appui dont il a besoin, pourvu que l'entreprise qu'il poursuit ait des chances de réussite. Tout pays nouvellement découvert, ou rendu, par une circonstance quelconque, accessible aux entreprises européennes, est immédiatement étudié au point de vue commercial. Qu'il doive ou non rentrer dans l'empire colonial de l'Angleterre, il est certain que si ses ressources sont suffisantes, des Anglais essaieront de les mettre

---

(1) Le journal *La Géographie* disait le 15 février 1889 : Sur 29.000 balles de soie environ qui s'exportent annuellement de Canton, la France a elle seule, en exporte 14.000. Si Lyon se mettait donc à faire directement ses achats à Canton, ce serait un désastre pour les établissements anglo-allemands.

(2) On doit cependant constater que depuis quelque temps, de sérieux efforts ont été faits pour réagir contre cette façon d'opérer. Plus fréquents sont maintenant les voyages à l'étranger, plus nombreuses sont les offres directes, et les résultats obtenus sont assez encourageants pour faire redoubler d'activité. Ce fait est constaté par un journal commercial allemand, cité dans le rapport adressé en 1890 par M. V. Mabille, président de la Chambre de commerce française de Charleroi.

Dans cet ordre d'idées, on peut citer ce qu'ont fait les fabricants de Tourcoing, de Roubaix, de Reims et d'Elbeuf pour leurs achats de laines dans la République Argentine. Ces achats, effectués sans intermédiaires, sont dirigés sur Dunkerque; les chiffres d'importation par ce port montrent ce qui résulte de cette façon de procéder :

de 1879 à 1880..........	7.341 balles.
» 1882 à 1883..........	58.046 »
» 1885 à 1886..........	138.866 »
» 1888 à 1889..........	165.206 »

en valeur, et si certains avantages leur sont concédés, ils en profitent de la façon la plus complète et le plus rapidement possible (1). Les insuccès ne les rebutent pas ; les premiers capitaux disparaissent, mais d'autres les remplacent, et à force de persévérance, il arrive un moment où les bénéfices viennent compenser, dans la plus large mesure, les pertes antérieurement subies. La liste serait longue des tentatives faites par les Anglais pour s'assurer le marché du Yunnan d'abord, de la Chine entière ensuite ; la voie fluviale paraît être abandonnée, mais il est probable que la Birmanie leur fournira la route qu'ils désirent, alors que les Français n'auront pas su profiter de leur situation en Annam et au Tonkin (2). Les découvertes de Nordenskiold ont suscité des essais de trafic avec les peuplades ultra-septentrionales, et actuellement des Compagnies se forment, qui avant longtemps exploiteront les richesses de l'Afrique centrale (3).

---

(1) Voir à cet effet, pour la différence entre la façon d'opérer de la France et de l'Angleterre, les détails relatifs à nos concessions de l'Indo-Chine dans les *Cahiers coloniaux de 1889*. Il y a là une insouciance qu'il est difficile de comprendre.

(2) Depuis 1860, où la Chambre de commerce de Manchester adressa une requête au gouvernement, on peut dire que la question de pénétration en Chine par la Birmanie n'a jamais cessé d'être envisagée sous toutes ses faces, le plus souvent au moyen d'enquêtes et de travaux sur place exécutés par des personnes de la plus haute compétence.
Le succès des tentatives faites par la France ne paraît nullement décourager les Anglais dans cette recherche. Au sujet du voyage de M. d'Abbadie, de Haïphong à Loakay, la *Daily Press* de Hong-Kong publiait ce qui suit : Le bref télégramme d'Haïphong annonçant le retour de Loakay du steamer Yunnan est plus que d'un intérêt passager... Ce résultat est des plus important... Il ne peut y avoir, dans ces conditions, aucun doute quant à la route que les négociants de Hong-kong et de Canton choisiront, et nous attendons avec confiance une prochaine et considérable extension du commerce avec le Yunnan par le Tonkin.
Il y a, dans une certaine mesure, rivalité entre l'Angleterre et la France pour le commerce de la Chine occidentale, la première de ces nations espérant se l'assurer à travers la Birmanie, et la seconde cherchant à s'en rendre maîtresse au moyen du Tonkin.... Nous sommes heureux de voir l'esprit d'entreprise récompensé, et nous espérons que le succès des Français aiguillonnera les autorités de Birmanie à ouvrir vers Tali-fu et le Nord du Yunnan uneroute commerciale qui sera faite quand elles le voudront.

(3) Il est bon de noter que ces Compagnies obtiennent l'appui officieux, sinon officiel, du gouvernement anglais. En France, c'est à peu près le contraire.

Très facilement les négociants anglais se trouvant à l'étranger obtiennent les marchandises qu'ils demandent comme consignations, ce qui leur permet de réaliser de très grandes affaires avec un capital restreint. Il y a là une question de confiance réciproque, mais les relations qui existent entre l'Anglais ainsi établi et ceux qu'il a laissés dans la mère-patrie lui facilitent les moyens de donner toutes les références désirables. Souvent les maisons anglaises comptent plusieurs associés, l'un d'eux appartenant en même temps à une maison ayant son siège en Angleterre. Les intérêts sont les mêmes, car entre ces maisons existent les liens les plus étroits ; les ressources ne font pas défaut, la maison d'Angleterre facilitant, par son ou ses banquiers, les relations avec les banques indigènes ; et on peut être certain que toute bonne affaire est étudiée et faite. Nombre de ces maisons arrivent à des chiffres très importants, englobant pour ainsi dire toute une branche de commerce dans le pays où elles se trouvent Le consul américain à Bristol, M. Lathrop, pouvait donc écrire (1) : « C'est une rare exception de trouver une place importante en ces colonies (les colonies anglaises), ou dans l'Amérique du Sud, où il n'y a pas une ou plusieurs maisons anglaises dont le principal office est à Londres ou à Liverpool. Les avantages de ce système sont évidents, et l'étendue et les ramifications de ces associations sont un sujet d'admiration pour l'observateur, et présentent à toute nation cherchant de nouveaux débouchés pour son exportation un exemple digne de la plus haute considération.

Une large proportion de l'immense exportation de grains de San Francisco est faite sous des conditions de ce genre. Il est bien connu que la masse de la récolte de blé en Californie est traitée par une maison anglaise, succursale d'une maison de Liverpool. »

Opérant ainsi, possédant de larges ressources, il est facile aux commerçants anglais de prendre un peu partout une place prépondérante. Toutes les affaires qui en valent la peine peuvent être et

---

(1) *United states consular reports*, N° 43.

sont souvent traitées par eux ; ils agissent non seulement pour leur compte, mais aussi comme agents des Sociétés d'assurances maritimes (1), affréteurs, commissionnaires, attirant ainsi peu à peu tout le trafic d'une région. Dans un article sur le marché des thés en Chine en 1889, publié par le *Nouveau Temps*, M. Karaksarsky, après avoir indiqué l'importance des achats russes, ajoutait : « le thé destiné à Moscou a été acheté en partie par des intermédiaires anglais, » et ceci pourrait facilement se retrouver sur bien d'autres points et pour des marchandises bien différentes. Aussi, peut-on dire, sans avoir l'air d'émettre une opinion paradoxale, que sur nombre de marchés du globe, toute affaire, quelle qu'elle soit et quelles que soient les parties en présence, arrive de façon ou d'autre à laisser un bénéfice à une maison anglaise.

---

(1) Jusqu'en 1885, le Code de commerce prohibait l'assurance du frêt à faire, du bénéfice espéré, de la prime à la grosse, du loyer des gens de mer, permise par la législation anglaise. Il y avait là un motif de préférence pour les assureurs anglais.

III.

LES TRANSPORTS.

La question des transports est de la plus haute importance pour le commerce. Il ne suffit pas de produire, à des conditions données, des marchandises convenables pour un certain marché ; il faut encore, et surtout, qu'elles puissent y être amenées, souvent avec rapidité, et toujours avec économie. La réduction du coût du transport préoccupe tous les commerçants, depuis celui qui exporte sur tous les points du globe à celui qui ne voit que l'approvisionnement de son marché local ; une différence sur ce point se traduit presque toujours par un changement sensible dans la puissance d'absorption.

Les transports s'exécutent par différents moyens : routes, canaux, chemins de fer, navires. Nous ne nous occuperons ici que des trois derniers. Dans des pays arrivés à une haute civilisation, comme l'Angleterre et la France, tous les points du territoire sont mis en communication par des routes, d'importance variable suivant les agglomérations qu'elles desservent, et dont l'entretien, qu'il incombe à l'État, au département, à la commune ou à des administrations locales, ne laisse que peu à désirer. Des transports très importants s'effectuent ainsi, mais la plupart ont lieu entre points très rapprochés ; les moyens de transport sont laissés le plus souvent à la faculté des envoyeurs ou des destinataires, et les économies à réaliser regardent uniquement les parties en cause. Les dépenses de ce chef doivent naturellement entrer en ligne de compte dans les calculs du négociant, mais comme elles sont souvent minimes, eu égard à la quantité transportée, elles n'ont qu'une influence restreinte sur les débouchés.

§ 1. — LA NAVIGATION INTÉRIEURE.

De tous les moyens de transport, les fleuves et les rivières ont été les premiers employés. Ces « chemins qui marchent » présentaient de telles facilités que c'est par eux que le commerce naissant a d'abord cherché à faire ses envois ; en vue de les utiliser davantage encore, on en vint bientôt, par de véritables rivières artificielles, à unir des cours d'eau différents, afin de pouvoir se transporter par cette voie entre des points plus éloignés que ceux atteints tout d'abord. Encouragés par l'État, les travaux de ce genre furent nombreux en France, et après plusieurs siècles d'efforts, on arriva à constituer, sinon un réseau parfait, au moins à relier entre elles les diverses parties du territoire. Malgré les imperfections qui résultent naturellement de travaux effectués à des époques très différentes, sans plan d'ensemble, imperfections que les travaux actuels tendent de plus en plus à faire disparaître (1), la navigation intérieure prend une activité de plus en plus grande ; et cet accroissement sera de plus en plus marqué, au fur et à mesure que le réseau arrivera à

---

(1) La loi du 5 août 1879 décida de ramener à un type uniforme 31 des principaux canaux, comme profondeur d'eau, largeur et longueur des écluses, et comme hauteur libre sous les ponts ; d'ouvrir 21 nouveaux canaux et d'améliorer 42 fleuves et rivières. La dépense prévue, portée d'abord pour 895 millions, fut reconnue devoir atteindre 1480 millions, sur lesquels 1160 millions pour les canaux. De 1877 à 1888, l'État dépensa plus de 450 millions, mais les nécessités budgétaires imposèrent la révision du plan primitif ; 907 millions de travaux furent ainsi ajournés ; mais grâce aux travaux effectués, on comptait en 1888, comme longueur totale des voies navigables ayant au minimum 2^m de mouillage et des écluses de $38^m,50$ de longueur sur $5^m,20$ de largeur, 3.279 kilomètres contre 1.459 kilomètres en 1878.

être complet et homogène. A l'heure présente, les voies navigables en France, canaux, fleuves et rivières, présentent un développement de 12.378 kilomètres, et dans les dernières années, les transports de marchandises, par millions de tonnes kilométriques, ont été les suivants (1) :

1872	1.564	1884	2.395
1876	1.719	1885	2.401
1880	1.875	1886	2.761
1881	2.117	1887	3.026
1882	2.193	1888	3.133
1883	2.328		

Le tonnage effectif, c'est-à-dire le poids total des marchandises embarquées sur les voies de navigation intérieure, s'est élevé à 23.320.000 tonnes en 1888, ce qui représente par tonne un parcours moyen de 136 kilomètres. D'après le recensement de 1887, on comptait sur les rivières et canaux 15.730 bateaux ordinaires et 673 bateaux à vapeur, sur lesquels 120 seulement servent au transport des marchandises.

Tout imparfait que voit encore le réseau navigable français, il est notablement supérieur à celui qui existe en Angleterre. Cette supériorité était même déjà reconnue au XVIIIe siècle, où un auteur anglais (2) citait parmi les avantages de la France « ses principales rivières, la Seine, la Loire, la Garonne, le Rhône et les autres qui s'y rendent..... Son industrie y a ajouté des canaux navigables, admirables pour l'immensité du travail, et pour les profits que le commerce en retire ». C'est surtout dans le XVIIIe siècle, et principalement entre 1750 et 1800 (3), que les plus nombreux canaux furent

---

(1) Les bois flottés ne sont pas compris dans cette estimation.

(2) *Remarques sur les avantages et les désavantages de la France et de la Grande-Bretagne.*

(3) On peut voir, dans l'article *Inland navigation* par M. James W. Harvey (*Annual of the Wholesale cooperative Society* — 1888), la liste des diverses concessions de canaux et rivières de 1423 à 1885.

établis en Angleterre ; mais à partir de 1830, et par suite de l'établissement de lignes de chemins de fer, les canaux furent négligés. Alors qu'en 1830 on comptait 4.000 milles (6.436 kilomètres) propres à la navigation, un rapport fourni à la Chambre des Communes en 1883 n'en mentionne plus que 3.714 (5.975 kilomètres). La question de la navigation intérieure était agitée depuis quelques années déjà. En octobre 1880, la *Fornightly Review* appelait l'attention sur l'indifférence du pays à cet égard ; en mars 1882, l'Association des Chambres de commerce adressait un memorandum au Président du *Board of Trade*, demandant une nouvelle réglementation de la matière, disant : « les canaux sont spécialement adaptés pour le transport des matériaux et autres lourdes marchandises, pour lesquels le temps employé n'a qu'une faible importance, une classe de trafic que les Compagnies de chemins de fer reconnaissent ne pas leur être profitable à des prix qui laisseraient un bénéfice convenable aux bateliers si les droits étaient fixés à un taux raisonnable » ; un mois plus tard, M. John Slagg, un des représentants du gouvernement anglais à la Direction du Canal de Suez, disait à son tour à la Chambre de commerce de Manchester : « Lorsque nous considérons l'énorme compétition à laquelle nous sommes soumis par les nations étrangères, et le transport à peu près gratuit en France par les canaux à chaque marché ou centre d'industrie, nous devons comprendre la nécessité de nous efforcer de tirer le meilleur parti possible des avantages du même genre que possède notre pays ». Les mêmes plaintes, les mêmes arguments furent reproduits devant le *Select committee on canals*, en 1883, et si le Gouvernement n'a pu intervenir directement, le bill sur le canal de Manchester montre que les pouvoirs publics, de même que les Chambres, sont disposés à faire ce qui est possible pour l'amélioration de la navigation intérieure.

Le tonnage des canaux et rivières en Angleterre est estimé à environ 20 millions de tonnes ; il n'y a du reste actuellement aucune statistique de ce genre à peu près exacte, car antérieurement à la loi du

10 août 1888, les concessionnaires n'étaient tenus à fournir aucun renseignement sur leurs affaires.

Les lois et règlements qui régissent les voies navigables sont tout autres en France qu'en Angleterre. En France, non seulement l'État a la haute main sur tout ce qui concerne la navigation, mais encore il est propriétaire de la presque totalité des canaux qui existent. Antérieurement les concessions étaient nombreuses ; mais peu à peu le rachat en a été opéré ; actuellement la longueur des canaux concédés ne dépasse pas 912 kilomètres ; le canal du Midi et le canal latéral à la Garonne, affermés tous deux à la Compagnie des chemins de fer du Midi, forment plus de la moitié de cette longueur.

Au contraire, les canaux en Angleterre sont essentiellement des entreprises privées. Quelques-uns, parmi lesquel le Canal calédonien, appartiennent à l'État et sont administrés par ses agents, mais la majeure partie appartient à des concessionnaires, qui par acte du Parlement, ont reçu le droit de construire les canaux et de les exploiter. Comme ces propriétés peuvent être cédées, les Compagnies de chemins de fer cherchèrent à se rendre maîtresses des canaux qui pouvaient leur créer une concurrence, et à l'heure présente, les Compagnies possèdent à peu près la moitié des canaux du Royaume-Uni. Les taxes sont appliquées au gré des propriétaires, et quoique le trafic soit relativement faible, les montants soumis à l'*income tax* montrent un résultat très satisfaisant, attesté, du reste, par le cours des parts de canaux.

Montants soumis à l'income tax (*années finissant le 5 avril.*)

1880...	£ 3.189.000	Fr. 79.725.000	1885...	£ 3.546.000	Fr. 88.650.000
1881...	3.196.000	79.900.000	1886...	3.394.000	84.850.000
1882...	3.393.000	84.825.000	1887...	3.374.000	84.350.000
1883...	3.292.000	82.300.000	1888	3.226.000	80.650.000
1884...	3.365.000	84.125.000	1889...	3.172.000	79.300.000

Les avantages et les inconvénients de ces deux systèmes sont faciles à apprécier. En France, l'administration par l'État tend à rendre la navigation uniforme dans toutes ses conditions, par l'application des mêmes principes et des mêmes règlements sur toute l'étendue du territoire. Elle a permis de même d'abaisser successivement les taxes perçues et d'arriver enfin aux lois des 21 décembre 1879 et 19 février 1880 qui ont entièrement supprimé les droits de navigation, permettant de réduire ainsi au minimum le coût du transport par eau. Mais, par contre, l'entretien des voies navigables est entièrement à la charge de l'État, et si on veut améliorer ce qui existe, les nécessités budgétaires obligent souvent à reculer à longue échéance certains travaux à faire; en outre, la nécessité de donner satisfaction à des intérêts également respectables, oblige à accueillir toutes les demandes, toutes les réclamations, et à leur donner proportionnellement satisfaction, au moins dans la mesure du possible, et trop souvent en tenant forcément compte de questions qui n'ont qu'un lointain rapport avec la navigation. Enfin les travaux neufs, les canaux nouveaux ne peuvent que difficilement être entrepris; le budget ne peut subvenir à ces dépenses, les intérêts lésés se coalisent pour entraver l'entreprise projetée, et comme les réclamations émanent de contribuables, qui, en fin de compte, contribuent pour leur part aux travaux à faire, ces réclamations sont forcément accueillies. De plus, comme un canal nouveau, ou bien établit une route plus courte entre deux points importants, ou en joignant deux cours d'eau permet de les utiliser d'une façon plus complète, il y a toujours une concurrence à une voie ferrée en exploitation, et il arrive ainsi que d'une part l'État doit supporter le coût de la construction du canal, et d'autre part, en diminuant les recettes d'une voie ferrée, arriver peut-être par voie de garantie d'intérêts à combler ce déficit. Dans ces conditions, on voit que la création de nouvelles voies navigables n'est guère possible.

En Angleterre, au contraire, la plupart des canaux ont été construits par des particuliers. Le gouvernement n'a donc pas à voir si l'exploitation est ou non rémunératrice, pas plus qu'il n'a à s'occuper si les canaux ou rivières font concurrence aux voies ferrées. Les compagnies de chemins de fer ont eu à se protéger elles-mêmes, ce qu'elles n'ont pas du reste manqué de faire. Mais précisément à cause de cette liberté complète d'exploitation, les plaintes contre l'ensemble du système des voies navigables ont été plus vives et plus justifiées qu'en France. Pour ne citer qu'un exemple, la route entre Londres et Liverpool est constituée ainsi (1) :

COMPAGNIES.	LONGUEUR EN MILLES.	DIMENSIONS DES ÉCLUSES.		
		LONGUEUR	LARGEUR	ENFONCE- MENT.
		Pieds. Pouc.	Pieds. Pouc.	Pieds. Pouc.
Regents canal...................	8 1/2	90 0	15 0	5 0
Grand Junction canal............	101 »	80 0	14 6	4 6
Oxford canal....................	5 »	Pas d'écluse.		3 6
Warwick and Napton canal......	15 »	72 0	7 0	4 0
Warwick and Birmingham canal..	22 »	72 0	7 0	4 0
Birmingham canal...............	15 »	72 0	7 0	4 0
Stafford and Worcester canal.....	1 1/4	72 0	7 0	4 0
Shropshire union canal...........	68 »	80 0	7 6	4 0
River Mersey	10 »	Libre navigation.		
Total.........	245 3/4			

Bien entendu ces huit compagnies ont des droits et des règlements spéciaux. Il en résulte une entrave réelle, qui empêche les canaux anglais de produire leur plein effet. En outre, quoique cela fasse preuve d'un intérêt mal entendu, sur nombre de canaux l'entretien des berges est défectueux. On comprend donc que des modifications soient demandées à un tel état de choses, modifications parmi lesquelles l'uniformité des canaux, la protection effective des rives, l'augmentation de capacité des voies, la réunion des compagnies constituant une route unique, sont les plus importantes. On estime

---

(1) Les mesures indiquées sont les mesures anglaises ; il n'y avait pas ici utilité à les traduire en mesures françaises.

à plus de 1 milliard la somme à dépenser pour donner une complète satisfaction à ces desiderata.

Mais si l'initiative privée semble ici faire défaut, il faut reconnaître que pour certaines voies navigables on a, par ce seul moyen, accompli d'énormes travaux. L'amélioration de la Tyne, de 1860 à 1884, qui a nécessité le draguage de plus de 60 millions de tonnes, mais qui, de 1864 à 1884, a doublé le tonnage de ses ports ; celle de la Tees, qui permet aux vaisseaux de 3000 tonneaux de charger à Middlesborough ; la création de la navigation sur la Clyde, qui seule a donné son importance à Glasgow, dont la population a presque décuplé depuis le commencement du siècle ; enfin la construction du canal de Manchester, non encore entièrement terminé (1), et les améliorations en cours sur la Ribble, pour lesquelles les dépenses sont estimées à 25 millions. Deux autres projets sont en train pour l'amélioration de la route entre Birmingham et Londres et entre Birmingham et Bristol, les dépenses étant ici estimées respectivement à 30 et 45 millions environ. On peut admettre comme certain que le jour où l'opinion publique en Angleterre sera convaincue qu'il y a nécessité d'améliorer toutes les voies navigables, les sommes à dépenser, si élevées qu'elles soient, seront mises à la disposition des entrepreneurs.

En France comme en Angleterre, la législation récente a cherché au moins en partie à remédier à certains inconvénients signalés. En

---

(1) Depuis 1877, le canal de Manchester était réclamé, mais comme le trafic par Liverpool était sérieusement menacé, tous les efforts possibles furent faits par cette ville pour empêcher la réalisation du projet ; trois enquêtes parlementaires eurent lieu, les deux premières ayant donné un résultat défavorable à Manchester ; la dépense avait dépassé 100.000 livres (2.500.000 fr.). Mais enfin par un *Act* du 6 août 1885, le canal fut autorisé. Long de 53 kilomètres, le canal aura une profondeur de 8^{m}50, et au plafond une largeur minimum de 40 mètres ; de Barton à Manchester, soit sur 5 kilomètres, cette largeur sera même de 57 mètres, ce qui fera de cette section une sorte de dock permettant d'amarrer une ligne de vaisseaux sans gêner la circulation. Le canal sera en partie formé par la Mersey et la rivière Irwell canalisée ; le coût, estimé d'abord à 110 millions, arrivera probablement à 200 millions.

Angleterre, le *Railway and canal Traffic Act*, dont nous aurons à nous occuper en parlant des chemins de fer, rend plus difficiles les abus en matière de droits de transport ; en France, un projet déposé par le Ministre des Travaux Publics, M. Yves Guyot, en demandant de créer des chambres de navigation, veut remettre à l'initiative privée la construction des voies nouvelles. Les chambres de navigation percevraient un droit de péage, qui leur permettrait de rembourser, dans un délai déterminé, les sommes empruntées pour les travaux. Si ce projet aboutit, on verra sans doute se créer le canal du Nord, celui de la Marne à la Saône, et le canal des deux-mers, dont l'utilité n'est niée par personne, mais que l'État ne peut entreprendre à son compte.

§ 2. — LES CHEMINS DE FER.

Si, dans l'établissement de la traction à vapeur, la France peut revendiquer sa part d'invention, il est certain que pour l'application pratique elle a été largement dépassée par l'Angleterre. Alors qu'en France on en était encore aux discussions stériles, que le principe même des chemins de fer était contesté, les voies ferrées s'établissaient en Angleterre, et les voyageurs et les marchandises y étaient transportés depuis de longues années lorsque, pour la première fois, un projet de chemin de fer fut présenté aux Chambres françaises. Il suffit, du reste, pour se rendre compte du progrès réalisé sous ce rapport par l'Angleterre, de relever les statistiques depuis les premières années.

Angleterre.

ANNÉES.	LONGUEUR exploitée (kilomètres)	DÉPENSES d'établissement.	ANNÉES.	LONGUEUR exploitée (kilomètres)	DÉPENSES d'établissement.
1842	2.988	»	1875	26.802	15.755.587.350
1851	11.086	6.106.022.425	1885	30.849	20.396.451.375
1861	17.488	9.058.184.950	1888	31.878	21.617.399.075
1865	21.382	11.386.953.575			

France.

ANNÉES.	LONGUEUR EXPLOITÉE. (kilomètres).	DÉPENSES D'ÉTABLISSEMENT.
1842	600	237.971.000
1855	5.535	2.686.313.000
1865	13.564	6.809.993.000
1875	19.764	9.402.576.000
1885	30.439	12.725.103.000
1886	31.199 (1)	13.079.732.000

Les constructions poursuivies conformément au programme de 1879 ont donc mis la France, quant à la longueur de ses voies ferrées, dans une situation sensiblement égale à celle de l'Angleterre; mais l'utilisation de ces voies est naturellement plus grande dans ce dernier pays, conséquence d'un trafic plus considérable. Voici, en effet, les chiffres pour les années depuis 1872 :

France.

	TONNES DE MARCHANDISES.	VOYAGEURS.
1872	53.371.363	114.300.531
1876	61.836.949	136.987.678
1880	80.773.680	165.105.603
1881	84.647.497	179.729.597
1882	88.744.758	194.932.097
1883	89.056.198	207.171.029
1884	80.360.842	211.893.220
1885	75.192.276	214.450.555
1886	73.382.361	216.648.915
1887	78.093.405	218.367.436
1888	82.355.288	224.801.559

---

(1) En 1888, les Chemins de fer français avaient 32.425 kilomètres en exploitation, dont le coût d'établissement dépasse 13 milliards 1/2.

Angleterre (R. U.) (1).

	TONNES DE MARCHANDISES.	VOYAGEURS (2).
1872	181.991.652	422.874.822
1876	209.054.539	534.494.069
1880	238.835.213	603.885.025
1881	250.750.675	626.030.000
1882	260.059.070	654.838.295
1883	270.378.711	683.718.137
1884	263.217.803	694.991.860
1885	261.147.780	697.213.031
1886	258.446.042	725.584.390
1887	272.960.786	733.678.531
1888	285.974.665	742.499.164

La comparaison du produit brut de part et d'autre a moins d'importance, puisque des questions de tarif peuvent modifier sensiblement ces résultats. Cependant l'indication du quantum fourni par le transport des marchandises dans le produit brut par kilomètre donne un renseignement d'une certaine importance sur le coût moyen des transports de part et d'autre.

---

(1) On peut admettre que vu le nombre considérable des compagnies anglaises, des doubles emplois sont probables ; mais il est certain que le trafic anglais est considérablement supérieur au trafic français, aussi bien pour les voyageurs que pour les marchandises.

(2) Pour l'Angleterre, le nombre des voyageurs est exclusif des porteurs de billets de bains de mer, etc.

	PRODUIT BRUT par kilomètre.		PART résultant du transport des marchandises.	
	FRANCE.	ANGLETERRE	FRANCE.	ANGLETERRE
1872	45.418	51.406	25.762	28.911
1876	43.308	55.843	25.142	31.283
1880	44.823	55.219	26.672	31.188
1881	44.503	55.814	26.074	31.669
1882	42.986	56.765	24.954	32.017
1883	41.400	57.390	23.752	32.380
1884	37.620	56.344	21.524	31.175
1885	34.997	54.765	19.491	30.130
1886	33.317	53.843	18.024	29.234
1887	33.091	54.199	18.261	29.636
1888	32.487	54.992	18.337	30.394

L'organisation des chemins de fer est absolument différente dans les deux pays. C'est toujours d'un côté l'État, de l'autre l'initiative privée. En France, l'histoire de la construction des chemins de fer montre sans cesse l'intervention de l'État, sous des formes plus ou moins heureuses, mais toujours avec le même résultat au point de vue budgétaire. Tout d'abord, et comme conséquence des votes de la Chambre en 1837, le Gouvernement demandait le droit d'exécuter et d'exploiter les cinq grandes lignes dont il avait présenté les avant-projets. Repoussé par la Chambre, qui prit en considération la charge écrasante pour les finances publiques qu'on proposait d'assumer ainsi, le projet fut modifié et aboutit à la loi de 1842, par laquelle les terrains devaient être fournis un tiers par l'État, deux tiers par les départements et les communes (cette dernière disposition fut bientôt abrogée); les dépenses d'infrastructure étaient également à la charge de l'État, les compagnies prenant à leur compte tout ce qui concernait la superstructure et le matériel. Les événements de

1848 obligèrent le Gouvernement provisoire à consentir des sacrifices plus grands encore, sous forme d'indemnités et de subventions, pour arriver à faire continuer les travaux entrepris. A la suite de la crise de 1857, une modification considérable fut apportée au régime des chemins de fer. Sur la proposition de M. de Franqueville, alors directeur général des chemins de fer, le système de la participation effective de l'État fut abandonné ; mais les lignes formant les concessions des diverses compagnies furent divisées en ancien et nouveau réseau, l'un donnant droit à un revenu réservé aux actionnaires, le nouveau réseau, composé en grande partie des lignes les moins rémunératrices, jouissant d'une garantie d'intérêts de 4.65%, amortissement compris, les sommes payées par l'État en cas d'insuffisance étant considérées comme une avance et remboursées plus tard par les compagnies avec les intérêts simples à 4%.

Dans ces conditions, les compagnies purent émettre, à des taux de plus en plus favorables, les obligations qui devaient leur fournir les capitaux qui leur étaient nécessaires ; ce système permit de donner une vive impulsion à la construction des voies ferrées. Après la guerre de 1870, le développement de notre réseau fut jugé indispensable, des concessions nouvelles furent accordées, et le Ministre des travaux publics fut même autorisé à entreprendre, dans les conditions de la loi de 1842, vingt-deux lignes n'ayant pas trouvé de concessionnaires et représentant ensemble 1.417 kilomètres. Pour faire droit à toutes les réclamations, un vaste plan d'ensemble fut élaboré en 1879 ; mais après avoir commencé les travaux sur de nombreux points à la fois, des difficultés financières se produisirent, et il fallut arriver aux conventions de 1883. Les lignes commencées ou à construire ont été divisées entre les six grandes compagnies qui s'engagent à fournir l'outillage et le matériel roulant, et une subvention de 25.000 fr. par kilomètre ; par exception, la Compagnie du Nord donne 90 millions pour l'ensemble de son réseau, et la Compagnie d'Orléans 40 millions pour la ligne de Limoges à Montauban ; l'État supportera l'intérêt et l'amortissement des obligations émises par les

Compagnies pour le surplus de la dépense des lignes concédées ; la distinction entre l'ancien et le nouveau réseau est supprimée ; les dividendes sont fixés à un minimum déterminé, à peine égal à celui touché par les actionnaires dans les années antérieures à 1883 ; l'État intervient en cas d'insuffisance, les excédants étant attribués au remboursement des avances faites par l'État à titre de garantie, avances arrêtées au 31 décembre 1882 à 550 millions. Grâce à ces conventions, dont le principal avantage pour les Compagnies est la garantie à peu près complète contre le rachat, l'achèvement du réseau a pu être poursuivi et sera certainement mené à bonne fin.

La construction des voies ferrées en Angleterre a été faite sur un tout autre principe ; l'État ou plutôt le Parlement n'a fait que donner les concessions, laissant à l'initiative privée le soin de réunir les capitaux nécessaires. Les premiers résultats ayant été très favorables, la spéculation se mit de la partie, et les crises de 1836 et 1845-48 furent dues à des concessions imprudemment données, les cencessionnaires se trouvant dans l'impossibilité de continuer les travaux commencés. Mais malgré les pertes ainsi subies, malgré certains insuccès partiels, le réseau se complétait de plus en plus, et bien longtemps avant la France, l'Angleterre voyait son territoire entier sillonné par les voies ferrées, et ce sans que l'État ait contribué, pour si peu que ce soit, à leur établissement.

Le réseau de part et d'autre se ressent de la façon dont il a été construit. En France, où le Gouvernement est intervenu depuis l'origine, où l'impulsion est venue du pouvoir, c'est vers Paris que convergent toutes les lignes, les autres grandes villes, qui appartiennent à des réseaux différents, n'étant reliées entre-elles que par des embranchements, des tronçons, qui souvent rendent plus rapide la route plus longue par Paris. En outre, des nécessités stratégiques ont obligé à certains tracés particuliers, tandis que des questions électorales ou autres du même genre faisaient également modifier des itinéraires choisis tout d'abord. Mais par contre, l'État a eu toute facilité pour provoquer la fusion des diverses Compagnies qui s'étaient formées, et arriver, entre 1852 et 1860, à l'organisation des grandes Compagnies qui seules pouvaient trouver à des conditions avantageuses les ressources suffisantes pour mener à bien le programme imposé ; il a pu aussi obtenir des conditions particulières pour ses transports, et l'économie qui en résulte vient atténuer en partie les charges que les contrats existants imposent à l'État (1).

Les chemins de fer anglais ayant été construits sans aucune préoccupation semblable à celles que nous avons pu signaler en France, ont été établis en vue du résultat seul ; il s'en suit que toutes les villes d'une certaine importance sont reliées directement entre elles, et que Londres est loin d'être le centre de tout le système. Sans doute certaines lignes font double emploi, certains tracés auraient pu peut-être subir quelques modifications, mais dans son ensemble le réseau anglais a été uniquement conçu pour favoriser le trafic et le faire établir dans les meilleures conditions possibles. La fusion des Compagnies anglaises a été obtenue, non par une sorte de pression de l'État comme en France, mais uniquement en considérant l'intérêt privé. Les grands réseaux se constituèrent de la sorte, et si en 1885 la répartition des voies ferrées se présentait ainsi (2) :

Angleterre et pays de Galles,	21.906 kil	exploités par 222	Cies,
Écosse,	4 799 »	« »	34 »
Irlande,	4.144 »	» »	39 »

---

(1) D'après les stipulations inscrites dans les cahiers des charges, l'État a droit au transport à prix réduit des militaires et des marins, et du matériel militaire et naval ; au transport gratuit des fonctionnaires et agents des contributions indirectes, des douanes, de ceux qui sont chargés de l'Inspection, du contrôle et de la surveillance des chemins de fer dans l'intérêt de la perception de l'impôt, des agents de l'État voyageant pour le service de la télégraphie ainsi que des matériaux nécessaires aux réparations ; enfin le transport des prisonniers, celui des agents, des lettres et dépêches de l'administration des postes, et des produits, tabacs, poudres, papier timbré, expédiés par l'administration des finances, à des conditions spéciales. Ces réductions diverses atteignent actuellement une centaine de millions par année.

(2) *Dictionnaire des finances*, article *Chemins de fer*.

on comptait en même temps les Compagnies : Great Eastern avec 1.688 kilomètres ; Great Northern avec 1.236 k., Great Western avec 3.649 k., Londres and North Western avec 2.885 k., Londres and South Western avec 1.160 k., Midland avec 2.222 k., North Eastern avec 2.468 k. ; en Écosse, le Caledonian avec 1.411 k., et la North British avec 1.619 k., soit pour 9 Compagnies 18.231 kilomètres, ou 60 % du réseau total.

Afin de régler les multiples questions qui naissent d'un trafic empruntant à chaque instant les lignes de diverses Compagnies, un certain nombre d'entre elles ont établi un *Clearing House*, régularisé en 1850 par le *Railway Clearing Act*, ayant pour but de régler et compenser les diverses réclamations des Compagnies les unes contre les autres. Pour arriver à ce résultat, le travail est divisé en quatre grandes sections, qui se subdivisent suivant les besoins du service, marchandises, passagers et paquets, loyer de parcours (*mileages*) et bagages perdus. Le département des marchandises reçoit des diverses stations tous les renseignements relatifs aux poids, volume, départ, arrivée etc. des diverses marchandises, remboursements effectués, charges diverses, wagons employés etc.; les transports de bestiaux sont également renseignés. Le *Clearing House*, d'après ces données, établit mensuellement le compte de chaque Compagnie. Pour les *Passagers et paquets*, les tickets délivrés sont comparés avec les livres, et d'après les parcours, la part de chaque Compagnie est établie. Il en est de même pour les paquets, mais le système des *Parcels post* (colis postaux), simplifie grandement ce service, les timbres apposés sur les paquets permettant un contrôle facile. Pour les taxes de parcours, elles sont établies contradictoirement entre le *Clearing House* et les Compagnies pour la part incombant au matériel d'une Compagnie empruntant une autre ligne, d'après des relevés fournis par des employés spéciaux placés aux points de grand trafic. Les inspecteurs, commis ou pointeurs employés à ce service sont au nombre de 800 environ. Enfin, pour les bagages perdus, le département statue sur les réclamations faites et répartit les pertes entre les Compagnies.

Les résultats des *Railway Clearing House* sont très importants, et par ce système de grosses pertes de temps et d'argent sont évitées. D'après une statistique publiée en 1884, voici les chiffres de ses transactions. La somme réglée chaque année est environ 16 1/2 millions de livres (412,500.000 fr.), et une balance de 2 millions de livres (50 millions de francs) sert pour tous les paiements. Le nombre des règlements pour les marchandises et d'environ 2 millions, avec 5 1/2 millions d'entrées, et les entrées pour les passagers sont à peu près 3 1/2 millons. Le nombre des milles à considérer pour les taxes est d'environ 439 millions, le nombre des journées indiquées 1 million, et les entrées à faire 39 millions. Le département des bagages statue sur 23.000 pertes, et ses rapports à ce sujet ont trait à 347.000 articles.

Dans chacun des deux pays, les voyageurs sont divisés en 3 catégories, mais la classification des marchandises n'est pas la même ni de part ni d'autre, ni même entre les diverses Compagnies anglaises. En France, la grande vitesse ne comprend qu'une série unique, mais les marchandises de petite vitesse sont subdivisées en 4 classes (1), dont le coût de transport par kilomètre diminue de plus en plus. En Angleterre la tarification est loin d'être identique ; certaines Compagnies n'ont que 4 classes de marchandises, tandis que d'autres en comptent 5, 3 ou 8 ; les mêmes marchandises ne sont pas toujours classées dans la même série, et les maximums annexés aux actes de concessions ne sont pas non plus semblables.

D'après les conditions d'établissement des voies ferrées, il est facile de comprendre que la fixation du prix des transports ne se fait pas de la même manière en France qu'en Angleterre. Dans les cahiers des charges de toutes les Compagnies françaises, le tarif maximum à appliquer aux marchandises et aux voyageurs est déterminé, en tenant compte des envois par grande et petite vitesse, et des quatre

---

(1) La quatrième classe a été acceptée par les Compagnies lors des conventions de 1863.

classes de marchandises. Mais dans la pratique les envois à petite vitesse sont taxés d'après le tarif général, inférieur ou même égal au tarif maximum imposé par le cahier des charges, et dans lequel les marchandises sont divisées en séries, d'un usage plus commode que les classes du tarif maximum. C'est ce tarif général qui est appliqué dans tous les cas où un autre tarif n'est pas employé ; chaque Compagnie n'a qu'un tarif général, mais les prix et la classification ne sont pas identiques. En dehors du tarif général, chaque Compagnie à des tarifs spéciaux, dont l'application n'est faite que sur demande des expéditeurs. Ces tarifs stipulent des prix de transport inférieur à ceux du tarif général, mais par contre renferment certaines clauses que l'expéditeur doit accepter, puisqu'elles dérogent aux conditions générales des transports par voie ferrée ; c'est ainsi qu'il est généralement stipulé : que la Compagnie ne sera soumise à aucune indemnité en cas d'augmentation du délai de transport ; que la réduction de prix est subordonnée à un minimum de poids (5 ou 10.000 kilos) ; que la Compagnie ne répondra par des déchets ou avaries de route, ou même de la perte totale (1). Ces tarifs sont proportionnels ou différentiels, suivant que la perception à lieu sur une base kilométrique unique, ou décroît à mesure que le parcours augmente ; elle peut varier également suivant le sens dans lequel la marchandise voyage. On distingue de plus les *tarifs communs* concertés entre deux ou plusieurs Compagnies pour les transports s'effectuant sur plusieurs réseaux, les *tarifs internationaux*, à prix réduits pour les marchandises allant de France à l'étranger (tarifs d'exportation), ou de l'étranger en France (tarifs d'importation), et enfin les *tarifs de transit*, pour les marchandises qui ne font que traverser le territoire. Tous les tarifs doivent être soumis à l'administration, et pour certains d'entr'eux, l'homologation est indispensable (2). Les propositions de tarifs sont communiquées aux

---

(1) Cette clause a été contestée, pour ce motif que le voiturier ne peut s'exonérer de sa responsabilité. Mais la jurisprudence l'admet généralement.
(2) Le droit d'homologation est exercé par le Ministre des Travaux publics

Préfets des départements traversés et aux Inspecteurs de l'exploitation commerciale; le Préfets communiquent ces propositions aux Chambres de commerce, et le public est informé par voie d'affiches qui doivent rester apposées un mois avant que les taxes puissent être perçues. Les arrêtés d'homologation doivent être publiés, et les tarifs en vigueur doivent faire l'objet d'une publicité permanente. Le relèvement d'un tarif abaissé ne peut être effectué qu'après un délai d'un an pour les marchandises, de trois mois pour les voyageurs; les abaissements peuvent avoir lieu à toute époque. L'homologation peut être refusée soit parce que le relèvement est demandé avant le délai convenable, parce que la taxe à percevoir est supérieure à celle prévue au tarif maximum, ou parce que le tarif proposé est contraire à certains intérêts. Pour les tarifs internationaux les formalités sont moindres. En vertu d'une autorisation générale du Ministre, les Compagnies peuvent établir des tarifs de transit, qui doivent être communiqués à l'administration la veille de leur mise en vigueur; l'application d'un tel tarif peut être interdite à tout moment; les tarifs d'importation ne sont soumis à aucune règle spéciale, et pour les tarifs d'exportation, ils peuvent être appliqués si après avoir été soumis au Ministre, une opposition n'est pas signifiée dans les cinq jours. Ces tarifs internationaux ont été souvent critiqués, à cause des avantages qu'ils accordent aux producteurs et consommateurs étrangers, mais plus fréquemment à tort qu'à raison; l'administration est du reste armée de pouvoirs suffisants pour réprimer tous les abus qui lui seraient signalés.

En fait, le prix des transports par chemins de fer n'a cessé de diminuer depuis l'origine (1); le tarif moyen, par tonne et par

---

pour les chemins de fer d'intérêt général, et pour les chemins de fer d'intérêt local, quand la ligne s'étend à plusieurs départements ou en cas de tarif commun à plusieurs lignes. Dans les autres cas, l'homologation appartient au Préfet.

(1) Il n'est naturellement pas tenu compte des impôts qui frappent les transports, impôts que les Compagnies sont obligées d'ajouter aux taxes qu'elles perçoivent.

kilomètre, qui était de 0,076 en 1855, de 0,068 en 1865, de 0,059 en 1880, n'était plus que de 0,056 en 1888; il est vrai de dire que dans la mesure du possible, l'État a cherché à profiter de toutes les conventions passées avec les Compagnies de chemins de fer pour obtenir des améliorations dans les conditions des transports.

En Angleterre, où la construction des chemins de fer a été faite sans l'ingérence de l'État, les Compagnies sont beaucoup plus indépendantes pour la fixation de leurs taxes ; elles en profitent même pour imposer des charges fort lourdes pour le transport des postes, de la guerre, de la marine, les tarifs étant presque égaux à ceux que paie le public ; d'autant plus que les concessions étant perpétuelles, elles ont de ce chef une sécurité complète. Tout d'abord les Compagnies cherchèrent à attirer mutuellement le trafic sur leurs lignes par des concessions de plus en plus grandes ; les pertes résultant d'une telle lutte ne tardèrent pas à les lasser, et en 1858, une réunion des présidents et directeurs des principales Compagnies proclama que les chemins de fer devaient s'entendre de manière à fixer des tarifs uniformes, et que ces tarifs devaient être assez élevés pour assurer des bénéfices aux Compagnies. De cette époque la concurrence put être considérée comme terminée, et l'union des Compagnies engendra certains abus qui appelèrent l'attention du Parlement. Déjà, en 1844, les contraventions aux chartes des Compagnies avaient été déférées au *Board of trade*, et en même temps, pouvoir était donné à l'administration de réviser les tarifs de toutes les Compagnies qui, dans les 20 ans de l'acte leur accordant le droit d'établir la ligne, donneraient un bénéfice dépassant 10 %. En 1845, obligation est faite aux Compagnies d'appliquer leur tarif également à tous, le droit d'établir des tarifs différentiels leur étant reconnu ; l'acte de 1854 revient encore sur cette obligation de ne pas faire de conditions particulières à certaines personnes ou sociétés; enfin l'acte de 1873 oblige à la publication des taxes. Mais comme certaines omissions de ce dernier acte avaient été relevées, et des inconvénients signalés, un nouvel acte fut passé, le *Railway and*

Canal traffic act, 1888, qui actuellement régit les transports par eau et par voie ferrée.

Les chartes délivrées à chaque Compagnie donnaient le tarif maximum qui devait être appliqué, tarif variant sensiblement entre les diverses Compagnies, les dépenses de constructions et autres n'ayant naturellement pas été les mêmes pour toutes. L'acte de 1888 revient sur ces tarifs, et stipule (24 § I), que malgré tout acte général ou spécial, chaque Compagnie de chemin de fer devra soumettre au *Board of trade* une classification révisée (1) du trafic des marchandises, et un tableau révisé du maximum des taxes et charges qui y sont applicables, en y comprenant les frais à l'arrivée (2), le tout devant être remis au *Board of trade* dans les six mois de la date de l'acte, sauf décision contraire prise en faveur de certaines Compagnies. Les objections faites à ce tarif seront discutées entre la Compagnie et le *Board of trade*, et après accord, le tarif ainsi établi sera soumis au Parlement pour être sanctionné. Dans le cas contraire, le *Board of trade* déterminera provisoirement la classification et le tarif à adopter en attendant que l'accord intervienne. Les classifications et taxes pourront à tout moment être complétées, sur la demande faite par les intéressés au *Board of trade*, en donnant avis 21 jours avant à la Compagnie de chemin de fer. Les modifications ainsi apportées par le *Board of trade* seront publiées dans la *London Gazette*. Les Compagnies de chemins de fer, de même que celles exploitant les canaux, devront accéder à toutes propositions raisonnables faites pour employer leurs lignes ou canaux, que ces propositions émanent d'autres Compagnies, ou de particu-

---

(1) La difficulté d'une classification uniforme a été parfaitement reconnue dans les anciens actes relatifs aux chemins de fer. M. GRIERSON (*Railway rates*), dit à ce sujet : Les marchandises venant sous le même nom générique varient souvent beaucoup en volume en proportion du poids, valeur, et risque de dommage, aussi bien que dans la quantité plus ou moins considérable à transporter, toutes considérations qui ne doivent pas être perdues de vue en établissant une classification uniforme.

(2) Frais de quais, docks, dépôts, etc.

liers ayant intérêt au trafic, la négligence à répondre à ces propositions pouvant entraîner des dommages-intérêts ; les commissaires (1) chargés de la procédure ont plein pouvoir pour établir les taxes et frais, en cas de désaccord. Le principe de l'égalité de traitement étant admis, c'est aux Compagnies incriminées à montrer que les différences dans les taxes appliquées ne peuvent être évitées en raison de nécessités inéluctables ; le système du tarif à stations déterminées est admis, pourvu qu'il ne tende pas à créer des avantages particuliers (2). Si, par des taxes spéciales, le trafic est détourné vers certains ports ou docks au détriment d'autres ports ou docks, ceux-ci peuvent porter plainte aux commissaires qui, s'il y a lieu, relèvent les contraventions ; de même toute personne se croyant lésée dans l'application des taxes et frais peut se plaindre au *Board of trade* qui, s'il juge la plainte fondée, doit faire le nécessaire pour

---

(1) Les commissaires qui composent la *Railway and canal commission* sont nommés deux par la Reine, un par le Lord chancelier pour l'Angleterre, un par le Lord président de la Cour de session pour l'Écosse, et un par le Lord chancelier de l'Irlande. Ils forment une *Cour of Record* ayant droit à frapper d'amende et de prison.

(2) Le principe du tarif différentiel est également admis, comme il l'était, du reste, dans le rapport du Comité de 1881-82. « En résumé, imposer un taux égal par mille aux Compagnies priverait le public du bénéfice de la plus grande partie de la compétition qui existe maintenant, ou qui a existé, pour élever les charges sur le public en beaucoup de cas où les Compagnies trouvent que maintenant il est de leur intérêt de les abaisser, et perpétuer les monopoles en transport, commerce et manufacture en faveur de ces taxes et places qui sont plus proches ou moins coûteuses, où les charges décroissantes des Compagnies créent actuellement une compétition. Et on verrait que les défenseurs du taux égal, lorsqu'ils sont mis au pied du mur, souvent expliquent réellement, non que les frais qu'ils paient eux-mêmes sont trop élevés, mais que les taxes que paient les autres sont trop basses.

En présence de ces difficultés, les promoteurs du droit égal admettent qu'il doit y avoir de nombreuses exceptions, par exemple, lorsqu'il y a compétition avec des transports par mer (c'est-à-dire à peu près les trois cinquièmes des stations du Royaume-Uni), où les taux inférieurs pour longue distance amènent un bénéfice, ou bien quand l'article transporté est de première nécessité, comme le charbon. Il est à peine nécessaire d'observer que de telles exceptions, avec l'impossibilité de résumer tous les cas possibles, détruisent la valeur du *taux égal* comme un principe, ou la possibilité de l'appliquer comme une règle générale ».

obtenir satisfaction de la Compagnie, et peut déléguer telle personne qu'il juge utile pour arranger le différend. Tous les livres et documents se rapportant à la classification et aux tarifs doivent être tenus, sans frais, à la disposition du public ; des copies imprimées doivent être mises en vente à un prix fixé par le *Board of trade* ; les renseignements demandés par écrit. relativement au transport des marchandises, doivent être fournis dans les huit jours. Toute augmentation des taxes et droits devra être publiée de la manière prescrite par le *Board of trade*, quatorze jours au moins avant la date fixée pour l'augmentation, cette date étant indiquée dans la notice ; autrement cette augmentation ne peut être appliquée, sans préjudice de l'amende à la charge de la Compagnie.

La concurrence par les canaux est soigneusement considérée. Par l'article 38, il est prescrit que si les taxes et droits appliqués sur un canal sont tels, que le trafic doive être détourné vers un chemin de fer, les Commissaires doivent requérir le changement de ces droits et taxes, afin de permettre l'usage du canal, si une telle demande leur est faite par une personne intéressée à ce trafic (1). Si cette modification est refusée, les Commissaires ont le droit d'établir eux-mêmes les droits et taxes qu'ils jugent équitables. A moins d'une autorisation expresse, dans les formes et conditions prévues par les statuts, les fonds des Compagnies de chemins de fer ne pourront être employés en achats de parts d'intérêts dans un canal, et en cas de contravention, les fonds ainsi employés feront retour à la Couronne, les personnes ayant fait l'emploi étant responsables envers la Compagnie.

En résumé, cet acte donne au *Board of trade*, c'est-à-dire à l'administration, des pouvoirs plus complets que ceux qu'elle possé-

---

(1) La demande doit au préalable être soumise au *Board of trade*, qui décide si le demandeur est bien dans les conditions requises pour solliciter le changement.

dait (1). Il garantit le public contre les dangers d'une entente trop complète entre les Compagnies et en permettant, sous les formes et conditions déterminées par le *Board of trade*, de compléter les classifications, et de modifier les charges lorsque la perception, ou l'arrangement en vertu duquel elles sont perçues, peut créer une situation défavorable à certains intéressés, il a trouvé, autant qu'il est possible de le faire, le meilleur moyen de permettre aux intérêts en présence d'arriver à un accord qui ne peut être que profitable et au commerce, et aux Compagnies elles-mêmes.

§ 3. LA NAVIGATION MARITIME.

La supériorité de l'Angleterre, en tout ce qui concerne la navigation maritime, est telle qu'aucune comparaison n'est pour ainsi dire possible. A elle seule, la marine marchande anglaise équivaut à celle de toutes les autres nations ; le tableau ci-après, donnant des chiffres établis à une date récente, se passe de commentaires.

---

(1) Les modifications ne sont pas moins considérables pour les canaux. A partir de la mise en vigueur de l'acte, chaque Compagnie exploitant un canal doit adresser au *Board of trade*, avant ou au plus tard le 1er janvier de chaque année :

Le nom de la Compagnie.— Une description succincte du canal. — Le nom du Directeur ou premier administrateur. — Le siège principal.

De plus, le *Board of trade* peut requérir un tableau donnant la capacité du canal pour le trafic, le capital, revenu, etc. Les Compagnies doivent également fournir une copie certifiée de leurs statuts et règlements, ceux-ci pouvant être modifiés par le *Board of trade*.

Si un canal doit être en chômage plus de 2 jours, notice doit en être donnée au *Board of trade*.

L'abandon d'un canal ne peut être fait que sur approbation du *Board of trade*, et après avoir fourni toutes les justifications nécessaires.

Les règles imposées aux chemins de fer, quant à la fixation des taxes et droits, et aux diverses obligations relatives au trafic, s'appliquent également aux canaux.

Marines marchandes des 15 principales nations du monde, en 1888 (1).

	VOILIERS		STEAMERS		TOTAL du TONNAGE. (2)	RANG.
	Nombre	TONNAGE NET.	Nombre	TONNAGE BRUT.		
Angleterre....	6.180	3.524.000	4.885	6.873.000	24.143.000	1
États-Unis....	3.148	1.402.000	425	516.000	2.951.000	2
Allemagne....	1.292	684.000	559	662.000	2.670.000	3
France........	920	245.000	450	752.000	2.501.000	4
Norwège......	2.929	1.271.000	329	185.000	1.827.000	5
Italie........	1.461	563.000	201	284.000	1.416.000	6
Espagne......	574	139.000	380	399.000	1.335.000	7
Suède........	1.029	299.000	491	163.000	799.000	8
Pays-Bas.....	390	166.000	149	191.000	737.000	9
Russie........	997	278.000	220	139.000	696.000	10
Autriche......	255	127.000	125	149.000	575.000	11
Danemark.....	598	119.000	196	140.000	539.000	12
Grèce.........	865	219.000	84	72.000	535.000	13
Japon.........	150	40.000	172	134.000	444.000	14
Turquie.......	791	153.000	84	64.000	345.000	15

L'accroissement de la marine marchande de l'Angleterre, pendant ce siècle, a été remarquable; mais c'était la résultante des conditions particulières dans lesquelles ce pays se trouvait placé, en tenant compte toutefois que l'initiative privée était toujours à la hauteur des circonstances.

---

(1) Ce tableau, dressé d'après les données du *Bureau Veritas* et de l'*Universal Register*, ne donne que les navires à voile dont le jaugeage *net* est au-dessus de 100 *tonnes*, et tous les navires à vapeur dont le tonnage *brut* est au-dessus de cette même quantité de 100 *tonnes*. C'est ce qui explique les différences avec les chiffres donnés d'après d'autres statistiques, fournissant les jaugeages suivant d'autres données et pour des navires de tonnage inférieur ; les navires à vapeur subissant des déductions déterminées.

(2) Le tonnage à vapeur étant multiplié par 3, la proportion admise étant qu'à tonnage égal, l'efficacité d'un vapeur est triple de celle d'un voilier.

Lorsque prirent fin les guerres de la Révolution et de l'Empire, l'Angleterre se trouvait avec une flotte marchande relativement considérable, son commerce n'ayant pu se soutenir et augmenter même qu'avec les contrées lointaines. Mais par cela même elle se trouvait maîtresse de ce commerce, ses colonies, que les derniers traités de paix avaient sensiblement augmentées, lui offrant en plus des débouchés assurés ; l'accroissement continu de sa marine devenait donc une condition absolue de son développement commercial ; tous les efforts furent faits en ce sens. Pendant plus de trente années, ce fut au maintien des anciennes lois de navigation qu'on demanda ce résultat, tout en accordant, soit à l'Amérique, soit à d'autres nations avec lesquelles successivement l'Angleterre arrivait à conclure des traités ayant trait au commerce, tous les adoucissements que rendait nécessaires la position géographique ou l'importance commerciale des nations contractantes. Mais malgré tout, ces lois de navigation constituaient en faveur de la marine anglaise un monopole réel, et comme d'autre part l'État n'avait aucune surveillance, aucun contrôle à exercer sur la marine marchande, il en résultait que les progrès réalisés à l'étranger passaient inaperçus, et que le niveau des marins de commerce anglais déclinait de plus en plus (1). La création d'un département spécial fut alors réclamée, création réalisée seulement en 1850, par la constitution du département de la marine au *Board of trade*, qui établit ensuite des examens spéciaux et des règlements propres à la marine marchande (2). En même temps une enquête était faite, quant à l'effet produit par les lois de navigation, et en 1849, malgré les protestations, et les assurances qu'une telle mesure serait la ruine de la marine anglaise, toutes les lois de navigation furent rappelées. Tout d'abord une

---

(1) Réponses à une circulaire envoyée en 1843 par le *Foreign office*.

(2) Il y avait naturellement une législation antérieure, mais si compliquée que, suivant l'expression d'un armateur, il était à peu près impossible de faire partir un navire sans enfreindre quelque loi ou règlement.

clause réservait le cabotage, mais en 1854, cette clause fut même supprimée, le gouvernement de la Reine ayant le droit (dont il n'a jamais usé), d'appliquer aux navires étrangers les mêmes restrictions qui frappaient dans leur pays les navires anglais.

Pendant quelques années, le résultat de cette suppression ne fut pas très favorable, la guerre de Crimée, et certaines difficultés qui en furent la conséquence, ayant nui au développement de la marine anglaise ; en outre, certaines charges dont la suppression avait été promise, mais non tenue, malgré des demandes fréquentes, avaient contribué à ce résultat. Mais la guerre de sécession, en reportant aux navires anglais les transports que ne pouvaient plus effectuer les navires américains, détermina une activité qui depuis ne s'est pas démentie. L'ouverture du canal de Suez, par les facilités nouvelles offertes au commerce avec l'Inde, donna un essor considérable à la navigation à vapeur, et contribua largement à augmenter encore l'importance de la marine marchande en Angleterre.

Si on prend les chiffres du tonnage anglais à diverses époques, voici quelle est la progression :

ANNÉES.	VOILIERS.	VAPEURS.	TOTAL.
1816	2.504.000	»	2 504.000
1826	2.411.000	»	2.411 000
1836	2.282.053	67.697	2.349.750
1846	3.068.529	131.256	3.199.785
1856	3.980.494	386.462	4.366.956
1866	4.903.652	875.685	5 779.337
1872	4.213.295	1.538.032	5 751.327
1876	4.257.986	2.005.347	6.263.333
1880	3.851.045	2.723.468	6.574.513
1881	3.688.008	3.003.988	6.691.996
1882	3.621.650	3.335.215	6.956.865
1883	3.513.948	3.728.268	7.242.216
1884	3.464 978	3.944.273	7.409.251
1885	3.456.562	3 973.483	7.430 045
1886	3.397 197	3.965.302	7.362.499
1887	3.249.907	4.085.275	7.335.182
1888	3.114.509	4.349.658	7.464.167

Il faut tenir compte ici de la place de plus en plus grande que le *tonnage vapeurs* tient dans le total. C'est ainsi qu'en 1888 le tonnage en *tonnes voiliers*, estimé comme on l'a indiqué déjà, c'est-à-dire en triplant le *tonnage vapeurs*, est de 16.163.483 tonneaux, alors qu'en 1872 il était de 8.827.391 tonneaux, soit une augmentation supérieure à 83 %.

En France, les progrès de la marine marchande ont été bien moindres. La Révolution et l'Empire avaient reproduit, en les aggravant même, les lois de navigation de l'Angleterre. En 1816, la clause de prohibition des tiers pavillons était supprimée, mais par contre on établissait la surtaxe de pavillon, droit supplémentaire payé par les marchandises importées sous pavillon étranger. En 1841, au début de la navigation à vapeur en France, une exception fut faite pour les machines à vapeur achetées à l'étranger ; en 1861, l'interdiction d'acheter des navires à l'étranger fut levée, à la suite de réclamations nombreuses des armateurs, que le coût de construction, beaucoup plus élevé en France, mettait dans une situation défavorable au point de vue du frêt ; les navires ainsi achetés payaient par tonneau de jauge 70 fr. pour les navires en fer, 25 fr. pour les navires en bois, les droits devant être respectivement abaissés à 60 fr. et à 20 fr. à partir de 1864. Mais par la loi du 19 mai 1866, tous les droits de tonnage et de surtaxe de pavillon étaient supprimés ; les armateurs français et étrangers se trouvaient donc placés en concurrence, mais pour faciliter en France l'achat des navires construits à l'étranger, les droits précédemment établis étaient supprimés et remplacés par un simple droit de 2 fr. par tonneau de jauge ; en même temps il était déclaré que les constructeurs français pourraient introduire leurs matériaux en franchise ; mais cette clause était accompagnée de telles restrictions qu'elle en était rendue illusoire (1). Ne pouvant lutter contre la concurrence

---

(1) Il y avait cette situation singulière que la tôle payait alors 75 fr. par tonne à l'entrée, et qu'elle jouissait de la franchise lorsqu'elle était transformée en navire.

étrangère, à laquelle la loi de 1866 accordait une sorte de protection (1), les chantiers de constructions maritimes périclitaient ; pour y apporter un remède, la loi de 1881 accorde une prime de 60 fr. par tonneau de jauge pour les navires en fer et en acier, de 20 fr. pour les navires en bois de 200 tonneaux et au-dessus, et de 10 fr. pour les navires en bois au-dessous de 200 tonneaux. Elle accorde en outre une prime de 12 fr. par 100 kilos pour les machines marines, principales ou auxiliaires. Les transformations aboutissant à une augmentation de jauge ont également une prime par tonneau de jauge d'augmentation ; les chaudières neuves mises en remplacement reçoivent une prime de 8 fr. par 100 kilos. Enfin, pour encourager la navigation au long cours, une prime de 1 fr. 50 par tonneau et par 1.000 milles parcourus est accordée pour la première année, et décroît annuellement de 7 1/2 centimes pour les navires en bois, de 5 centimes pour les navires en fer ; elle disparaît en 1891 (2). Les navires seulement francisés reçoivent la moitié de la prime.

Les primes payées montrent que si une augmentation sérieuse s'est produite tout d'abord, elle ne s'est pas maintenue ; il semble que le maintien de la prime de navigation peut seul engager les armateurs à construire de nouveaux navires ; les résultats du trafic ne sont pas encore suffisants pour amener les intéressés à faire de nouveaux sacrifices.

---

(1) Dans la discussion de la loi de 1881, M. Dupuy de Lôme a déclaré que tous comptes faits, la loi de 1866 constituait un avantage de 40 fr. par tonneau de jauge en faveur des constructeurs étrangers. Il suffit de jeter un coup d'œil sur le tarif de douanes français pour admettre l'exactitude de cette assertion.

(2) La loi a été prorogée jusqu'au 30 janvier 1892, mais la prime aux navires achetés à l'étranger et francisés après le vote de la prorogation est supprimée.

ANNÉES	PRIMES PAYÉES à la construction.	PRIMES PAYÉES à la navigation.
1881	869.795	2.980.894
1882	4.484.043	6.458.605
1883	3.158.676	8.465.291
1884	4.484.536	8.589.331
1885	1.129.152	7.567.279
1886	3.005.618	7.578.347
1887	1.457.482	8.213.481
1888	2.216.960	8.191.463

Voici maintenant les chiffres du tonnage français aux mêmes dates que celles indiquées pour le tonnage anglais :

ANNÉES.	VOILIERS.	VAPEURS.	TOTAL.
1827-1836	678.866	»	678.866
1837-1846	624.826	9.556	634.482
1847-1856	733.574	26.599	760.173
1857-1866	928.282	84.284	1.012.566
1872	911.613	177.462	1.089.075
1876	792.836	218.449	1.011.285
1880	641.539	277.759	919.298
1881	602.594	311.779	914.373
1882	566.789	416.228	983.017
1883	536.191	467.488	1.003.679
1884	522.757	511.072	1.033.829
1885	507.819	492.396	1.000.215
1886	492.807	500.484	993.291
1887	465.873	506.652	972.525
1888	451.272	509.801	961.073

Dans ces conditions, et en triplant le *tonnage vapeurs* pour trouver l'équivalent en *tonnes voiliers*, le tonnage total, qui était en 1872 de 1.443.999 tonnes, était en 1888 de 1.980.675 tonnes soit une augmentation insignifiante si on la compare à celle de l'Angleterre.

Il est facile de comprendre que les transports maritimes ont en Angleterre une toute autre importance qu'en France. Par sa position insulaire, l'Angleterre est naturellement obligée de recevoir par mer tout ce qui constitue son immense importation, tandis que la France, avec des chiffres moindres, en reçoit une partie par voie terrestre ; il en est de même pour l'exportation. De part et d'autre les transports maritimes se divisent en deux classes : le cabotage et la grande navigation.

L'administration maritime entend par cabotage la navigation ne dépassant pas certaines limites géographiques ; mais en matière de douanes, le cabotage est uniquement le transport de marchandises d'un port à un autre dans le même pays. En France, on désigne sous le nom de petit cabotage la navigation d'un port à l'autre, dans la même mer; par grand cabotage, la navigation d'un port de l'Océan à un port de la Méditerranée, ou vice-versa, les marchandises transportées ayant été chargées dans un port français ; l'un et l'autre cabotage sont exclusivement réservés au pavillon français. Pour l'Algérie, les traités antérieurs obligent à admettre divers pavillons. Mais à partir du 1er février 1892, le pavillon français seul pourra être employé.

Navires chargés.

ANNÉES.	PETIT CABOTAGE.	GRAND CABOTAGE	TOTAL.
1872	2.815.124	63.833	2.878.957
1876	3.164.730	55.685	3.220.415
1880	3.432.235	102.445	3.534.680
1881	3.562.390	100.798	3.663.188
1882	3.539.611	93.428	3.633.039
1883	3 699.527	123.402	3.822.929
1884	3.768.525	145.602	3.914.127
1885	3.899.789	258.275	4.158.064
1886	4.189.669	253.817	4.443.486
1887	4.595.446	261.139	4.856.585
1888	4.843.530	282.602	5.126.132

En Angleterre, le cabotage ou plutôt le transport le long de la côte a une importance beaucoup plus grande ; le pavillon étranger peut y prendre part, mais il ne figure que pour un faible montant dans le total ainsi transporté. Voici les chiffres, s'appliquant également aux seuls navires chargés :

ANNÉES.	PAVILLON ANGLAIS.	PAVILLON ÉTRANGER.	TOTAL.
1872	35.777.049	244.998	36.022.047
1876	45.177.233	253.291	45.430.524
1880	49.589.336	164.137	49.753.473
1881	49.015.637	196.119	49.211.756
1882	49.524.140	191.504	49.715.644
1883	50.642.960	209.603	50.852.563
1884	50.677.585	208.782	50.886.367
1885	51.564.515	249.341	51.813.856
1886	51.401.775	229.833	51.631.608
1887	52.376.871	242.136	52.619.007
1888	56.680.528	174.875	56.855.403

Si le cabotage présente déjà pour l'Angleterre des chiffres sensiblement plus élevés que ceux qui concernent la France, il est évident que la différence sera bien plus marquante encore pour ce qui concerne la grande navigation. L'importation et l'exportation anglaises atteignent des montants bien supérieurs, et tandis qu'en France une partie seulement des transports de ce genre, partie notable il est vrai, se fait par mer (1), tout se fait forcément ainsi en Angleterre. Voici

---

(1) Pour les dernières années, le commerce général donne les chiffres suivants quant au mode de transport (en millions de francs) :

ANNÉES.	IMPORTATIONS.		EXPORTATIONS.	
	PAR MER.	PAR TERRE.	PAR MER.	PAR TERRE.
1882	3.857,5	2.104,4	3.245,0	1.518,9
1883	3.880,4	2.006,3	3.103,6	1.458,1
1884	3.421,4	1.817,1	2.813,7	1.404,6
1885	3.317,5	1.612,5	2.667,6	1.288,2
1886	3.459,9	1.656,7	2.933,9	1.312,0
1887	3.354,8	1.587,9	2.842,9	1.395,3
1888	3.628,7	1.558,5	2.954,9	1.343,3

du reste les statistiques pour l'un et l'autre pays (navires chargés seuls) :

France.

ANNÉES.	VOILIERS.	VAPEURS.	TOTAL.
1872	4.985.115	6.905.000	11.890.115
1876	4.672.328	9.461.177	14.133.505
1880	5.802.491	13.322.066	19.124.557
1881	5.164.339	14.257.154	19.421.493
1882	4.692.290	15.637.549	20.329.839
1883	4.226.909	17.795.720	22.022.629
1884	3.728.643	16.959.251	20.687.894
1885	3.382.792	17.528.353	20.911.145
1886	3.081.592	18.637.569	21.719.161
1887	3.023.430	19.499.701	22.523.131
1888	3.118.151	19.773.808	22.891.959

Angleterre (R. U.)

ANNÉES.	VOILIERS.	VAPEURS.	TOTAL.
1872	18.774.669	18.379.623	37.154.292
1876	18.967.565	23.569.819	42.537.384
1880	17.554.894	32.124.056	49.678.950
1881	15.556.881	34.004.520	49.561.401
1882	15.358.019	37.155.893	52.513.912
1883	13.936.336	41.747.142	55.683.478
1884	12.081.227	41.889.120	53.970.347
1885	12.418.063	42.564.128	54.982.191
1886	11.385.899	42.404.970	53.790.869
1887	11.171.679	44.998.768	56.170.447
1888	11.060.933	47.680.689	58.741.622

On peut constater, de part et d'autre, la décroissance des transports par voiliers, plus marquée encore en France qu'en Angleterre, eu égard à l'augmentation du tonnage total. Mais étant donné le faible accroissement de la marine marchande à vapeur en France, il faut admettre que le résultat constaté provient en grande partie des pavillons étrangers, et surtout du pavillon anglais qui occupe ici une place importante.

S'il est important de relever les chiffres du tonnage, il est plus important encore de savoir dans quelle proportion, pour chaque pavillon, ces transports sont effectués. On comprend sans peine que les pavillons étrangers doivent y figurer, mais il est certain que dans la plupart des cas, et toutes les autres conditions étant égales, ce sera le pavillon national qui sera préféré. Il semble donc que ce soit lui qui ait la part prépondérante dans les transports de son propre pays, mais si le fait se produit pour l'Angleterre, il n'en est pas de même en France.

Part pour cent du pavillon national dans les tonnages des navires chargés.

ANNÉES.	France.	Angleterre.	ANNÉES.	France.	Angleterre.
1872	37,7	69,2	1884	39,2	74,4
1876	35,9	67,8	1885	40,2	73,9
1880	35,3	72,2	1886	40,7	74,9
1881	37,4	73,6	1887	41,3	75,5
1882	37,4	72,7	1888	40,5	75,3
1883	38,8	74,2			

Il y a donc, pour le pavillon anglais, une situation tout autre que celle du pavillon français pour les transports en France ; mais si on prend maintenant les transports maritimes des autres nations, le pavillon anglais y a toujours une part notable, alors que le pavillon français n'y figure presque que pour mémoire (1). Si on prend, en

---

(1) Avec l'Angleterre, par exemple, et malgré des relations très étendues et très importantes, le tonnage français n'atteint guère que 3 % dans l'ensemble du tonnage en Angleterre. En 1888, sur les 3,440 navires qui on transité par le canal de Suez, 2,625 portaient pavillon anglais ; la France ne comptait que 187 navires.

effet, les statistiques relatives aux divers pays étrangers, voici quelle est la part pour cent du pavillon anglais, entrées et sorties réunies, aussi bien pour les navires chargés que ceux sur lest.

ANNÉES.	Angleterre.	Russie d'Europe.	Norwège.	Suède.	Allemagne.	Hollande.	France.	Portugal.	Italie.	État-Unis. (1)
1880.....	70,4	»	11,8	13,5	38,1	49,8	40,6	63,0	34,3	51,7
1881.....	71,7	42,7	13,9	13,1	38,5	51,9	39,9	62,9	35,0	54,0
1882.....	71,0	»	12,2	12,3	35,7	53,3	39,3	62,9	36,5	52,5
1883.....	72,4	47,6	13,1	16,1	37,2	48,5	40,2	60,4	40,0	50,7
1884.....	72,6	45,8	12,1	18,0	35,9	51,7	41,2	61,2	42,1	49,1
1885.....	72,2	49,7	13,8	18,2	34,2	51,5	41,0	59,4	44,2	50,7
1886.....	73,3	48,3	14,4	19,7	34,2	51,9	41,7	56,6	48,4	50,7
1887.....	73,6	51,2	14,0	19,3	34,0	50,9	41,6	55,7	50,1	53,2
1888.....	73,5	56,5	15,3	21,3	36,7	50,6	41,5	54,0	48,4	51,5

La proportion est encore plus élevée en ne considérant que le seul tonnage *vapeur*.

L'Angleterre effectue donc ainsi une grande partie des transports maritimes du monde entier, et cette situation particulière, cette sorte de main mise sur les transports, lui procure chaque année d'énormes bénéfices (2). La France, au contraire, n'a en cela qu'une faible part : il semble pourtant qu'avec ses côtes baignées par deux mers, avec ses ports qui pourraient rivaliser avec les ports anglais, son développement maritime devrait être plus considérable.

En France, une notable partie de l'exportation se fait en marchandises d'un prix relativement élevé sous un petit volume, alors qu'en

---

(1) Années finissant le 30 juin.

(2) En 1881, le produit de la navigation maritime (déduction faite des dépenses à l'étranger), était estimé par M. Robert Giffen à plus de 1,500 millions. Ce produit avait à peu près triplé en moins de 30 années.

Angleterre, l'exportation de charbon, de métaux bruts ou ouvrés, de machines et outils, fournit plus facilement un chargement aux navires. Il s'en suit que souvent l'armateur français doit retirer son bénéfice du frêt de retour, alors que l'armateur anglais jouit dans les deux sens d'un chargement à peu près complet. Comme la concurrence s'exerce là comme en toute autre matière de commerce, les taux des frêts ne peuvent être sensiblement différents, et l'armateur français se trouve ainsi dans une position défavorable, qui ne lui permet que des voyages dans des conditions déterminées et particulièrement avantageuses, alors que les navires anglais peuvent s'adresser à peu près partout. D'un autre côté, et surtout depuis la transformation de la marine marchande, la position industrielle de l'Angleterre, ses richesses minières, lui permettent de construire à meilleur compte et d'arriver par suite avec un moindre capital engagé. La situation est donc fort délicate, la lutte particulièrement difficile, car il faut bien tenir compte que là encore, l'initiative individuelle est puissamment venue en aide à tout ce que les circonstances présentaient de favorable à la marine anglaise, alors que de l'autre côté du détroit, c'est toujours et quand même au gouvernement qu'il a fallu avoir recours.

Pendant plus d'un quart de siècle, la concurrence américaine avait lourdement pesé sur la marine anglaise ; l'abrogation des lois de navigation semblait devoir augmenter encore cet état de gêne ; cependant les armateurs anglais entamèrent la lutte, et firent construire des *clippers* pouvant à tous les points de vue soutenir la comparaison avec les *clippers* américains ; ce n'est que tout récemment que des constructions de ce genre ont été faites en France (1).

Lorsque l'ouverture du canal de Suez a donné l'avantage à la navigation à vapeur, des sommes énormes ont été dépensées en Angle-

---

(1) Malgré la prime à la construction, les derniers grands navires à voiles ajoutés à la flotte marchande française ont dû être construits en Écosse, la différence de prix étant assez importante pour obliger les armateurs à agir ainsi.

terre pour la transformation de la flotte marchande ; en France, les armateurs sont plus timorés, et l'augmentation du tonnage *vapeurs* provient surtout des adjonctions faites à leur flotte par les grandes Compagnies de transports, principalement par des *cargo-boats* ou par les grands paquebots-poste.

Il est à remarquer que ceux mêmes qui profitent plus ou moins directement de l'accroissement du trafic maritime ont aidé à son développement en Angleterre ; des Compagnies de chemins de fer ont amélioré des ports, établi des quais, subventionné des lignes de navigation, pour avoir le bénéfice du trafic qu'elles pouvaient ainsi attirer sur leurs lignes. La première ligne de paquebots entre l'Angleterre et l'Amérique fut créée par la Compagnie de chemin de fer du *Great western*, sous le nom de *Great Western Steamship company* ; en même temps un particulier, M. Lair de Birkenhead envoyait un steamer de Cork à New-York. La concurrence à la *Great western company* ne se fit pas attendre ; M. Cunard allait fonder sa fameuse ligne, qui depuis acquit une si grande renommée; plus tard vinrent l'*Inman Line*, la *White Star Line*, la *Guion Line*, qui toutes luttent entre elles pour le transit américain et le service postal (1) ; il y aurait à mentionner nombre d'autres lignes pour le service de l'Inde, de l'Australie, etc. En France, on ne peut citer que la *Compagnie des Messageries maritimes*, la *Compagnie transatlantique*, toutes deux jouissant d'un renom parfaitement justifié ; puis la *Compagnie Fraissinet* (service du Congo, Gabon, etc) ; la *Compagnie des Chargeurs réunis*, concessionnaire d'une ligne corrélative à la précédente, mais qui possède en outre de nombreux cargo-boats ; la *Compagnie Morelli*, (service postal de la Corse) (2) ; la *Compagnie anonyme de navigation mixte*, (Cette-Marseille-Algérie) ; et enfin la *Société générale de trans-*

---

(1) En 1886, le Gouvernement anglais a traité pour ses transports postaux avec une ligne allemande, le *North German Lloyd*, en même temps qu'avec deux lignes anglaises. Le rabais consenti était cause de cette préférence; il y a là un fait digne d'attention.

(2) La *Compagnie Morelli* a été déclarée en faillite en avril 1890.

ports maritimes à vapeur qui posssède dix lignes (Atlantique-Sud, Algérie, Italie) ; puis si on le veut, la ligne entre Calais et Douvres. On pourrait sans doute mentionner avec cela les lignes desservies par voiliers, mais il est évident que les lignes françaises, ni comme nombre, ni comme tonnage, ne peuvent entrer en comparaison avec les lignes anglaises.

L'importance de ces lignes régulières est pourtant très grande, et a une énorme influence sur les relations commerciales (1) ; la suppression d'un service de ce genre a toujours pour résultat un ralentissement dans les échanges. Sans doute il faut pour les établir une certaine persévérance, le succès ne couronne pas toujours toutes les tentatives, ou se fait quelquefois attendre ; or, comme l'écrivait M. Mallet, consul de France à Corfou (2) : il est presque sans exemple que des armateurs français aient créé une ligne régulière en dehors des voies ouvertes par les compagnies subventionnées, c'est-à-dire en fin de compte, par l'initiative de l'État.

Ce n'est pas seulement en créant des lignes de navigation, en améliorant la flotte marchande, que l'initiative privée s'est manifestée en Angleterre ; elle a fait de même pour les ports et leur outillage commercial. Là, les ports sont sous le contrôle de l'État, mais non sous sa gestion directe (3) ; quelques-uns même, comme Cardiff, forment

---

(1) ... Les Anglais et les Allemands sont favorisés pour l'exportation de leurs produits par des lignes régulières de vapeurs partant tous les quinze jours de Liverpool et de Hambourg. Au contraire de nos vapeurs subventionnés, qui prennent fret aux environs de 60 fr. par tonneau pour le Sénégal, ces steamers étrangers se contentent de 30 fr., ce qui est un premier avantage, et non le moindre, pour l'importation. (Lettre de M. Félix Gros, président de la Chambre de commerce de Gorée, novembre 1889).

(2) *Bulletin consulaire*, juin 1886.

(3) Le port de Londres est géré par quatre administrations : le *Board of trade*, le *Board of works*, la *Thame's conservancy* et *Trinity House*. Le *Board of trade* représente l'État, mais n'exerce qu'un droit de contrôle ; les autres sont indépendantes de l'État, quoique le gouvernement désigne quelques-uns de leurs membres. A Glasgow, l'État a délégué ses droits au corps municipal. A Liverpool, le port et les docks sont administrés par un *Board* de 28 membres parmi lesquels le gouvernement en nomme quatre.

une propriété privée. Il en résulte que tous les travaux à faire sont exécutés sans l'intervention de l'État, et payés, soit au moyen de ressources particulières, soit par le prélèvement de taxes spéciales perçues par les administrations compétentes. Les dépenses faites ainsi se chiffrent par centaines de millions, mais ont mis les ports anglais en état de développer leur trafic dans d'énormes proportions (1). En France, certes, des travaux considérables ont été faits; il suffit, pour s'en rendre compte, de consulter le tableau des dépenses

---

(1) Tonnage des principaux ports de l'Angleterre et de la France, en milliers de tonnes, navires chargés et sur lest, entrées et sorties réunies :

	1885	1886	1887	1888
Londres	12.049	12.026	12.164	12.941
Liverpool	9.995	9.732	9.945	10.309
Cardiff	6.949	6.568	7.250	8.076
Newcastle	5.135	5.074	4 395	5.221
Hull	2.995	2.998	3.351	3.401
Glasgow	2.308	2.282	2.436	2.548
Shields	1.825	1.291	1.638	1.990
Newport	2.001	2.164	2.433	2.431
Southampton	1.733	1.593	1.558	1.658
Sunderland	1.757	1.600	1.748	1.673
Leith	1.157	1.127	1.188	1.200
Swansea	1.308	1.267	1.279	1.238
Bristol	825	744	763	760
Bordeaux	2.386	2.475	2.567	2 558
Boulogne	879	857	908	903
Calais	1.092	1.051	1.039	974
Cette	1.051	1 282	1.479	1.465
Cherbourg	539	450	428	458
Dieppe	935	930	965	994
Dunkerque	1.823	1.877	1.875	2.157
Le Hâvre	3 885	3.927	4.230	4.285
Marseille	6.735	7.142	7.259	7.502
Rouen	1.253	1.328	1.387	1.688
St-Nazaire	1.127	1.066	1.018	1.076

faites ou à faire pour ce service (1) ; mais comme toujours, c'est l'Etat qui, directement ou indirectement, effectue ces dépenses. Malgré cela, il n'a pas été créé « aucun ensemble d'établissements » comparable à ce qui a été fait chez les peuples voisins. C'est que la » France possède plus de 212 ports le long de la Manche, de l'Océan » et de la Méditerranée et que, sous la pression des intérêts locaux, » toujours actifs, toujours écoutés, ces millions ont été ou disséminés » de tous les côtés ou mal employés » (2). Comme pour les chemins de fer, les travaux des ports ont servi de *platform* électorale, et l'État se trouve obligé ainsi de disséminer des ressources, souvent insuffisantes, sur tous les points du littoral, de manière que les travaux les plus utiles mettent toujours un temps considérable à être terminés. En outre, les améliorations apportées à un port détournent souvent le trafic d'un autre port, et les réclamations, les récriminations de ceux qui se trouvent lésés ainsi sont forcément écoutées et arrivent à entraîner de nouvelles dépenses (3). La gratuité qui résulte de cette façon d'agir est en définitive onéreuse aux armateurs français, dont les navires paient à l'étranger toutes les taxes de quais, de feux, etc., alors que les pavillons étrangers jouissent en France des avantages concédés à tous. Il serait plus équitable, et certainement plus avantageux à tous, de faire en sorte que les villes, les Chambres de

---

(1) Au 1ᵉʳ Janvier 1886, la situation était ainsi établie :

		FRANCE.	ALGÉRIE.
Dépenses pour travaux de création et d'amélioration.	Avant 1876.......	535.693.634	85.152.842
	de 1876 à 1886.....	324.573.334	17.300.537
	restant à faire.....	207.589.975	15.165.329
		1.067.856.943	117.618.708

SOIT AU TOTAL............1.185.477.651

(2) E. Fournier de Flaix, *L'appropriation des ports à la grande navigation*.

(3) C'est ainsi que la création du port de La Pallice va y amener des têtes de lignes de steamers anglais au préjudice de Pauillac. Et cependant les contribuables de Bordeaux ont fourni leur part pour les travaux qui amènent ce changement.

commerce, les associations de négociants, etc., puissent, avec des ressources propres, améliorer leurs ports, se remboursant par des taxes que supporteraient seulement ceux qui profiteraient de ces améliorations. Déjà les villes et Chambres de commerce de Dunkerque, de Boulogne, de Calais, de Dieppe, de Marseille, de Rouen, etc., ont été autorisées à contracter des emprunts pour des travaux d'amélioration, avec faculté de percevoir certains droits. Ce système a donné de bons résultats ; il serait à désirer qu'il devînt la règle générale, et que tout en se réservant le droit d'inspection et de contrôle sur tous les ports, l'État laissât chacun libre d'agir au mieux de ses intérêts (1).

---

(1) Les travaux d'amélioration des ports sont de la plus haute importance, même pour les progrès de la navigation. Pour lutter avec avantage contre les compagnies rivales, la Compagnie transatlantique a fait construire dans ses chantiers de Penhoët le paquebot *La Touraine*, d'une longueur de 162 mètres. C'est tout ce que lui permet le port du Havre. Cependant rien ne prouve que la transformation des paquebots à vapeur qui, de 1862 à 1889, a fait croître la longueur de 115 mètres à 162 mètres, est maintenant accomplie. Et le jour où un paquebot dépassant *La Touraine* devra être mis en chantier, il y aura une question très délicate à résoudre.

IV.

LES BANQUES.

Il y aurait sans doute exagération à dire que les progrès du commerce sont en raison directe du perfectionnement des banques, mais il est certain que les banques sont un des facteurs les plus puissants pour arriver à un tel résultat. En réunissant les capitaux inactifs, en mettant le crédit à la portée de ceux qui en ont besoin, les banques rendent possibles des entreprises qui, sans leur concours, ne pourraient prendre aucune importance, si même elles n'avortaient pas entièrement.

De part et d'autre du détroit, les banques sont nombreuses, les capitaux extrêmement importants, mais l'usage qui en est fait est bien différent dans chacun des deux pays. En France, l'usage du compte-courant est bien loin d'être général entre les commerçants ; nombre d'entre eux croient encore qu'il y a intérêt pour eux à se passer absolument du concours des banquiers ; et quant aux particuliers, ceux qui utilisent les chèques pour leurs paiements ne forment encore qu'une faible minorité. En Angleterre, au contraire, l'usage du compte en banque est à peu près général ; les commerçants, depuis celui qui fait annuellement des millions d'affaires jusqu'au détaillant dont les opérations se chiffrent par quelques milliers de livres, ont un compte chez leur banquier ; et pour les particuliers, la possession d'un carnet de chèques, qui n'est du reste délivré qu'à bon escient, est le commencement de la *respectability* (1). On comprend ainsi la réponse d'un boutiquier anglais, établissant la différence entre un homme et un gentleman, le premier étant celui qui le paie comptant, le second réglant sa facture par un chèque sur son banquier. Cet usage des chèques, encore bien peu usités en France, cette habitude de placer en banque tous les capitaux aussitôt qu'ils deviennent dispo-

---

(1) La législation du chèque, en France et en Angleterre, permet d'expliquer en partie cet emploi si fréquent dans le second des deux pays ; la différence du droit de timbre, 20 c. en France pour les chèques de place à place, alors qu'il n'est en Angleterre que de 10 c., n'a ici qu'une importance fort secondaire.

En France, le chèque peut être tiré sur toute personne, à la condition expresse qu'il y ait provision préalable et disponible. Son émission est soumise à certaines formalités ; s'il est créé en France, il doit toujours être établi sur un papier portant un timbre de 10 c. à l'extraordinaire, le droit étant complété le cas échéant ; la date de la création doit être écrite en toutes lettres, quant au quantième du mois. Il est transmissible par endossement, soit ordinaire, soit en blanc ; il peut être créé au porteur. L'acquit d'un chèque doit toujours être signé et daté ; la présentation doit avoir lieu dans le délai maximum de 5 jours pour les chèques payables dans le lieu de création, de 8 jours pour tous les autres, le jour de la création étant compris dans la supputation de ces délais, qui ne peuvent être prorogés même si le dernier jour est un jour férié. Le protêt doit être fait le lendemain de la présentation. Faute de présentation en temps utile, le porteur perd tout recours contre les endosseurs ; il perd également son recours contre le tireur, si la provision a péri par le fait du tiré après lesdits délais. Il n'y a aucune disposition spéciale concernant les chèques perdus ou volés.

En Angleterre, la législation est différente. Le chèque ne peut être tiré que sur un banquier, tel qu'on le comprend en Angleterre, c'est-à-dire celui qui reçoit de l'argent en dépôt dans l'intention de le prêter à intérêt ou de le placer, de façon à en retirer un profit ; la provision préalable n'est pas exigée ; la confection du chèque n'est soumise à aucune formalité particulière. Il peut être à personne dénommée, à ordre ou au porteur, l'endossement en blanc est valable. La présentation n'est pas strictement limitée ; elle doit être faite dans un délai *raisonnable*, en tenant compte des usages du commerce et des banques, et des circonstances particulières. Si ce délai raisonnable est dépassé, le tireur est libéré jusqu'à concurrence du préjudice que lui cause ce retard, c'est-à-dire de ce dont il est créancier du banquier en excès de ce dont il l'aurait été si le chèque avait été payé ; le détenteur du chèque est subrogé à ses droits vis-à-vis du banquier.

Pour prévenir les fraudes, possibles avec la grande circulation des chèques, ceux-ci peuvent être barrés (*crossed*), soit par le tireur, soit par tout détenteur. Le barrement consiste en deux barres parallèles faites transversalement, et entre lesquelles on écrit, soit le nom d'un banquier, soit simplement : *et C°*, abréviation de : *et Compagnie*. Dans le premier cas, le banquier tiré ne doit le payer qu'au banquier dénommé ou à son correspondant ; dans le second cas, le paie-

nibles, même pour peu de temps (1), tout cela explique que les Anglais puissent effectuer des opérations commerciales d'une telle importance que celles dont les statistiques donnent une idée, avec un stock monétaire bien inférieur à celui employé en France (2) ; on comprend ainsi les chiffres énormes accusés par les relevés du Clearing-House, comparés avec ceux de la Chambre de compensation de Paris, même en y ajoutant les virements effectués par la Banque de France (3).

---

ment ne peut être fait qu'à un banquier. Un chèque barré est donc à peu près inutile à celui qui l'a volé, à moins qu'il ne puisse surprendre la bonne foi d'un banquier qui l'encaisserait pour lui. Mais si en outre on ajoute les mots : *not negotiable* (non négociable), non seulement les mêmes exceptions subsistent, mais les endosseurs ne peuvent transmettre d'autres droits que ceux qu'avait sur le chèque la personne qui le leur a cédé ; si donc ce chèque a été volé, les endosseurs successifs sont responsables du paiement. La négociation de tels chèques est donc pratiquement à peu près impossible à celui qui les aurait dérobés. Ces chèques peuvent toujours être transmis par endossement, mais la responsabilité encourue par les endosseurs fait que les négociations de ce genre sont rares et entourées de précautions.

(1) Il est évident que le système adopté en Angleterre permet de faire produire aux capitaux leur maximum d'effet, mais il y a pourtant quelques inconvénients. En fait, la Banque d'Angleterre est à peu près le réservoir unique de numéraire dans le Royaume-Uni ; or, il est certain qu'en cas de panique, les quelques centaines de millions qu'elle détient seraient vite épuisés, et seraient absolument insuffisants en présence des énormes engagements des banques anglaises ; il suffit d'étudier les crises financières de ce siècle pour se rendre compte de l'effet produit par de gros retraits à la Banque. Mais sans arriver à une semblable organisation, de grands progrès pourraient être réalisés en France, tout en conservant, soit à la Banque de France, soit dans les banques privées, des réserves suffisantes pour parer à toutes les éventualités.

(2) D'après les chiffres fournis par M. Ottomar Haupt au Congrès monétaire de 1889, le stock métallique à pleine valeur de l'Angleterre serait de 2.700 millions ; celui de la France, de 7.200 millions.

(3) *Clearing-House de Londres* (en francs.)

1885	1886	1887	1888	1889
137.776.775.000	147.548.125.000	151.927.425.000	172.903.325.000	190.469.150.000

Chambre de compensation de Paris (années finissant le 31 Mars.)

1886	1887	1888	1889	1890
3.923.923.677	4.391.616.624	4.696.363.372	5.418.239.144	5.140.959.989

Virements effectués par la Banque de France (Paris seulement.)

1885	1886	1887	1888	1889
29.059.034.500	34.697.584.000	31.917.751.000	36.060.223.400	40.437.170.000

En France comme en Angleterre, un établissement occupe une situation prépondérante parmi toutes les banques ; d'un côté la Banque de France, de l'autre la Banque d'Angleterre, toutes deux jouissant de divers privilèges, ayant toutes deux de nombreuses attaches gouvernementales, dont le crédit, malgré les suspensions amenées par des crises financières ou politiques, est absolument indiscuté, et dont l'influence sur les affaires en général est considérable.

Ces deux banques disposent de capitaux très importants (1) provenant soit de leur capital propre, des dépôts du gouvernement et des particuliers, ou de l'émission de billets au porteur, dans les limites et conditions établis par les lois, bien différentes, qui les régissent (2) ; leur action sur le commerce s'exerce aussi de façon

---

(1) Voici la comparaison des principaux articles du bilan de chacune des deux banques. Pour la Banque d'Angleterre, les chiffres du *Banking department* sont confondus avec ceux du *Issue department*.

	Banque de France 2 Janvier 1890.	Banque d'Angleterre 1er Janvier 1890.
Capital.......................	182.500 000	363.825 000
Réserve.......................	43.013.194	79.425.175
Billets au porteur	3.155.229.160	616.847.250
Compte-courant du Trésor........	295.456.425	152.546.550
Comptes-courants...............	452.803.285	700.119.425
Encaisse.......................	2.503.913.043	444.559.350
Portefeuille (effets) et avances.....	1.157 563.734	695.257.175
Rentes (disponibles et immobilisées)	212.607.053	405 000.000

(2) La Banque de France a seule le droit en France d'émettre des billets à vue et au porteur ; elle n'est tenue à aucun rapport à établir entre l'émission, le portefeuille ou l'encaisse ; le chiffre maximum de ses émissions, fixé par la loi du 30 janvier 1884, est de 3,500 millions. En Angleterre, le monopole de la Banque d'Angleterre n'existe que d'une façon relative ; par l'*act* de 1844, la Banque d'Angleterre a été autorisée à émettre des billets pour un montant déterminé, 14 millions de livres, augmenté ensuite, au fur et à mesure que disparaissaient d'autres banques d'émission, et qui atteint maintenant 16,450,000 livres ; au-delà de ce chiffre, le montant de l'émission supplémentaire doit être représenté par une somme équivalente, en numéraire, c'est-à-dire pratiquement en or, la Banque ne faisant pas usage du droit d'avoir une petite partie de son encaisse en argent. Par le même *act*, les banques ayant à cette époque le droit d'émission en Angleterre conservaient ce même droit, mais le montant maximum était fixé d'après la circulation alors existante, sans pouvoir être jamais dépassé; en outre

bien dissemblable, résultat des conditions particulières dans lesquelles la banque est pratiquée dans l'un et l'autre pays, plutôt que de leur organisation même.

En dehors des émissions de billets au porteur, qui constituent du reste un département spécial (*Issue department*), la Banque d'Angleterre fait l'escompte des effets de commerce, à 95 jours d'échéance au maximum, mais seulement aux personnes ayant un compte-courant ou qui ont obtenu, sur présentation, la faculté d'avoir un compte d'escompte ; le taux appliqué est variable suivant les conditions du marché et la valeur du présentateur ; le taux de la Banque n'est ici que le taux maximum. Les valeurs escomptées doivent être tirées sur une maison anglaise ayant un *Status* légal, et porter au moins deux bonnes signatures anglaises. La Banque fait également des avances, mais sur valeurs de premier ordre et facilement réalisables ; elle ouvre des comptes courants sans intérêts ; elle émet, contre versement immédiat, des lettres de change à 7 ou 60 jours de date dont elle assure le paiement, lettres employées souvent pour les règlements à l'étranger (1) ; mais surtout elle sert de banquier commun à toutes les autres banques de Londres ou des comtés qui sont en compte courant avec elle.

---

ces banques ne peuvent compter plus de six associés ni venir à Londres sans perdre leur privilège ; en Écosse et en Irlande, l'*act* de 1845 établissait le chiffre d'émission des banques, mais avec la faculté de le dépasser en représentant la somme excédante par du numéraire. Depuis 1844, les émissions des banques particulières n'ont cessé de décroître en Angleterre, résultat prévu du reste lors de la passation de l'*act*.

Voici comment se présentaient en Angleterre les émissions au 4 Janvier 1890 (en francs) :

	Émissions autorisées	Émissions réelles
Banque d'Angleterre	411.250.000	616.847.250
79 banques privées	72.389.550	27.246.625
38 Joint Stock banks	51.054.025	32.937.350
10 id. en Écosse	66.908.750	155.197.700
6 id. en Irlande	158.862.350	177.255.725

(1) On émet annuellement, à Londres et dans les succursales, environ 40,000 lettres de ce genre pour un montant total de 125 millions de francs environ.

La Banque d'Angleterre ne publiant pas de statistique de ses opérations, il est impossible maintenant d'estimer et le montant total de ces opérations, et leur répartition. Antérieurement à 1875, ces renseignements étaient fournis, et l'escompte des valeurs de commerce entrait pour 23 % dans l'ensemble des escomptes, avances temporaires et autres avances. Cette proportion était plus élevée dans les années précédentes ; elle atteignait 42 % pendant les années 1864 à 1866, et même exceptionnellement 46 % en 1857 ; la moyenne pour les 10 années se terminant en 1875 avait été de 32 %. Mais la grosse part des opérations de la Banque d'Angleterre se fait avec les banquiers, en y comprenant les *bills brokers* (courtiers de change), et les *merchants* (1) qui en France, sont assimilés aux banquiers. Chacun ayant pour ainsi dire un banquier, la plupart des paiements se faisant à Londres, c'est là que se font les escomptes, c'est au *Clearing house* que se font les virements, toutes ces opérations étant effectuées par les banquiers. Il n'y a pas en Angleterre de nombreux recouvrements à effectuer sur tous les points du territoire, et les dix succursales de la Banque d'Angleterre (2) sont trouvées en nombre bien suffisant. Il est à remarquer du reste que les particuliers n'auraient guère avantage à tenir leur compte à la Banque d'Angleterre préférablement à leur banquier. Toute personne offrant les garanties suffisantes peut avoir un compte à la Banque, mais il doit être tel que la Banque y trouve sa rémunération, par une balance au crédit compensant, par une perte d'intérêts, les dépenses occasionnées par les services gratuits

---

(1) Les *merchants* sont ceux qui avec d'autres opérations, font toutes celles que l'on considère en France comme opérations de banque, sauf les paiements et les recettes. Les *merchants* ont un banquier qui fait absolument leur service de caisse.

(2) La Banque d'Angleterre a une succursale à Londres même, *Law court*, (la *Western Branch* étant considérée comme une annexe du bureau central), et 9 à Liverpool, Manchester, Newcastle, Birmingham, Leeds, Hull, Bristol, Plymouth et Portsmouth

rendus au titulaire du compte. On estime que tout chèque payé ainsi doit rapporter 6 deniers (60 centimes), ce qui, pour un mouvement de 480 chèques sur une année, demande une balance continuelle au crédit de 10,000 fr. environ. Ces conditions étant à peu près celles des banquiers, qui d'autre part offrent souvent certains avantages spéciaux, on comprend que les particuliers titulaires de comptes à la Banque doivent être relativement peu nombreux.

Les opérations de la Banque de France ne diffèrent pas sensiblement de celles faites par la Banque d'Angleterre : avances sur titres, ouvertures de comptes-courants, escompte de papier de commerce etc. ; mais tout d'abord le service des comptes-courants est absolument gratuit, quelle que soit la balance laissée au crédit, ce qui explique le nombre croissant des comptes dont les titulaires n'appartiennent pas à la banque, d'autant mieux que les succursales et agences, disséminées sur tout le territoire (1), rendent plus promptes et plus faciles toutes les transactions à effectuer ; en outre certains services, virements ou chèques délivrés par la Banque, sont gratuits dans de certaines conditions (2) ; mais c'est surtout l'escompte et l'encaissement des effets de commerce qui font de la Banque de France un des rouages les plus importants du commerce français. Pour les effets remis à l'encaissement, la Banque avait reçu, tant à Paris que dans les diverses succursales :

en 1888 . Fr. 645,348,300 en 1,332,415 Effets ;
en 1889 . Fr. 597,007,900 en 1,224,703 »

et tout importants qu'ils soient, ces chiffres sont insignifiants en présence des montants escomptés, fr. 9.180.352.900 pour

---

(1) En 1889, la Banque comptait: 1 Bureau central, 94 succursales, 38 bureaux auxiliaires, 20 places réunies, 105 villes rattachées, soit en tout 258 places bancables.

(2) Sur 2,255,181,200 fr. d'opérations de ce genre en 1889, 1,895,641,500, soit les 5/6, ont été effectués sans autres frais que le timbre du virement ou du chèque.

12,368,431 effets en 1889. Pour Paris seulement, les escomptes représentaient 4,620,348,900 fr. pour 5,667,119 effets ; sur ce nombre la proportion des effets de 100 fr. et au-dessous était considérable, 1.931.589, soit plus du tiers ; cette proportion augmente d'année en année, indice certain de la part importante faite au petit commerce dans les escomptes de la Banque (1). On pourrait sans doute faire une constatation du même genre dans les diverses succursales et agences de la Banque. On a donc pu écrire (2), sans être taxé d'exagération, que la Banque de France « est pour ainsi dire le cœur » commercial, industriel et financier du pays ; c'est l'organe indis- » pensable du crédit public, c'est la bourse des petits et des grands » ; on a pu critiquer certains détails de son fonctionnement, mais il est impossible de nier les services qu'elle a rendus et rend encore au commerce français.

Si on considère maintenant les banques n'ayant aucune attache gouvernementale, les banques de dépôt doivent être mentionnées tout d'abord. La plus ancienne de ces banques, en Angleterre, est la *London and Westminster Bank*, qui a servi de modèle à toutes les institutions du même genre établies soit en Angleterre, soit sur le continent. Ces banques donnent un intérêt aux capitaux déposés, variable plutôt suivant les conditions du marché que suivant les modifications du taux officiel, et font consister leur bénéfice dans la différence entre les taux qu'elles obtiennent pour leurs placements et

---

(1) Le nombre des effets de 100 fr. et au-dessous était:

en 1881..........	1.160,495	donnant comme index	100
» 1882..........	1,224,326	» »	105
» 1883..........	1,349,270	» »	116
» 1884..........	1,581,515	» »	136
» 1885..........	1.590,839	» »	137
» 1886..........	1,592,675	» »	137
» 1887..........	1,668,800	» »	145
» 1888..........	1,820,473	» »	157
» 1889..........	1,931,589	» »	166

(2) *Nouveau Dictionnaire d'économie politique*, article *Banque de France*.

celui qu'elles accordent à leurs déposants. Disposant de capitaux immenses, qu'elles emploient en escomptes de papier de premier ordre ou en avances sur valeurs scrupuleusement choisies, mais toujours de telle façon que leurs capitaux deviennent facilement disponibles, les banques de dépôts ont une grande influence sur le marché des capitaux, et arrivent même à enlever souvent son contrôle à la Banque d'Angleterre. Leurs bilans montrent bien de quelles ressources elles peuvent disposer :

31 Décembre 1889 (en milliers de francs).

	CAPITAL SOUSCRIT.	CAPITAL VERSÉ.	RÉSERVES	DÉPOTS ET COMPTES CRÉDITEURS
Alliance Bank..................	50.000	20.000	6.375	124.191
Central Bank of London	7.812	3.852	3.376	39.434
City Bank	100.000	25.000	12.500	158.177
Imperial Bank.................	56.250	16.875	4.125	95.522
London and South Western Bank.	25.000	10.000	1.625	111.258
London and Westminster Bank...	350.000	70.000	41.390	637.086
London and Provincial Bank.....	20.000	10.000	10.000	129.614
London Joint stock Bank	300.000	45.000	28.830	314.361
Union Bank of London..........	275.000	42.625	21.250	351.014

	CAISSE ET BANQUE.	EFFETS EN PORTEFEUILLE.	VALEURS ET IMMEUBLES.	COMPTES DÉBITEURS ET AVANCES.
Alliance Bank..................	12.289	27.612	11.047	101.041
Central Bank of London	6.915	10.658	12.462	16.892
City Bank	17.603	39.196	21.067	119.873
Imperial Bank.................	9.974	15.738	9.680	82.345
London and South Western Bank.	15.253	14.232	35.694	67.950
London and Westminster Bank ..	86.013	» (1)	139.748	546.482
London and Provincial Bank.....	27.161 (2)	» (1)	47.783	76.187
London Joint stock Bank	26.857	» (1)	49.512	315.611
Union Bank of London	66.684	115.749	92.425	147.066

(1) Le montant des effets en portefeuille (effets escomptés) est compris dans le montant des comptes débiteurs et avances.
(2) Y compris les fonds remboursables à vue chez d'autres banques.

En France, deux banques seulement peuvent être vraiment données comme banques de dépôts : la Société Générale de crédit industriel et commercial et la Société de dépôts et comptes-courants; mais malgré la notoriété dont elles jouissent, leurs chiffres sont notablement inférieurs à ceux des grandes banques anglaises, non parce que les capitaux sont moins abondants en France, mais par suite de l'usage encore trop incomplet qu'on y fait des institutions de banque (1).

31 Décembre 1889 (en milliers de francs).

	SOCIÉTÉ DE CRÉDIT INDUSTRIEL.	SOCIÉTÉ DE DÉPOTS ET COMPTES-Cts.
Capital souscrit................	60.000	80.000
» versé..................	15.000	20.000
Réserves..........................	5.239	8.500
Dépôts et Comptes créditeurs....	116.902	83.172
Caisse et Banque................	7.190	7.362
Effets en portefeuille............	87.332	85.562
Valeurs et immeubles............	8.529	6.975
Comptes débiteurs et avances..	31.875	18.250

A côté de ces banques de dépôts, d'autres maisons très nombreuses, souvent très importantes, existent en France comme en Angleterre. Mais en relevant de part et d'autre les chiffres des bilans au 31 décembre 1889, pour les principales de ces banques dont les rapports sont publiés dans les journaux financiers, la différence est plus marquée encore en faveur de l'Angleterre (2).

---

(1) Quelques mois après que ces lignes étaient écrites, la Société de Dépôts et Comptes-courants entrait en liquidation, résultat des erreurs et des fautes de son Conseil d'administration.

(2) Malgré son importance, le Crédit Foncier n'a pas été compris dans ce relevé, à cause du caractère tout spécial de cette grande institution financière.

En milliers de francs.

	CAPITAL SOUSCRIT.	CAPITAL VERSÉ.	RÉSERVE.	Dépôts, comptes créditeurs et billets au porteur.
Bank of Ireland..................	69.225	69.225	25.850	309.450
Bank of Scotland................	46.875	31.250	20.000	387.428
Birmingham District and C. B....	12.125	12.125	7.125	91.299
Birmingham and Midland Bank...	49.200	10.250	7.250	87.029
Bradford Banking C°.............	34.000	10.200	5.500	53.387
Bradford Comm. Joint Stock Bk..	28.000	7.000	3.000	18.886
Bradford District Bank..........	21.275	7.447	5.000	23.850
Bradford Old Bank...............	31.250	12.500	3.875	64.131
British Linen Company.......... (au 15 avril 1890).	25.000	25.000	20.625	309.062
Clydesdale Bank.................	125.000	25.000	11.000	234.616
Commercial Bank of Scotland.... (au 31 octobre 1889).	125.000	25.000	14.375	284.612
Consolidated Bank...............	50.000	20.000	5.656	99.383
County of Gloucester Bank....... (au 24 juin 1890)	20.000	5.000	3.037	51.830
Devon and Cornwall Bank C°....	25.000	5.000	5.000	81.863
Glamorganshire Banking C°......	26.375	3.039	637	31.105
Glyn Mills Currie et C°..........	25.000	25.000	12.500	324.189
Halifax et Hundersfield Union Bk.	30.000	7.500	2.625	22.636
Huddersfield Banking C°.........	41.050	10.264	5.125	72.130
Lancashire and Yorkshire Bank..	21.563	10.781	4.375	67.277
Lancaster Banking C°............	34.375	6.875	6.875	90.730
Leicestershire Banking C°........	25.000	10.000	3.975	50.062
Liverpool Union Bank............	75.000	15.000	9.125	72.995
Lloyds Bank.....................	203.125	32.500	18.250	416.778
London and County Bank........	200.000	50.000	25.000	825.143
Manchester and County Bank....	110.000	17.600	13.125	157.465
Manchester et Liverpool Dist. Bk C°	150.000	25.000	25.000	320.238
Manchester and Salford Bank....	118.750	19.000	8.500	166.872
Metropolitan and Birmingham Bk.	72.750	7.275	7.800	100.403
National Bank...................	187.500	37.500	6.134	284.623
National Bank of Scotland........ (au 1er septembre 1889).	125.000	25.000	17.500	361.225
National Discount Company......	105.833	21.166	10.000	340.463
National Provincial Bk of England	300.937	55.687	36.250	982.769
Northamptonshire Union Bank....	22.500	6.000	6.389	43.452
North and South Wales Bank....	50.000	12.500	6.250	167.107
North Western Bank.............	27.000	10.125	3.000	42.586
Nottingham and Notts Bank.....	30.000	7.500	1.000	36.927

	CAPITAL SOUSCRIT	CAPITAL VERSÉ.	RÉSERVE.	Dépôts, comptes créditeurs et billets au porteur.
Pare's Leicestershire Banking Cº.	25.000	8.750	4.125	35.492
Parr's Banking Cº	70.000	14.000	7.500	132.304
Provincial Bank of Ireland	102.000	13.500	4.000	122.839
Royal Bank of Ireland (au 30 août 1890).	37.500	7.500	5.000	43.866
Royal Bank of Scotland (au 12 octobre 1889).	50.000	50.000	19 595	335.723
Sheffield Banking Cº	23.825	8.334	3.789	59.059
Sheffield et Rotherham J. S. Bank	30.000	4.800	2.903	44.045
Town and County Bank	31.500	6.300	3.150	56.195
Union Bank of Scotland	125.000	25.000	10.500	277.133
Union discount Cº of London	32.500	16.250	5.125	239.107
Wilts and Dorset Bank	50.000	10.000	10.000	143.420
York City and County Bank	25.000	7.500	7.000	83.357
York Union Bank	24.000	5.000	3.625	47.114
Yorkshire Banking Cº	31.250	7.825	1.500	94.425

En milliers de francs.

	CAISSE (1)	EFFETS (2) EN PORTEFEUILLE.	VALEURS et IMMEUBLES.	COMPTES DÉBITEURS ET AVANCES.
Bank of Ireland	41.900	»	232.650	133.950
Bank of Scotland	29.903	»	186.541	228.200
Birmingham District and C. B.	12.951	20.402	18.587	57.125
Birmingham and Midland Bank	4.527	20.511	18.645	61.623
Bradford Banking Cº	15.630(3)	»	2.537	53.328
Bradford Comm. Joint stock Bk.	4.382	»	2.854	22.209
Bradford District Bank	12.482(B)	..»	450	24.039
Bradford Old Bank	2.552	17.062	6.953	54.863

(1) Le signe (A) indique que le chiffre comprend les sommes chez les banquiers autres que la Banque d'Angleterre, et remboursables à vue ; (B) que ce solde comprend en outre les sommes remboursables avec quelques jours de préavis

(2) Les soldes non indiqués sont compris dans les montants sous la rubrique : comptes débiteurs et avances.

(3) Effets en portefeuille compris.

	CAISSE	EFFETS EN PORTE-FEUILLE.	VALEURS et IMMEUBLES.	COMPTES DÉBITEURS ET AVANCES.
British Linen Company.......... (au 15 avril 1890).	58.634(B)	»	95.157	208.289
Clydesdale Bank	36.597	82.425	94.557	63.088
Commercial Bank of Scotland ... (au 31 octobre 1889).	17.177	»	85.782	216.185
Consolidated Bank	12.123	»	12.339	101.988
County of Gloucester Bank....... (au 24 juin 1890).	7.717(B)	5.616	19.962	27.063
Devon and Cornwall Banking C°..	6.114(A)	»	43.094	42.899
Glamorganshire Banking C°......	6.602(A)	»	4.987	24.678
Glyn Mills Currie et C°..........	46.470	»	84.670	231.549
Halifax et Huddersfield Union Bk.	1.109	8.260	1.347	22.608
Huddersfield Banking C°.........	8.769(A)	»	2.518	76.935
Lancashire and Yorkshire Bank..	18.445(B)	»	5 541	61.414
Lancaster Banking C°............	15.368(A)	7.287	24.262	58.546
Leicestershire Banking C°........	8.059(B)	10.273	9.204	37.762
Liverpool Union Bank.	11.978(A)	32.319	6.312	50 574
Lloyds Bank	101.657(B)	68.977	103.922	197.290
London and County Bank........	111.276	314.817	188.278	293.475
Manchester and County Bank	36.655(B)	»	15.876	155.236
Manchester et Liverpool D. Bk C°	26.062	»	43.167	310.266
Manchester and Salford Bank....	29.874(A)	64.032	18.259	84.027
Metropolitan and Birmingham Bk.	23.501(B)	16.889	18.831	58.546
National Bank...................	43.225	96.603	46.481	142.081
National Bank of Scotland........ (au 1er septembre 1889).	36.988	80.378	74.985	222.454
National Discount Company......	33.243(1)	275.167	2.227	66.756
National Provincial Bk of England	75.349	»	329.681	676.919
Northamptonshire Union Bank ...	3.296	5.826	18.143	29.333
North and South Wales Bank....	7.509(B)	55.050	37.571	59.847
North Western Bank.............	10.564(B)	»	2.692	43.320
Nottingham and Notts Bank......	3.135(A)	3.388	16.506	22.882

(1) Y compris fonds publics.

	CAISSE	EFFETS EN PORTE-FEUILLE.	VALEURS et IMMEUBLES.	COMPTES DÉBITEURS ET AVANCES.
Pare's Leicestershire Banking C⁰..	4.673(A)	10.491	6.937	26.944
Parr's Banking C⁰	36.286(B)	18.636	36.284	69.025
Provincial Bank of Ireland	12.281	»	37.996	90.866
Royal Bank of Ireland (au 30 août 1890).	4.684(A)	15.051	19.964	18.256
Royal Bank of Scotland (au 12 octobre 1889).	26.769	127.255	87.584	172.798
Sheffield Banking C⁰	11.359(B)	15.220	15.502	30.278
Sheffield et Rotherham I. S. Bk...	9.375(B)	»	9.788	33.020
Town and County Bank	5.311	7.595	3.147	50.003
Union Bank of Scotland	21.093	53.417	37.158	229.527
Union discount C⁰ of London	7.849	188.022	28.495	38.917
Wilts and Dorset Bank	21.609(B)	»	77.218	68.638
York City and County Bank	1.937	»	14.970	66.337
York Union Bank	2.817(A)	»	11.267	42.253
Yorkshire Banking C⁰	26.075(A)	»	23.750	55.450

	CAPITAL SOUSCRIT.	CAPITAL VERSÉ.	RÉSERVES.	DÉPOTS ET COMPTES CRÉDITEURS
Banque Commerc. et Industrielle.	15.000	15.000	269	7.727
Banque d'Escompte de Paris	65.000	32.755	3.194	39.421
Banque de Paris et des Pays-Bas.	62.500	62.500	19.229	85.276
Banque Maritime	30.000	15.000	2.496	10.739
Banque Régionale du Nord	8.000	2.000	202	10.317
Banque Russe et Française	20.000	20.000	3.599	19.972
Banque Transatlantique	20.000	10.000	271	2.743
Caisse de Crédit de Nice	5.000	5.000	1.252	5.046
Comptoir National d'Esc. de Paris.	40.000(1)	20.000	»	140.535
Crédit du Nord	20.000	5.000	575	31.773
Crédit Lyonnais	200.000	100.000	50.000	565.485
Société Générale	120.000	60.000	12.677	343.915
Société Lyonnaise	30.000	7.500	2.187	49.905
Société Marseillaise	30.000	15.000	5.000	35.469
Société Nancéienne	16.000	4.000	560	9.562

(1) Porté depuis à 80 millions

	CAISSE ET BANQUE.	EFFETS EN PORTE-FEUILLE.	VALEURS et IMMEUBLES.	COMPTES DÉBITEURS ET AVANCES.
Banque Commerc. et Industrielle.	533	8.384	5.017	8.922
Banque d'Escompte de Paris	4.521	6.809	69.544	42.190
Banque de Paris et des Pays-Bas.	18.546	37.987	51.683	44.187
Banque Maritime	122	385	1.452	25.394
Banque Régionale du Nord	204	7.115	133	13.417
Banque Russe et Française	2.221	9.849	3.860	43.563
Banque Transatlantique	319	3.072	3.361	11.918
Caisse de Crédit de Nice	1.281	4.035	4.663	5.393
Comptoir National d'Esc. de Paris.	18.573	97.670	7.411	58.603
Crédit du Nord	2.131	23.616	1.167	15.862
Crédit Lyonnais	60.444	412.264	49.870	369.277
Société Générale	35.865	139.550	52.166	120.674
Société Lyonnaise	1.128	52.107	»	8.579
Société Marseillaise	2.382	29.835	10.935	27.849
Société Nancéienne	328	8.339	326	5.547

A ne prendre que ces deux tableaux, qui donnent les principales maisons de banque, mais pourraient encore être augmentés pour les banques anglaises, si on voulait y joindre toutes les sociétés ayant un capital au plus égal à 10 millions, il semble que la France n'a qu'un nombre de banques insignifiant, comparé à celui de l'Angleterre. Le nombre en est certainement moindre ; cependant, dans toutes les villes, dans tous les centres où les affaires sont suffisantes pour alimenter une banque, une maison de ce genre existe. Dans les places importantes, dans les grandes villes, se trouvent des maisons anciennes, ayant des dépôts relativement considérables, un capital largement en rapport avec leurs affaires ; à un degré moindre, des banques du même genre existent dans les villes d'importance secondaire. Mais à côté de ces établissements, on compte nombre de petits banquiers, d'escompteurs plutôt, opérant quelquefois dans leur seul canton. Anciens notaires ou huissiers, ou commerçants ayant fait d'abord les recouvrements pour la grande banque du chef-lieu, puis enfin l'escompte et le prêt à intérêt pour eux-mêmes, ces petits banquiers connaissent parfaitement le pays dans lequel ils opèrent ; mais précisément à cause du petit nombre d'affaires qu'ils ont à traiter, du petit chiffre d'opérations qu'ils atteignent, leurs conditions sont souvent fort onéreuses. La banque qui opère dans un arrondissement riche et peuplé peut y trouver des affaires largement suffisantes pour arriver à réaliser de beaux bénéfices, tout en appliquant à ses clients des conditions fort modérées ; mais l'escompteur qui ne compte que quelques douzaines de clients ou d'emprunteurs, et qui doit, sur ce chiffre d'affaires fort restreint, trouver l'intérêt des capitaux employés, sa rémunération et enfin l'espèce de prime d'assurance qui peut le couvrir de ses pertes possibles, celui-là est obligé quand même d'appliquer des conditions onéreuses. Or, ce sont précisément ces agissements qui, dans nombre de cas, éloignent des banques ceux qui pourraient certainement faire de sérieux clients.

Pour un commerçant, faire de grandes affaires dans de telles conditions est à peu près impossible. Souvent chez son banquier l'instruction professionnelle fait défaut, et lui inspire une méfiance instinctive pour ce qui sort des affaires courantes ; dans tous les cas, il est obligé de recourir à de nombreux intermédiaires qui augmentent les frais et absorbent le bénéfice. Le commerçant peut sans doute s'adresser à une banque plus importante, avec laquelle les mêmes difficultés ne se présenteront pas. Mais cette banque a son siège quelquefois à plusieurs lieues, ce qui rend les relations moins agréables ; puis elle ne peut que difficilement suivre son client, qui ne trouve plus ainsi le crédit que lui accorde le banquier qui le connaît, et peut suivre, jour par jour pour ainsi dire, la marche de ses affaires.

Des succursales nombreuses obvieraient en partie à tous ces inconvénients. Des capitaux abondants permettraient de faire les crédits nécessaires, à des conditions qui ne s'écarteraient guère de celles en usage dans les grandes places, et si des renseignements étaient demandés pour traiter certaines opérations, le bureau central, où se trouve forcément un personnel ayant les connaissances suffisantes, les fournirait à défaut de la succursale même. Mais il semble qu'en France les banques redoutent l'établissement de succursales. A part le Crédit Lyonnais et la Société Générale, qui ont en France de nombreuses agences, on pourrait facilement compter les banques ayant des succursales. Et encore, parmi celles qui en ont établi, la plupart n'en comptent qu'une ou deux ; celles qui en ont davantage forment une très faible minorité.

En Angleterre, la situation est absolument contraire. L'exemple des banques d'Écosse est trop connu pour qu'il soit nécessaire d'y insister ; mais dans l'Angleterre proprement dite, les succursales, très nombreuses, augmentent encore d'année en année. Nombre de banques rayonnent autour de leur siège principal, et on peut ainsi établir et faire prospérer, dans des centres d'une moyenne importance, des banques ayant un capital bien plus élevé que ne le comporte la place où elles sont situées.

Au 31 octobre 1889, le nombre des banques, succursales et agences comprises, était de 4,835, dont 3,317 pour l'Angleterre proprement dite, le pays de Galles et l'Ile-de-Man, 969 en Écosse, et 549 en Irlande. De 1876 à 1889, 1,052 banques ou succursales avaient été installées, se divisant comme suit :

    Angleterre et pays de Galles............930
    Ile de Man............................. 4
    Ecosse................................. 57
    Irlande................................ 61

et ce, déduction faite de toutes les suppressions pendant la même période. Pour la seule année 1889, 325 maisons furent ainsi établies dont 303 pour l'Angleterre et le pays de Galles, tandis que 114 étaient supprimées, ce qui laisse une augmentation de 211. Il est à remarquer que les succursales indiquées comme supprimées ne représentent souvent que le résultat de l'absorption des banques privées par les Joint stock banks (1), mouvement qui s'accentue de plus en plus, par suite des facilités données par le *Limited liabily act*.

Ces installations se font souvent dans des villes où déjà d'autres banques existent, mais cependant, entre 1877 et 1889, 464 succursales furent établies où n'existait antérieurement aucune autre banque. Ces agences sont installées proportionnellement aux ressources offertes par l'agglomération où elles se trouvent ; les unes sont ouvertes chaque jour, tandis que d'autres ne le sont qu'à des intervalles déterminés, comme par exemple les villes rattachées de la Banque de France. Sur les 4,835 établissements de banque dont l'existence est constatée au 31 octobre 1889, 550, soit à peu près 12 %, étaient dans ce dernier cas.

Ce ne sont pas seulement les grandes banques de Londres qui établissent ainsi des agences; les banques provinciales font de même (2). A côté de la London and Provincial Bank, de la London and County Bank, de la Capital and County Bank, etc., la Devon and Cornwall Bank, la Manchester and Liverpool District Bank, la North and Southwales Bank, et bien d'autres, comptent de nombreuses succursales. C'est ainsi que les Joint Stock Banks arrivent à employer les capitaux croissants dont elles disposent, soit sous forme de capitaux constitutifs des banques elles-mêmes, soit sous forme de réserves, capitaux qui de 1876 à 1889, déduction faite des diminutions par suite de faillites ou de liquidations de sociétés, atteignent la somme de 17,779,710 livres (444,492,750 fr.).

---

(1) C'est ainsi qu'en 1889, sur 30 succursales établies par la Lloyd'sBank, 23 résultaient de l'absorption de la Worcester city and county Banking C°; de même pour les 43 succursales de la Metropolitan and Birmingham Bank, dont 24 provenaient de la Birmingham Banking C° et 14 de la Staffoshire Joint stock Bank.

(2) Ce sont surtout les Joint stock Banks qui agissent ainsi, mais cependant des banques privées comptent également d'assez nombreuses succursales. Dans une liste publiée dans le Bankers' Magazine (mai 1890), 122 banques privées comptaient 371 succursales ; il est vrai que pour 85 Joint stock Banks, il y en avait 1368.

Si on prend maintenant les banques coloniales, ou plus généralement les banques ayant des agences à l'étranger, la différence est bien plus accentuée encore. En France, on désigne sous le nom de *Banques coloniales* cinq établissements de crédit établis d'après les mêmes principes et les mêmes règles, ayant les mêmes privilèges et les mêmes charges. Leur capital a été formé par la retenue du huitième sur la rente afférente aux colonies pour le rachat des esclaves, puis complété par des souscriptions publiques. Elles ont exclusivement le droit d'émettre des billets au porteur ; en outre elles peuvent faire l'escompte, soit de papier commercial sur la colonie, la métropole ou l'étranger, soit des obligations garanties par des warrants ou récépissés de marchandises déposées dans des magasins publics, faire des prêts sur récoltes pendantes, etc. La Banque de l'Indo-Chine, de création récente, fait à peu près les mêmes opérations, a également le privilège de l'émission, mais n'est pas soumise à la législation spéciale des banques coloniales ; elle a, du reste, son siège à Paris, mais son action est plus étendue que celle des autres banques ; elle a des succursales à Saïgon, Haïphong, Hanoï, Pondichéry et Nouméa.

Les bilans de ces diverses banques, dont un extrait est ci-dessous, montrent de quelles ressources elles peuvent disposer :

30 Juin 1889 (en milliers de francs).

	CAPITAL SOUSCRIT	CAPITAL VERSÉ.	RÉSERVES.	DÉPOTS ET COMPTES CRÉDITEURS
Banque de la Martinique	3.000	3.000	1.500	2.489
» de la Guadeloupe	3.000	3.000	1.725	3.609
» de la Réunion	4.000	3.995	26	2.458
» de la Guyane	600	600	196	2.266
» du Sénégal	600	600	109	1.214
» de l'Indo-Chine	12.000	3.000	1.258	8.750

	CAISSE	EFFETS EN PORTE-FEUILLE.	VALEURS et IMMEUBLES.	COMPTES DÉBITEURS ET AVANCES.
Banque de la Martinique	2.347	3.707	4.765	3.119
» de la Guadeloupe	2.721	1.459	5.258	6.575
» de la Réunion	2.782	6.162	4.667	148
» de la Guyane	1.108	1.530	881	2.685
» du Sénégal	530	1.721	451	99
» de l'Indo-Chine	5.956	13.919	330	6.916

à ces chiffres il convient d'ajouter le montant des billets en circulation :

Banque de la Martinique ....Fr. 6.058.100
» de la Guadeloupe................ 7.334.945
» de la Réunion 7.680.942
» de la Guyane 1.408.600
» du Sénégal.................... 779.075
» de l'Indo-Chine............... 13.047.031

Les cinq premières de ces banques sont absolument sous le contrôle du gouvernement ; un agent central, nommé par le Ministre des Finances, est leur représentant dans toutes leurs opérations avec le gouvernement ou la Métropole ; en outre, une Commission de surveillance, composée de 9 membres, dont 2 au moins, 4 au plus, doivent être actionnaires, est chargée de contrôler tous les actes de ces banques et de rendre un compte annuel au Chef de l'État. Ces banques n'ont aucun lien entre elles, ni avec les banques de la Métropole ; avec leurs ressources restreintes, avec les règlements stricts qui les régissent, elles ne peuvent évidemment rendre aux colonies tous les services qu'on peut attendre d'établissement financiers.

L'Algérie compte également une banque privilégiée, mais établie dans des conditions à peu près semblables à celles qui régissent la Banque de France. Comme elle, la Banque de l'Algérie a le privilège d'émission, toutefois avec une limitation qui dépend de son numéraire en caisse (1) ; elle est autorisée à faire des escomptes d'effets ayant deux signatures, ou une signature et des garanties déterminées; à ouvrir des comptes courants, produisant même intérêts dans certaines circonstances données ; à faire des avances sur titres, etc. La Banque de l'Algérie a des succursales à Oran, Constantine, Bône, Philippeville et Tlemcen, et le chiffre de ses affaires est une preuve des services qu'elle rend en Algérie.

Bilan au 31 Octobre 1889.

Capital....................................	20.000.000
Réserves...................................	14.411.337
Billets en circulation........................	72.963.765
Caisse.....................................	30.219.241
Dépôts et comptes créditeurs (2)............	7.367.618
Effets en portefeuille.......................	92.563.452
Valeurs et immeubles.......................	12.399.919
Comptes débiteurs et avances...............	19.610.751

Opérations, en milliers de francs *(années finissant le 31 octobre)*. (3)

	1885	1886	1887	1888	1889
Escomptes et encaissements....	567.653	563.891	500.704	451.447	463.874
Caisse (recettes)..............	678.923	657.620	625.837	606.592	542.519
» (Paiements)............	671.599	655.362	626.209	598.062	538.038
Moyenne de l'émission.........	97.445	100.147	104.777	110.048	113.396
» de la circulation......	61.991	58.971	62.810	66.627	67.672

---

(1) Le montant des billets en circulation cumulé avec celui des sommes dues par la Banque en compte courant, ne pourra excéder le triple du numéraire existant en caisse.

(2) En outre le compte du Trésor Public était créditeur de 38.554.654 frs.

(3) Les chiffres décroissants résultent de la crise subie par le commerce algérien dans ces dernières années.

Mais là encore il n'existe aucun lien avec les banques françaises, même avec la Banque de France, malgré les avantages qui pourraient en résulter (1), avantage qu'on apprécie, du reste, sans toutefois rien changer à ce qui existe, quoique déjà on demande que lors du renouvellement du privilège, qui doit prendre fin en même temps pour la Banque de France et la Banque de l'Algérie, celle-ci ne soit plus qu'une dépendance de la première.

En dehors de ces banques, quelles sont les maisons françaises qui sont représentées aux colonies? En Algérie, si proche cependant qu'on pourrait la considérer comme une véritable dépendance de la France, le Crédit Lyonnais a établi, depuis quelques années seulement, deux succursales : Alger et Oran. Deux autres banques, quoique ayant leur siège à Paris, opèrent principalement en Algérie et en Tunisie, la Compagnie algérienne et le Crédit Foncier et Agricole d'Algérie, encore ce dernier ayant un caractère tout spécial ; enfin on peut ajouter la Banque de Tunisie. Les chiffres au 31 décembre 1889 peuvent donner une idée de leur importance relative.

---

(1) Le rôle respectif du Trésor public et de la Banque de l'Algérie dans les mouvements financiers de la colonie demande quelques mots d'explication.

La Banque est dépositaire et a la garde des recettes de l'Etat en Algérie. Ces recettes sont de deux sortes : celles provenant de l'impôt et celles qui correspondent à la délivrance des mandats payables en France, aux caisses du Trésor public. Suivant les années, ces dernières sont de beaucoup les plus importantes. Elles sont versées par le commerce algérien, qui trouve, dans l'emploi des mandats du Trésor, l'unique moyen de couverture pour balancer la différence entre les importations et les exportations lorsque celles-ci sont inférieures.

A défaut de ces mandats, le change entre la France et l'Algérie atteindrait, certaines années, des proportions exagérées, dont le commerce de la métropole souffrirait autant et même plus que le commerce de la colonie.

L'intervention de l'Etat est donc pour ainsi dire indispensable ; il facilite, par le concours de ses caisses, la couverture sur France. Mais c'est à la Banque qu'incombe la principale charge de cette opération...... Cette charge, nous la supportons sans récrimination......, c'est encore un moyen pour nous de nous acquitter de la dette que nous avons contractée envers l'Etat, comme envers le pays (Rapport sur l'exercice 1888-89. — Banque de l'Algérie).

En milliers de francs.

	COMPAGNIE ALGÉRIENNE.	CRÉDIT FONCIER ET AGRICOLE.	BANQUE de TUNISIE
Capital souscrit	15.000	30.000	8.000
» versé	15.000	15.000	4.000
Réserves	1.673	1.777	121
Dépôts et comptes créditeurs	17.308	27.378	2.301
Caisse et banque	1.817	1.277	368
Effets en portefeuille	21.140	15.713	835
Valeurs et immeubles	3.238	4.663	79
Comptes débiteurs et avances	9.525	4.545	5.191

En dehors de ces trois établissements de crédit, il n'existe que des banques locales, plus ou moins importantes, très suffisantes peut-être pour assurer les transactions ordinaires, mais dont bien peu sans doute possèdent les capitaux qui peuvent être utilisés dans une colonie de cette importance, dont le développement commercial ne fait pour ainsi dire que commencer.

Si on cherche ensuite les autres banques françaises ayant des établissements dans les colonies, ou mieux les banques ayant des succursales à l'étranger, le relevé n'est pas long à faire. On trouve certes quelques banques françaises à Londres, Bruxelles, Amsterdam, Gênes, Madrid, St-Pétersbourg, et quelques autres grandes villes européennes ; le Crédit Lyonnais a même des succursales à Alexandrie, au Caire, à Constantinople, mais un seul établissement important a des agences dans les pays d'Extrême-Orient : le Comptoir national d'escompte de Paris (1).

En Angleterre, au contraire, les banques agissant soit aux

---

(1) En dehors de ses succursales de Lyon, Marseille, Nantes et Londres, le Comptoir national d'Escompte a des succursales ou agences à Bombay, Calcutta, Shang-Haï, Hong-Kong, Han-Kow, Foochow, Yokohama, San-Francisco, Melbourne, Sydney, Tamatave et Tananarive.

colonies, soit à l'étranger, sont nombreuses et puissantes. Sauf dans l'Inde, la plupart des banques coloniales émettent des billets au porteur, en se conformant aux lois de la colonie dans laquelle elles se trouvent ; elles ont en outre des dépôts souvent importants, et possèdent ainsi des ressources considérables, comme le montrent les chiffres suivants, empruntés au *Statistical abstract* ou aux rapports publiés par les banques elles-mêmes :

En milliers de francs.

1889 (1)		BILLETS en circulation	DÉPOTS ET COMPTES CRÉDITEURS	MONNAIES et LINGOTS.	DÉBITEURS AVANCES ET EFFETS ESCOMPTÉS.
New South Wales..	Moyenne du dernier trimestre.	37.228	825.188	126.706	1.051.419
Victoria		41.427	975.953	163.375	1.227.641
South Australia 1888		10.786	155.230	36.767	220.618
Western Australia		1.243	21.077	7.076	33.837
Tasmania	id.	3.968	99.377	14.835	93.934
New Zealand (moyenne de l'année)		21.986	288.940	55.445	371.534
Queensland (moy. du der. trimestre)		16.635	256.751	54.797	444.348
Cape of Good Hope		25.871	261.546	51.232	233.796
Natal		12.853	71.953	14.495	75.009
Ontario et Québec.	Mois de Juin.	134.478	649.950	32.824	1.028.783
Nova scotia		17.380	62.137	2.417	98.271
New Brunswick		3.279	9.021	768	16.245
Manitoba		1.340	2.791	49	5.522
Britisth Columbia		3.846	13.930	1.552	16.126

Loin d'être strictement confinées au territoire qui les entoure, les banques situées dans les colonies établissent presque toujours de nombreuses succursales (2), même hors de leur province ou dans

---

(1) Ensemble des banques de chaque colonie.

(2) La Chartered Mercantile Bank of India, London and China a 4 succursales dans l'Inde, 3 à Ceylan, 3 dans les Détroits, 1 à Java, et 2 en Chine ; la Chartered Bank of India, Australia and China compte aussi 17 agences ou succursales dans les mêmes contrées ; la Queensland national Bank a 66 agences dans la

d'autres colonies ; elles ont, en outre, des banques correspondantes dans toutes les parties du monde où elles pensent pouvoir faire des affaires (1) ; mais, en outre, presque toutes les banques importantes ont une agence à Londres. Par là elles sont en relations directes avec la métropole ; elles ont un intermédiaire dans toutes les affaires à traiter, et, en outre, elles possèdent ainsi le moyen d'obtenir le concours des capitaux britanniques, qui ont aidé tout d'abord les entreprises coloniales, et se retrouvent encore, pour une notable part, dans les bilans des banques de leurs colonies, même les plus riches et les plus prospères (2).

Par les banques de ses colonies, l'Angleterre est pour ainsi dire rattachée à l'ensemble du monde, mais en dehors de cela, elle a encore les nombreuses agences de banques étrangères établies à Londres, et les banques anglaises ayant pour but les affaires entre Londres et certains pays déterminés. Plusieurs de ces banques, coloniales ou autres, peuvent prendre rang parmi les établissements importants de Londres ; on voit par suite quelle place elles doivent tenir dans les transactions des pays où leurs sièges sont établis.

Queensland ; la Commercial Bank of Australia, 81 dans les provinces de Victoria, New-South Wales et South Australia ; la Bank of New-Zealand, 109 dont 2 dans les îles Fidji ; la Bank of British Columbia, 9 dont 4 dans les Etats-Unis ; on pourrait en citer bien d'autres dans de semblables conditions.

(1) Plusieurs des banques australasiennes ont des correspondants en France, en Allemagne, aux Etats-Unis, en Chine, dans l'Inde, etc.; les banques de l'Inde traitent aussi directement en Europe et en Asie ; la New-Oriental Bank Corporation a des agents à Paris, New-York, San-Francisco et en Asie, en Afrique, en Australie, etc.

(2) D'après un tableau publié par l'*Insurance and Banking Record*, de Melbourne, les dépôts des banques australasiennes en mars 1890 dépassaient 142 millions de livres (3.550 millions de fr.). sur ce montant, les capitaux britanniques figuraient pour 25 % environ. Pour certaines banques, la proportion de ces capitaux atteint de 40 à 70 % du total de leurs dépôts.

31 Décembre 1889 (en milliers de francs).

	CAPITAL SOUSCRIT.	CAPITAL VERSÉ.	RÉSERVES.	Dépôts comptes créditeurs et billets en circulation.
Agra Bank.....................	25.000	25.000	2.875	92.557
Australia Joint Stock Bank.......	18.750	16.793	9.428	239.243
Bank of Adelaide............... (au 31 Mars 1890)	12.500	10.000	4.475	22.852
Bank of Australasia	40.000	40.000	20.000	336.583
Bank of Bengal .... (Roupie comptée à 2 frs.	»	40.000	11.600	103.112
Bank of British North America ...	25.000	25.000	6.375	62.824
Bank of Madras................ (Roupie comptée à 2 frs.)	»	10.000	2.600	38.300
Bank of New South Wales....... (au 31 mars 1890).	31.250	31.250	23.500	469.790
Bank of New Zealand........... au 30 septembre 1889.	30.000	28.125	»	229.282
Bank of South Australia.........	20.000	20.000	2.500	87.260
Bank of Victoria	30.000	15.000	3.375	140.236
Chartered Bank of India, Australia and China.....................	20.000	20.000	6.250	310.420
Chartered Mercantile Bank of India London and China...............	18.750	18.750	6.250	113.112
City of Melbourne Bank .... (31 mars 1890).	25.000	12.500	10.250	109.923
Colonial Bank of New Zealand ... (au 28 février 1890).	25.000	10.000	1.250	53.781
Commercial Bank of Australia....	75.000	25.623	16.875	240.556
Commercial Banking Cº of Sydney	15.000	15.000	19.250	273.377
Commercial Bank of Tasmania...	»	3.125	3.750	46.087
English Scottish and Australia Ch. Bank.........................	22.500	22.500	8.000	147.032
English Bank of Rio de Janeiro...	25.000	12.500	4.000	176.275
Hong-kong and Shanghaï Bk. corporation................... (Dollar compté à 4 frs.) (8 sh. 2)	30.000	30.000	17.600	381.280
London and Brazilian Bank	31.250	15.625	9.000	202.485
London Bank of Mexico and South America	12.500	6.250	2.500	35.584
London Chartered Bk of Australia	25.000	25.000	6.000	173.448
Natal Bank.....................	21.952	5.524	3.042	63.602
National Bank of Australasia	31.250	25.000	16.750	221.648
National Bank of India	23.325	11.662	3.000	110.299
National Bank of New Zealand... (au 31 mars 1890).	22.500	6.250	»	48.890
Queensland national Bank	40.000	20.000	12.750	204.950
Royal Bank of Queensland.......	18.750	9.375	825	25.785
Standard Bank of South Africa ...	100.000	25.000	12.500	255.631
Union Bank of Australia......... (31 août 1889).	112.500	37.500	25.000	337.036

	CAISSE (1)	EFFETS EN PORTE- FEUILLE (2)	VALEURS et IMMEUBLES.	COMPTES. DÉBITEURS ET AVANCES.
Agra Bank......................	12.157	52.231	22.333	64.174
Australia Joint Stock Bank.......	21.749	»	17.253	244.636
Bank of Adelaïde................ (au 31 mars 1890).	4.446	»	1.633	25.560
Bank of Australasia..............	54.475	»	27.824	347.587
Bank of Bengal..................	36.559	48.757	19.961	49.771
Bank of British North America...	11.928	»	3.807	103.901
Bank of Madras.................	14.043	15.791	4.903	15.971
Bank of New South Wales....... (au 31 mars 1890).	82.860	»	24.533	460.873
Bank of New Zealand............ (au 30 septembre 1889.	51.417	»	9.307	234.995
Bank of South Australia..........	8.620	»	11.787	99.119
Bank of Victoria.................	20 589	»	5.848	139.403
Chartered Bank of India, Australia and China........	35.273	»	12.745	260.430
Chartered Mercantile Bank of India London and China..............	11.216	84.806	26.171	69.411
City of Melbourne Bank......... (au 31 mars 1890).	19.050	»	11.836	110.418
Colonial Bank of New Zealand.... (au 28 février 1890).	11.314(A)	»	17.237	48.231
Commercial Bank of Australia....	32.153	»	20.641	251.111
Commercial Banking C° of Sydney.	43.555	»	28.717	251.650
Commercial Bank of Tasmania...	5.621	»	4.187	35.793
English Scottish and Australia Ch Bank...........................	32.981(B)	»	7.044	161.166
English Bank of Rio de Janeiro...	19.950(A)	86.009	500	87.600
Hong-Kong and Shanghaï Bank cor- poration......................	55.064	204.741	20 905	222.460
London and Brazilian Bank.......	33.820	»	1.620	194.350
London Bank of Mexico and South America........................	9.225(B)	10.458	3.750	21.436
London Chartered Bk of Australia	17.792	»	8.985	198.108
Natal Bank.....................	17 075	»	4.989	55.552
National Bank of Australasia.....	33.091	»	18.076	196 864
National Bank of India...........	21.318	58.946	15.741	45.429
National Bank of New Zealand... (au 31 mars 1890).	7.001(B)	»	3.188	54.172
Queensland national Bank.......	23.460	»	7.986	208.948
Royal Bank of Queensland.......	7.407(A)	»	1.183	27.434
Standard Bank of South Africa...	60.286	50.612	36.840	133.227
Union Bank of Australia........ (au 31 août 1889.)	71.298	»	31.798	344.352

(1) Le signe (A) indique que les fonds à vue chez d'autres banquiers sont compris dans ce solde, (B) que ce solde comprend les fonds à plusieurs jours de vue.
(2) Les montants non indiqués sous cette rubrique sont compris dans les débiteurs et avances.

Non seulement ces banques, par leurs capitaux, par les facilités qu'elles fournissent aux négociants, rendent d'énormes services au commerce anglais (1), mais elles dirigent même, forcément pour ainsi dire, certaines affaires vers l'Angleterre. Elles font aux producteurs des avances importantes sur marchandises en consignation (2), marchandises qu'elles dirigent ensuite vers l'Angleterre pour en obtenir la réalisation. Les mêmes errements se reproduisant d'année en année, le courant s'établit, un marché se crée, procurant au commerce anglais une source nouvelle de bénéfices.

Des résultats obtenus par les banques anglaises, on peut conclure les inconvénients qui résultent pour le commerce français de l'absence d'établissements semblables. L'ancien Comptoir d'Escompte de Paris a certainement dû une partie de sa notoriété, et une notable portion de ses bénéfices, à ses agences de l'Extrême-Orient, reprises et augmentées même par le Comptoir national d'Escompte. Malgré les restrictions qui leur sont imposées, on a pu dire des cinq banques coloniales « que c'est grâce... aux facilités qu'elles ont apportées
» à l'habitant, au planteur, au sucrier, au petit propriétaire, qu'on
» a dû de traverser avec succès l'époque un instant si critique de
» l'émancipation des esclaves. C'est grâce à leur intervention que
» moins de 10 ans après cette grande mesure humanitaire, la pro-
» duction de nos colonies était remontée au-dessus des chiffres

---

(1) Dans le commerce de café, les banques de Londres ont coutume d'accorder crédit sur la base de 2 livres par sac (60 kilogs) de café. Avec les grands steamers en usage, une simple cargaison de café est quelquefois de la valeur de 500 mille dollars (2.500.000 fr.), et il serait à peu près impossible à des particuliers de prendre même des parties de telles cargaisons sans le crédit qui leur est accordé par les grands centres du capital, les banques (Rapport de M. C.-C. ANDREWS, consul à Rio de Janeiro. — *United states Reports*, 1884).

(2) On lit dans une communication du Consul de France à la Vera-Cruz, reproduite dans le *Moniteur officiel du commerce* du 27 mars 1890 : La Banque de Londres et Mexico vient d'établir des magasins généraux de dépôts et consignations...... Les marchandises y seront reçues pour être emmagasinées, vendues en commission, ou aux enchères, avec ou sans avances de fonds, etc.

» antérieurs à 1848 (1) ». Il y a là, pour les capitaux si abondants en France, une occasion de s'employer fructueusement et utilement ; la création de banques sérieuses ne peut manquer d'améliorer et d'augmenter les relations d'affaires avec la contrée dans lesquelles on les établit. On ne devrait plus pouvoir dire ce qu'écrivait en 1887 le Consul de France à Manille, M. Ch. Nodot : « Dès qu'il s'éloigne
» à un millier de lieues de sa patrie, le négociant français se voit
» le plus souvent obligé, pour ses affaires, de s'adresser à des éta-
» blissements financiers étrangers, surtout aux banques anglaises,
» qui pullulent sous toutes les latitudes et tous les méridiens du
» globe. On comprend à la rigueur, que certaines nations dont les
» capitaux sont modestes se résignent par force à cet état de dépen-
» dance vis-à-vis de la livre sterling ; mais qu'un pays riche comme
» le nôtre accepte une telle situation, c'est là un fait que je trouve
» aussi regrettable qu'incompréhensible. »

---

(1) Dictionnaire des Finances, *Banques coloniales*.

V.

L'ENSEIGNEMENT COMMERCIAL.

En considérant l'énorme activité commerciale de l'Angleterre, en relevant le nombre considérable de banques, de comptoirs, de maisons de commerce ou de commission qui sont nécessaires pour arriver à ce résultat, le personnel qui est ainsi rendu indispensable, on peut se demander comment se comblent les vides, où se recrutent patrons et employés, en un mot comment on arrive ainsi à former une nation de commerçants.

Il semblerait que de nombreuses et florissantes écoles de commerce sont ici indispensables; cependant, en compulsant les documents, les statistiques, on constate que sous ce rapport, la France est beaucoup mieux dotée que l'Angleterre.

En France, les écoles de commerce comprennent l'enseignement à deux degrés : premier degré et enseignement supérieur. L'enseignement du premier degré, c'est-à-dire celui qui a surtout pour but de former des employés, n'est guère organisé qu'à Paris, à l'École de l'avenue Trudaine, à l'École pratique de comptabilité Pigier et à l'Institut commercial; il existe cependant à Reims un enseignement de ce genre à l'École municipale professionnelle, et plus récemment les écoles de Boulogne-sur-Mer, d'Aire-sur-l'Adour, d'Épinal, de Fourmies, etc., ont été transformées de la même manière. A l'Institut commercial, comme à Reims, les leçons sont surtout des leçons de choses ; à l'École Pigier, les élèves sont organisés comme s'ils appartenaient à une véritable maison de commerce. Mais ils ne reçoivent que peu d'instruction théorique, tandis que des cours complets sont professés aux trois autres écoles. En outre, et pour suppléer à l'insuffisance du nombre des écoles de commerce du premier degré, de nombreux cours du soir sont organisés à Paris, et ne réunissent pas moins de 10.000 élèves (1) ; en province, la Société académique de comptabilité a pu faire organiser des cours de ce genre à Marseille, à Lyon et à Valenciennes (2).

Comme nombre d'écoles, l'enseignement supérieur est mieux partagé. On peut en effet citer : l'École supérieure de commerce de Paris, fondée en 1820 par quelques négociants parisiens, et devenue en 1869 la propriété de la Chambre de commerce de Paris ; l'École des Hautes Études commerciales (1881), destinée, dans la pensée de la Chambre de commerce de Paris, « à donner un com-
» plément d'instruction aux fils de la bourgeoisie qui se proposent,
» à leur sortie de collège, de suivre la carrière commerciale » ;
l'Institut commercial (1884), fondé pour former un personnel spécial pour le commerce d'exportation ; les Écoles supérieures de commerce de Lyon (1872), de Marseille (1872), de Bordeaux

---

(1) Voici d'après M. LEANTEY (*L'enseignement commercial et les écoles de commerce*), quels sont à Paris les cours commerciaux gratuits du soir : Association philotechnique, — Société pour l'enseignement professionnel des femmes, — Cours commerciaux du Grand-Orient de France, — Cours de la Société pour l'instruction élémentaire, — Cours de l'École communale de l'avenue Trudaine, — Cours d'enseignement commercial de la ville de Paris, — Cours d'études commerciales, — Cours professionnels commerciaux de l'Union nationale — — Cours de comptabilité élémentaire pour jeunes gens et jeunes filles des écoles communales du 1er arrondissement, — Cours de comptabilité créés par la Caisse des Écoles du 3e arrondissement, — Institut polyglotte, — Société commerciale pour l'étude des langues étrangères, — Cours de la Société académique de comptabilité, — Cours professionnels de la Chambre syndicale des comptables — Certains de ces cours, faits par d'éminents professeurs, constituent un véritable enseignement supérieur.

(2) Il y a certainement des cours plus ou moins spéciaux qui sont faits dans d'autres villes, mais la statistique n'en est pas établie.

(1874) et du Hâvre (1874), ayant toutes pour but de donner aux élèves de hautes connaissances commerciales, mais chacune avec des modifications nécessitées par le commerce ou l'industrie propre de la région.

Les programmes de ces écoles sont conçus de façon à présenter, en dehors des connaissances qui constituent une instruction étendue, tout ce qui peut être appelé le haut enseignement commercial : géographie économique, histoire du commerce, matières premières et marchandises, transports, économie politique, droit commercial, législation commerciale ; l'école des Hautes études a même un cours de législation comparée, qui serait utilement placé dans tous les programmes. En outre, toutes ces écoles comprennent un bureau commercial, où les élèves s'initient, pratiquement pour ainsi dire, à toutes les opérations du commerce. Cet enseignement pratique prédomine même dans certaines écoles, où la spécialisation qu'on pourrait appeler régionale est évidente : Lyon, Marseille, le Hâvre et Bordeaux. Mais dans toutes les écoles supérieures, l'enseignement des langues étrangères, principalement de l'anglais et de l'allemand, tient une place importante.

Presque toutes ces écoles, du premier degré et de l'enseignement supérieur, sont dues à l'initiative privée; les Chambres de commerce, les municipalités, les grands établissements de banque et d'industrie ont fait et font encore de grands sacrifices pour les maintenir ; jusqu'en ces derniers temps, l'Etat n'intervenait que pour contrôler l'emploi des subventions qu'il accordait à une école. Mais par suite de la loi militaire de 1889, cette situation a été profondément modifiée. Parmi les écoles supérieures, les unes, non reconnues par l'État, resteront dans la même situation qu'auparavant; mais leurs élèves ne bénéficieront d'aucune dispense au point de vue militaire. Au contraire, pour les écoles qui seront reconnues par l'Etat, les élèves diplômés seront envoyés en congé en temps de paix après un an de présence sous les drapeaux, dans la proportion des quatre cinquièmes si l'école se recrute par voie de concours, du tiers seulement si elle se recrute par voie d'examen. Mais, par contre, ces écoles seront soumises au contrôle du Ministre du commerce, qui arrêtera les programmes du concours d'entrée et des examens de sortie, et qui nommera le jury chargé de procéder à ces examens ou à ces concours.

En Angleterre, il n'y a pas à proprement parler d'écoles de commerce ; mais dans un certain nombre d'établissements, les matières commerciales font partie du programme d'enseignement. Ces programmes sont, en général, ceux de l'enseignement du premier degré, mais avec les langues étrangères ; cependant, dans quelques écoles, les matières se rapprochent de celles qui constituent l'enseignement supérieur (1). L'État n'ayant sur ces établissements aucun droit d'inspection ou de contrôle, il est difficile d'avoir des renseignements complets à cet égard. On peut cependant citer à Londres : la *Middle class school*, subventionnée par les corporations de négociants ; le *Working men's college* ; la *Freemen's orphan school*, fondée par la corporation des négociants de la Cité et subventionnée par la municipalité ; la *Haberdasher's Hoxton school*, pour élèves des deux sexes ; la *Brewer's school*, qui a pour objet de donner une instruction libérale aux fils des industriels et commerçants de Londres et des environs ; la *City of London school*, fondée par la corporation des négociants de Londres et dotée d'un legs important ; la *Merchant Taylor's school*, fondée et subventionnée par la Compagnie des marchands tailleurs ; la *Cooper's company's Grammar school*, fondée en 1538 par Nicolas Gibson, négociant en épices ; à Liverpool : *Liverpool college, commercial school*, fondée et soutenue au moyen de divers legs ; la *Liverpool university college, commercial school*, subventionnée par l'État et ouverte aux deux sexes ; enfin la *Liverpool Institute, commer-*

---

(1) En général, les études commerciales comprennent : tenue des livres, correspondance, calcul commercial, droit commercial, français, allemand. Quelques écoles y ajoutent la sténographie, les assurances et les opérations de banque.

cial school, subventionnée par la Chambre de commerce de Liverpool. On pourrait encore y ajouter : la *Merchant venturers' school,* à Bristol ; la *Commercial Travellers' school,* à Londres ; la *Technical school and Mechanic's institute,* de Huddersfield, et 12 à 15 autres écoles où les matières commerciales, sans prendre l'importance qu'elles ont dans les établissements ci-dessus désignés, sont cependant régulièrement enseignées.

Mais en dehors de ces écoles, ce qu'on pourrait appeler le haut personnel comptable est recruté parmi les *Chartered accountants,* associations de comptables ayant une charte royale qui ne leur confère aucun privilège, mais leur donne le droit de posséder, d'ester en justice et permet aux seuls membres de joindre à leur signature les lettres C. A. (*chartered accountant*) ; le recrutement se fait par voie de concours, après des examens très sérieux sur tout ce que doit connaître un comptable et dans quelques associations, un actuaire, et après avoir accompli un stage déterminé. Sans avoir aucun mandat légal, les *Chartered accountants* sont le plus souvent choisis pour faire fonctions d'experts, de liquidateurs, et surtout pour rétablir les comptabilités en cas de liquidation forcée ou de faillite ; ils sont aussi très souvent désignés dans les grandes sociétés financières pour contrôler les écritures en qualité d'*auditors,* à peu près la fonction des commissaires des comptes dans les sociétés anonymes françaises, mais cependant avec des pouvoirs plus étendus et qui leur permettent une vérification absolument sérieuse ; enfin beaucoup des employés supérieurs des grandes maisons de banque ou d'industrie sont reçus *Chartered accountants.*

Quels sont, de part et d'autre, les résultats obtenus ?

En France, les écoles commerciales du premier degré sont relativement prospères ; elles comptent ensemble de 15 à 1800 élèves, dont près du tiers pour la seule école Trudaine. Les élèves qui en sortent après avoir satisfait aux examens obtiennent facilement des emplois rémunérateurs dans la banque ou le commerce, et il arrive même que les demandes d'employés surpassent le nombre des candidats. Le nombre d'élèves, toujours croissant, qui fréquentent à Paris les cours du soir, montre bien que ces cours répondent à un besoin réel; on ne peut encore en dire autant des cours institués par la Société académique de comptabilité, cours trop récents pour qu'on puisse en apprécier les résultats.

Eu égard aux sacrifices faits, le résultat est moindre pour les écoles d'enseignement supérieur ; malgré les positions élevées obtenues par un certain nombre d'élèves sortant de ces écoles, malgré la notoriété méritée qui s'attache aux noms d'un grand nombre de professeurs, on compte à peine un millier d'élèves, et encore, sur ce nombre, les étrangers figurent pour une notable part. « Les écoles de » commerce, dédaignées des hautes classes, considérées comme une » superfétation par les classes moyennes et inférieures, étaient fata- » lement destinées à demeurer les parias de l'enseignement français ». Ces lignes, que M. Leautey écrivait en 1886, sont encore vraies à l'époque actuelle. Pour remédier à cet état de choses, on a demandé la collation de grades officiels comme résultat des études dans les écoles de commerce. « En France, fait observer justement M. Jacques » Siegfried, les pères de famille tiennent avant tout à ce que les » études de leurs fils soient couronnées par l'obtention d'un diplôme » officiel leur conférant des avantages directs »; d'où la conséquence, que des degrés intermédiaires, correspondant au baccalauréat, à la licence et à l'agrégation, seraient créés pour l'enseignement commercial. Mais il faut remarquer que les diplômes sont recherchés surtout à cause des *avantages directs* qu'ils confèrent ; déjà on demande que les consuls soient choisis parmi les élèves diplômés des écoles, que la licence donne droit à certaines fonctions de l'enseignement secondaire ou de l'enseignement spécial ; et il pourrait arriver qu'en cherchant à faire des négociants au courant de tout ce qui concerne le haut négoce, on fasse surtout des fonctionnaires, ou des professeurs à peu près sans élèves.

La création d'un enseignement commercial complet est réclamée depuis longtemps, mais comme toujours, c'est à l'État qu'on demande de faire, sinon le tout, au moins la plus grande part de ce qui est nécessaire. Il est évident que l'État peut établir partout où il le jugera bon des écoles de commerce, qu'il peut faire élaborer un programme d'enseignement primaire ou supérieur, qu'il peut désigner des professeurs chargés de tous les cours portés sur ces programmes. Mais c'est tout, et l'État ne peut rien, ou presque rien, pour amener des élèves. Il serait bien préférable que toutes ces écoles fussent dues à l'initiative privée ; on pourrait demander à l'État la fondation de quelques bourses, l'allocation de subsides, principalement sous forme de livres, d'instruments, ou de produits commerciaux recueillis par les consuls ; mais les municipalités, les chambres de commerce, les commerçants eux-mêmes, par des souscriptions permanentes, soutiendraient ces écoles. Il faudrait surtout, et c'est là le point essentiel, que les élèves diplômés aient la certitude d'obtenir, soit dans leur ville, soit dans les villes voisines, une situation en rapport avec les connaissances acquises. Le jour où tout élève diplômé serait certain de trouver des avantages, et comme considération, et comme appointements, le recrutement des écoles de commerce deviendrait aussi facile que pour toutes les autres écoles spéciales.

Actuellement, parmi ceux qui se destinent au commerce, soit comme chefs de maison, soit comme employés, bien peu ont fait des études spéciales lorsque, suivant la phrase consacrée, ils se mettent dans les affaires. Ils arrivent avec l'instruction plus ou moins étendue, plus ou moins complète, qu'ils ont acquise au collège ou à l'école primaire (1), comptant sur la pratique, et pour beaucoup sur la routine, pour arriver à tenir la place qu'ils doivent occuper un jour. En outre, la majorité n'est pas composée de fils de négociants, ayant au moins, à défaut de leçons spéciales, ces leçons de choses qui résultent d'opérations qu'on a vu faire depuis sa naissance ; ce sont plutôt des

---

(1) Il ne faut pas mentionner les leçons de comptabilité ou de commerce qui peuvent être données dans ces écoles, et qui sont le plus souvent du temps perdu pour les professeurs et pour les élèves.

jeunes gens des classes moyennes, désireux d'arrondir leur fortune, et parmi les employés, des fils d'employés, ou des fils d'ouvriers qui croient que la vie bureaucratique leur sera plus clémente que la vie de l'atelier. Dans de semblables conditions, ce sont surtout les vieux errements qui se perpétuent, et ce n'est que lentement, et grâce à des efforts énergiques, que quelques progrès peuvent enfin être réalisés.

En Angleterre, le nombre est grand aussi de ceux qui n'ont pas étudié dans l'une de ces écoles où les matières commerciales font partie du programme d'enseignement ; mais ce n'est pas, comme en France, par dédain pour la profession de commerçant, par la conviction que pour bien faire le commerce il suffit de savoir établir une facture et de connaître ses marchandises. « La majeure partie des
» hommes qui ont réussi à se faire une situation dans l'industrie ou
» dans le commerce ne doivent cette position qu'à leurs efforts per-
» sonnels ; aussi sont-ils généralement enclins à vouloir que leurs
» enfants suivent leurs traces et soient eux-mêmes des *self made*
» *men*, c'est-à-dire fils de leurs œuvres. Les jeunes gens, pourvus
» d'une instruction primaire solide et des quelques connaissances
» spéciales qui leur sont indispensables, sont jetés dans la vie ; c'est
» à eux de profiter des leçons de la pratique pour parfaire leur édu-
» cation et améliorer ainsi leur situation matérielle » (1). C'est encore, malgré tout, le même système qu'en France, avec cette différence toutefois que les fils de commerçants sont très nombreux, qu'ils arrivent avec certaines connaissances acquises dans la maison paternelle, et que le commerce anglais, par ses transactions ayant le monde entier pour marché, offre un enseignement plus complet que ne peut l'offrir le commerce en France ; les séjours à l'étranger, conséquence des déplacements faciles des Anglais, leur simplifient grandement l'acquisition de certaines connaissances pratiques. Malgré cela, cette absence d'écoles spéciales, ce manque d'un haut enseignement théo-

---

(1) JOURDAN et DEMONT, *l'enseignement technique à l'étranger.*

rique a déjà été remarqué et signalé. Lors de l'assemblée annuelle de 1888, les délégués des Chambres de commerce adoptèrent plusieurs résolutions tendant à augmenter le nombre des écoles techniques, et et à instituer un véritable enseignement commercial, d'après un programme uniforme, adopté après discussion (1). Le même sujet fut repris à la réunion de 1889. En attendant que cet enseignement soit organisé comme on le désire, les universités d'Oxford et de Cambridge ont institué un examen spécial sur les matières commerciales, et la Chambre de commerce de Londres délivre un diplôme à ceux qui satisfont à l'examen passé d'après le programme qu'elle a élaboré ; elle s'efforce de plus de faire choisir de préférence ceux qui ont satisfait à cet examen pour tous les emplois qu'ils sont à même d'occuper (2).

Mais après cet enseignement, il y a quelque chose à faire, et c'est

---

(1) Cet enseignement devait être contrôlé par les délégués du gouvernement et comprendre : l'arithmétique commerciale, la géographie commerciale, la comptabilité, la sténographie, l'allemand, le français, ou toute autre langue vivante, le dessin industriel et tout autre sujet qui avec la sanction du département compétent, aurait trait au commerce, à l'agriculture ou à une industrie déterminée.

(2) Pour les examens passés en mars 1890 (diplôme du premier degré), le programme d'examen était le suivant :
Sujets obligatoires : anglais, comprenant écriture, orthographe, grammaire, et composition. — Histoire commerciale des Iles britanniques, colonies et dépendances. — Géographie, éléments de géographie physique et de la géographie ordinaire, avec références particulières au commerce et à l'industrie. — Arithmétique, comprenant une connaissance générale des poids et mesures étrangers, monnaies et changes. — Algèbre, comprenant les équations du second degré. — Euclide, livres I-III, mécanique élémentaire des solides et des fluides. — Comptabilité et comptes — Une des langues suivantes : française, allemande, espagnole, portugaise, italienne, comprenant traduction, composition, dictée et conversation — Dessin élémentaire. *Sujets au choix* (un au moins devant être désigné) : mécanique et hydrostatique (connaissance plus avancée). — Sténographie, quelque soit le système. — Dessin (plus avancé) : ordinaire, industriel ou géométrique. — Chimie, théorique et pratique. — Son, lumière et chaleur.— Électricité et magnétisme. — Histoire naturelle : deux au moins des suivants : éléments de botanique, zoologie, géologie et physiologie. — Une ou plus des langues modernes, non désignée comme sujet obligatoire. — Le droit d'examen est de 12 fr. 50 (10 shillings).

là que se montre encore, en France, cette indifférence signalée déjà pour le commerce extérieur. Quelle que soit la valeur de l'enseignement commercial, quelque brillants que soient les élèves, ils doivent, pour conserver leur rang, se tenir au courant de tous les changements qui se produisent. Quelques années suffisent maintenant pour changer les conditions économiques d'un peuple ; l'ouverture d'une ligne de chemin de fer, la création d'une ligne de steamers, une exploration couronnée de succès, viennent donner des marchés dont on soupçonnait à peine l'importance : une découverte, en changeant le coût d'un produit, en modifie complètement l'exploitation commerciale ; tous ces faits et nombre d'autres qu'on pourrait énumérer encore, ont non seulement des conséquences directes, mais souvent encore des résultats qu'il est important de prévoir. Il y a nécessité, pour le commerce, à se tenir au courant de toutes ces modifications ; mais cette nécessité est encore peu comprise en France.

Il y a sans doute des exceptions, assez nombreuses même, mais nombre de commerçants en France ne s'occupent absolument que de ce qui forme leur spécialité. La cote de la bourse pour le banquier, le dernier cours du marché pour le négociant, la lecture du journal spécial qui peut indiquer quelques modifications légales ou autres qu'il faut absolument connaître, et c'est tout. Des conditions générales des autres marchés, des changements dans la vie économique des autres peuples, aucun souci de les connaître ; aussi les grands journaux ne publient-ils qu'à de rares intervalles des articles spéciaux, s'en tenant le plus souvent aux généralités courantes. Il semble plus important aux lecteurs d'être renseignés sur des incidents qui se passent dans un autre hémisphère, que sur des changements commerciaux ou financiers qui se produisent chez les peuples voisins.

En Angleterre la différence est sensible. Non que les journaux ne s'attachent pas à renseigner leurs lecteurs sur tous les faits qui semblent de nature à les intéresser ; au contraire, et des frais considérables sont faits par les grands journaux pour obtenir sur tout et partout des informations sûres et rapides. Mais les faits commerciaux

sont compris dans cet ensemble qu'il faut présenter chaque jour ; la dépêche qui annonce le renversement d'un ministère donne en même temps la modification du taux de l'escompte ; le discours du ministre ou du député en vue est résumé, mais en même temps on donne le cours de la bourse ; en un mot, les renseignements qui importent au commerce sont traités sur le même pied que les informations politiques. Ces journaux n'hésitent jamais à parler, avec les développements suffisants, de toutes les questions commerciales qui se présentent ; or, en Angleterre comme partout, les journaux ne font jamais que ce qui peut leur attirer des lecteurs. C'est ce que constatait M. Thierry Mieg, en disant, à propos de la géographie commerciale : « Voyez les journaux anglais, ce sont de vrais répertoires géogra-
» phiques. Dans chaque numéro il est question de ce qui se passe
» dans le monde entier. Pourquoi ? Évidemment parce que cela
» intéresse le lecteur anglais. » Par la lecture de ses journaux, le négociant anglais se trouve ainsi obtenir tous les renseignements généraux qui peuvent lui être utiles ; les recueils spéciaux, les documents officiels, si libéralement mis à la disposition du public, lui donnent toute facilité pour étudier d'une façon plus complète les questions qui le concernent (1).

C'est certainement faire œuvre utile que de fonder des écoles de commerce, soit du premier degré, soit écoles supérieures, dans les régions où une négligence qu'on comprend à peine n'en a pas encore fait établir ; c'est peut-être faire plus encore que de créer des cours

---

(1) Il existe au Ministère du Commerce un journal spécial, le *Moniteur officiel du Commerce*, qui contient des renseignements commerciaux, industriels, économiques, maritimes, très précieux, les rapports des Consuls français et étrangers, des extraits des publications spéciales étrangères ; ce journal, dont le prix est de cinquante centimes, a 1,500 lecteurs environ, dont 500 abonnés (*La Crise industrielle et Artistique*, par Marius Vachon). Il a été fondé en Angleterre un journal du même genre, le *Board of Trade journal* ; on peut être certain qu'il compte un grand nombre de lecteurs.

du soir (1), où ceux que l'âge ou les nécessités de la vie empêchent d'entrer dans les écoles trouveront les moyens d'acquérir les connaissances qui leur manquent ; mais tout cela serait encore peu de chose si on ne faisait comprendre à tous que la science acquise sur les bancs de l'école serait bientôt de faible utilité, si par tous les moyens en leur pouvoir, patrons et employés ne s'attachaient pas à connaître toutes les modifications, quelles qu'elles soient, que présente le marché commercial du monde. Les moyens d'informations ne manquent pas plus en France qu'en Angleterre; il s'agit de les mettre en œuvre, et surtout de vouloir en profiter.

---

(1) En tenant compte de l'instruction telle qu'elle est donnée dans les écoles primaires, et à plus forte raison dans les établissements d'un ordre plus élevé, les cours de ce genre pourraient uniquement comprendre : Mathématiques appliquées au commerce et à la banque. — Comptabilité générale. — Droit commercial et industriel. — Langues étrangères. — Géographie commerciale. — Économie politique. — Histoire du Commerce ; en accordant à chacun des cours un temps d'étude proportionné à l'importance qu'on y attache, on pourrait le faire facilement en deux années, en y ajoutant même quelques conférences ou leçons sur des sujets ayant trait plus particulièrement au commerce ou à l'industrie de la région.

CONCLUSION.

Par sa situation, par les ressources de son sol et de son industrie, par les capitaux dont elle dispose, la France doit occuper dans le monde commercial un rang plus élevé que celui qui lui appartient maintenant. Non qu'il faille disputer le premier rang à l'Angleterre, lui enlever l'incontestable suprématie commerciale qu'elle possède. Nul sans doute ne peut prévoir ce que les siècles futurs réservent aux nations, mais dans la situation actuelle, une telle entreprise serait chimérique, et les quelques succès partiels qu'on pourrait obtenir seraient probablement compensés par des insuccès bien plus nombreux. Mais chaque jour, pour ainsi dire, des besoins nouveaux créent de nouveaux débouchés, les progrès de la civilisation ont comme conséquence le développement des marchés, des échanges d'une importance croissante ; et tout en conservant la situation déjà acquise, la France doit chercher, par tous les moyens en son pouvoir, à se faire une part aussi large que possible dans ce champ qui s'ouvre à l'exploitation commerciale.

Ce n'est en effet que par l'exportation, par les marchés extérieurs, que de réels progrès commerciaux peuvent être réalisés. On peut, sans doute, arriver de plus en plus à fournir de produits nationaux le marché national, en s'efforçant de faire mieux et à meilleur compte que l'étranger ; mais ce débouché ne peut évidemment suffire. Consulter un tableau du commerce extérieur suffit pour se convaincre que la France, comme les autres nations du reste, doit recevoir de l'extérieur nombre de produits qui lui manquent, et d'un autre côté, que l'exportation peut seule fournir un aliment suffisant à certaines industries.

Les colonies représentent une partie de ce marché extérieur. La nation qui les possède y jouit, en effet, toutes autres conditions égales, d'une sorte de situation privilégiée, et c'est vers elle que de préférence se dirigent les courants commerciaux. On peut discuter sur les meilleurs règlements à appliquer aux colonies ; on peut, soit réclamer pour elles le droit de s'administrer au mieux de leurs intérêts, système appliqué par les Anglais avec un succès incontestable, ou demander leur assimilation complète à la Métropole, quoique il semble difficile d'admettre qu'un même régime puisse convenir à l'Algérie et à la Cochinchine, à Madagascar et à l'Annam. Mais en dehors de ces discussions, politiques en apparence, mais qui ont commercialement un énorme intérêt, il est un point indiscutable. C'est que les colonies ne peuvent fournir de débouchés utiles que si elles prospèrent, et que, sauf de rares exceptions, leur valeur est en proportion du produit qu'elles peuvent fournir à la Métropole. Or, pour arriver à un tel résultat, il faut favoriser, dans la plus large mesure, toutes les entreprises, tous les projets tendant à mettre en valeur les richesses coloniales ; ne pas dénigrer systématiquement ceux qui vont ainsi à quelques centaines ou à quelques milliers de lieues de la patrie, risquer leurs capitaux, et quelquefois leur existence, pour acquérir plus rapidement la fortune qu'ils espèrent ; supprimer le plus possible les formalités, qui ne sont souvent que d'inutiles tracasseries ; donner à l'administration le soin d'assurer l'ordre, la protection de tous, mais en laissant à chacun le droit d'agir comme il le juge le plus profitable à ses intérêts, en procurant surtout aux colons au moins les mêmes libertés dont ils jouissent en France, et sans léser en rien l'application la plus stricte des règles de droit et d'équité, faciliter le plus largement possible l'établissement des nationaux, afin que des Français bénéficient des sacrifices faits par la mère-patrie.

Cependant, en admettant même que les colonies prennent une importance plus grande encore qu'on ne peut le supposer, elles ne constitueraient pas seules un débouché assez important. Les marchés étrangers sont ici nécessaires, en les prenant aussi bien pour l'importation que pour l'exportation. Sauf pour quelques produits indispensables, c'est une utopie de croire que l'on peut exporter sans importer, que l'on peut envoyer des produits à un pays sans recevoir les siens en échange. Sans doute pour les cotons des États-Unis, les soies de la Chine ou du Japon, les céréales de l'Amérique ou de la Russie, lorsque la récolte est insuffisante, même, quoique à un bien moindre titre, pour les vins et quelques autres objets d'alimentation, on doit les recevoir alors même qu'on ne peut exporter en échange. Mais à part ces objets de première nécessité, il en est peu dont on ne puisse absolument se passer, en faisant quelques sacrifices de bien-être ou d'amour-propre. En pareille matière, ce n'est pas une théorie, si bien établie qu'elle soit, qu'il est possible d'appliquer ; le : donnant, donnant, est absolument mis en pratique, le monde devant être pris tel qu'il est, non tel qu'il devrait être. Les traités, les conventions commerciales, puisqu'il faut nécessairement en conclure, doivent donc tendre, non à empêcher l'entrée des produits étrangers, ce qui entraîne fatalement des mesures entravant l'exportation, mais bien à établir une situation analogue de part et d'autre de la frontière ; à stipuler des concessions équivalentes à celles qui sont faites ; à ménager les périodes de transition, non à constituer des situations privilégiées, des monopoles territoriaux ou particuliers, qui tôt ou tard aboutissent à des mécomptes. La concurrence entre les diverses nations est une loi inéluctable, et la conquête des autres marchés ne peut se faire qu'en améliorant sa production, ses procédés de vente, en faisant en un mot mieux que ses rivaux, et non par le système des primes qui, sous quelque nom qu'on le présente, arrive à faire payer aux nationaux le supplément de prix qu'on ne peut demander à l'étranger.

Pour arriver à cette conquête des marchés étrangers, des efforts nombreux et soutenus sont nécessaires, mais des efforts individuels ou collectifs, provenant d'une conception meilleure des véritables intérêts commerciaux, non de l'intervention de l'État, plutôt nuisible qu'utile en ces circonstances. De plus en plus, il est nécessaire de développer la tendance au *Self Help*, à l'assistance par soi-même, qui fait que les Anglais, ou agissent seuls, ou en groupant tous ceux qui ont les mêmes besoins et les mêmes intérêts, alors qu'en France, en toutes circonstances, c'est à l'État qu'on a d'abord recours. Cette croyance en l'État-Providence, soigneusement entretenue par les divers régimes, doit disparaître. De plus en plus, l'État, tout en conservant son contrôle, doit se substituer les associations, les syndicats, sous quelque forme et sous quelque nom qu'ils se présentent, agissant au mieux de leurs intérêts, mais à leurs risques et périls. Dans ces conditions, bien des entreprises, qui ne peuvent aboutir que par l'État, disparaîtront sans doute ; mais celles qui sont vraiment utiles, qui doivent constituer une amélioration, un progrès réel, trouveront toujours les hommes et les capitaux qui leur sont nécessaires.

Mais une autre amélioration, plus importante encore, reste à apporter ; il ne s'agit plus ici d'une nouvelle façon d'envisager les échanges, d'une nouvelle appréciation du rôle économique de l'État, mais bien d'une modification dans l'esprit public, dans cette idée d'infériorité qui s'attache encore au commerce. Malgré les déclarations inscrites dans les codes ou dans les chartes, malgré tout ce qu'on a pu dire ou écrire sur l'égalité entre tous les citoyens, on considère encore les professions libérales comme plus relevées, donnant à ceux qui les exercent une sorte de prépondérance ; les bénéfices qui en résultent semblent provenir d'une source plus noble que ceux qui dérivent du négoce. Sans doute il est juste d'honorer le savant, l'artiste, l'écrivain dont les travaux ou les œuvres ajoutent quelque chose à la somme de gloire de leur nation, tout en leur procurant les honneurs et souvent la fortune ; mais pour être moins éclatants, les services du commerçant ne sont pas d'une moindre utilité. Sans parler de cette facilité donnée à tous de trouver, partout et de telle manière qu'on le désire, tous les produits du globe, le commerce rend d'autres services au pays. Les comptoirs installés au loin ajoutent à l'influence de la nation qui les a fondés ; mieux que tous les traités, les relations établies resserrent les liens, car entre les nations comme entre les particuliers, les intérêts communs représentent encore la plus sérieuse des garanties. Ce qui fait la force de l'Angleterre, ce n'est pas son armée, bien faible si on la compare aux masses formidables que peuvent mettre en mouvement les grandes nations européennes ; ce n'est pas sa flotte, malgré le nombre de ses navires, la vaillance de leurs équipages, maintenant surtout qu'une coquille de noix, montée par quelques hommes intrépides, peut réduire le plus gigantesque cuirassé. Ce qui fait la force de l'Angleterre, ce sont ces relations établies dans le monde entier, ces intérêts communs avec toutes les nations, ces affaires de tous genres, où les capitaux anglais tiennent une place prépondérante. Cette importance du commerce est bien comprise de l'autre côté du détroit ; dans ce qu'on se plaît encore à appeler l'aristocratique Angleterre, les grands négociants jouissent d'une considération inconnue dans la France démocratique, non de cette considération qui, un peu partout, s'attache à la fortune, mais de celle qui prend sa source dans une conception nette des services rendus.

Cette idée plus juste de l'importance du commerce, cette nécessité d'y destiner, non ceux qu'on juge incapables d'aborder une autre carrière, mais bien ceux qu'une intelligence naturelle, une instruction appropriée, pourraient mettre à même de remplir la tâche qui leur incombe, tout cela ne peut être fait par une loi ou un décret quelconque. Sans doute ceux qui peuvent se faire écouter, à la tribune ou dans la presse, ont un moyen de réagir contre les idées reçues; mais les commerçants eux-mêmes doivent tout d'abord travailler à cette amélioration. Au lieu de destiner leurs enfants à suivre d'autres carrières, quitte à augmenter le nombre des inutiles, sinon des déclassés, au lieu de donner à d'autres le soin de continuer les maisons qu'ils ont fondées, qu'ils cherchent au contraire à perpétuer les grandes maisons de commerce, à léguer de père en fils l'établissement qu'ils possèdent, à faire comprendre qu'une longue existence commerciale, toute d'honneur et de probité, est pour une famille un véritable titre de noblesse. Le jour où le fils, malgré sa fortune, considérera comme un honneur et un devoir de succéder à son père, avec l'espoir qu'après lui il en sera de même, ce jour-là, la question aura fait un pas immense et le commerce aura conquis, dans notre société moderne, la place qu'il aurait dû toujours occuper.

Le temps n'est plus où dans l'ordre économique, chaque peuple avait pour ainsi dire son rôle particulier. Dans la lutte commerciale et industrielle, chaque nation a cherché à conquérir le plus d'avantages possibles, et il serait puéril de nier les résultats obtenus par les pays qui nous entourent. Malgré son industrie immense, l'Angleterre a su faire réaliser à ses ouvriers d'art des progrès réels, qui leur permettent tout au moins de créer des modèles parfaitement appropriés à leur pays; l'activité commerciale de l'Allemagne arrive même à porter ombrage à l'Angleterre, et on pourrait facilement montrer que les autres nations ont suivi ces exemples. Sans doute la France à sur nombre de points une situation qu'on peut lui envier encore ; aucune combinaison, aucun traité ne peut lui enlever ses riches vignobles, ses gras pâturages ; quelques efforts permettront toujours aux tisseurs de Lyon, de St-Étienne, aux ouvriers d'art parisiens de donner à leurs produits une supériorité reconnue même par leurs rivaux ; mais tout cela ne constitue qu'une partie du travail et de la production du pays. C'est vers le reste de notre production que doivent tendre tous les efforts. Perfectionner sans cesse les moyens de produire, lutter toujours et quand même, multiplier partout les relations, mettre notre organisation commerciale au niveau des progrès réalisés par d'autres, tel est ce qu'il importe de ne jamais perdre de vue ; augmenter l'importance commerciale de la France, tel est le but à atteindre. Il ne s'agit pas sans doute de transformer, du jour au lendemain, notre outillage et nos méthodes ; une semblable transformation ne peut, ne doit s'opérer que lentement, afin d'éviter les mécomptes et les échecs. Mais on peut dès maintenant déterminer les moyens d'arriver au résultat, et la voie étant tracée, s'y engager résolûment, sans hâte mais aussi sans défaillance, et en ayant toujours cette pensée que travailler au développement du commerce de la France, c'est, de la façon la plus sûre et la plus efficace, travailler pour la patrie.

BIBLIOGRAPHIE.

Anderson. — *An historical and chronological deduction of the origin of commerce from the earliest accounts to the present time.* — Londres, 1764, 2 vol.

Anthoine de St-Joseph. — *Concordance entre les Codes de commerce étrangers et le Code de commerce français.* — Paris. 1851, 1 vol.

Barclay et Dainville. — *Les effets de commerce dans le droit anglais.* — Paris, 1884, 1 vol.

Bivort et Turlin. — *Étude sur le courtage des marchandises, sur les ventes publiques, les warrants et les filières.* — Paris, 1888, 1 vol.

Blanqui. — *Histoire de l'économie politique en Europe depuis les anciens jusqu'à nos jours.* — Paris, 1860, 2 vol.

Bois (Georges). — *Histoire du droit français depuis ses origines jusqu'à nos jours.* — Paris, 1 vol.

Boucher. — *La science des négociants et teneurs de livres.* — Paris, 1803, 1 vol.

Brentano (Lujo). — *On the history and development of Gilds and the origin of trade unions.* — Londres, 1870, 1 vol.

Caumont (Aldrick). — *Institution du crédit sur marchandises ou le commerce du monde.* — Paris, 1859, 1 vol.

Challamel (Augustin). — *Mémoires du peuple français, depuis son origine jusqu'à nos jours.* — Paris, 1883, 8 vol.

Clément (H.). — *Histoire du système protecteur en France.* — Paris, 1854, 1 vol.

Colfavru (J.-C.). — *Le droit commercial comparé de la France et de l'Angleterre.* Paris, 1863, 1 vol.

Congrès international ayant pour objet l'enseignement technique commercial et industriel. — Compte rendu des travaux. — Paris, 1887, 1 vol.

Courtois (Alph.). — *Histoire des Banques en France.* — Paris, 1881, 1 vol.

Cunningham (W.). — *The growth of english industry and commerce.* — Cambridge, 1882, 1 vol.

Dictionnaire de l'économie politique. — Paris, 1873, 2 vol.

Dictionnaire des finances. — livraisons 1 à 15. — Paris, 1883-1890.

Dictionnaire universel du commerce et de la navigation. — Paris, 1861, 2 vol.

England as seen by an american banker. — Boston, 1885, 1 vol.

Faucher (Léon). — *Études sur l'Angleterre.* — Paris, 1845, 2 vol.

Forbonnais. — *Recherches et considérations sur les finances de la France depuis l'année 1595 jusqu'à l'année 1721.* — Bâle, 1758, 2 vol.

Fournier de Flaix (E.). — *L'appropriation des ports à la grande navigation.* — Paris, 1887.

Genevois (Ernest). — *Histoire critique de la juridiction consulaire.* — Paris, 1866, 1 vol.

Giraud (Ch.). — *Précis de l'ancien droit coutumier français.* — Paris, 1875, 1 vol.

Glasson (Ernest). — *Histoire du droit et des institutions politiques, civiles et judiciaires de l'Angleterre, comparés au droit et aux institutions de la France, depuis leur origine jusqu'à nos jours.* — Paris, 1882, 4 vol.

Gouraud (Charles). — *Histoire de la politique commerciale de la France et de son influence sur les progrès de la richesse publique depuis le moyen-âge jusqu'à nos jours.* — Paris, 1854, 2 vol.

Guyot (Yves). — *La science économique.* — Paris, 1881, 1 vol.

Jeans. — *La suprématie de l'Angleterre, ses causes, ses organes et ses dangers*, traduit par M. Baille. — Paris, 1887, 1 vol.

Hankey (Thomson). — *The principles of banking*. — Londres, 1887, 1 vol.

Hautefeuille (L.-B.). — *Histoire des origines, du progrès et des variations du droit maritime international*. — Paris, 1858, 1 vol.

Hume (David). — *Histoire d'Angleterre*, continuée par Smollett, Adolphus et Aikin ; traduction Campenon. — Paris, 1840, 13 vol.

Laferrière (F.). — *Essai sur l'histoire du droit français, depuis les temps anciens jusqu'à nos jours*. — Paris, 1859, 2 vol.

Lawson (W.-J.). — *The history of banking*. — Londres, 1855, 1 vol.

Leautey (E.). — *L'enseignement commercial et les écoles de commerce en France et dans le monde entier*. — Paris, 1886, 1 vol.

Lebaudy. — *L'organisation commerciale et le magasinage public en France et en Angleterre*. — Paris, 1870.

Leber (C.). — *Essai sur l'appréciation de la fortune privée au moyen-âge*. — Paris, 1847, 1 vol.

Leroy-Beaulieu (P.). — *De la colonisation chez les peuples modernes*. — Paris, 1874, 1 vol.

Levasseur. — *Histoire des classes ouvrières en France depuis la conquête de Jules-César jusqu'à la Révolution*. — Paris, 1859, 2 vol.

Levasseur. — *Histoire des classes ouvrières en France depuis 1789 jusqu'à nos jours*. — Paris, 1867, 2 vol.

Levasseur. — *Recherches historiques sur le système de Law*. — Paris, 1854, 1 vol.

Levy (Leone). — *History of British commerce*. — Londres, 1880, 1 vol.

Lisbonne (E.). — *La navigation maritime*. — Paris, 1890, 1 vol.

Lyon-Caen et Renault. — *Précis de droit commercial*. — Paris, 1885, 2 vol.

Mager (Henri). — *Cahiers coloniaux de 1889*. — Paris, 1889, 1 vol.

Martin (Henri). — *Histoire de France*. — Paris, 17 vol.

Murray (K.-B.). — *Year Book of commerce*. — Londres, 1889 1890, 2 vol

NICKOLLS (John). — *Remarques sur les avantages et les désavantages de la France et de la Grande-Bretagne par rapport au commerce et aux autres sources de la puissance des états* (traduit de l'anglais). — Leyde (et Paris), 1754, 1 vol.

NOEL (Octave). — *Histoire du commerce extérieur de la France depuis la Révolution.* — Paris, 1879, 1 vol.

NOEL (Octave). — *Étude historique sur l'organisation financière de la France.* — Paris, 1881, 1 vol.

Nouveau dictionnaire d'économie politique. — 1er volume, Paris, 1890.

PAVITT (A.). — *Les lois anglaises sur les sociétés anonymes mises en regard de la loi française de 1867.* — Paris, 1886.

PÉRIGOT (Ch.). — *Histoire du commerce français.* — Paris, 1884, 1 vol.

PFEIFFER (Edouard). — *Des sociétés coopératives de consommation*, traduit par L. Halphen et E. Frandon. — Valence, 1867, 1 vol.

PIGEONNEAU. — *Les grandes époques de l'histoire du commerce de la France*, 1re partie. — Paris, 1883, 1 vol.

RAWSON (sir Rawson W.). — *Synopsis of the tariffs and trade of the british empire.* — Londres, 1888, 1 vol.

RECLUS (Elisée). — *Géographie universelle.* Tomes 2 et 4. — Paris.

Reign (the) of queen Victoria. — Londres, 1887, 2 vol.

REWES. — *History of the english law, from the time of the Romans to the end of the reign of Elizabeth.* Nouvelle édition par W.-F. Finlasson. — Londres, 1869, 3 vol.

SAINT-MARTIN (abbé de). — *Les établissements de St-Louis.* — Paris, 1784, 1 vol.

SCANSA (L.). — *Des magasins généraux et des opérations auxquelles ils donnent lieu.* — Paris, 1890, 1 vol.

SCHEERER (H.). — *Histoire du commerce de toutes les nations depuis les temps anciens jusqu'à nos jours*, traduit par H. Richelot et Ch. Vogel. — Paris, 1857, 2 vol.

STEPHEN (James). — *New commentaries on the laws of England.* — Londres, 1874, 4 vol.

SELIM (Adolphus). — *Aperçu de la loi anglaise au point de vue pratique et commercial.* — Paris, 1887, 1 vol.

United states Consular Reports, N° 43. — Washington, 1884, 1 vol.

Vachon (Marius). — *La crise industrielle et artistique en France et à l'étranger.* — Paris, 1886, 1 vol.

Vogel (Ch.). — *Du commerce et des progrès de la puissance commerciale de l'Angleterre et de la France.* — Paris, 1864-1867, 2 vol.

Woodfaal (R.). — *The new law and practice of Railway and canal traffic.* — Londres, 1889, 1 vol.

Yeats (John). — *Manuals of commerce.* — Londres, 1887, 4 vol.

Zezas (G.). — *Essai historique sur la législation d'Angleterre, depuis les temps les plus reculés jusqu'au XIIe siècle.* — Paris, 1863, 1 vol.

PÉRIODIQUES.

Annuals of the cooperative Wholesale society. — Manchester.
Annales du commerce extérieur. — Paris.
Bankers' Magazine. — Londres.
Bulletin de l'Institut international de statistique. — Rome.
Bulletin consulaire. — Paris.
Journal des Économistes. — Paris.
Journal of the Institute of Bankers. — Londres.
Messager de Paris. — Paris.
Moniteur officiel du commerce. — Paris.
Revue britannique. — Paris.
Revue des Deux Mondes. — Paris.
Statistical abstracts. — Londres.

TABLE DES MATIÈRES.

PREMIÈRE PARTIE.
Histoire commerciale.

Préface	3
Chapitre I. — De l'origine aux croisades	7
Chapitre II. — Des croisades à la guerre de cent ans	23
Chapitre III. — De la guerre de cent ans à la découverte de l'Amérique	54
Chapitre IV. — De la découverte de l'Amérique au Protectorat de Cromwell	77
Chapitre V. — Du protectorat de Cromwell à la mort de Louis XIV	116
Chapitre VI. — De la mort de Louis XIV à la Révolution française	150
Chapitre VII. — De la Révolution française à nos jours	187

DEUXIÈME PARTIE.
Organisation commerciale.

I. — Le commerce intérieur	235
II. — Le commerce extérieur	275
III. — Les transports	328
§ 1. — La navigation intérieure	329
§ 2. — Les chemins de fer	336
§ 3. — La navigation maritime	351
IV. — Les banques	369
V. — L'enseignement commercial	398
Conclusion	411
Bibliographie	419

LILLE. — IMPRIMERIE L. DANEL.